Kohlhammer

Der Herausgeber

Tobias Bernasconi ist Inhaber des Lehrstuhls für Pädagogik und Rehabilitation bei geistiger und komplexer Behinderung an der Universität zu Köln.

Tobias Bernasconi (Hrsg.)

Erwachsenwerden mit geistiger Behinderung

Autonomie, Unterstützung, Verantwortung

Verlag W. Kohlhammer

Dieses Werk einschließlich aller seiner Teile ist urheberrechtlich geschützt. Jede Verwendung außerhalb der engen Grenzen des Urheberrechts ist ohne Zustimmung des Verlags unzulässig und strafbar. Das gilt insbesondere für Vervielfältigungen, Übersetzungen, Mikroverfilmungen und für die Einspeicherung und Verarbeitung in elektronischen Systemen.

Die Wiedergabe von Warenbezeichnungen, Handelsnamen und sonstigen Kennzeichen in diesem Buch berechtigt nicht zu der Annahme, dass diese von jedermann frei benutzt werden dürfen. Vielmehr kann es sich auch dann um eingetragene Warenzeichen oder sonstige geschützte Kennzeichen handeln, wenn sie nicht eigens als solche gekennzeichnet sind.

Es konnten nicht alle Rechtsinhaber von Abbildungen ermittelt werden. Sollte dem Verlag gegenüber der Nachweis der Rechtsinhaberschaft geführt werden, wird das branchenübliche Honorar nachträglich gezahlt.

Dieses Werk enthält Hinweise/Links zu externen Websites Dritter, auf deren Inhalt der Verlag keinen Einfluss hat und die der Haftung der jeweiligen Seitenanbieter oder -betreiber unterliegen. Zum Zeitpunkt der Verlinkung wurden die externen Websites auf mögliche Rechtsverstöße überprüft und dabei keine Rechtsverletzung festgestellt. Ohne konkrete Hinweise auf eine solche Rechtsverletzung ist eine permanente inhaltliche Kontrolle der verlinkten Seiten nicht zumutbar. Sollten jedoch Rechtsverletzungen bekannt werden, werden die betroffenen externen Links soweit möglich unverzüglich entfernt.

1. Auflage 2024

Alle Rechte vorbehalten
© W. Kohlhammer GmbH, Stuttgart
Gesamtherstellung: W. Kohlhammer GmbH, Stuttgart

Print:
ISBN 978-3-17-043630-5

E-Book-Formate:
pdf: ISBN 978-3-17-043631-2
epub: ISBN 978-3-17-043632-9

Inhalt

Vorwort: Erwachsenwerden mit geistiger Behinderung 7
Susan Balandin

Einleitung: Erwachsenwerden mit geistiger Behinderung 9
Tobias Bernasconi

Anforderungen, Ambivalenzen und Aufträge an das und im Erwachsenwerden von Menschen mit geistiger Behinderung 13
Tobias Bernasconi

Erwachsenwerden unter besonder(nd)en Bedingungen. Gesellschaftliche und soziale Angebote und Erwartungen an junge Menschen mit geistiger Behinderung. 29
Timo Dins

Selbstbestimmung und Erwachsenwerden bei geistiger und komplexer Behinderung zwischen Ansprüchen, Anerkennung und Antwortversuchen 45
Theresa Stommel

Allgemeine und spezifische Gesundheitsbedürfnisse von erwachsen werdenden Menschen mit geistiger Behinderung 59
Lena Grüter und Tobias Bernasconi

Erwachsensein mit Behinderung vor Recht und Gesetz. Vom normativen Anspruch zu konkreten Unterstützungsleistungen für volljährige Menschen mit (geistiger und komplexer) Behinderung .. 75
Julia Fischer-Suhr und Oliver Totter

Herausforderungen und Chancen in der Begleitung erwachsener Menschen mit geistiger Behinderung aus der Perspektive ihrer familiären Bezugspersonen 89
Michaela Naumann

Erwachsen(d)e Räume. Der Auszug aus dem Herkunftshaushalt als Teil des Erwachsenseins und erwachsen werden im (alleine) Wohnen 103
Annalena Ziemski

(Inklusive) Erwachsenenbildung 119
Caren Keeley

(Unterstützte) Kommunikation im Erwachsenenalter 140
Tobias Bernasconi

Sexualität bei erwachsen werdenden Menschen mit geistiger Behinderung zwischen Anforderungen, Bedürfnissen und Umsetzungen 157
Lena Grüter

Arbeit, Erwachsensein und geistige und komplexe Behinderung. Zum Verhältnis sich bedingender Kategorien und (begrifflichen) Herausforderungen 173
Annalena Ziemski

Politische Partizipation 190
Torsten Dietze

Die Autorinnen und Autoren 204

Vorwort: Erwachsenwerden mit geistiger Behinderung

Susan Balandin

Das Erwachsenwerden bzw. der Übergang zum und ins Erwachsenenalter kann ein steiniger Weg sein, und dies gilt insbesondere für Menschen mit geistiger Behinderung. Im Laufe der Jahre wurden und werden ihre Unabhängigkeit und ihre Rechte als Erwachsene hart erkämpft. Oft kämpfen sie mit Systemen, einschließlich des Gesundheitssystems, die ihr Erwachsensein, ihre Sexualität, ihr Recht auf freie Entscheidung und ihr Recht, in der Gemeinschaft ihrer Wahl zu leben und zu funktionieren, nicht anerkennen.

Wann sind wir erwachsen? Mit 18? Wenn wir die Schule verlassen, von zu Hause ausziehen oder zu arbeiten beginnen? Oder werden wir jemals wirklich erwachsen, da wir ständig aus neuen Erfahrungen und natürlich auch aus unseren Fehlern lernen.

Das Aufwachsen ist ein undurchsichtiges Konzept, das oft im Rahmen von Bildung, Gesundheit oder altersabhängigen gesetzlichen Rechten wie dem Wahlrecht oder dem Kauf von z. B. Alkohol definiert wird. Wir können das Erwachsenwerden anhand enger biologischer Marker wie der Pubertät betrachten, aber dabei werden all die anderen Faktoren außer Acht gelassen, von denen wir wissen, dass sie wichtig sind, wie der Lebensraum, sozioökonomische Faktoren und die verschiedenen Kontexte, in denen das Erwachsenwerden stattfindet. Folglich gibt es keine endgültige Definition dafür, wann der Prozess des Erwachsenwerdens abgeschlossen ist oder was es bedeutet, erwachsen zu sein. Dennoch wissen wir, dass das Erwachsenwerden für Menschen mit einer geistigen Behinderung besonders schwierig sein kann.

Man kann argumentieren, dass das Gerüst, das Kindern beim Aufwachsen hilft, einschließlich der Schule, der Interaktion mit Gleichaltrigen und der Integration in die Gemeinschaft, vielen Kindern mit geistiger Behinderung fehlt. Das Vertrauen darauf, dass Menschen mit geistiger Behinderung unabhängig werden oder in der Lage sind, ihr eigenes Leben zu gestalten und einen Beitrag zu ihrer Gemeinschaft zu leisten, mag begrenzt sein. In der Tat ist es oft ein schmaler Grat zwischen angemessener oder zu viel Unterstützung, notwendiger Hilfe oder der Beseitigung jeglicher Unabhängigkeit. Diese und viele weitere Fragen müssen für jede Person individuell im Rahmen der Rechte und der sozialen Gerechtigkeit gelöst werden. Wir wissen, dass Erwachsensein oder das Erreichen des Erwachsenenalters etwas anderes ist als die Kindheit. Menschen mit geistiger Behinderung werden jedoch möglicherweise nicht als erwachsen wahrgenommen, sondern eher als Menschen, die in einer asexuellen Kindheit steckengeblieben sind. Infolgedessen haben sie möglicherweise nur eingeschränkten Zugang zu Gesundheitsdiensten für Erwachsene, z. B. zu Brust- oder Prostatauntersuchungen, und haben kaum die Möglichkeit, sich ihre Betreuer selbst auszusuchen oder ihre Wünsche in Bezug auf Unterkunft, Arbeit oder Freizeit zu äußern. Oft werden sie in ihrer sexuellen Entfaltung behindert und haben kein Recht auf einen Partner. Es kann auch sein, dass viele Entscheidungen auf allen Ebenen für sie und nicht mit ihnen getroffen werden, von der Frage, was es zu essen gibt, bis hin zu der Frage, ob sie einen medizinischen Eingriff ablehnen.

Menschen, die mit einer geistigen Behinderung aufwachsen, sind oft einsam und haben nur wenige Freunde. Ihre Freundschaften konzentrieren sich möglicherweise nicht auf Gleichaltrige, sondern eher auf Freunde ihrer Eltern oder enge Familienmitglieder. Es ist wahrscheinlich, dass sie Schwierigkeiten haben, eine befriedigende und sinnvolle Arbeit zu finden, und dass sie mit einer nicht immer positiven, überfürsorglichen oder ausgrenzenden Wahrnehmung in der Gemeinschaft konfrontiert sind. Für viele ist der Wechsel aus dem schulischen Umfeld mit etwa 18 Jahren sowohl für sie als auch für ihre Familien traumatisch. Plötzlich stehen möglicherweise keine spezialisierten Dienste mehr zur Verfügung, und junge Erwachsene mit geistiger Behinderung und ihre Familien sind möglicherweise schlecht darauf vorbereitet, mit dem Erwachsenenalter und den verschiedenen Systemen, die von der allgemeinen Gemeinschaft genutzt werden, umzugehen.

Junge Menschen mit geistiger Behinderung müssen in der Lage sein, ihre Hoffnungen mitzuteilen, Entscheidungen zu treffen und zu verstehen, wie sie die nächsten Schritte auf ihrem Weg zum Erwachsenwerden bewältigen können. Hoffnungen, Sorgen und Vorlieben mitzuteilen und soziale Interaktionen zu genießen, ist für viele nach wie vor problematisch. Möglicherweise hatten sie in jungen Jahren keinen Zugang zu einem funktionalen Kommunikationssystem und verfügen nicht über ein geeignetes System oder sind nicht ausreichend geschult, um es zu nutzen, wenn es ihnen zur Verfügung gestellt wird. Einige warten immer noch auf ein Kommunikationssystem, das sie und andere nutzen können. Darüber hinaus haben sie oft keine anderen Kommunikationspartner als Familienmitglieder oder bezahlte Mitarbeiter. Daher erleben viele nur selten Interaktionen, die über die Äußerung von Wünschen, Bedürfnissen und Anweisungen hinausgehen. Soziale Beziehungen und soziale Interaktionen sind die Grundpfeiler für ein erfolgreiches Älterwerden – doch viele Menschen, die mit einer geistigen Behinderung aufwachsen, haben immer noch Schwierigkeiten, diese herzustellen.

Inklusion ist kein neues Konzept mehr, doch viele Menschen mit geistiger Behinderung werden in ihren Gemeinschaften immer noch ausgeschlossen. Diejenigen, die jetzt aufwachsen, können daher immer noch als Pioniere betrachtet werden, die Neuland betreten und für ihre Rechte kämpfen, die im Übereinkommen der Vereinten Nationen über die Rechte von Menschen mit Behinderungen (2006) klar formuliert sind.

Dieses Buch ist ein Denkanstoß und eine willkommene Ergänzung der Literatur, die sich mit Menschen mit geistiger Behinderung befasst, und stellt Fragen, liefert aber auch neue Ideen zu den vielen Facetten des Erwachsenwerdens.

Susan Balandin
Professor Emeritus
Deakin Universität, Melbourne

Einleitung: Erwachsenwerden mit geistiger Behinderung

Tobias Bernasconi

Erwachsenwerden stellt eine zentrale Entwicklungsaufgabe in der Biografie jedes Menschen dar. Im Rahmen der unterschiedlichen Ablösungs- und Veränderungsprozesse, die die Zeit des Erwachsenwerdens charakterisieren, steht oftmals die Ablösung vom Elternhaus, der Beginn einer eigenen selbstständigen Lebensgestaltung sowie die Gründung einer Familie und der Eintritt ins Berufsleben im Mittelpunkt. Dabei ist der »Erwachsene« vor allem dadurch gekennzeichnet, dass er die notwendigen Fähigkeiten für eine eigenständige Lebensführung erworben hat. Diese Entwicklungsaufgaben gelten grundsätzlich auch für Menschen mit geistiger und komplexer Behinderung. Dennoch hat dieser Personenkreis mit der besonderen Herausforderung zu tun, so dass sie häufig ein Leben lang auf Hilfe und Unterstützung angewiesen sind. Demzufolge kann ihnen unterstellt werden, diesen Entwicklungsaufgaben nicht gewachsen zu sein (vgl. Emmelmann/Greving 2019, 13). Mit Blick auf gesellschaftliche Erwartungen, Strukturen und Anforderungen entstehen zudem Spannungsfelder, die im Kern die Frage betreffen, durch was sich Erwachsenwerden und Erwachsensein letztlich beschreiben lassen: Sind es vor allem die beobachtbaren Fertigkeiten, wie ein bestimmtes Maß an Kompetenzen, Selbständigkeit und Verantwortungsbewusstheit, die letztlich das Kind vom Erwachsenen unterscheiden? Oder spielt auch die Entwicklungen hin zu einer individuellen »*Reife*« dabei eine Rolle? Im Kontext der Pädagogik von Menschen mit geistiger und komplexer Behinderung stellt sich zudem die Frage, ob die Aufgaben und Prozesse auf dem Weg zum Erwachsenwerden wirklich grundlegend und vordergründig durch das Vorhandensein einer kognitiven Einschränkung beeinflusst werden? Oder sind vor allem soziale, gesellschaftliche und kulturelle Vorstellungen von Autonomie, Unterstützung, Reife oder Verantwortung ausschlaggebend für die Ableitung eines ›besonderen Weges‹ beim Erwachsenwerden von Menschen mit geistiger und komplexer Behinderung?

Im Kern dieser Fragen scheinen mit Blick auf unterschiedliche Lebenssituationen und -bereiche Spannungsfelder auf, insbesondere auch mit Blick auf eine inklusive Gesellschaft. Nach der UN-BK haben Menschen mit Behinderung in allen relevanten gesellschaftlichen Bereichen das Recht auf Teilhabe, Selbstverwirklichung und Zugehörigkeitsgefühl (vgl. Bernasconi 2022). Erwachsenwerden bedeutet dann aber auch das stetige und erweiterte Einlösen des lebenslangen Anspruchs auf Bildung, Kommunikation und Interaktion sowie Selbstverwirklichung in persönlichen und gesellschaftlich-sozialen Handlungsfeldern, wie Partnerschaft und Sexualität, Habilitation oder politischer Partizipation.

Der vorliegende Band greift diese Themen und Fragestellungen auf, indem ein bisher nur randständig bearbeitetes Gebiet in den Blick genommen und aus verschiedenen Perspektiven bearbeitet wird.

Tobias Bernasconi stellt grundlegende Anforderungen, Ambivalenzen und Aufträge an das Erwachsenwerden von Menschen mit geistiger Behinderung dar und macht deutlich, dass es vor allem gemeinsame Aufgaben beim Erwachsenwerden von Menschen mit geistiger Behinderung sind, die die Ebenen der Person, der privaten und professionellen Bezugsysteme und sozialen Kontexte bedenken müssen. Nur so können notwendige Handlungsstrategien und Konzepte entwickelt werden, gleichzeitig umfassende Angebote geschaffen und dennoch besondere Bedürfnisse und Notwendigkeiten anerkannt werden.

Timo Dins analysiert die sozialen und gesellschaftlichen Ausgangsbedingungen und Herausforderungen im und während des Erwachsenwerdens. Dabei werden (makro-)strukturelle Ausgangsbedingungen skizziert, institutionelle Teilaspekte (Meso-Ebene) analysiert, um die interaktionelle Dimension (Mikro-Ebene) genauer zu beschreiben und pädagogische Implikationen zu entwickeln.

Theresa Stommel greift die grundlegende Ambivalenz der Selbstbestimmung auf und stellt diese in den spezifischen Problemhorizont geistiger und komplexer Behinderung. Dabei wird auf Ambivalenzen hingewiesen, die sich in Bezug auf Selbstbestimmung als Begriff zwischen (sonder-)pädagogischem Leitprinzip und modernem Ideenhorizont entfalten lassen und die einen Einfluss auf (Vor-)Annahmen zum Erwachsenwerden im Kontext geistiger und komplexer Behinderung haben. Selbstbestimmung und Erwachsenwerden werden dann aus (leib-)phänomenologischer Perspektive pointiert und Möglichkeiten einer kritischen Zuwendung und Diskussion mit Blick pädagogisches Handeln skizziert.

Lena Grüter und *Tobias Bernasconi* stellen aktuelle Befunde zur gesundheitlichen Lage und Versorgung von Menschen mit geistiger Behinderung dar. Ausgehend von einem salutogenetischen Ansatz entwickeln sie Fragen, Ansprüche und Aufgaben für die pädagogische Begleitung in der Phase der Erwachsenwerdens.

Julia Fischer-Suhr und *Oliver Totter* widmen sich in ihrem Beitrag dem Thema des Erwachsenenseins aus rechtlicher Perspektive. Dabei geht es um die rechtlichen Veränderungen, die sich mit dem Eintritt in die Volljährigkeit für jeden Menschen ergeben, um daraufhin im Einzelnen deren Bedeutung und Auswirkung auf die Lebenssituation von volljährigen Menschen mit geistiger Behinderung darzustellen.

Michaela Naumann widmet sich in ihrem Beitrag der Rolle der Bezugspersonen sowie den spezifischen Herausforderungen und Chancen, die sich bei der Begleitung von Menschen mit geistiger Behinderung in das Erwachsenenalter ergeben können. Dabei wird insbesondere die Komplexität der Lebenssituation, in der sich die Familien befinden, deutlich. Es zeigt sich aber auch, dass es hier keine allgemeinen Hinweise für die Unterstützung geben kann, sondern immer individuelle Lösungen gesucht werden müssen.

Annalena Ziemski analysiert in ihrem Beitrag zur Arbeit, dass der zugrunde liegende Arbeitsbegriff maßgeblich bestimmt, welche Möglichkeiten und Potentiale für Menschen mit geistiger Behinderung im Kontext von Arbeit gesehen, zugelassen und ermöglicht werden. Dabei stellt sie ausgehend von theoretischen Überlegungen sowohl begriffliche Herausforderungen als auch konkrete Umsetzungsmöglichkeiten vor.

Caren Keeley macht in ihrem Beitrag zur (Inklusiven) Erwachsenenbildung deutlich, dass Bildung, verstanden als lebenslanger Prozess und Aufgabe eines jeden Menschen, zentral zum Erwachsenwerden und Erwachsensein gehört. Mit Fokus auf den Kontext der Erwachsenenbildung stellt sie Aufgaben, Ansprüche und Herausforderungen dar, vor allem mit Blick auf die Gestaltung von Möglichkeiten und Zugängen für Menschen mit geistiger und komplexer Behinderung.

Im Beitrag zur Unterstützen Kommunikation stellt *Tobias Bernasconi* dar, wie wichtig eine kontinuierliche und Transitionen überdauernde Begleitung und Versorgung mit Maßnahmen der Unterstützten Kommunikation ist, wenn Menschen ohne Lautsprache kommunizieren oder sich im Laufe des Erwachsen- und Älterwerdens neue kommunikative Herausforderungen ergeben.

Mit einer multiperspektivischen Herangehensweise widmet sich *Lena Grüter* Fragen im Kontext der Entwicklung von Sexualität, Veränderungen mit dem Eintritt ins Erwachsenenleben und den Barrieren in der Sexualität und der sexuellen Gesundheit von erwachsen werdenden Menschen mit geistiger Behinderung, um anschließend Ideen für vermehrte Teilhabe in diesem Kontext zu beschreiben.

Im Beitrag zum Wohnen steht für *Annalena Ziemksi* vor allem die Phase des Auszugs aus dem Elternhaus bzw. der Herkunftsfamilie im Fokus. Erwachsenwerden wird hier auch gesehen als Erschließen von Räumen und die zunehmende Übernahme von gesellschaftlichen Rollen sowie das Herausbilden von individuellen Entwicklungspotentialen.

Torsten Dietze beschreibt das Feld der politischen Partizipation im Kontext des Erwachsenwerdens. Ausgehend von allgemeinen Überlegungen zur politischen Partizipation wird auf Häufigkeiten und Ausprägungen bei Menschen mit geistiger Behinderung eingegangen und es werden Barrieren und Gelingensbedingungen thematisiert. Hieraus ergeben sich Möglichkeiten und Empfehlungen für eine individuelle Unterstützung.

Anforderungen, Ambivalenzen und Aufträge an das und im Erwachsenwerden von Menschen mit geistiger Behinderung

Tobias Bernasconi

1 Erwachsenwerden und Erwachsensein

Der Weg in das Erwachsenenleben ist für junge Menschen Aufgabe, Herausforderung und Entwicklungsfeld in einem. In der Jugend werden zentrale Prozesse der Autonomie- und Identitätsentwicklung angestoßen, die im Erwachsenwerden weiter ausgebildet werden und so das künftige Leben, aber auch Teilhabe- und Entwicklungschancen beeinflussen und bestimmen. Das Erwachsenwerden ist zudem eine Phase der Ablösung von Vertrautem, Gewohntem und der zunehmenden Individuation. Wie alle Lebensphasen ist auch die Phase des Erwachsenwerdens keine statische, sondern eine Phase im Lebenslauf des Menschen, die sich chronologisch zwischen Jugend und Alter einsortiert, ohne dabei an ein festes Alter gebunden zu sein. Sie verläuft zudem keinesfalls bei allen Menschen gleich. Vielmehr »impliziert sie ständige Weiterentwicklung, die sich nicht in gesetzmäßigen Stufentheorien festlegen lässt, [… sondern] ist durch individuelle Entwicklungsprozesse gekennzeichnet, die die Auseinandersetzung mit sog. Entwicklungsaufgaben (Havighurst 1982) mit sozialen, psychischen und physischen Anforderungen beinhaltet« (Stöppler, 2013, 116). Erwachsenwerden ist damit ein komplexer Prozess, der keinen festen Regeln oder genauen Zeitpunkten unterliegt, an denen Menschen als »erwachsen« gelten. Auch existiert immer weniger ein einheitliches Bild eines ›Erwachsenen‹, da »das Erwachsenenalter […] längst einer offenen Entwicklungsdynamik unterworfen« (Böhnisch, 2023, 185) ist.

Erwachsensein bzw. das Erwachsenenalter als Lebensphase impliziert entsprechend eher die Übernahme verschiedener Rollen und Funktionen innerhalb des gesellschaftlichen Lebens, wenngleich diese unterschiedlich ausgestaltet werden und ebenfalls als fluid betrachtet werden müssen. Erwachsen sind Menschen damit nicht einfach irgendwann – sondern erwachsen werden Menschen im Laufe des Lebens durch Übernahme von Rollen und Funktionen der ›Erwachsenen‹. Das Erwachsenenalter ist aktuell jedoch einer »offenen Entwicklungsdynamik unterworfen« (ebd., 185), die häufig von Diskontinuität, Neuanfängen, nur eingeschränkt planbaren Wegen und einem durchweg prozesshaften Charakter gekennzeichnet ist, bei dem das Erwachsenwerden vor allem den Übergang von der Jugend ins Erwachsensein durch bestimmte Prozesse und Ereignisse begleitet. Diese sind z. B. das Ende der Schulzeit und der Eintritt in die ausbildungsbezogene Bildung, der Auszug aus dem Elternhaus oder zumindest die stärkere räumliche Ablösung von den Eltern, Partnerschaften, sexuelle Erfahrungen und ggf. Familiengründung und schließlich das zunehmende Ausfüllen der Rolle einer mündigen Person, die ihre

Bürgerrechte z. B. im Rahmen von politischer Partizipation oder zunehmender selbstständigen Lebensführung gestaltet. Im Erwachsenwerden erwerben Menschen dabei die Verhaltensmuster, Normen und Einstellungen, die für die Kultur und Gesellschaft relevant sind, in der die Menschen aufwachsen bzw. hineinwachsen und leben (Hurrelmann 2007). In Abgrenzung zum Erwachsensein wird in der Phase der Jugend oft der Fokus auf die Identitätsentwicklung, das Selbstständigwerden und die zunehmende Unabhängigkeit von der Elterngeneration gelegt. Dabei haben die Personen jedoch noch weniger Verpflichtungen als Erwachsene, insbesondere was eine finanzielle unabhängige Lebensführung betrifft. Vielmehr steht die Entwicklung eines zunehmend internalisierten moralischen Bewusstseins im Mittelpunkt und es werden erste Vorstellungen der Berufswahl und des späteren Lebens entwickelt bzw. konkretisiert (vgl. Berngruber & Gaupp, 2021, 9; Oerter & Montada, 1995).

Im Gegensatz zur Betrachtung einzelner Phasen und Abschnitte im Leben eines Menschen legt die Lebenslaufforschung einen etwas anderen Blick auf das Erwachsenwerden an. Die Lebenslaufforschung sieht ihr Ziel darin, gesellschaftlich bedingte Muster zwischen einzelnen Lebensereignissen abzubilden (Elder, 1978, 21). Dabei werden der Zeitpunkt, die Dauer und die Entstehung bestimmter biografischer Ereignisse beschrieben, um letztlich normative Rahmenbedingungen einer Gesellschaft zu beschreiben und so Aspekte herauszuarbeiten, die das Erwachsenwerden konstituieren. Da viele Ereignisse im Leben zeitlich miteinander in Zusammenhang stehen und sich wechselseitig bedingen, bietet die Lebensverlaufsperspektive einen Zugang, unabhängig vom Alter bzw. einem konkreten Aspekt das Erwachsenwerden zu beschreiben.

Als ›klassische‹ Lebensereignisse junger Menschen zählen in ähnlicher Art wie oben dargestellt Schritte von der Schule in den Beruf und damit hin zur finanziellen Selbstständigkeit (z. B. Abschluss der Schule, Beginn und Abschluss einer Ausbildung bzw. eines Studiums, Beginn einer Erwerbstätigkeit), das eigenständige Wohnen (z. B. Auszug aus dem Elternhaus) sowie Schritte hin zur Familiengründung (z. B. Eingehen von Partnerschaften, Zusammenziehen mit Partner*innen, Heirat, Geburt von Kindern) (vgl. Konietzka, 2010).

Neben dem Begriff ›Lebensereignis‹ wird auch der Begriff ›Statusübergang‹ genutzt, der biografische Lebensereignisse charakterisiert und verdeutlicht, dass die mit dem Ereignis einhergehenden Veränderungen (z. B. emotionaler Art) oft einen gewissen Zeitraum umfassen (Huinink, 1995). Ein Statusübergang ist »ein zentrales Lebensereignis, das zu einer signifikanten Veränderung der sozialen Position und der Lebensorganisation eines Akteurs führt. Es hat weitreichende Auswirkungen auf den weiteren Lebensverlauf« (ebd., 155).

Ähnlich werden Statusübergänge auch im Rahmen der Transitionsforschung betrachtet, die diese Statusübergänge bzw. Transitionen sieht als »komplexe, ineinander übergehende und sich überblendende Wandlungsprozesse [...], in denen das Individuum dabei Phasen beschleunigter Veränderungen und eine besonders lernintensive Zeit durchmacht« (Griebel & Niesel, 2004, 35). Die Reaktionen auf die individuelle Bewältigung können dabei positive Entwicklungen nach sich ziehen, es kann aber auch zu einer Stagnation oder Entwicklungsbeeinträchtigung kommen (vgl. Reichmann, 2010).

Gelingende Transitionsprozesse sind in besonderem Maße von Interaktion und Kooperation zwischen den einzelnen Systemen, z. B. Familie, Schule oder Arbeitsstätte abhängig. Als *kritisches* Ereignis im Leben sind Transitionen immer mit Chancen und Risiken für die Biographie behaftet. Die gegenseitige Abstimmung der einzelnen Systeme ist dabei essentiell, um anschlussfähige Bedingungen zu schaffen.

Der Übergang von der Jugend ins Erwachsenenalter ist in diesem Kontext eine Transition bzw. ein Statusübergang, die mit einer Neustrukturierung der Lebensumstände einhergeht. Dieser Übergang in ein neues Stadium wird in der Regel als positiver, spannender Fortschritt und als Herausforderung angesehen. Gleichsam können Veränderungen aber auch beängstigend und verunsichernd wirken, da vertraute Muster und Gewohnheiten wegfallen und durch Neues und Unbekanntes abgelöst werden (vgl. Bleeksma, 2014, 22). Der Prozess verläuft dabei nicht linear, sondern Menschen entwickeln in unterschiedlichem Tempo in verschiedenen Bereichen unterschiedliche Reifegrade. Während Erwachsenwerden der Prozess der zunehmenden Aneignung einer neuen Lebensphase ist, kann Erwachsensein verstanden werden als Teilhabe am Erwachsenenleben, was bedeutet, Zugang zu haben zu allen wesentlichen Bereichen, Aufgaben- und Handlungsfeldern von Erwachsenen, wenngleich unterschiedliche Intensitäten und Ausprägungen vorhanden sein können.

2 Allgemeine Aspekte des Erwachsenwerdens

Auch wenn Erwachsenwerden ein letztlich lebenslanger Prozess ist, der nicht an ein bestimmtes Alter gekoppelt ist, kann dieser über allgemeine Aspekte beschrieben werden, die mit dem Erwachsenwerden verbunden sind und sich durch Veränderungen im physischen, sozialen, emotionalen und kognitiven Bereich zeigen (vgl. Berngruber & Gaupp, 2017 sowie eigene Ergänzungen).

- *Physisch* erwachsen zu werden wird gemeinhin mit der körperlichen Reife, dem körperlich Ausgewachsensein verbunden, oftmals auch im Kontext von Gesundheit. Dabei geht es um die Erreichung der körperlichen Geschlechtsreife, der Fähigkeit zur Selbstversorgung und Aufrechterhaltung der eigenen Gesundheit.
- *Emotionale Reife* meint das Erreichen einer emotionalen Entwicklung, in der zentral die Fähigkeit, Emotionen zu erkennen, zu verstehen und konstruktiv mit ihnen umzugehen, als ein wichtiger Aspekt des Erwachsenwerdens gesehen wird.
- Mit dem Erwachsenwerden geht oft eine größere soziale Unabhängigkeit einher, die gleichsam die Ausbildung von sozialer Kompetenz erfordert. Dies meint die Fähigkeit, Beziehungen aufzubauen und zu pflegen, Konflikte zu bewältigen und Verantwortung in sozialen und beruflichen Beziehungen zu übernehmen. In diesem Zusammenhang kommt den unterschiedlichen sozialen Beziehungen eine wichtige Rolle zu. Peerbeziehungen können eher feste Freundschaftsbeziehungen sein, informelle Gruppen in schulischen oder außerschulischen Kontex-

ten umfassen dabei das Einnehmen von Rollen und das Übernehmen von Gruppennormen und sind nicht festgeschrieben, weshalb sie oftmals von organisierten bzw. institutionalisierten Gruppen z. B. Schulklassen oder Vereinsgruppen abgegrenzt werden (vgl. Grunert, 2021, 104 f.). In diesem Zusammenhang spielt auch eine zunehmende *Verantwortungsübernahme* für eigene Handlungen und das Tragen von Konsequenzen von Entscheidungen im Rahmen persönlicher sowie gesellschaftlicher Kontexte eine Rolle.

- *Finanzielle bzw. wirtschaftliche Selbstständigkeit* grenzt Jugendliche und Erwachsene derart voneinander ab, das letztere in der Lage sind, für ihre finanziellen Bedürfnisse selbst zu sorgen. Unterschiedliche theoretisch-konzeptionelle Blickwinkel beschreiben auch die Relevanz ökonomischer Aspekte für das Erwachsenwerden. Dabei werden z. B. die Fähigkeit zur Nutzung von Geld- und Warenmarkt und die ökonomische Selbstversorgung als zwei der Entwicklungsaufgaben benannt (vgl. z. B. Hurrelmann, 2007, 37). Andere, eher entwicklungspsychologische Perspektiven fokussieren finanzielle Unabhängigkeit als Teil der beginnenden und sich ausbauenden Selbstständigkeit mit der Perspektive der Ablösung und der Autonomieentwicklung. Die Erlangung von finanzieller Selbstständigkeit ist zudem ein wichtiger Transitionsschritt. Finanzielle Ressourcen von jungen Erwachsenen gehen daher mit einer Erweiterung von Handlungsspielräumen einher: »Ökonomische Ressourcen eröffnen Spielräume, über die der Erwerb von Gütern in den Diensten individueller Distinktion, Selbstpositionierung, der Gestaltung der eigenen Präsenz und Identität und die Unabhängigkeit gegenüber den Eltern gelingen soll« (van Santen & Tully, 2021, 91).

- *Bildung bzw. lebenslanges Lernen* stellt einen weiteren Aspekt des Erwachsenseins dar und fokussiert die Bereitschaft und Fähigkeit, sich kontinuierlich zu entwickeln, Wissen und Fähigkeiten zu erwerben, z. B. im Kontext formaler Bildung, beruflicher Weiterbildung oder persönlicher Entwicklung.

- Mit dem 18. Lebensjahr erwerben Menschen in Deutschland die rechtliche *Volljährigkeit* bzw. Eigenverantwortung vor dem Recht, die mit rechtlichen Verantwortlichkeiten und Pflichten, aber auch dem Einwerben von Rechten einhergeht. Der 18. Geburtstag ist damit eine wichtige Grenzziehung zwischen Jugend und Erwachsenenalter, da Menschen hier wesentliche Rechte wie bspw. die volle Geschäftsfähigkeit oder auch das aktive und passive Wahlrecht erhalten.

- Erwachsenwerden beinhaltet als einen zentralen Schritt die Entwicklung von *Unabhängigkeit* von Eltern oder Erziehungsberechtigten, häufig verbunden mit der Entwicklung von Fähigkeiten zur Selbstversorgung und zur eigenständigen Entscheidungsfindung.

- Auch beim Erwachsenwerden steht die *Identitätsbildung* weiterhin im Fokus, indem die Suche nach einer eigenen Identität und das Verstehen der eigenen Werte, Überzeugungen und Ziele fortwährend bearbeitet und entwickelt wird. Dabei haben unterschiedliche, parallel ablaufende Entwicklungsaufgaben eine zentrale Bedeutung, z. B. die Entwicklung der sexuellen Orientierung (vgl. Wendt, 2009), die Entwicklung schulischer Perspektiven und die Fragen beruflicher Perspektiven (vgl. Keeley in diesem Band).

Die hier einzeln skizzierten Bereiche hängen in der Praxis eng zusammen. Hinzu kommt, dass Aspekte der Herkunftsfamilie teilweise das weitere Leben beeinflussen können, z. B. mit Blick auf berufliche oder finanzielle Möglichkeiten. Zwar existieren hier teilweise Befunde, die auf einen Prozess der sogenannten ›sozialen Vererbung‹ verweisen, womit vor allem ein Fortsetzen bestimmter *struktureller* Aspekte gemeint ist; dieser ist aber weder theoretisch in einfachen Modellen zu beschreiben noch vollständig empirisch erforscht (vgl. auch Schels, 2021).

Dass die einzeln beschriebenen Bereiche letztlich miteinander zusammenhängen, wird aber auch beim Blick auf praktische Situationen, Aufgaben und Handlungsfelder deutlich. So ist z. B. das Erwachsenwerden und -sein u. a. durch vielfältige räumliche Mobilitätspraktiken charakterisiert: »Das Bewegen im geografischen Raum stellt einen zentralen Verselbstständigungsschritt junger Menschen dar« (Klein-Zimmer, 2021, 131). Dabei entstehen die notwendigen Freiräume für Entdecken von Neuem, Erfahren, Experimentieren, Grenzüberschreitungen usw., die letztlich erst durch Möglichkeiten des Mobilseins und die Erweiterung des räumlichen Horizonts ermöglicht werden (vgl. ebd.). Mobilitätserfahrungen benötigen jedoch nahezu alle der genannten Aspekte, d. h. eine gewisse physische und emotionale Reife, soziale Kompetenz und Verantwortungsübernahme. Gleichsam sind finanzielle Ressourcen und Möglichkeiten sowie rechtliche Aspekte zu beachten. Und durch Mobilitätserfahrungen wird schließlich Identitätsentwicklung und Persönlichkeitsbildung sowie eine Erweiterung des geistigen Horizonts angestoßen.

Es wird deutlich, wie die einzelnen Entwicklungsaufgaben beim Erwachsenwerden letztlich als komplexes Bedingungsgefüge zu sehen sind, das gleichsam deutlich macht, wie vielschichtig der Prozess ist, wie unterschiedlich er verlaufen kann und welche immense Anforderung, aber auch welche Chancen und Potentiale er für die einzelne Person und das Umfeld ‚in dem diese lebt, bedeutet.

3 Erwachsenwerden mit geistiger Behinderung

Wenn in diesem Band immer wieder von Menschen mit geistiger Behinderung gesprochen wird, so muss deutlich gemacht werden, dass für diese Beschreibung keine einheitliche und exakte Definition des Personenkreises vorliegt. Der Begriff geistige Behinderung ist vielmehr ein »Sammelbegriff für ein Phänomen mit oft lebenslangen, aber verschiedenen Äußerungsformen einer unterdurchschnittlichen Verarbeitung von Kognitionen und Problemen mit der sozialen Adaption« (Stöppler, 2017, 18). Die American Association on Intellectual and Developmental Disabilities (AAIDD 2019) spricht von deutlichen Einschränkungen sowohl des Intellekts als auch des adaptiven Verhaltens, die bereits *vor* dem Erwachsenenalter beobachtet werden können. Daran anknüpfend werden Handlungskompetenzen benannt, die z. B. abstrakte Fähigkeiten wie Sprache, Lese- und Schreibfähigkeit, Geld- und Zeitverständnis oder generelles Zahlenverständnis umfassen; soziale Fähigkeiten, die soziale Kompetenz, soziale Verantwortung, Selbstwertgefühl oder den

Sinn von Regeln erkennen und diese befolgen; praktische Fähigkeiten mit Blick auf Tätigkeiten des täglichen Lebens im Bereich Hygiene, Gesundheit und Sicherheit oder den Gebrauch von Geld (vgl. Stöppler & Haveman, 2021, 21). Adaptives Verhalten ist ebenfalls ein Sammelbegriff für unterschiedliche kognitive und soziale Fähigkeiten. Die kognitiven Funktionen bestimmen dabei neben den sozialen Fähigkeiten und den sozialen Entwicklungsbedingungen maßgeblich das adaptive Verhalten. Adaptives Verhalten wird oftmals mit Blick auf ein bestimmtes Entwicklungsalter beschrieben: »Adaptive behavior is indexed on chronological age because as a society, we have different expectations of all members of our community as they age« (Tassè, 2017, 3). Hier gilt im oben beschriebenen Sinne anzumerken, dass Entwicklung nicht primär altersabhängig, sondern ganzheitlich kontextabhängig und sozial determiniert gedacht werden sollte. Unter adaptivem Verhalten darf zudem nicht verstanden werden, dass es bei der Unterstützung darum geht, Menschen mit geistiger Behinderung an »gesellschaftliche Erwartungen anzupassen, vielmehr geht es um die Person, die – soweit dies möglich ist – zu einer selbstständigen Lebenswirklichkeit befähigt werden soll« (Stöppler & Haveman, 2021, 21). Dies geschieht immer in Interaktion mit anderen. »Der pädagogische Anknüpfungspunkt ist nicht seine Schädigung oder Behinderung, sondern sein zu verwirklichendes Entwicklungs- und Lernpotenzial« (Speck 2005, 48).

Zudem müssen immer weitere Aspekte wie das jeweilige kulturelle und soziale Umfeld des Menschen berücksichtigt werden. »Behinderung« ist damit nicht ein Aspekt, der direkt an einer Person festzumachen ist, sondern es sind – neben einer möglicherweise vorhandenen organischen Schädigung – gleichbedeutend kulturelle und soziale Umweltfaktoren, die eine Person behindern können.

Die Perspektive auf den individuellen Bedarf an Unterstützung für ein möglichst selbstbestimmtes Leben impliziert immer auch die Überwindung der behindernden Bedingungen des Umfeldes. Damit kommen die sozialen Bedingungen i. S. der Lebenslage in den Blick (vgl. Behrisch, 2016). Die Behindertenrechtskonvention der Vereinigten Nationen (UN-BRK; vgl. BgBl 2008) legt in ihrer Präambel das biopsycho-soziale Modell von Behinderung der ICF (International Classification of Functioning, Disability and Health) zugrunde. In diesem wird Behinderung definiert als Mangel an Teilhabe an Aktivitäten im konkreten Alltag. Sie entsteht folglich aus der Wechselwirkung zwischen Menschen mit einer Beeinträchtigung und einstellungs- und umweltbedingten Barrieren, woraus die wirksame und gleichberechtigtn Teilhabe an der Gesellschaft verhindert wird (vgl. Bernasconi 2023).

Auch Erwachsenwerden vollzieht sich in komplexen bio-psycho-sozialen sowie kulturell bedingten Kontexten, in denen personale, soziale und umweltbedingte Aspekte miteinander verschränkt sind. Das Erwachsenwerden und das Erwachsensein bei Menschen mit geistiger Behinderung kann damit auch nicht an einem Kriterium oder einem bestimmten zeitlichen Aspekt festgemacht werden. Menschen mit geistigen Behinderungen sind grundsätzlich genauso individuell wie Menschen ohne Behinderungen, weshalb der individuelle Entwicklungsverlauf zu respektieren und zu unterstützen ist. »Die Arbeit mit älteren und alten Menschen stellt im Kontext der Behindertenhilfe [jedoch noch] ein Novum dar« (Stöppler, 2017, 116). Neuere Forschungen und Konzepte fokussieren dabei vor allem den Bereich des Alterns bzw. der Geragogik bzw. der Gerontologie. Für die Phase zwischen Jugend und Alter, dem Erwachsenwerden und -sein existieren dagegen nur wenige konzeptionelle oder theoretische Entwürfe oder empirische Studien. Für den Prozess des Erwachsenwerdens bei Menschen mit Behinderungen kann angenommen werden, dass dieser in vielen Aspekten durchaus ähnlich ist wie bei Menschen ohne Behinderung, gleichsam gibt es Herausforderungen und Bedürfnisse, die sich aus der komplexen Lebenssituation der Menschen ergeben und die zu Unterschieden im Erwachsenwerden führen können (vgl. Bleeksma, 2014).

So kann sich z. B. eine weitgehende Unabhängigkeit bei Menschen mit geistiger Behinderung nur entfalten, »wenn die soziale Umgebung die bei diesem Personenkreis ebenfalls existenten Bedürfnisse nach Loslösung, Unabhängigkeit etc. ernst nimmt« (Stöppler 2013, 116).

Zur sozialen Umgebung gehören bei Menschen mit geistiger Behinderung immer auch Institutionen, da sich das Leben der Menschen durch alle Lebensphasen aktuell immer noch mehrheitlich in Institutionen abspielt. Schuppener et al. (2021, 225) sehen Institutionen zum einen in Anlehnung an (Schroeder, 2015, 145) als »konstitutiver Teil des geschichtlichen Prozesses zur Fundierung der Fachpädagogik«, zum anderen aber auch »als beständige Orte der Selektion und der strukturellen Diskriminierung«. Institutionen kommt auch mit Blick auf das Erwachsenwerden eine ambivalente Rolle zwischen notweniger Unterstützung und eigener Legitimation durch Festschreibung bestimmter notwendiger Institutionen und Handlungsfelder zu.

Auch Böhnisch (2023, 222) sieht Probleme, die entstehen, wenn »die Sozialadministration, die behinderte Menschen einstuft, an Betreuungsinstitutionen weist und die Effizienz von Behindertenarbeit evaluiert«, da hier oftmals »Grundprobleme des Behindertseins« übergangen werden und Ausgrenzung verstärkt wird, anstatt eine selbstbestimmte Lebensführung zu unterstützen.

Hinzu kommen weitere strukturelle und aus der Lebenssituation entstehende Aspekte, die den Prozess des Erwachsenwerdens bei Menschen mit geistiger Behinderung beeinflussen können. Diese sind z. B.

- Ein erhöhter Bedarf an institutioneller Unterstützung, da Menschen mit geistiger Behinderung oftmals lebenslange Unterstützungssysteme benötigen, um ihre alltägliche Teilhabe, ihre weitgehende Unabhängigkeit und eine angemessene Lebensqualität zu erhalten und zu sichern (vgl. Fornefeld, 2008). Besondere Relevanz in den Unterstützungssystemen haben dabei neben Angehörigen, Freunden und Peers auch Pflegekräfte, Therapeuten, spezialisierte Einrichtungen oder gemeindenahe Dienste, wobei private und professionelle Unterstützer*innen sich vermischen und ein breiteres Netzwerk benötigt wird. Zudem vermischen sich die Grenzen zwischen familiärer oder freundschaftlicher Unterstützung und professioneller Begleitung, wenn auch Pflege und Therapie von Familienangehörigen mit übernommen wird.
- Die Fähigkeit zur Teilhabe am Arbeitsmarkt ist für das Erwachsenwerden und die Unabhängigkeit von Menschen mit geistigen Behinderungen von entscheidender Bedeutung. Dabei besteht das Spannungsfeld zwischen beschützenden Arbeitsplätzen und dem ersten Arbeitsmarkt, der Spannungsfelder und offene Fragen enthält (siehe Ziemski in diesem Band).

- Studien belegen, dass Menschen mit geistiger Behinderung weniger Möglichkeiten zur selbst gestalteten Freizeit haben (vgl. Schuck 2017, Markowetz 2012) und sich die Freizeitgestaltung häufig nicht an ihren Interessen orientiert (vgl. Bergeest & Boenisch, 2019, 364). Dies hat einen Einfluss auf die Möglichkeiten zur sozialen Integration und weitergehend der Entwicklung von sozialen und kommunikativen Fähigkeiten. Gleichsam ist die Teilhabe an sozialen Aktivitäten ein wichtiger Aspekt des Erwachsenwerdens, was kommunikative Möglichkeiten und Freizeitmöglichkeiten im Alltag erfordert.
- Für Menschen mit geistiger Behinderung sind rechtliche Fragen im Zusammenhang mit Betreuung und rechtlicher Vertretung von Bedeutung. Dabei werden Konstrukte wie Volljährigkeit, rechtliche Verantwortlichkeit etc. in Frage gestellt bzw. diskutiert, die einen Einfluss auf den Grad der Selbstbestimmungs- und Teilhabemöglichkeiten haben können.

Um die unterschiedlichen Aufgaben und Handlungsfelder des Erwachsenwerdens zu betrachten, kann die UN-Behindertenrechtskonvention (UN-BRK) genutzt werden. Dieser »erste universelle Völkerrechtsvertrag, der den anerkannten Katalog der Menschenrechte, wie er in der internationalen Menschrechtscharta zum Ausdruck kommt, auf die Situation behinderter Menschen zuschneidet« (Degener, 2009, 264). liefert durch die von Deutschland 2009 vollzogene Ratifizierung eine rechtliche Grundlage für die Teilhabe von Menschen mit Behinderung in unterschiedlichsten Bereichen der Gesellschaft. Die UN-BRK wird dabei durch ein menschrechtliches Modell von Behinderung getragen, welches auf der Annahme und Erkenntnis basiert, »dass die weltweit desolate Lage behinderter Menschen weniger mit körperlichen, intellektuellen oder psychischen Beeinträchtigungen als vielmehr mit der gesellschaftlich konstruierten Entrechtung (gesundheitlich) beeinträchtigter Menschen zu erklären ist« (Degener, 2009, 272). Entsprechend muss mit Blick auf das Erwachsenwerden von Menschen mit geistiger Behinderung immer auch die Frage nach den tatsächlichen Chancen und Möglichkeiten gestellt werden, um den durch die UN-BRK gesetzten, unhintergehbaren Anspruch aller Menschen auf gleichberechtigten und umfänglichen Zugang zu allen gesellschaftlich relevanten Bereichen zu unterstützen.

Zentral ist dabei die Fähigkeit, aber auch die Notwendigkeit des lebenslangen Lernens. Damit ist gemeint, dass allen Menschen »auf der einen Seite Möglichkeiten zu einem lebenslangen Lernprozess vorzuhalten [sind]. Auf der anderen Seite hat jeder Mensch die Potentiale, sich ein Leben lang weiter zu entwickeln« (Emmelmann & Greving, 2019, 23). Dabei gilt, dass Menschen sich im Verlauf des Lebens immer weiterentwickeln, entsprechend benötigen sie auch fortwährend Angebote zur Weiterentwicklung, die nicht nur im Rahmen von institutionalisierten Angeboten über die Lebensspannen (Schulen Ausbildung, Arbeit), sondern auch in außerinstitutionellen, informellen Zusammenhängen bestehen müssen. Hof sieht deshalb in der »Schaffung geeigneter institutioneller Rahmenbedingungen« (Hof, 2009, 68) eine essentielle Aufgabe von heilpädagogischen Einrichtungen, denen hier eine Transferfunktion zukommt. Erwachsene Menschen mit Behinderung, die in institutionalisierten Settings leben bzw. ihr Erwachsensein entfalten, brauchen Möglichkeiten, Anregungen und Unterstützungsangebote, um sich in unterschiedlichen, subjektiv bedeutsamen Informations-, Tätigkeits- und Handlungsfeldern entwickeln zu können.

Im Rahmen des Erwachsenwerdens und insbesondere des Erwachsenseins entstehen dabei durchaus Spannungsfelder, die z. B. danach fragen, wie spezialisiert eine Unterstützung von Menschen mit geistiger Behinderung sein sollte oder ob nicht eine zu starke Spezialisierung wieder Ausschluss durch die Festlegung von Kategorien, Zuschreibungen und (vermeintlichen) angenommen Defiziten produziert.

4 Aufgaben und Ambivalenzen

Im Prozess des Erwachsenwerdens bei Menschen mit geistiger Behinderung ergeben sich Ambivalenzen, die den Prozess an sich als problematisch darstellen können. So spielen z. B. Definitionen des Erwachsenenstatus von Menschen ohne Behinderung, Fremdbestimmung über Bedürfnisse bzw. eingeschränkte Mitbestimmungsmöglichkeiten, Zentralisierung des Alltags und Institutionalisierung des Lebens, aber auch eine »Selbstdefinition der Helfer über die Hilfsbedürftigkeit der Menschen mit geistiger Behinderung, die zur Infantilisierung, Überbehütung und -versorgung führen können« (Stöppler, 2013, 118), eine Rolle. Hinzu kommt, dass die oben genannten Anforderungenk, wie finanzielle Unabhängigkeit, Eintritt in eine Erwerbstätigkeit, das Leben in einer eigenen Wohnung etc., für viele Menschen mit geistiger Behinderung nach wie vor schwer erreichbare Ziele sind, wobei weiterhin nicht abschließend geklärt ist, inwieweit dies auf personale oder eher soziale Ursachen zurückzuführen ist.

Auch wenn der Prozess individuell verläuft, lassen sich für das Erwachsenwerden von Menschen mit geistiger Behinderung bestimmte Aufgaben und Herausforderungen beschreiben, die je nach Lebenssituation, Hintergrund und Kontext unterschiedlich gewichtet sind, gleichsam aber auf grundlegende Spannungsfelder und Herausforderungen hinweisen. Anhand der Analyse von Ambivalenzen lassen sich dann Aufgaben für ein erfolgreiches Erwachsenwerden von Menschen mit geistiger Behinderung skizzieren.

- Selbstbestimmung vs. Abhängigkeit: Wie alle Menschen streben auch Menschen mit geistiger Behinderung nach Unabhängigkeit und Autonomie, die für das Erwachsenwerden und das Erwachsensein ›typisch‹ sind. Auf der anderen Seite ist das Leben von Menschen mit geistiger Behinderung oftmals durch eine erhöhte Abhängigkeit von anderen Menschen auf Unterstützung und Pflege angewiesen (vgl. Böhnisch, 2023). Entscheidend ist hier, dass Abhängigkeit dabei kein Wesensmerkmal von Menschen mit geistiger Behinderung ist, sondern grundlegendes Merkmal des Menschen, also doch verbindenden Charakter besetzt (Fornefeld, 2021). Gleichsam ist die Abhängigkeit von Menschen mit geistiger Behinderung aufgrund institutioneller Prozesse und Strukturen, aber auch aufgrund gesellschaftlicher und sozialer Vorstellungen, Stigmatisierungen und Annahmen über die Menschen erhöht. Dies kann im Extrem dazu führen, die Abhängigkeit als zentrales Merkmal des Personenkreises zu formulieren und so im Sinne einer vorauseilenden Annahme auch Lebenssituationen beeinflussen. Für die Menschen selbst führt die z. T. lebenslang erlebte Abhängigkeit dazu, dass wenig Zutrauen aufgebaut wird, die Vorstellungen von anderen über sie u. U. zu ambivalenten Gefühlen führen, da Selbstständigkeit ggf. auch verunsichernd wirkt bzw. nicht als Ziel angenommen wird sowie vermehrt nach Unterstützung gesucht wird. Der Wunsch nach Unabhängigkeit kann zudem mit dem Bedürfnis nach Sicherheit und Schutz kollidieren. Insbesondere bei Eltern von Menschen mit geistiger Behinderung zeigen sich ambivalente Gefühle mit Blick auf Fragen des Auszugs aus dem Elternhaus und Sorgen über mögliche Risiken (Hennies & Kuhn, 2004). Das Dilemma besteht dabei darin, dass die erwachsen werdenden Menschen selbstständig werden wollen bzw. sich hin zur Selbstständigkeit entwickeln sollen, gleichsam sind sie gerade von den engen Bezugspersonen insbesondere in ihrer alltäglichen Lebensgestaltung am meisten abhängig und bleiben oftmals auf Unterstützung angewiesen. Die Angewiesenheit auf andere kann dabei dazu führen, dass eigene Wünsche oder auch Dinge, die nicht erwünscht sind, nicht oder zu spät formuliert werden (vgl. Böhnisch, 2023, 223). Das Abhängigkeitsverhältnis kann entsprechend nicht einfach aufgelöst werden, vielmehr erfordert es eine Umgestaltung (vgl. Uphoff et al, 2010).

- Inklusion vs. Identität. Inklusion in die Gesellschaft und die Teilnahme an Aktivitäten des Alltags sind grundlegende Ziele der Behindertenpolitik sowie der Pädagogik und Rehabilitation bei geistiger Behinderung. Gleichzeitig leben Menschen mit geistiger Behinderung nach wie vor vornehmlich in institutionalisierten Welten, in denen mehrheitlich Menschen mit (geistiger) Behinderung leben. Menschen mit Behinderung erleben dabei oftmals Einsamkeit und wenig Kontakt zu Menschen ohne Behinderung (vgl. Bergeest & Boenisch 2019, 373). Auf der anderen Seite suchen Menschen mit (geistiger) Behinderung nicht zwingend den Kontakt zu Menschen ohne Behinderung, sondern z. T. auch gezielt zu Peers oder Partner*innen, die in ähnlichen Lebenswelten leben.
- Selbstwirksamkeit vs. Herausforderungen. Erwachsenwerden beinhaltet den Aufbau von Selbstwirksamkeit und die Bewältigung von Herausforderungen. Menschen mit geistiger Behinderung können jedoch auf zusätzliche Barrieren und Hindernisse stoßen, die ihre Selbstwirksamkeit beeinträchtigen können. Dies kann zu ambivalenten Gefühlen der Hoffnung und Frustration führen.
- Gesellschaftliche Erwartungen vs. Selbstbild. Vorurteile gegenüber Menschen mit geistigen Behinderungen können die Entwicklung eines positiven Selbstbildes erschweren und zu ambivalenten Gefühlen führen (vgl. Bleeksma, 2014). Menschen mit geistiger Behinderung erleben häufiger Vorurteile und Diskriminierung im Alltag und im Speziellen mit Blick auf die Möglichkeiten zu Bildung und Teilhabe.

Ein besonderer Bereich im Kontext der Ambivalenzen, aber auch mit Blick auf das Erwachsenwerden im Allgemeinen ist dabei die Frage nach der Entwicklung und Gestaltung von Selbstbestimmung. Dabei besitzt zunächst jeder Mensch eine individuelle Autonomie, die im ersten Schritt bedeutet, dass Menschen »die Fähigkeit oder das Vermögen, sich selbst die Gesetze geben zu können, nach denen wir handeln und die wir selbst für richtig halten« (Rössler, 2017, 30).

Damit diese individuelle Autonomie gelingen kann, müssen zuvor auch Fragen thematisiert werden, die vor allem die Vorstellungen davon betreffen, wie Menschen leben wollen, wie sie leben können und ggf. wie sie leben sollen. Auch Menschen mit Behinderung sollten dabei die grundsätzliche Freiheit zu Entscheidungen haben, wenngleich Wünsche, Ideen und Vorstellungen dann immer auch in Abgleich mit tatsächlichen Möglichkeiten und Gegebenheiten gebracht werden müssen. Zur Entwicklung von Perspektiven und Handlungsoptionen können z. B. das Freiraumkonzept (vgl. Emmelmann & Greving, 2019) oder Methoden der persönlichen Zukunftsplanung (vgl. Doose, 2008; 2019) genutzt werden.

Die skizzierten Ambivalenzen zeigen sich insbesondere in der zentralen Herausforderung beim Erwachsenwerden, der Ablösung aus dem Elternhaus bzw. der Eintritt in ein zunehmend selbstbestimmtes und gestaltetes Leben. Der Auszug aus dem Elternhaus und der Eintritt ins Arbeitsleben führt dabei zu einer neuen Unabhängigkeit, bringt aber auch die Notwendigkeit von Entscheidungen, neue Aufgaben und vor allem Ablösungsprozesse mit sich. Ablösungsprozesse beschreiben einen Prozess, der in der Jugend beginnt und sich im Erwachsenenalter fortsetzt und wiederkehrend in unterschiedlicher Intensität vollzogen wird (Emmelmann & Greving, 2019, 18). Dabei bestehen neben den Herausforderungen, die eine Veränderung des Lebens mit sich bringt, auch Chancen und Potentiale für die Identitäts- und Persönlichkeitsentwicklung. Im Ablösungsprozess setzen sich Menschen immer wieder mit ihrer Identität und ihrem Selbstbild auseinander und entwickeln sich so im Bereich von Persönlichkeit weiter:

> »Oft muss man dabei von vertrauten, wohl bekannten Dingen Abschied nehmen, aber neue, schöne und interessante Möglichkeiten tun sich auf. Wenn du z. B. selbstständig wohnst, hast du viel mehr Freiheiten. Du kannst essen, was und wann du willst, kannst Freunde einladen und besuchen, ohne jemandem darüber Rechenschaft geben zu müssen. Du kannst alles Mögliche ausprobieren. Gleichzeitig entbehrst du die Gemeinsamkeit, die zu Hause selbstverständlich war. Es bedeutet auch, dass du nun Dinge allein erledigen musst wie einkaufen, kochen und abwaschen. Du musst die Miete bezahlen, dich darum kümmern, dass die Tür abgeschlossen ist usw. Damit umgehen zu lernen ist eine Entwicklungsaufgabe des jungen Erwachsenenalters« (Bleeksma, 2014, 22).

Einige Studien haben sich der Frage nach Ablösungsprozessen von Menschen mit (geistiger) Behinderung und der Veränderung der Beziehungsgestaltung zu den Eltern gewidmet (z. B. Langner, 2008; Fischer, 2008; Stamm, 2009) und machen deutlich, dass Ablöseprozesse im Kontext der Beziehungsgestaltung von Eltern von Kindern mit Behinderung zusätzlich durch gewachsene Beziehungen, institutionelle und strukturelle Aspekte beeinflusst und z. T. erschwert werden. Dabei können Schwierigkeiten entstehen, wenn während des Ablöseprozesses bei Menschen mit geistiger Behinderung ein Auseinanderdriften von körperlich-psychischer und intellektueller Entwicklung der jungen Erwachsenen entsteht:

> »Menschen mit geistiger Behinderung machen in Pubertät und Adoleszenz die gleichen körperlichen und vergleichbare psychische Umstrukturierungs- und Reifungsprozesse durch wie Jugendliche ohne Behinderung, allerdings unter erschwerten Bedingungen.

Dazu gehören die meist deutliche Diskrepanz zwischen Sexual- und Intelligenzalter und die häufig eingeschränkten intellektuellen und kognitiven Verarbeitungs- und Bewältigungsmöglichkeiten« (Hennies & Kuhn, 2004, 134).

Der Zugang zu hilfreichen Ressourcen wie Peer-Gruppen, Freizeitaktivitäten oder anderen Erwachsenen, die als Orientierungspersonen fungieren können, ist dagegen oftmals eingeschränkt, da die eingeschränkte Mobilität von Menschen mit geistiger Behinderung und die nicht immer mögliche Selbständigkeit dazu führen, dass diese Beziehungen außerhalb der Familien nicht in gleichem Maße aufgebaut werden können.

Die erhöhte Abhängigkeit von Menschen mit geistiger Behinderung kann aber auch dazu führen, dass der Ablösungsprozess auch von Elternseite als erschwert erlebt wird und Unterstützung beim Vollziehen benötigt wird. Schultz (2014) beschreibt, dass durch die oftmals erhöhte Abhängigkeit von Kindern mit Behinderung von ihren Eltern auch die Funktion der Letzteren eine andere ist. Eltern haben dabei häufig größere Zukunftssorgen und zeigen mitunter eine ambivalente Haltung gegenüber dem potentiellen Auszug. Auch die Entscheidung, ob, wie und wann ein Kind auszieht, liegt oft bei den Eltern. Zudem ist die familiäre Situation mit einem Kind mit geistiger Behinderung häufig auf dieses ausgerichtet und der Auszug verändert hier eingespielte Rollen, Strukturen und erfordert damit auch auf Elternseite zusätzliche Bewältigungsprozesse (Seifert, 2006).

Bei Jugendlichen mit komplexen Behinderungen sind Ablösungsprozesse zusätzlich erschwert, da der Alltag vielfach von der Versorgung und Begleitung bestimmt ist, z. B. durch Therapie, Arztbesuche, Pflege etc. Dadurch besteht oftmals eine noch engere Bildung der Eltern zu ihren Kindern, und die Begleitung des Kindes oder Jugendlichen nimmt viel Raum im Alltag ein. Zudem bestehen oftmals vermehrte Sorgen um die Zukunft des Kindes. In diesem Zusammenhang wird auch von der ›lebenslangen Elternschaft‹ gesprochen, womit gemeint ist, dass die Fürsorge, Begleitung und Unterstützung der Kinder weit über das Jugendalter hinausgeht und die Elternschaft von Kindern mit geistiger und insbesondere mit komplexer Behinderung in der Regel eine aktive bleibt und nur selten – wie ansonsten üblich – in eine passive oder begleitende Elternschaft mündet.

Um Ablösungsprozesse positiv zu gestalten und zu erleben, können folgende Punkte wichtig in der Planung und Gestaltung sein (vgl. auch Emmelmann & Greving, 2019):

- Zeitgemäßer Auszug, d. h. spätestens zum 35. Lebensjahr, wenngleich hier natürlich die individuelle Situation der Familie und des Menschen mit Behinderung beachtet werden muss.
- Gute Vorbereitung des Auszugs, z. B. durch Information über Wohneinrichtungen und Erfahrungen mit und in Einrichtungen durch Angebote wie Kurzzeitwohnen (Langner, 2012).
- Ferner ist in diesem Zusammenhang auch die Frage nach den Vorstellungen und Wünschen der Jugendlichen mit Blick auf das Leben nach der Schulzeit wichtig. Dabei kann es hilfreich sein, gezielte Methoden zur Ermittlung von Wünschen

anzuwenden, z. B. aus dem Bereich der persönlichen Zukunftsplanung (Doose, 2008; Benthien et al., 2016).
- Bei jungen Erwachsenen mit eingeschränkten kommunikativen Möglichkeiten müssen Methoden aus dem Spektrum der Unterstützten Kommunikation angewendet werde, die es ermöglichen, eigene Wünsche mitzuteilen (Niediek, 2022, 78; Bernasconi in diesem Band).
- Planung der Zeit nach dem Auszug und gezielte Nutzung von Bewältigungsstrategien, um sich mit der neuen (Eltern-)Rolle und den veränderten Gegebenheiten, ggf. neuen Freiheiten und Freizeitmöglichkeiten sowie den eigenen Bedürfnissen, auseinandersetzen (Schultz, 2014).

Die dargestellten Ambivalenzen und Anforderungen machen deutlich, dass das Erwachsenwerden von Menschen mit geistiger Behinderung letztlich ein wechselseitiger Prozess zwischen biologischen, psychologischen und sozialen Entwicklungsaufgaben ist. Dabei kann der Mensch mit geistiger Behinderung letztlich niemals isoliert gesehen werden, sondern immer im Spiegel seiner sozialen Bezüge, Systeme und seiner Eingebundenheit in die jeweilige Lebenssituation.

Menschen mit geistiger Behinderung benötigen beim Erwachsenwerden gemeinsame und individuelle Erfahrungsräume und Handlungsfelder, in denen sie die Aufgaben des Erwachsenseins erproben, ausprobieren können und dabei natürlich – wie alle Menschen im Rahmen von Entwicklungs- und Transitionsprozessen – auch scheitern dürfen, nur um neue Versuche und Initiativen zu beginnen. Es erscheint zentral, insbesondere das Erwachsensein *lernen* zu können und zu dürfen: Entscheidungen fällen, eigene Bedürfnisse wahrnehmen, beurteilen, Freiräume erfahren etc. Auch Klauß formuliert bereits früh dahingehend: »Auch behinderte Menschen brauchen Lebensfelder, in denen sie ihre Stärken und Schwächen erproben können, um zu einem realistischen Selbstbewusstsein zu kommen« (Klauß 1995, 449).

Die dargestellten Ambivalenzen im Zusammenhang mit dem Erwachsenwerden bei Menschen mit Behinderungen sind normal und verständlich und zudem nicht nur spezifisch für den Personenkreis, sondern letztlich in Teilen allgemeine Spannungsfelder beim Erwachsenwerden. Die Ambivalenzen anzuerkennen und Unterstützung anzubieten, um die individuellen Bedürfnisse und Ziele der betroffenen Personen zu fördern und zu respektieren, muss dabei Kerngedanke einer heilpädagogisch professionellen Arbeit sein. Dies kann durch eine offene Kommunikation, die Bereitstellung von Ressourcen und die Schaffung eines unterstützenden Umfelds geschehen.

Übergreifende Ziele der heilpädagogisch-unterstützenden Arbeit aber auch im Kontext familiärer und freundschaftlicher Begleitung beim Erwachsenwerden und Erwachsensein von Menschen mit geistiger Behinderung sind Anerkennung der individuellen Wünsche und Ziele sowie Abbau von Abhängigkeit. Ferner sollte die Teilhabe an Entscheidungsprozessen und das Ermöglichen von Mitbestimmung bei den die Person betreffenden Fragen in allen Bereichen mitgedacht und ermöglicht werden. Die praktische Arbeit und Begleitung konkretisieren sich dann u. a. durch:

1. Ermöglichen von Erfahrungen von Selbstständigkeit
2. Anregungen zur Ausbildung von Interessen durch Bildungsangebote schaffen
3. Entwicklung sozialer Fähigkeiten für eine gelingende Teilhabe an sozialen Aktivitäten
4. Unterstützung eines positiven Selbstbilds im Kontext der Identitätsentwicklung
5. Konkretisierung beruflicher Möglichkeiten und Ziele
6. Erleben eines Mindestmaßes an finanzieller Verantwortung bis hin zur Erfahrung von finanzieller Unabhängigkeit
7. Informationen und Befähigung im Kontext rechtlicher Verantwortung sowie persönlicher Rechte, der Wahrnehmung dieser Rechte und der Durchsetzung von Interessen
8. Einbindung in die Gesundheitspflege im Sinne der Einhaltung von medizinischen Empfehlungen, der Verwaltung von Medikamenten und der Pflege von Gesundheitsbeziehungen sowie Aspekte von Mental Health

Die gemeinsamen Aufgaben beim Erwachsenwerden von Menschen mit geistiger Behinderung sind dabei auf den beteiligten Ebenen zu denken: der Ebene der Person, der Ebene der privaten und professionellen Bezugsysteme und der Ebene der sozialen Kontexte. Es sind Handlungsstrategien und Konzepte nötig, die den Spagat ermöglichen, gleichzeitig umfassende Angebote zu schaffen, die für alle Menschen offen sind, und dennoch die besonderen Bedürfnisse und Notwendigkeiten anzuerkennen und einzufordern, die mit Lebenssituationen und -bedingungen einhergehen, in denen Menschen auf vermehrte Unterstützung, Hilfe und Fürsorge angewiesen sind.

Insbesondere vor dem Hintergrund aktueller gesellschaftlicher sowie sozialrechtlicher Entwicklung müssen dabei auch immer wieder ethische Fragen zur Sicherung des Grundrechts auf Bildung und Teilhabe gestellt werden, um Diversität, Heterogenität und Vielfalt grundlegend zu sichern und Bildungsgerechtigkeit und Teilhabe für alle Personen unter Berücksichtigung ihrer jeweiligen Lebenslage herzustellen. Dies darf jedoch die Berücksichtigung besonderer Bedarfe und Bedürfnisse, etwaiger Vulnerabilitäten und Unterstützungsbedarfe nicht ausschließen, selbige sind jedoch als fluid und relational zu betrachten. Entsprechend gilt es, Anforderungen der jeweiligen Lebenssituation in den praktischen Handlungsfeldern und -situationen zu reflektieren und anzupassen, um ein positives und gelingendes Erwachsenwerden und -sein von Menschen mit geistiger Behinderung zu unterstützen und zu begleiten.

Literatur

AAIDD (2019). Tell me About ID: Making the Definition of Intellectual Disability Accessible Around the World. AAIDD International Interest Network.

Behrisch, B. (2016). Anerkennen von Menschen mit Behinderung als Thema von Diversity. In P. Genkova & T. Ringeisen (Hrsg.), *Handbuch Diversity Kompetenz* (S. 437–448). Wiesbaden: Springer.
Benthien, V., Müller, C. & Voß, N. (2016). Veränderungen im Leben gestalten – Persönliche Zukunftsplanung auch für Menschen mit hohem Unterstützungsbedarf. In T. Bernasconi & U. Böing (Hrsg.), *Schwere Behinderung und Inklusion. Facetten einer nicht-ausgrenzenden Pädagogik* (S. 141–153). Oberhausen: Athena.
Bergeest, H. & Boenisch, J. (2019). *Körperbehindertenpädagogik.* Bad Heilbrunn: Klinkhardt.
Bernasconi, T. (2023). Die ICF und ihr Potential für die UK. *Unterstützte Kommunikation* 28 (1), 6–13.
Berngruber, A. & Gaupp, N. (2021). *Erwachsenwerden heute. Lebenslagen und Lebensführung junger Menschen.* Stuttgart: Kohlhammer.
Berngruber, A. & Gaupp, N. (2017). Erwachsenwerden. Mehr als nur der Übergang von der Schule in den Beruf. *BWP – Zeitschrift des Bundesinstituts für Berufsbildung*, 46 (4), 6–9.
Bgbl (2008). Gesetz zu dem Übereinkommen der Vereinten Nationen vom 13. Dezember 2006 über die Rechte von Menschen mit Behinderungen sowie zu dem Fakultativprotokoll vom 13. Dezember 2006 zum Übereinkommen der Vereinten Nationen über die Rechte von Menschen mit Behinderungen. Bundesgesetzblatt Teil II, 35, 1419–1457.
Bleeksma, M. (2014). *Mit geistiger Behinderung alt werden.* Weinheim/Basel: Beltz Juventa.
Böhnisch, L. (2023). *Sozialpädagogik der Lebensalter.* Weinheim/Basel: Beltz Juventa.
Degener, T. (2009). Die neue UN-Behindertenrechtskonvention aus der Perspektive der Disability Studies. In *Behindertenpädagogik*, (3), 263–283.
Doose, S. (2008). Sozialraumorientierung und Persönliche Zukunftsplanung. In: Deutsche Heilpädagogische Gesellschaft (Hrsg.), *Sozialraumorientierung in der Behindertenhilfe* (S. 59–68). Eigenverlag DHG.
Doose, S. (2019). Persönliche Zukunftsplanung. Ein gutes, passendes Leben in Verbundenheit gestalten. In *Teilhabe*, 58 (4), S. 176–180.
Elder, G. H. (1978). Family History and the Life Course. In: T. K. Hareven (Hrsg.), *Transitions. The Family and the Life Course in Historical Perspective* (S. 17–64). New York/San Francisco/London: Academic Press.
Emmelmann, I. & Greving, H. (2019). *Erwachsene Menschen mit geistiger Behinderung und ihre Eltern.* Stuttgart: Kohlhammer.
Fornefeld, B. (2008). *Menschen mit Komplexer Behinderung.* München: Reinhardt.
Fornefeld, B. (2021). *Teil ¬ sein & Teil ¬ haben. Wünschen – Gestalten – Leben.* Düsseldorf: verlag selbstbestimmtes leben.
Griebel, W. & Niesel, R. (2004). *Transitionen. Fähigkeit von Kindern in Tageseinrichtungen fördern, Veränderungen erfolgreich zu bewältigen.* Weinheim: Beltz.
Grunert, C. (2021). Peerbeziehungen. In A. Berngruber & N. Gaupp (Hrsg.), *Erwachsenwerden heute. Lebenslagen und Lebensführung junger Menschen* (S. 103–111). Stuttgart: Kohlhammer.
Haveman, M & Stöppler, R. (2021). *Altern mit geistiger Behinderung – Grundlagen und Perspektiven für Begleitung, Bildung und Rehabilitation* (3., überarbeitete und erweiterte Auflage). Stuttgart: Kohlhammer.
Havighurst, R. J. (1982 [1948]). *Developmental Tasks and Education.* New York: Longmans.
Hennies, I. & Kuhn, E. J. (2004). Ablösung von den Eltern. In: E. Wüllenweber (Hrsg.), Soziale Probleme von Menschen mit geistiger Behinderung. Fremdbestimmung, Benachteiligung, Ausgrenzung und soziale Abwertung (S 131–146). Stuttgart: Kohlhammer.
Hof, C. (2009): *Lebenslanges Lernen. Eine Einführung.* Stuttgart: Kohlhammer.
Huinink, J. (1995). *Warum noch Familie? Zur Attraktivität von Partnerschaft und Elternschaft in unserer Gesellschaft.* Frankfurt/New York: Campus.
Hurrelmann, K. (2007). *Lebensphase Jugend. Eine Einführung in die sozialwissenschaftliche Jugendforschung* (9., aktualisierte Auflage). Weinheim/München: Beltz Juventa.
Klauß, T. (1995). Irgendwann kommt die Trennung. *Zeitschrift für Heilpädagogik*, 46 (9), 443–450.
Klauß, T. (1999). *Ein besonderes Leben. Was Eltern und Pädagogen von Menschen mit geistiger Behinderung wissen sollten.* Heidelberg: Winter

Klein-Zimmer, K. (2021). Jugendliches Unterwegssein – lokal, regional, national und transnational. In: A. Berngruber & N. Gaupp (Hrsg.), *Erwachsenwerden heute. Lebenslagen und Lebensführung junger Menschen* (S. 131–144). Stuttgart: Kohlhammer.

Konietzka, D. (2010). *Zeiten des Übergangs. Sozialer Wandel des Übergangs in das Erwachsenenalter.* Wiesbaden: Springer VS

Markowetz, R. (2012). Freizeit im Leben von Menschen mit schweren und mehrfachen Behinderungen. In N. J. Maier-Michalitsch & G. Grunick (Hrsg.), *Freizeit bei Menschen mit schweren und mehrfachen Behinderungen* (S. 9–49). Düsseldorf: verlag selbstbestimmtes leben.

Niediek, I. (2022). Zugänge zur Lebenswelt von Menschen mit komplexem Unterstützungsbedarf jenseits von Verbalsprache. In K. Tiesmeyer & F. Koch (Hrsg.), *Wohnwunschermittlung bei Menschen mit Komplexer Behinderung – Wahlmöglichkeiten sichern* (S. 76–89). Stuttgart: Kohlhammer.

Oerter, R. & Montada, L. (1995). *Entwicklungspsychologie. Ein Lehrbuch.* Weinheim: Beltz.

Reichmann, E. (2010): Übergänge vom Kindergarten in die Grundschule unter Berücksichtigung kooperativer Lernformen. Schneider Verlag: Hohengehren (Baltmannsweiler).

Rössler, B (2017). *Autonomie. Ein Versuch über das gelungene Leben.* Berlin: Suhrkamp

Schels, B. (2021). Materielle Lebenslagen, Bildungs- und soziale Ungleichheiten im Jugend- und jungen Erwachsenenalter. In A. Berngruber & N. Gaupp (Hrsg.), *Erwachsenwerden heute Lebenslagen und Lebensführung junger Menschen* (S. 56–66). Stuttgart: Kohlhammer.

Schroeder, J. (2015). *Pädagogik bei Beeinträchtigungen des Lernens* (Kompendium Behindertenpädagogik). Stuttgart: Kohlhammer.

Schuck, H. (2017). Freizeitbildung im Förderschwerpunkt geistige Entwicklung. *behinderte menschen. Zeitschrift für gemeinsames Leben, Lernen und Arbeiten*, 40 (6), 73–76.

Schultz, A.-K. (2014). *Ablösung vom Elternhaus. Der Übergang von Menschen mit geistiger Behinderung in das Wohnen außerhalb des Elternhauses in der Perspektive ihrer Eltern: eine qualitative Studie* (3., unveränderte Auflage). Marburg: Lebenshilfe.

Schuppener, S., Schlichting, H., Hauser, M. & Goldbach, A. (2021). *Pädagogik bei zugeschriebener geistiger Behinderung* (Kompendium Behindertenpädagogik). Stuttgart: Kohlhammer.

Seifert, M. (2006). Pädagogik im Bereich des Wohnens. In: E. Wüllenweber, G. Theunissen & H. Mühl (Hrsg.), *Pädagogik bei geistiger Behinderung* (S. 376–393). Stuttgart: Kohlhammer.

Stöppler, R. (2013). Erwachsenwerden. In G. Theunissen, W. Kulig & K. Schirbort (Hrsg.), *Handlexikon geistige Behinderung. Schlüsselbegriffe aus der Heil- und Sonderpädagogik, Sozialen Arbeit, Medizin, Psychologie, Soziologie und Sozialpolitik* (S. 118–119). Stuttgart: Kohlhammer.

Stöppler, R. (2017). *Einführung in die Pädagogik bei geistiger Behinderung.* München/Basel: Ernst Reinhardt Verlag.

Tassé, M. (2017). Adaptive Behavior. In K. A. Shogren, M. L. Wehmeyer & N. N. Singh (Hrsg.), *Handbook of Positive Psychology in Intellectual and Developmental Disabilities: Translating Research into Practice.* New York: Springer.

Uphoff, G., Kauz, O. & Schellong, Y. (2010). Junge Menschen mit geistiger Behinderung am Übergang zum Erwachsenwerden – Bildungsprozesse und pädagogische Bemühungen. *Zeitschrift für Inklusion*, 4 (1). Online: https://www.inklusion-online.net/index.php/inklusion-online/article/view/151

Van Santen, E. & Tully, C. (2021). Ökonomische Aspekte des Erwachsenwerdens. In A. Berngruber & N. Gaupp (Hrsg.), *Erwachsenwerden heute. Lebenslagen und Lebensführung junger Menschen* (S. 91–102). Stuttgart: Kohlhammer.

Wendt, E.-V. (2009). *Sexualität und Bindung. Qualität und Motivation sexueller Paarbeziehungen im Jugend- und jungen Erwachsenenalter.* Weinheim: Juventa

Erwachsenwerden unter besonder(nd)en Bedingungen. Gesellschaftliche und soziale Angebote und Erwartungen an junge Menschen mit geistiger Behinderung.

Timo Dins

1 Einleitung

Wer erwachsen wird, bemerkt dies für gewöhnlich unter anderem daran, dass man sich plötzlich mit Fragen und Anforderungen konfrontiert sieht, deren Be- und Verantwortung kurz zuvor noch in den Zuständigkeitsbereich anderer Menschen fiel, also etwa den der Eltern oder anderer bereits Erwachsener. Welchen beruflichen Weg soll ich einschlagen? Wo und mit wem soll ich wohnen? Welche Freiräume nutze ich aus, nun, da ich vor allem für mich selbst verantwortlich bin? Die Auseinandersetzung mit diesen (und vielen weiteren) neuen Möglichkeiten und Anforderungen ist für die meisten Heranwachsenden aufregend, für viele beschwerlich, aber letztendlich für niemanden ohne Unterstützung zu leisten. In der Regel wird man sich über diese Dinge austauschen oder sich von den Entscheidungen Anderer (Peers oder anderer Rollenmodelle) inspirieren lassen.

Für junge Menschen mit geistiger Behinderung stellt sich der Übergang zum Erwachsenenalter jedoch in der Regel ganz anders da. Viele der Freiheiten und Anforderungen, die für andere junge Menschen zum Erwachsenwerden dazugehören und die sie für das weitere Leben prägen, betreffen sie höchstens mittelbar. Wohnort und Mitbewohner*innen können sie sich selten aussuchen, Alternativen zur Werkstatt gibt es auch im 21. Jahrhundert kaum, zu rauschenden Partynächten kommt es sehr selten, auch weil ihnen essenzielle Grundbedingungen dafür fehlen (z. B. Geld oder entsprechende soziale Kontakte). Häufig fällt es ihnen zudem schwer, potenzielle Lebenswege zu erkennen, diese eigenständig zu beschreiben oder festzustellen, dass andere Wege vielleicht besser für sie geeignet sind. Sie sind daher (mehr als andere Jugendliche) auf Unterstützung durch Andere angewiesen, die ihnen Möglichkeitshorizonte aufzeigen und eröffnen, auch indem sie Übergänge eng begleiten. Institutionalisierte Angebote erscheinen daher oft als »rettender Anker«.

Schon jetzt zeigt sich: Sowohl in soziostruktureller und institutioneller Hinsicht als auch in der (professionellen oder informellen) Begleitung scheint das Heranwachsen mit geistiger Behinderung mit gängigen Erwartungen und Zugeständnissen an Heranwachsende nur bedingt vereinbar. Doch welche sozialen und gesellschaftlichen Ausgangsbedingungen und Herausforderungen sind besonders konstitutiv für ihre Entwicklung? Inwiefern konnten die menschenrechtlichen

Forderungen und Entwicklungen der letzten Jahre dazu beitragen, Wahlmöglichkeiten, Teilhabe- und Entwicklungschancen auszuweiten? Und welche Personen(gruppen) begleiten und prägen diese Entwicklung? Im folgenden Beitrag werden zunächst die (makro-)strukturellen Ausgangsbedingungen skizziert, die als identitätsrelevante Erfahrungen das Erwachsenwerden mit geistiger Behinderung maßgeblich beeinflussen und mitgestalten. Anschließend wird der Blick auf institutionelle Teilaspekte (Meso-Ebene) gerichtet, um in einem dritten Schritt die interaktionelle Dimension (Mikro-Ebene) auszuleuchten, also konkret der Frage nachzugehen, welche zwischenmenschlichen Beziehungen beim Erwachsenwerden mit geistiger Behinderung bedeutsam sind. Der Beitrag schließt mit pädagogischen Implikationen.

2 Der strukturelle Rahmen: Bestehende Benachteiligungen und diskursive Neuausrichtungen

Junge Menschen mit Behinderung wachsen heute in einer Zeit auf, in der sich die Art und Weise, wie Menschen mit Behinderungen und ihren Bedürftigkeiten (politisch, sozial, pädagogisch) begegnet wird, bereits grundlegend verändert hat und sich weiterhin verändert. Anders als noch vor 25 Jahren wird heute eine ausschließliche Fokussierung auf die individuelle, medizinisch-psychologische Dimension von Behinderung vielfach als diskriminierend, mindestens aber als reduktionistisch beanstandet (Hirschberg, 2022). Vielmehr wird der Blick auf die Teilhabemöglichkeiten und -beeinträchtigungen des einzelnen Individuums mit Behinderung gerichtet. Behinderung wird demzufolge nicht mehr als individuelles Gesundheitsproblem (von der Behindertenbewegung schon wesentlich früher als »medizinisches Modell von Behinderung« kritisiert), sondern als Wechselwirkung zwischen sozialen Bedingungen und Voraussetzungen und individuellen Möglichkeiten (das sogenannte »soziale Modell von Behinderung«) betrachtet (ebd.). Im Kontrast zu dieser diskursiven Neuausrichtung bleiben viele materielle Benachteiligungen und diskriminierende Denkmuster erhalten. Mitunter werden sogar neue oder konkretere Bedingungen und Kriterien etabliert, an deren Erfüllung der Anspruch auf bestimmte soziale Leistungen oder Unterstützung geknüpft ist.

2.1 Behinderung im kulturellen, historischen und sozio-ökonomischen Kontext: Benachteiligungen, Diskriminierung und Bevormundung als Konstanten

Wie Menschen mit geistiger Behinderung gesellschaftlich wahrgenommen und thematisiert werden und welche Implikationen sich daraus hinsichtlich ihrer sozialen Position ergeben, ist historisch und kulturell äußerst variabel. Allein im deutschen Kulturraum hat sich der Umgang mit geistiger Behinderung über die vergangenen 150 Jahren enorm verändert: Von den ersten karitativ motivierten Bemühungen in den neu gegründeten Hilfsschulen und »Idioten- und Schwachsinnigen-Anstalten« im 19. Jahrhundert, über die radikalen Abwertungs- und Auslöschungspraktiken im Rahmen rassenhygienisch und sozialdarwinistisch angetriebener Identitätspolitiken in der ersten Hälfte des 20. Jahrhunderts, bis hin zur schrittweisen Etablierung integrativer und auf Normalisierung der Lebensumstände ausgerichteter Bildungs- und Wohn- und Arbeitsangebote in der zweiten Hälfte des 20. Jahrhunderts (vgl. zusammenfassend Kap. 3 in Bernasconi, 2024). Dieser holzschnittartige Blick in die Vergangenheit »lässt erkennen, dass (Nicht-)Behinderung keineswegs eine universelle kulturelle Kategorie und uniforme soziale Praxis darstellt. Vielmehr findet man über die Jahrhunderte und zwischen den Kulturen eine große Vielfalt in den Sicht- und Reaktionsweisen« (Waldschmidt, 2013, 108).

Erst im Zuge der Institutionalisierung medizinischen und psychiatrischen Wissens ab dem 19. Jahrhundert setzen sich Unterscheidungspraktiken zwischen normal und abnormal, fähig und unfähig, behindert und nicht-behindert durch. Diese »Diskriminierungen« (lat. *discriminatio*: Unterscheidung) bestimmen heute als »Mittel sozialer Orientierung« (Forster, 2013, 91) den Diskurs. Dabei schaffen sie zugleich eine Grundlage für soziale Ungleichheit, Stigmatisierung und Ausschlüsse. Auch wenn sich die Lebens- und Teilhabebedingungen von Menschen mit geistiger Behinderung über die Jahre schrittweise verbessert haben, so ist eine Behinderung weiterhin unauflöslich mit dem Risiko ökonomischer und sozialer sowie offensichtlicher und subtiler Diskriminierung verbunden.

Um diesen Tatbestand differenzierter in den Blick nehmen zu können, eignet sich die vom UN-Ausschuss für die Rechte von Menschen mit Behinderungen vorgeschlagenen Systematisierung von Diskriminierung. Dieser unterscheidet in einem seiner regelmäßig erscheinenden »General Comments« zur UN-Behindertenrechtskonvention (UN-BRK) zwischen vier Hauptformen der Diskriminierung: 1. Unmittelbare Diskriminierung als direkte Ungleichbehandlung von Menschen mit Behinderung im Vergleich zu Menschen ohne Behinderung, 2. Mittelbare Diskriminierung als Strukturen und Praktiken, die zunächst neutral erscheinen, allerdings benachteiligende Auswirkungen auf Menschen mit Behinderungen haben, 3. Versagung angemessener Vorkehrungen als »unterlassene Hilfeleistung« bei tatsächlich bestehenden Unterstützungsbedarfen und 4. Belästigungen als bewusste und einschüchternde oder gar gravierend demütigende und verletzende soziale Praktiken. (Deutsches Institut für Menschenrechte, 2020, 3).

Tatsächlich erleben Menschen mit Behinderungen trotz rechtlicher Gleichstellungsansprüche (vgl. auch den Beitrag von Fischer-Suhr und Totter in diesem Band) im Alltag vielfältige Formen *unmittelbarer Diskriminierung*. Dies ist z.B. dann der Fall, wenn Schüler*innen mit dem Förderschwerpunkt geistige Entwicklung der Zugang zu Schulen des gemeinsamen Lernens trotz Rechtsanspruch verwehrt wird. Als weitere Beispiele wären die Ungleichbehandlung von Menschen mit geistiger Behinderung im Gesundheitssystem (Bössing et al., 2019) und im Arbeitsleben (Becker, 2023) zu nennen.

Zu den *mittelbaren Diskriminierungsformen* lassen sich ökonomische Benachteiligungen zählen, die als »negative Nebenwirkungen« der Bereitstellung geschützter Beschäftigungsangebote (zu denen die Werkstätten für Menschen mit Behinderungen gehören) gedeutet werden können. Aufgrund ihres geringen Entgelts sind Werkstatt-Beschäftigte auf Leistungen der Grundsicherung angewiesen, und sie haben häufig kaum eigenes Vermögen und auch oft keine Möglichkeiten, Vermögen aufzubauen (BMAS, 2021, S. 303 f.).

Der dritten oben skizzierten Diskriminierungsform – *Versagung angemessener Vorkehrungen* – begegnen Menschen mit geistiger Behinderung alltäglich, sofern diese nicht von ihren Unterstützer:innen kompensiert werden: Behördliche Prozesse und Dokumente sind meist wenig zugänglich gestaltet, z. B. weil Übersetzungen in Leichter Sprache fehlen (Engels et al., 2022, 226 f.), gesundheitliche Informationen werden ihnen häufig gar nicht oder nur unzureichend vermittelt (Mairhofer et al., 2023). Es ließen sich zahlreiche weitere Beispiele nennen, die v. a. den Aspekt der Zugänglichkeit und Barrierefreiheit betreffen.

Schließlich sind Menschen mit geistiger Behinderung überdurchschnittlich häufig Ziel und Opfer von *Belästigungen*, bewussten Herabsetzungen und Beleidigungen bis hin zu physischer Gewalt. Besonders häufig sind dabei auch Fachkräfte die Aggressor*innen (Mech & Görtler, 2020). So dringen aus institutionalisierten Arbeitssettings oder Wohnformen immer wieder erschütternde Berichte von unrechtmäßigen freiheitentziehenden Maßnahmen, nicht angeordneter medikamentöser Sedierung und grober körperlicher Gewaltanwendung gegenüber Menschen mit geistiger Behinderung an die Öffentlichkeit (vgl. beispielhaft Bradl, 2022). Es ist davon auszugehen, dass hier die Dunkelziffer wesentlich höher, ist als es die bekannt gewordenen Fälle suggerieren. Die Geschlossenheit institutionalisierter Lebenswelten erschwert sowohl die Prävention als auch das Bekanntwerden und die Aufklärung solcher Straftaten (ebd.).

Zu diskriminierenden *Haltungen* und *Einstellungen* gegenüber Menschen mit geistiger Behinderung liegen kaum empirische Erkenntnisse vor. In repräsentativen Befragungen wie z. B. in den Mitte-Studien der Friedrich-Ebert-Stiftung äußert sich jedenfalls nur ein kleiner Bruchteil (zwischen 2 und 6%) der Studienteilnehmenden offen abwertend gegenüber Menschen mit Behinderung (es wird nicht zwischen Behinderungsformen unterschieden), was sich auch über die Jahre hinweg kaum verändert hat (Zick et al., 2019, 69 und 84). Ergebnisse von Befragungen zu Haltungen und Einstellungen sollten jedoch im Hinblick auf potenziell sozial erwünschtes Antwortverhalten der Teilnehmenden ohnehin mit Vorsicht gedeutet werden.

Es erscheint vielmehr aufschlussreicher, den Blick auf das soziale Handeln zu richten, und zwar nicht nur auf die drastischen und offensichtlich verletzenden Praktiken, sondern auch und vor allem auf die vermeintlich wohlwollenden Umgangsformen und Verhaltensweisen, die zumeist als weniger gravierend und folglich auch nicht immer sofort als diskriminierend (an-)erkannt werden. Gemeint sind Fürsorge-Praktiken, die im Lichte eines auf Selbstbestimmung und Autonomie ausgerichteten Menschenbildes »als diskriminierend, bevormundend, paternalistisch usw. wahrgenommen [werden], weil diese Handlungen den Menschen als nicht-selbstständig und nicht-autonom erscheinen lassen« (Falkenstörfer, 2020b,

223). Aufgrund ihres (z. T. umfassenden) Unterstützungsbedarfs ist der soziale Alltag von Menschen mit geistiger Behinderung von zahlreichen und unterschiedlich begründeten (d. h. nicht nur professionellen) Fürsorgebeziehungen geprägt. Da sie ihre Unterstützung häufig nicht selbstständig koordinieren, oftmals noch nicht einmal mitgestalten können, handelt es sich meist um asymmetrische Beziehungen, die mit Machtmissbrauch und Bevormundung einhergehen können (ebd., 289).

Aus Perspektive der Disability Studies diskutiert Waldschmidt (2011) solche Strukturen und Praktiken als Beispiele »symbolischer Gewalt« – ein Konzept, das sie der Soziologie Pierre Bourdieus entlehnt:

> »Im Falle von Behinderung ist die symbolische Gewalt nicht nur sanft, sondern auch – zusätzlich – wohltätig und fürsorgerisch; sie bietet Unterstützung, Förderung und Pflege, kurz ›barmherzige Solidarität‹ und legitimiert die pädagogisch-rehabilitativen Interventionen, indem sie sich auf die informierte Einwilligung und das eigene Interesse der Betroffenen beruft, die gar nicht anders können als sich zu beugen; (…) sie hat sogar eine positiv konnotierte Sinngebung, birgt geradezu Verheißungen: Behinderte Menschen werden dem *common sense* zufolge eben nicht unterdrückt, im Gegenteil, ihnen wird *geholfen*, schließlich soll ihnen mittels Therapieangeboten und Nachteilsausgleich gesellschaftliche Teilhabe und Inklusion ermöglicht werden« (ebd., 99, Hervorhebungen im Original).

Das Konzept der symbolischen Gewalt biete, so Waldschmidt, einen geeigneten theoretischen Rahmen zur Analyse stereotyper und diskriminierender Denk-, Wahrnehmungs- und Handlungsmuster und ihrer Auswirkungen auf die individuellen Lebenssituationen von Menschen mit Behinderungen. Konstituierend ist hierbei, dass symbolische Praktiken und Erzeugnisse (z. B. Sprache, mediale Darstellungen oder soziale Interaktionen) auf subtile Weise Normalitätsvorstellungen und soziale Ordnungen aufrechterhalten oder rekonfigurieren, sodass bestimmte Normen, Wertvorstellungen und Machtverhältnisse als selbstverständlich und selbst von den als »abweichend« oder eben: »behindert« stigmatisierten Individuen unhinterfragt hingenommen und reproduziert werden. Die Mechanismen der symbolischen Gewalt sind oft tief in den sozialen Strukturen verankert und werden von den Akteur*innen oft nicht als gewaltförmig erkannt.

Zu diesen subtileren, aber dennoch wirkmächtigen Formen der Ungleichbehandlung zählen auch Praktiken der Infantilisierung, was sich z. B. in der Verwendung kindlicher Sprache oder in einer Überbetonung der Notwendigkeit umfassender »Betreuung« ausdrücken kann. Menschen mit geistiger Behinderung in dieser »kleinmachenden« Weise zu begegnen, ist (immer noch) eine übliche Art und Weise des Umgangs mit ihnen, was auf die selbst in professionellen Kreisen weit verbreitete stereotype Annahme zurückzuführen ist, eine geistige Behinderung erschwere oder verunmögliche gar eine »vollständige Entwicklung« zum Erwachsenen. Auch wenn die entwicklungspsychologisch begründete Diagnostik mittlerweile deutlicher auf eine differenziertere Auslegung der Ergebnisse ihrer Instrumente besteht, so hat sich in der Praxis der Trugschluss verfestigt, ein diagnostisch ermitteltes Entwicklungsalter sei mit dem Lebensalter gleichzusetzen (vgl. Dederich, 2016, 122). In schulischen Kontexten etwa finden im Jugend- und jungen Erwachsenenalter kindliche Materialien (z. B. Kinderbücher) und Lernformate (z. B. das gemeinsame Singen von Kinderliedern) weiterhin Anwendung (Langner, 2009, 250), was auch als Vernachlässigung materialer Bildungsaspekte kritisiert wird

(Schuppener et al., 2021, 177 f.). Aber auch Angebote für erwachsene Menschen mit geistiger Behinderung sind oft nicht altersgemäß gestaltet. Zahlreiche Beispiele finden sich in einer von Trescher (2017) durchgeführten Studie in Wohneinrichtungen für (erwachsene!) Menschen mit geistiger Behinderung, so etwa die Ausgestaltung des Gemeinschaftsraums einer Wohngruppe mit Kuscheltieren (ebd., 90), die von Fachkräften ritualisiert angeschaltete Cartoon-Sendung (ebd., 122) oder die durch Fachkräfte angeregte Beschäftigung mit »Spielsachen« (ebd., 123). Trescher macht auch darauf aufmerksam, dass Menschen mit geistiger Behinderung durchaus neue und altersgemäße Interessen ausbilden wollen und können (ebd.). Dazu bedarf es aber häufig konkreter Impulse durch ihr Umfeld. Werden Heranwachsende mit geistiger Behinderung jedoch über das Kindesalter hinaus weiterhin (und hauptsächlich) als Kinder adressiert und mit kindlichen Inhalten konfrontiert, fehlen ihnen altersgemäße, identitätsrelevante Erfahrungen – eine Identifikation als Erwachsene*r kann dann kaum gelingen (vgl. Schuppener, 2005, 43).

Zusammenfassend lässt sich sagen: Mit einer geistigen Behinderung aufzuwachsen, bedeutet weiterhin, mit Benachteiligungen, Bevormundung und Ungleichbehandlungen umgehen zu lernen. Von Schuppener (2011) als »intensive Behinderungserfahrungen« bezeichnet, können solche Erlebnisse die Ausbildung einer selbstbewussten Identität und das Vertrauen in die eigene Person erheblich beeinträchtigen. Nicht immer herrscht für derlei Ungerechtigkeiten ein kritisches Bewusstsein. Hierbei unterstützend zur Seite zu stehen, etwa indem diese Missstände gemeinsam mit den Betroffenen aufgedeckt und skandalisiert werden, wäre die zentrale Aufgabe und Verantwortung einer entstigmatisierenden und emanzipierenden Pädagogik. Die Sonder- und Heilpädagogik muss sich diesbezüglich zurecht vorwerfen lassen, mit ihrer geradezu aktiv ignorierenden Rolle diese Verantwortung nicht übernehmen zu wollen (Schuppener et al., 2021, 95 f.).

2.2 Sozialrechtliche Neuausrichtung: Systemwechsel mit neuen Anforderungsregimen

Seit der Jahrtausendwende vollzieht sich (z. B. mit der Veröffentlichung der ICF und Inkrafttreten des SGB IX im Jahr 2001) eine sozialrechtliche und damit auch sozialpolitische Neuausrichtung, die den oben genannten Diskriminierungsrisiken Rechnung zu tragen versucht, was sich in einer bewussten »Abkehr von einer Tradition der Versorgung und Fürsorge« (Wansing et al., 2022, 2) zugunsten einer auf Selbstbestimmung und Teilhabe ausgerichteten Perspektive auf die Bedürftigkeiten von Menschen mit Behinderung konkretisiert. Von diesen Leitgedanken angetrieben fand diese Neuausrichtung ihren Ausdruck in der UN-Behindertenrechtskonvention (UN-BRK), deren Ratifikation durch die Bundesrepublik Deutschland im Jahr 2009 zusätzliche Impulse für eine Reformierung der Unterstützungssysteme für Menschen mit Behinderungen mit sich brachte. Mit dem Bundesteilhabegesetz (BTHG), das in mehreren Etappen im Jahr 2023 vollständig umgesetzt wurde, wurden wesentliche Kerngedanken der UN-BRK auch in der Eingliederungshilfe aufgegriffen und nun im SGB IX verankert. Dazu gehören unter anderem die Entflechtung von Sozialhilfe und Eingliederungshilfe und damit der Abbau von materiellen Benachteiligungen, die Etablierung eines ICF-basierten Teilhabeplanungsprozesses sowie die Explizierung eines sozialen Verständnisses von Behinderung (vgl. hierzu auch den Beitrag von Fischer-Suhr und Totter in diesem Band).

All diese Reformbemühungen vereint die Absicht, Menschen mit Behinderungen und ihre Ansprüche auf Teilhabeleistungen nicht mehr an Institutionen und Einrichtungen der sog. Behindertenhilfe zu binden (Prinzip »Institutionsorientierung«), sondern diese Leistungen mit und für den einzelnen Menschen mit Behinderung zu ermitteln und anzubieten (Prinzip »Personenzentrierung«). Mit dem BTHG wird also der einzelne Mensch mit seinen (bio-psycho-sozialen) Ausgangsbedingungen, Bedürftigkeiten und Wünschen *formal* in den Mittelpunkt des Leistungsgeschehens gestellt. Wie diese rechtlichen Ansprüche jedoch tatsächlich umgesetzt werden und inwiefern Menschen mit geistiger Behinderung von diesem Systemwechsel wirklich profitieren, ist jedoch fraglich.

So macht Groß (2019) darauf aufmerksam, dass die Stärkung des Wunsch- und Wahlrechtes durch das BTHG vielen (anspruchsberechtigten) Menschen zwar wertvolle neue Möglichkeiten eröffne, indem sie ihre eigenen Vorstellungen von einem guten Leben unabhängig von den Anbietern und Institutionen der sog. Behindertenhilfe einfordern können. Andere (ebenfalls anspruchsberechtigten) Menschen stelle dies jedoch vor neue Herausforderungen. Das Wunsch- und Wahlrecht setze nämlich voraus, dass der oder die Einzelne dieses auch aktiv ausübt und gegebenenfalls auch einfordert:

> »Personen, die sich aufgrund der Schwere ihrer Behinderung nicht äußern können, die keine Fürsprecherinnen oder Fürsprecher oder aufgrund einer psychischen Beeinträchtigung einen zu geringen Antrieb haben, um den eigenen Lebensweg zu gestalten, werden voraussichtlich nicht initiativ und weiterhin von gesellschaftlichen Regelbezügen ausgeschlossen werden. […] Das bürgerliche Modell von Behinderung [Anm. TD: gemeint ist die geänderte Sichtweise auf Behinderung im Rahmen des BTHG] verleiht der einzelnen Person Handlungsoptionen, die von dieser initiativ genutzt werden müssen, um ein selbstbestimmtes Leben in der Gesellschaft zu gestalten.« (ebd., 81)

Implizite Grundannahme des BTHG ist demzufolge, dass von der einzelnen leistungsberechtigten Person ein gewisses Maß an Eigeninitiative, Mitwirkungsbereitschaft und Handlungsvermögen erwartet werden kann. An diesen neu eingeführten An- bzw. Aufforderungen zur Mitwirkung am Leistungsgeschehen setzt auch Falkenstörfer (2020a) mit ihrer Kritik am BTHG an. Die Reform der Eingliederungshilfe greife die zentralen Anliegen eines »aktivierenden Sozialstaates« auf, was sich konkret darin äußere, »dass staatliche Leistungen ohne Gegenleistung nicht mehr gewährt werden sollen« (ebd., 7). Menschen mit Behinderungen seien folglich zu aktiven Teilhabebemühungen angehalten, was sich im Rahmen der Eingliederungshilfe beispielsweise in der Verpflichtung zur Mitwirkung am Teilhabeplanungsprozess konkretisiere. Dabei werden zwischen Leistungsberechtigten und Kostenträger Teilhabeziele vereinbart, an deren Erreichung in der Folge die Weiterbewilligung der Unterstützungsleistungen geknüpft werden. Falkenstörfer verweist in diesem Zusammenhang auf die zu erwartenden und sich abzeichnenden Exklusionseffekte, z. B. indem Menschen mit komplexen Behinderungen aufgrund fehlender Aktivierungsaussichten kein Anspruch mehr auf Teilhabeleistungen gewährt wird.

Mit Eintritt in das Erwachsenenalter sind junge Menschen mit geistiger Behinderung in aller Regel auf Unterstützungsleistungen im Rahmen der Eingliederungshilfe angewiesen. Sie sind damit in besonderem Maße gefordert, Visionen ihrer Zukunft zu entwerfen – nicht nur für sich selbst, sondern auch mit und gegenüber Anderen, die über diese Entwürfe befinden. Häufig hatten und haben sie allerdings kaum Gelegenheiten, Vorstellungen von einem guten Leben zu entwickeln, die sie diskutieren oder einfordern könnten. Als nicht förderlich für die Ausbildung eigener (oder ggf. auch *eigenwilliger*) Lebensentwürfe erweist sich hier insbesondere deren schulische Situation. Schüler*innen mit geistiger Behinderung besuchen immer noch mehrheitlich Sonderschulen oder Förderzentren. Dass diese nur unzulänglich auf ein selbstbestimmtes Leben außerhalb dieses segregierenden Rahmens vorbereiten oder begeistern, wird seit langem kritisiert und gilt mittlerweile auch als gut belegt (Powell, 2007, spricht in diesem Zusammenhang von »schulischer Behinderung«; vgl. auch Prochnow Penedo, 2014, 411).

Junge Menschen mit geistiger Behinderung haben also durchaus einen besonderen Bedarf an personenzentrierten Angeboten, insbesondere mit Eintritt in das Erwachsenenalter. Solche Angebote müssten allerdings *erstens* tatsächlich institutionenunabhängig konzipiert und verortet sein. Sie müssten *zweitens* wesentlich personenzentrierter ansetzen, indem sie den besonderen Ausgangsbedingungen von (jungen) Menschen mit geistiger Behinderung Rechnung tragen. Und schließlich sollten die Angebote *drittens* visionären oder utopischen Charakter haben, d. h. hier sollten junge Menschen mit geistiger Behinderung Impulse und Anregungen für das Erwachsenenalter erhalten, die die gewohnten Pfade gängiger bzw. behinderungstypischer Lebensverläufe verlassen. Die konzeptionellen und methodischen Impulse der Erwachsenenbildung (vgl. hierzu auch den Beitrag von Keeley in diesem Band) und der Persönlichen Zukunftsplanung (Doose, 2013) sind für diese Aufgabe geradezu prädestiniert (dazu auch Dins, 2022) und als Leistung zur »persönlichen Lebensplanung« überdies auch förderfähig (DHG, 2021, 65).

3 Institutionelle Dimension: Anspruch und Wirklichkeit

Auch wenn die Selbstbestimmungs- und Teilhabeansprüche und -möglichkeiten von Menschen mit (geistiger) Behinderung durch die sozialrechtlichen Neuausrichtungen der letzten Jahre insgesamt zugenommen haben, so kann von einer »vollen und wirksamen Teilhabe«, wie sie die UN-BRK fordert, nicht die Rede sein; zu diesem Schluss kommt auch der UN-Ausschuss für die Rechte von Menschen mit Behinderungen im Rahmen seiner 2. und 3. Staatenprüfung zum Stand der Umsetzung der UN-BRK in Deutschland (Committee on the Rights of Persons with Disabilities, 2023). In ihren abschließenden Beobachtungen werden unter anderem das weitere Fortbestehen segregierender Institutionen und die mangelnden Bemühungen zur Etablierung alternativer Unterstützungsstrukturen beanstandet. Weiterhin fehlt es an inklusiven und personenzentrierten Arbeits-, Wohn-, Freizeit- und Bildungsangeboten für junge Menschen mit geistiger Behinderung (Becker, 2023; Przybylski & Voigts, 2023; Schädler, 2019; Schrooten et al., 2019).

Dass sich die Einrichtungen und Anbieter von Unterstützungsleistungen mit Innovationen schwertun, hat verschiedene Ursachen. So war, *erstens*, eine auf Gruppenversorgung und caritative Zielperspektiven ausgerichtete Angebotsstruktur (z. B. im Sinne großer Komplexeinrichtungen) lange Zeit politisch und gesellschaftlich gewünscht, was von den Leistungsanbietern entsprechend aufgegriffen und in die Praxis umgesetzt worden ist. Der nun vorangetriebene (aber übrigens nicht erst seit Inkrafttreten der UN-BRK geforderte) flächendeckende Ausbau von personenzentrierten Angeboten erfordert also umfassende und aufreibende Veränderungs- und Umgestaltungsprozesse von den Einrichtungen – sowohl in organisatorischer Hinsicht als auch im Hinblick auf deren Selbstverständnis und deren moralisch aufgeladenen Überzeugungen, »das Gute« zu tun. Insbesondere Einrichtungen mit langer Geschichte tun sich mit diesem Wandel schwer (Wolff, 2021).

Hinzu kommt *zweitens*, dass sich im Zuge des BTHG nicht nur die Leistungsempfänger neuen Anforderungen gegenübersehen, sondern dass sich auch Leistungsanbieter mit neuen Maßstäben an die Wirksamkeit ihrer Leistungen auseinandersetzen müssen. Ob und inwiefern pädagogische Angebote (im Einzelfall wie auch Einzelfall-übergreifend) tatsächlich die gewünschten Effekte zeitigen, ist jedoch äußerst komplex zu ermitteln (Boecker, 2023). Es steht zu befürchten, dass sich im »Wettbewerb« pädagogischer Maßnahmen und Interventionen solche Angebote durchsetzen werden, bei denen sich ein Kausalzusammenhang bei einer möglichst großen »Population« eindeutig nachweisen lässt. Ob solche Angebote als »personenzentriert« gelten können, sei dahingestellt.

Schließlich und *drittens* stehen Einrichtungen der sog. Behindertenhilfe wie sämtliche Anbieter sozialer Dienstleistungen seit langem vor dem Problem steigender Ressourcenknappheit. Die Implementierung personenzentrierter Ansätze erfordert jedoch in der Regel zusätzliche Mittel und qualifiziertes Personal. Während die Leistungsanbieter schon seit mehreren Jahren lernen mussten, mit geringen finanziellen Mitteln zu haushalten, so ist der Fachkräftemangel eine vergleichsweise neue Herausforderung, mit der sie auch in Zukunft zu kämpfen haben werden. Es muss damit gerechnet werden, dass Einrichtungen vermehrt auf nicht ausgebildete Fachkräfte zurückgreifen werden müssen, um ihre Leistungen überhaupt noch anbieten zu können. Menschen mit geistiger Behinderung haben jedoch Anspruch auf und Bedarf an sensibler, kritisch-reflektierter Begleitung und Unterstützung (DHG, 2021, Kap. 3). Nicht oder schlecht qualifiziertes Personal würde ihren Ansprüchen nicht gerecht.

Menschen mit geistiger Behinderung, insbesondere solche in komplexeren Bedarfslagen, sind vor diesem Hintergrund äußerst »anspruchsvolle« Leistungsberechtigte: Sie haben einerseits Anspruch auf umfängliche Leistungen aus unterschiedlichen Hilfesystemen, sie können diese Ansprüche andererseits jedoch häufig nicht einlösen, da Leistungsanbieter zögern, personenzentrierte Angebote für sie bereitzustellen. Schließlich würden sie das Risiko eingehen, zusätzliche Ressourcen für Maßnahmen aufzubringen, deren Wirksamkeit insbesondere bei Nichterreichung der vereinbarten Ziele stets angezweifelt werden kann (Boecker, 2023). Ihnen stehen also häufig nur sehr begrenzte Optionen hinsichtlich potenzieller Freizeitangebote, Wohnformen oder Arbeitsfelder zur Verfügung (siehe auch die Beiträge von Ziemski in diesem Band). Ihre Lebenswege sind damit nach wie vor weitgehend vorgezeichnet.

Junge Menschen mit geistiger Behinderung wuchsen und wachsen also in einer Zeit heran, in der bestehende gesellschaftliche und politische Denk- und Handlungsmuster in Frage gestellt oder verworfen wurden, in der sich allerdings neue Paradigmen noch nicht gänzlich durchgesetzt haben. Im Folgenden soll der Blick von der Makro- und Mesoebene auf die Mikroebene verlagert werden. Dabei wird sich zeigen, dass die oben skizzierten gesellschaftlichen, politischen und institutionellen Ausgangsbedingungen und Ambivalenzen auch den Umfang und die Qualität ihrer zwischenmenschlichen Beziehungen prägen.

4 Die Interaktionelle Dimension: Die Rolle von Peers, Geschwistern und Eltern

Wenn es um die kleinen und großen Fragen des Erwachsenwerdens geht, spielen für gewöhnlich Peers, also Menschen aus der gleichen Altersgruppe (z. B. Mitschüler*innen oder Freund*innen) eine maßgebliche Rolle. Deren Entscheidungen und Lebenswege bieten Orientierung und Impulse für das eigene Leben. Außerdem stehen sie bei Unsicherheiten als wichtige Berater*innen zur Seite. Bei Heranwachsenden mit geistiger Behinderung sind es allerdings nicht etwa Gleichaltrige, sondern nach wie vor die Eltern oder andere bereits Erwachsene (z. B. Pädagog*innen und Vertreter*innen von Kostenträgern und Leistungsanbietern), die die Übergänge von Heranwachsenden mit geistiger Behinderung maßgeblich prägen oder gar stellvertretend gestalten (vgl. Tipton et al., 2013; Trescher & Hauck, 2020).

Das liegt unter anderem daran, dass Jugendliche mit geistiger Behinderung insgesamt weniger Freundschaften zu Gleichaltrigen entwickeln, insbesondere nicht zu Gleichaltrigen ohne Behinderung (vgl. u. a. im dritten Teilhabebericht des BMAS, 2021, 94 ff.). Dies wird u. a. mit dem schulischen Setting (z. B. die Schulform oder das Klassenklima), der Qualität und Quantität ihrer (auch außerschulischen) sozialen Kontakte und mit Syndrom-spezifischen Besonderheiten (z. B. Erschwernisse der sozialen Interaktion bei Autismus-Spektrum-Störungen) in Zusammenhang gebracht (u. a. Köb & Janz, 2022, 80 f.; Preiß, 2016). Zur Rolle von Geschwistern (mit oder ohne Behinderung) sind bislang kaum Forschungsaktivitäten zu verzeichnen. Obwohl zu erwarten ist, dass Geschwister als Vorbilder oder Austauschpartner*innen bedeutsamen Einfluss auf die Entwicklung ihrer Brüder oder Schwestern mit geistiger Behinderung nehmen, fokussieren die wenigen Studien, die sich in diesem Kontext mit Geschwisterbeziehungen befassen, mitunter recht einseitig auf die Perspektive der nicht behinderten Geschwister, z. B. indem sie die Auswirkungen potenzieller Vernachlässigung oder Benachteiligungen durch die Eltern untersuchen (vgl. beispielhaft Hodapp et al., 2017; Lee & Burke, 2018).

Es ist daher anzunehmen, dass Jugendliche mit geistiger und insbesondere mit komplexer Behinderung häufiger Zeit allein oder mit ihren erwachsenen Unterstützer*innen als mit ihren Peers ohne Behinderung verbringen. Dies verstärkt sich noch, wenn z. B. nur eingeschränkte Möglichkeiten zur Kommunikation existieren (Bernasconi et al., 2024). Die Teilhabe an Diskursen und Praktiken, die das Erwachsenwerden begleiten, ist ihnen auf diese Weise kaum möglich, auch weil sie sich in der Regel nicht eigenständig mit entsprechenden Inhalten (z. B. in digitalen Medien) auseinandersetzen können, die ihnen in der Schule nicht angeboten werden (s. o.). Sie sind also auch hier auf entsprechende Gesprächs- und Informationsangebote durch ihre (bereits erwachsenen) professionellen oder familiären Unterstützer*innen angewiesen.

(*Bereits*) Erwachsene sind jedoch nicht immer und vor allem nicht ausschließlich gute Berater in Fragen des Erwachsen*werdens*. Ihr Heranwachsen vollzog sich zum einen in einem anderen (zeitlichen, kulturellen) Kontext. Ihr Erfahrungshorizont gründet also auf ganz anderen Gegebenheiten. Möglicherweise war in ihrer Kindheit und Jugend eine optimistischere Sicht auf die Zukunft prägend. Oder sie sind ohne digitale Technologien und folglich unter völlig anderen Voraussetzungen des Miteinanders aufgewachsen. Zum anderen haben sie aus ihrer gegenwärtigen Perspektive spezifische Erwartungen an das Heranwachsen Jugendlicher, die sich von jenen fundamental unterscheiden können: Ihnen geht es vielleicht eher um sichere Zukunftsperspektiven und geradlinige Lebensverläufe und weniger um Spontanität und Explorationsgelegenheiten.

Eltern von (heranwachsenden) Kindern mit geistiger Behinderung sind und bleiben also auch in der Phase der Adoleszenz die wichtigsten Bezugspersonen. Sie kennen ihre Kinder am besten und haben erfahren und lernen müssen, dass ihre Kinder in der Regel mehr Aufmerksamkeit und Zuwendung als Kinder ohne Behinderung benötigen. Häufig machen sie jedoch die Erfahrung, dass ihren Kindern diese zusätzliche Aufmerksamkeit nicht hinreichend zuteilwird. In der Folge ist das Erwachsenwerden ihrer Kinder oft mit elterlichen Ängsten und Sorgen verbunden (vgl. hierzu auch den Beitrag von Naumann in diesem Band). Dies betrifft vor allem die Orientierungsphase am Ende der Schulzeit, wenn Übergänge (ins Arbeitsleben, in eine eigene Wohnung oder Wohngemeinschaft) anstehen (Emmelmann & Greving, 2019, 56 f.). So konnten Liljeberg et al. (2022, 85 f.) zeigen, dass elterliche Sorgen um die Selbstständigkeit und die Selbstbestimmungsmöglichkeiten ihrer Kinder mit Behinderungen in dieser Phase besonders ausgeprägt sind (vgl. auch Schrooten et al., 2019). Angesichts fehlender angemessener Unterstützungsstrukturen und -angebote (s. o.) sind diese Sorgen durchaus auch nicht unberechtigt. Dass es Eltern von Kindern mit geistiger Behinderung also nicht leichtfällt, ihre Kinder in die Unabhängigkeit zu entlassen, scheint vor diesem Hintergrund also nicht verwunderlich (dazu auch bereits Speck, 1999, 133).

Vielmehr als bei anderen Jugendlichen ist das Erwachsenwerden mit geistiger Behinderung ein Aufwachsen unter der Begleitung, Anleitung und Aufsicht Erwachsener. In Anlehnung an Trescher (2018, 77 ff.) könnte man auch vom Heranwachsen »unter pädagogischem Protektorat« sprechen. Die Freiräume, die anderen

Jugendliche zuteilwerden oder die diese für sich in Anspruch nehmen, erschließen und nutzen, stehen Heranwachsenden mit geistiger Behinderung entsprechend oftmals nicht zur Verfügung.

5 Fazit und pädagogische Implikationen

Junge Menschen mit geistiger Behinderung wachsen in besonder(nd)en, oftmals benachteiligenden Verhältnissen auf. Diskriminierung, Ungleichbehandlung und Bevormundung bestimmen trotz politischer und sozialrechtlicher Bemühungen, diese zu verhindern oder zu überwinden, ihre Lebenswege. Auch wenn die Selbst- und Mitbestimmungsrechte von Menschen mit Behinderungen mit Umsetzung des BTHG gestärkt worden sind, können Menschen mit *geistiger* Behinderung von diesen häufig nicht profitieren, da sie ihre Ansprüche und Möglichkeiten oft nicht kennen und diese folglich auch nicht einfordern. Entgegen menschenrechtlicher Forderung nach inklusiven und personenzentrierten Unterstützungsangeboten bleiben segregierende und institutionalisierte Wohn-, Arbeits- und Bildungssettings für die meisten Menschen mit geistiger Behinderung Lebensrealität, sodass Institutionskarrieren vielfach alternativlos erscheinen.

Auf der Ebene der zwischenmenschlichen Beziehungen wurde auf den Umstand verwiesen, dass es sich aufgrund ihres mitunter umfassenden Unterstützungsbedarfes bei vielen ihrer sozialen Bindungen um Fürsorgebeziehungen handelt, die mit Machtmissbrauch und Bevormundung seitens der sie Unterstützenden einhergehen können. Über die identitätsrelevante Bedeutung von Freundschaften oder Geschwistern konnte mangels empirischer Belege nur gemutmaßt werden. Es ist anzunehmen, dass Jugendliche mit geistiger Behinderung mehr Zeit alleine oder mit ihren Eltern oder professionellen Begleiter*innen verbringen als andere Jugendliche. Die Lebensläufe von Jugendlichen mit geistiger Behinderung werden demnach maßgeblich durch erwachsene Menschen (ohne Behinderung) geprägt, entworfen und gestaltet.

Was folgt daraus für die pädagogische Praxis? Zunächst einmal bleibt festzuhalten, dass die (Sonder-, Heil-, Behinderten-)Pädagogik maßgeblich an der Reproduktion der besondernden Lebensverhältnisse von Menschen mit geistiger Behinderung beigetragen und bislang kaum Bemühungen gezeigt hat, diese über deren bloße Problematisierung hinaus verändern zu wollen. Eine emanzipatorisch orientierte Pädagogik als *Menschenrechtsprofession* (Boecker, 2023, 248 unter Rekurs auf Staub-Bernasconi) müsste jedoch hier ansetzen und diese Missstände gemeinsam mit den Betroffenen aufdecken, skandalisieren und aktiv verändern. Indem sie neue Möglichkeiten aufzeigt, könnte eine solche Pädagogik auch dazu beitragen, sich an der »Behinderung der Realisierung ihrer Bedürfnisse« (Dins et al., 2022, 74) nicht mehr zu beteiligen. Anliegen und Methoden der partizipativen Aktionsforschung könnten hierzu wertvolle Impulse und Handlungsoptionen liefern (Ollerton & Horsfall, 2013).

Auch im schulischen Alltag, im Kontext der Erwachsenenbildung sowie in weiteren außerschulischen Bildungs- und Unterstützungssettings können Lehr- oder Fachkräfte den besonder(nd)en Bedingungen, in den junge Menschen mit geistiger Behinderung aufwachsen, Rechnung tragen. Ein offensichtlicher erster Schritt wäre, bei den Materialien und Inhalten ihrer Bildungs- und Unterstützungsangebote auf Altersangemessenheit zu achten.

Darüber hinaus wurde bereits auf die Impulse und Angebote personenzentrierter Planungsmethoden verwiesen, bei denen Bedürfnisse, Wünsche und Ziele gemeinsam herausgearbeitet werden. Dass es sich hierbei nicht um eine zeitlich und inhaltlich eng umrissene »Intervention« handeln kann, sondern um einen lebenslangen und dynamischen Erkenntnisprozess, lässt sich leicht nachvollziehen, wenn man sich die anspruchsvollen Entscheidungen, Überraschungen und Wendungen des eigenen Lebens vergegenwärtigt. Junge Menschen diesen Prozess allein, d.h. ohne (pädagogische) Unterstützung durchleben zu lassen, ihnen also zuzutrauen, die wichtigen Entscheidungen ihres Lebens selbst zu treffen, wäre nur dann pädagogisch vertretbar, wenn den Entscheidungstragenden auch solche Möglichkeiten und Wege bekannt sind, die ihnen ihr Umfeld üblicherweise nicht bereithält. Die Notwendigkeit professioneller Unterstützung bei der Lebensplanung jungen Menschen mit geistiger Behinderung situativ richtig einzuschätzen, wird sich daher weiterhin und immer wieder als pädagogischer Spagat erweisen.

Literatur

Becker, H. (2023). Integration im Arbeitsleben von Menschen mit hohem Unterstützungsbedarf. In V. Schachler, W. Schlummer & R. Weber (Hrsg.), *Zukunft der Werkstätten: Perspektiven für und von Menschen mit Behinderung zwischen Teilhabe-Auftrag und Mindestlohn* (S. 225–238). Verlag Julius Klinkhardt.

Bernasconi, T. (2024). *Pädagogik und Rehabilitation bei geistiger Behinderung* (1. Auflage). UTB; Ernst Reinhardt Verlag.

Bernasconi, T., Bächler, L. & Feichtinger, M. (2024). Bedarf und Einsatz von Assistiver Technologie und Unterstützter Kommunikation in den Förderschulen mit den Förderschwerpunkten Geistige Entwicklung und Körperliche und Motorische Entwicklung in Nordrhein-Westfalen. Ergebnisse einer empirischen Untersuchung. *uk & forschung* (13).

Boecker, M. (2023). De-Institutionalisierung und Personenzentrierung als Herausforderung für die Profession der Sozialen Arbeit. Die Neukonfiguration des Sozialrechtlichen Dreiecks. In M. Boecker & M. Weber (Hrsg.), *Das Bundesteilhabegesetz (BTHG) und seine Folgen: Personenzentrierung und Wirkungsnachweis als neue Parameter in der Eingliederungshilfe für Menschen mit Behinderungen* (S. 243–256). Nomos Verlagsgesellschaft.

Bössing, C., Schrooten, K. & Tiesmeyer, K. (2019). Barrieren in der gesundheitlichen Versorgung von Menschen mit Lernschwierigkeiten. In K. Walther & K. Römisch (Hrsg.), *Gesundheit inklusive: Gesundheitsförderung in der Behindertenarbeit* (S. 51–87). Springer VS. https://doi.org/10.1007/978-3-658-21248-3_4

Bradl, C. (2022). Systemische Risiken für Gewalt und mangelnden Gewaltschutz in Einrichtungen der Behindertenhilfe bei erheblich herausforderndem Verhalten. *Behindertenpädagogik*, 61(4), 358–383. https://doi.org/10.30820/0341-7301-2022-4-358

Bundesministerium für Arbeit und Soziales (Hrsg.). (2021). *Dritter Teilhabebericht der Bundesregierung über die Lebenslagen von Menschen mit Beeinträchtigungen: Teilhabe – Beeinträchtigung – Behinderung*. https://www.bmas.de/SharedDocs/Downloads/DE/Publikationen/a125-21-teilhabebericht.pdf

Committee on the Rights of Persons with Disabilities. (2023). *Concluding observations on the combined second and third periodic reports of Germany*. https://t1p.de/go0ds

Dederich, M. (2016). Über die Gewalt der Bilder und der Worte: ›Geistige Behinderung‹ im Spiegel der Philosophie, Psychiatrie und Heilpädagogik. In J. Bilstein, J. Ecarius, N. Ricken & U. Stenger (Hrsg.), *Bildung und Gewalt* (S. 117–128). Springer VS.

Deutsche Heilpädagogische Gesellschaft. (2021). *Standards zur Teilhabe von Menschen mit kognitiver Beeinträchtigung und komplexem Unterstützungsbedarf. Praxis Heilpädagogik*. Verlag W. Kohlhammer.

Deutsches Institut für Menschenrechte. (2020). *Gleichberechtigung und Nichtdiskriminierung: Allgemeine Bemerkung Nr. 6 des UN-Ausschusses für die Rechte von Menschen mit Behinderungen*. https://www.institut-fuer-menschenrechte.de/fileadmin/user_upload/Publikationen/Information/Information_Gleichberechtigung_und_Nichtdiskriminierung.pdf

Dins, T. (2022). Teilhabe, Bedarfe, Bedürfnisse. Untersuchung eines Spannungsfeldes. In S. Fränkel, M. Grünke, T. Hennemann, D. C. Hövel, C. Melzer & K. Ziemen (Hrsg.), *Perspektiven sonderpädagogischer Forschung. Teilhabe in allen Lebensbereichen? Ein Blick zurück und nach vorn* (58–63). Verlag Julius Klinkhardt.

Dins, T., Smeets, S. & Keeley, C. (2022). Bedürfnisse im Leben von Menschen mit Komplexer Behinderung. In K. Tiesmeyer & F. Koch (Hrsg.), *Wohnwunschermittlung bei Menschen mit Komplexer Behinderung: Wahlmöglichkeiten sichern* (66–75). Verlag W. Kohlhammer.

Doose, S. (2013). *»I want my dream!«: Persönliche Zukunftsplanung*. Neue Perspektiven und Methoden einer personenzentrierten Planung mit Menschen mit und ohne Beeinträchtigungen (10., aktualisierte Auflage). *Materialien der AG SPAK: M 274*. AG SPAK.

Emmelmann, I. & Greving, H. (2019). *Erwachsene Menschen mit geistiger Behinderung und ihre Eltern: Vom Ablösekonzept zum Freiraumkonzept* (1 Aufl.) (Praxis Heilpädagogik – Konzepte und Methoden). Verlag W. Kohlhammer.

Engels, D., Franken, J., Heitzenröder, L., Welti, F., Janßen, C., Karatasiou, V. & et al. (2022). *Evaluierung des novellierten Behindertengleichstellungsgesetzes (BGG)*. Bundesministerium für Arbeit und Soziales (BMAS). https://dserver.bundestag.de/btd/20/044/2004440.pdf

Falkenstörfer, S. (2020a). Implizite Behinderungsvorstellungen und Menschenbilder im BTHG: Mögliche Auswirkungen des neuen Bundesteilhabegesetzes. *Teilhabe, 59*(1), 4–9.

Falkenstörfer, S. (2020b). *Zur Relevanz der Fürsorge in Geschichte und Gegenwart: Eine Analyse im Kontext komplexer Behinderungen* (1. Aufl.). Springer VS. https://doi.org/10.1007/978-3-658-30482-9

Forster, R. (2013). Diskriminierung. In G. Theunissen, W. Kulig & K. Schirbort (Hrsg.), *Handlexikon Geistige Behinderung: Schlüsselbegriffe aus der Heil- und Sonderpädagogik, Sozialen Arbeit, Medizin, Psychologie, Soziologie und Sozialpolitik* (2., überarb. und erw. Aufl.) (S. 91–92). Verlag W. Kohlhammer.

Groß, P. (2019). Bürgerliches Modell von Behinderung: (De-)Institutionalisierungsimpulse durch das moderne Teilhaberecht. In S. C. Holtmann, P. Hascher & R. Stein (Hrsg.), *Inklusionen und Exklusionen des Humanen* (S. 61–84). Verlag Julius Klinkhardt.

Hirschberg, M. (2022). Modelle von Behinderung in den Disability Studies. In A. Waldschmidt (Hrsg.), *Handbuch Disability Studies* (S. 93–108). Springer VS. https://doi.org/10.1007/978-3-531-18925-3_6

Hodapp, R. M., Sanderson, K. A., Meskis, S. A. & Casale, E. G. (2017). Adult Siblings of Persons With Intellectual Disabilities: Past, Present, and Future. *International Review of Research in Developmental Disabilities, 53*, 163–202. https://doi.org/10.1016/bs.irrdd.2017.08.001

Köb, S. & Janz, F. (2022). Lebensqualität und soziale Partizipation. In P. Zentel (Hrsg.), *Lebensqualität und geistige Behinderung: Theorien, Diagnostik, Konzepte* (1. Auflage) (S. 76–88). Verlag W. Kohlhammer.

Langner, A. (2009). *Behindertwerden in der Identitätsarbeit*. VS Verlag für Sozialwissenschaften. https://doi.org/10.1007/978-3-531-91320-9

Lee, C. e. & Burke, M. M. (2018). Caregiving Roles of Siblings of Adults With Intellectual and Developmental Disabilities: A Systematic Review. *Journal of Policy and Practice in Intellectual Disabilities, 15*(3), 237–246. https://doi.org/10.1111/jppi.12246

Liljeberg, H., Magdanz, E. & Reuse, S. (2022). *Eltern von Kindern mit Beeinträchtigungen – Unterstützungsbedarfe und Hinweise auf Inklusionshürden: Forschungsbericht 613.* Bundesministerium für Arbeit und Soziales (BMAS). https://www.einfach-teilhaben.de/SharedDocs/Downloads/DE/AS/Kindheit_Familie/Elternstudie_BMAS.pdf?__blob=publicationFile&v=4

Mairhofer, P., Dins, T., Naumann, M. & Keeley, C. (2023). Gesundheitskommunikation – (k)ein Thema bei Menschen mit komplexen Behinderungen? Fachliche Herausforderungen und Möglichkeiten der zielgruppenspezifischen Vermittlung gesundheitsbezogener Informationen. *Teilhabe, 62*(4), 154–161.

Mech, J. & Görtler, M. (2020). Gewalt in Einrichtungen für Erwachsene mit geistiger Behinderung: (k)ein Thema professionellen Handelns? *Blätter der Wohlfahrtspflege, 167*(4), 138–140. https://doi.org/10.5771/0340-8574-2020-4-138

Ollerton, J. & Horsfall, D. (2013). Rights to research: Utilising the Convention on the Rights of Persons with Disabilities as an inclusive participatory action research tool. *Disability & Society, 28*(5), 616–630. https://doi.org/10.1080/09687599.2012.717881

Powell, J. J. W. (2007). Behinderung in der Schule, behindert durch Schule? Die Institutionalisierung der »schulischen Behinderung«. In A. Waldschmidt & W. Schneider (Hrsg.), *Disability Studies, Kultursoziologie und Soziologie der Behinderung. Erkundungen in einem neuen Forschungsfeld* (321–343). transcript.

Preiß, H. (2016). Soziale Inklusion von Schülern mit dem Förderschwer- punkt geistige Entwicklung in inklusiven Settings – Empirische Befunde. In E. Fischer & R. Markowetz (Hrsg.), *Inklusion im Förderschwerpunkt geistige Entwicklung (Inklusion in Schule und Gesellschaft: Band 6)* (1. Auflage) (S. 134–154). Verlag W. Kohlhammer.

Prochnow Penedo, S. (2014). *Selbstbestimmung und Teilhabe junger Erwachsener mit geistiger Behinderung: Anspruch und Wirklichkeit der Umsetzung pädagogischer Leitlinien für die schulische Bildung und Vorbereitung junger Erwachsener mit geistiger Behinderung auf die nachschulische Lebenswirklichkeit* [Dissertation]. Carl von Ossietzky Universität Oldenburg. http://oops.uni-oldenburg.de/1831/7/prosel14.pdf

Przybylski, K. & Voigts, G. (2023). Perspektiven junger Menschen mit geistigen Behinderungen auf Angebote der Kinder- und Jugendarbeit. *Archiv für Wissenschaft und Praxis der sozialen Arbeit* (3), 70–73.

Schädler, J. (2019). Erwachsenenbildung für Menschen mit Behinderungen als Feld kommunaler Inklusionsplanung. *Hessische Blätter für Volksbildung* (1), 41–53.

Schrooten, K., Bössing, C., Tiesmeyer, K. & Heitmann, D. (2019). Wohnwünsche von Menschen mit komplexer Behinderung. *Zeitschrift für Gerontologie und Geriatrie, 52*(3), 228–234. https://doi.org/10.1007/s00391-019-01532-4

Schuppener, S. (2005). *Selbstkonzept und Kreativität von Menschen mit geistiger Behinderung. Studienbücher Erziehungswissenschaft: Bd. 5.* Verlag Julius Klinkhardt. https://elibrary.utb.de/doi/book/10.35468/9783781555877

Schuppener, S. (2011). Empowerment und Identitätsentwicklung bei Menschen mit Behinderungserfahrungen. In W. Kulig, K. Schirbort & M. Schubert (Hrsg.), *Empowerment behinderter Menschen: Theorien, Konzepte, Best-Practice* (1. Auflage, S. 209–221). Verlag W. Kohlhammer.

Schuppener, S., Schlichting, H., Goldbach, A. & Hauser, M. (2021). *Pädagogik bei zugeschriebener geistiger Behinderung* (1. Auflage) (*Kompendium Behindertenpädagogik*). Verlag W. Kohlhammer. https://doi.org/10.17433/978-3-17-025252-3

Speck, O. (1999). *Menschen mit geistiger Behinderung und ihre Erziehung: Ein heilpädagogisches Lehrbuch* (9., überarb. Aufl.). Ernst Reinhardt Verlag.

Tipton, L. A., Christensen, L. & Blacher, J. (2013). Friendship quality in adolescents with and without an intellectual disability. *Journal of Applied Research in Intellectual Disabilities, 26*(6), 522–532. https://doi.org/10.1111/jar.12051

Trescher, H. (2017). *Wohnräume als pädagogische Herausforderung: Lebenslagen institutionalisiert lebender Menschen mit Behinderung* (2. Aufl.). Springer VS. http://dx.doi.org/10.1007/978-3-658-14803-4

Trescher, H. (2018). *Ambivalenzen pädagogischen Handelns* (Bd. 48). transcript Verlag. https://doi.org/10.14361/9783839445396

Trescher, H. & Hauck, T. (2020). Zwischen Teilhabe und Ausschluss: Eltern und ihre erwachsenen Kinder mit geistiger Behinderung. *Schweizerische Zeitschrift für Heilpädagogik, 26*(1), 37–43.

Waldschmidt, A. (2011). Symbolische Gewalt, Normalisierungsdispositiv und/oder Stigma? Soziologie der Behinderung im Anschluss an Goffman, Foucault und Bourdieu. *Österreichische Zeitschrift für Soziologie, 36*(4), 89–106. https://doi.org/10.1007/s11614-011-0005-3

Waldschmidt, A. (2013). Eine andere Geschichte schreiben? Überlegungen zur Historiografie von ›Behinderung‹ im Anschluss an die Disability Studies. In O. Musenberg (Hrsg.), *Kultur – Geschichte – Behinderung: Die kulturwissenschaftliche Historisierung von Behinderung* (1. Aufl., S. 101–120). Athena Verlag.

Wansing, G., Schäfers, M. & Köbsell, S. (2022). Teilhabeforschung – ein neues Forschungsfeld profiliert sich. In G. Wansing, M. Schäfers & S. Köbsell (Hrsg.), *Teilhabeforschung – Konturen eines neuen Forschungsfeldes* (S. 1–8). Springer Fachmedien Wiesbaden.

Wolff, S. (2021). Die Ambivalenz von Institutionalisierung und De-Institutionalisierung in der sozialen Arbeit in Geschichte und Gegenwart. In B. Bütow, M. Holztrattner & E. Raithelhuber (Hrsg.), *Schriftenreihe der ÖFEB-Sektion Sozialpädagogik: Bd. 6. Organisation und Institution in der Sozialen Arbeit: Herausforderungen, Prozesse und Ambivalenzen* (1. Auflage) (S. 21–43). Verlag Barbara Budrich. https://doi.org/10.3224/84742491.02

Zick, A., Küpper, B. & Berghan, W. (2019). *Verlorene Mitte – feindselige Zustände: Rechtsextreme Einstellungen in Deutschland 2018/19*. Dietz.

Selbstbestimmung und Erwachsenwerden bei geistiger und komplexer Behinderung zwischen Ansprüchen, Anerkennung und Antwortversuchen

Theresa Stommel

1 Einleitung

Erwachsenwerden beschreibt die Entwicklung von einem Kind zu einem Erwachsenen, was körperliche, soziale, kognitive und emotionale Veränderungen und Reifung gleichermaßen umfasst. Erwachsenwerden meint also nicht allein Adoleszenz bzw. einen biologischen Reifungsprozess mit klarer zeitlicher Eingrenzung (nämlich etwa zwischen dem 12. und 20. Lebensjahr). Vielmehr ist Erwachsenwerden auch – und diese Perspektive ist hier entscheidend – ein intersubjektiver, z. T. gesellschaftlich determinierter Prozess ohne feste Altersgrenzen. Dieser Prozess ist mit ganz bestimmten (normativen) Ansprüchen und Anforderungen *an das Individuum* sowie (Freiheits-)Ansprüchen, die das Individuum *an seine Umwelt* stellt, verbunden. Mit Erwachsenwerden eng verbunden ist das Motiv der Selbstbestimmung. Selbstbestimmung beschreibt für gewöhnlich ein konstitutives Moment des personalen – und damit meist *erwachsenen* – Lebens (vgl. Ministerium für Kultus, Jugend und Sport Baden-Württemberg 2022, o. S.). Selbstbestimmung ist ferner für alle Bereiche des (erwachsenen) Lebens bedeutsam (vgl. Hoffmann 2013, 28). Dabei ist das Verhältnis zwischen Erwachsenwerden und Selbstbestimmung nicht ganz einfach.

Um sich diesem Verhältnis dennoch theoretisch anzunähern, scheint es sinnvoll, sich zunächst dem Konzept *Selbstbestimmung* zuzuwenden. Vor dem Hintergrund des spezifischen Problemhorizontes geistiger und komplexer Behinderung wird die Historie der Selbstbestimmungsbewegung im Kontext von Behinderung schlaglichtartig beleuchtet und auf Ambivalenzen hingewiesen, die sich in Bezug auf *Selbstbestimmung* als Begriff zwischen (sonder-)pädagogischem Leitprinzip und modernem Ideenhorizont entfalten lassen. Diese Ambivalenzen haben z.T. (negativen) Einfluss auf (Vor-)Annahmen zum Erwachsenwerden im Kontext geistiger und komplexer Behinderung. Anschließend werden Selbstbestimmung und Erwachsenwerden aus (leib-)phänomenologischer Perspektive pointiert, was mit einer Annäherung an das Verhältnis von Selbstbestimmung und Erwachsenwerden einhergeht. Dabei werden Spannungen und Probleme, die sich in Bezug auf Selbstbestimmung und Erwachsenwerden bei Menschen mit geistiger und komplexer Behinderung zeigen, zwar nicht aufgelöst, doch eröffnen sich Möglichkeiten einer kritischen Zuwendung und Diskussion, was für pädagogisches Handeln bedeutsam sein kann.

2 Schlaglichter auf Ideen zur Selbstbestimmung

Bei dem Wort *Selbstbestimmung* handelt es sich um ein Kompositum aus dem Pronomen *selbst* und dem Substantiv *Bestimmung*. Selbstbestimmung wird häufig synonym mit den Begriffen *Autonomie, Mündigkeit, Selbstständigkeit* und (*Eigen-*)*Verantwortung* verwendet. Voraussetzung für die Ausbildung des Begriffs war die Entstehung des Wortteils *Selbst* im 16. Jahrhundert, der bald mit einem »reflexiven Bedeutungsgehalt« versehen wurde: »Wie in einen Spiegel schauend entdeckt das Individuum sein ›Ich‹, seine ›Identität‹, kurz, sein ›Selbst‹« (Waldschmidt 2003, o. S.). Der Begriff *Bestimmung* kann in zweifacher Weise ausgelegt werden: erstens als ein »›Befehl über etwas‹ im Sinne personaler Macht« und zweitens als »›Benennung von etwas‹ im Sinne von Klassifikation« (ebd.). Mit dieser doppelten Bedeutung »verweist Selbstbestimmung von der Wortgeschichte her auf ein einzelnes Wesen, das sich erkennt, indem es sich definiert und zugleich Macht über sich ausübt« (ebd.). Entsprechend bündelt »der Selbstbestimmungsbegriff […] selbstreferentielle, erkenntnistheoretische und individualistische Facetten sowie Aspekte von Macht und Herrschaft« (ebd.). Bis heute meint Selbstbestimmung üblicherweise die »Möglichkeit des Individuums, Entscheidungen zu treffen, die den eigenen Wünschen, Bedürfnissen, Interessen oder Weltvorstellungen entsprechen« (Mühl 1996, 312). Ein die Bedürftigkeit und Verwundbarkeit des Menschen hervorhebendes und damit bereits auf Ambivalenzen verweisendes Verständnis vertritt Dederich (2016). Für ihn meint »selbstbestimmtes Handeln […] ausdrückliches Handeln von Personen, die ein Bewusstsein ihrer selbst haben und einerseits bedürftig und verletzbar sind, andererseits zu rationalen, intentionalen, in Freiheit gewählten verantwortbaren Handlungen fähig sind« (ebd., 170).

Selbstbestimmung ist eine Idee, die traditionellerweise in philosophischen Debatten verhandelt wird, sie ist »ein von Anfang an leitender Topos im philosophischen Nachdenken über Bedingungen und Ziele des menschlichen Tuns« (vgl. Ritter/Gründer/Gabriel 2017, o. S.). Der Begriff *Selbstbestimmung* wird spätestens »[m]it der Verwendung durch Kant, Schiller und Fichte […] zum festen Bestandteil des philosophischen Vokabulars« (ebd.). Grundmotive, die im Begriff zum Ausdruck kommen, finden sich aber bereits bei Platon und Aristoteles (vgl. ebd.). Auch in frühen christlichen Texten gibt es schon das Motiv des freien Verfügens über sich selbst nicht nur als Eigenschaft Gottes, sondern auch als Charakteristikum des Menschen (vgl. ebd.). Leibniz nimmt erstmals eine Verbindung zwischen der Vernunftfähigkeit des Menschen und der Idee der Selbstbestimmung vor. Er geht davon aus, dass allen mit Vernunft und Selbsterkenntnis ausgestatteten Individuen die Freiheit zum selbstbestimmten Handeln zukommt (vgl. ebd.). John Locke bestimmt zudem das Bewusstsein als Voraussetzung dafür, dass eine »Person zu ihrem Selbst (›self‹, ›personal self‹) gelangt« (ebd.). Als »Ausdruck und Ziel menschlicher Freiheit« (Ritter/Gründer/Gabriel 2017, o. S.) wird Selbstbestimmung schließlich durch Kant zum konstituiven Moment für das »Freiheitspathos der Aufklärung« (Heitger 2004, 19). War das Selbst vor der Epoche der Aufklärung durch Unterdrückung und Zwang ständisch (vor-)bestimmt, kann es sich von nun an durch seinen freien und vernünftigen Willen *selbst* bestimmen. Selbstbestimmung wird mit Kant zum Ziel und Ergebnis aufgeklärten Denkens und Handelns und avanciert zum »Ideal einer aufgeklärten Gesellschaft« (Leineweber 2020, 24). Nach Kant sind Selbstbestimmung und Autonomie als genuine Eigenschaften des aufgeklärten Menschen einzig durch Erziehung zu realisieren. Damit entwickeln sich die Ideen von Selbstbestimmung und Autonomie auch zu »zentrale[n] Vorstellungen eines typisch modernen Pädagogikkonzepts« (Meyer-Drawe 1993, 196). Bis heute gilt das selbstbestimmte Subjekt als übergreifende Zielperspektive pädagogischer Bemühungen (vgl. Hackl 2014, 53). Und Selbstbestimmung gilt als entscheidender Faktor für die Lebensqualität einer Person (vgl. Wehmeyer 2022, 55), deren Verbesserung durch pädagogische Maßnahmen gewährleistet werden soll. Im engen Zusammenhang mit dem pädagogischen Ziel der Selbstbestimmung stehen auch die ebenfalls leitenden pädagogischen Zielbestimmungen der Mündigkeit und Emanzipation (vgl. u. a. Klafki 1995; 2007). Als Voraussetzung für Selbstbestimmung, Mündigkeit und Emanzipation wird gemeinhin die Erweiterung spezifischer Kompetenzen (z. B. Fähigkeit zur Übernahme von Verantwortung, Entscheidungs- oder Selbstreflexionsfähigkeit, personale Kompetenzen und Handlungskompetenz) angenommen, die es in pädagogischen Kontexten zu befördern gilt. Durch die Zunahme spezifischer Kompetenzen und die damit verbundene erhöhte Selbstbestimmungsfähigkeit unterscheidet sich dieser Denktradition folgend auch der Erwachsene vom Kind. Demnach sind »Kindheit und Jugend […] unter anderem dadurch definiert, daß ihnen nicht das Ausmaß an Selbstbestimmung wie dem Erwachsenenstatus zukommt, […] weil sie noch nicht die Kompetenzen zur Selbstbestimmung voll erreicht haben« (Mühl 1996, 312). Hier eröffnet sich eine erste Perspektive auf Zusammenhänge zwischen Selbstbestimmung und Erwachsenwerden. Im Kontext geistiger und komplexer Behinderung zeitigt das skizzierte Verständnis von Selbstbestimmung mitunter Probleme und Spannungen, die sich sodann auch auf Fragen des Erwachsenwerdens ausweiten können.

3 Selbstbestimmung und geistige Behinderung – Probleme und Spannungen

Selbstbestimmung ist ein allgemeines Menschrecht. In Artikel 2 des Grundgesetzes der Bundesrepublik Deutschland heißt es: »Jeder Mensch hat das Recht auf die freie Entfaltung seiner Persönlichkeit, soweit er nicht die Rechte anderer verletzt« (Art. 2 Abs. 1 GG). Eingeschränkt wird das Recht folglich nur dahingehend, dass die eigene Selbstbestimmung die Rechte anderer nicht einschränken, behindern oder beeinträchtigen darf. So ist sich laut Klafki (1995, 38) stets »bewusst zu werden, daß der eigene Autonomie-, der eigene Selbstbestimmungsanspruch im Prinzip immer nur so weit begründbar ist, wie er den Selbstbestimmungsanspruch der anderen nicht einschränkt, ignoriert oder verhindert«. Persönliche Autonomie und Selbstbestimmung sind darum auch nie absolut, sondern stets relational und relativ (vgl. ebd.).

Das Recht auf Selbstbestimmung wird in der UN-Behindertenrechtskonvention für Menschen mit Behinderung in Artikel 19 zur *unabhängigen Lebensführung und Einbeziehung in die Gemeinschaft* konkretisiert. Hier wird auch explizit auf eine Verbindung zwischen Selbstbestimmung und Gemeinschaftlichkeit verwiesen. Darauf besteht auch Klafki (1995). Für ihn ist Selbstbestimmung immer »*Selbstbestimmung in der Beziehung*« (ebd., 38; Herv. i.O.), sie ist nur in Relation zu bzw. in der Abhängigkeit von anderen zu haben. Eine Eigenschaft, auf die insbesondere Theorien im Umfeld der sogenannten Postmoderne-Diskussion der 1990er Jahre aufmerksam machen. Hier wird dafür argumentiert, dass sich »Identität und Selbstbestimmung [...] [ausschließlich] im Kontext eines Bezugs zu anderen Personen in der Gesellschaft [definieren]« (Weisshaupt 1996, 227) lassen. Entsprechend bedeutsam ist der individuelle Einbezug in die Gemeinschaft, der zur Voraussetzung dafür wird, Selbstbestimmungsfähigkeit ausformen zu können. Damit ist Selbstbestimmung

> »nicht nur Recht, sondern auch Verantwortung. Denn gesellschaftlich und alltäglich praktisch einlösen läßt sie sich nur als Recht auf Teilhabe, auf Partizipation. [...] Richtig verstandene Autonomie hat die Kehrseite der öffentlichen Verantwortung; sie ist nie bloß egozentrisch oder egoistisch; sie bezieht vielmehr Gemeinsinn ein. Verantwortung kann freilich nur übernommen werden, wenn es auch entsprechende Teilhabemöglichkeiten gibt« (Liebau 1999, 41).

Selbstbestimmung bedeutet somit immer auch Übernahme von Verantwortung und bedarf der Möglichkeit zur Teilhabe.

In Bezug auf Teilhabe und Selbstbestimmung zeigen sich Probleme und Spannungen im Kontext geistiger und komplexer Behinderung. So ist *geistige Behinderung* häufig ein Ausdruck der jeweiligen Negativvariante der beiden Begriffe, was sich im Kontext von *komplexer* Behinderung durch ein komplexes Zusammenwirken bio-psycho-sozialer Behinderungsbedingungen weiter verschärft. Die Lebens- und Erlebenswirklichkeit von Menschen mit geistiger und komplexer Behinderung ist häufig durch ein erhöhtes Maß an Fremdbestimmung charakterisiert (vgl. Kulig/Theunissen 2006, 237; Theunissen 2002, 48). Die Personengruppe zeichnet sich mitunter durch lebenslange und (über-)lebensnotwendige Angewiesenheit auf Unterstützung und Assistenz, etwa bei der täglichen und selbstständigen Lebensführung, der (Selbst-)Pflege, der Kommunikation und Interaktion mit der Umwelt, politischer und kultureller Teilhabe, sowie durch erhöhte (soziale) Abhängigkeit (vgl. Falkenstörfer 2020; Hahn 1981) aus. Menschen mit geistiger und komplexer Behinderung sind besonders vulnerabel, häufig sozial unsichtbar (vgl. Dederich 2019, 208) und in erhöhter Exklusionsgefahr (vgl. Fornefeld 2008, 77), was das Durchsetzen der persönlichen Rechte – etwa des Rechts auf Selbstbestimmung – zusätzlich erschwert. Obschon bzw. weil sich die Personengruppe durch verminderte bzw. behinderte Selbstbestimmungsmöglichkeiten auszeichnet, gewinnt der Selbstbestimmungsbegriff seit den 1990er Jahren im Kontext von Behinderung zunächst allgemein und schließlich auch im Kontext geistiger Behinderung an Bedeutung.

4 Die Selbstbestimmungsidee im Kontext von (geistiger) Behinderung

Der Selbstbestimmungsbegriff avanciert seit den 1990er Jahren – wie auch der innerhalb sonder- bzw. heilpädagogischer Diskurse häufig synonym verwendete Begriff *Autonomie* (vgl. Harmel 2011) – in Deutschland zur zentralen Leitlinie der Behinderungspolitik und zugleich zum zentralen Leitprinzip der Behindertenpädagogik (vgl. u. a. Kulig/Theunissen 2006; Lindmeier 1999; Speck 1985). Damit löst Selbstbestimmung das vormals dominante Paradigma der Fürsorge ab (vgl. Dederich 2016, 169). Zurückzuführen sind diese Entwicklungen auf die Behindertenbewegung der 1970er und 1980er Jahre (vgl. Miles-Paul 1992). Beeinflusst durch den ›Independent-Living‹-Gedanken der US-amerikanischen Behindertenbewegung begannen Menschen mit Behinderung auch in Deutschland »für ein Ende der institutionellen Unterbringung zu kämpfen, persönliche Assistenz selbst zu organisieren und Bürgerrechte einzufordern, mit einem Wort, Selbstbestimmung für sich zu verwirklichen« (Waldschmidt 2003, o. S.). In einem Zusammenhang damit stehen der Normalisierungsgedanke (vgl. Nirje 1994; 1997) und die Empowerment-Bewegung, deren Ursprünge in der US-amerikanischen Bürgerrechtsbewegungen liegen (Biewer 2000; Fornefeld 2009). Dabei war der Anteil von Menschen mit *geistiger* Behinderung an den Selbstbestimmungs-Bestrebungen zunächst vergleichsweise gering, was sich durch den Duisburger Kongress mit dem Titel ›*Ich weiß doch selbst, was ich will!‹ Menschen mit geistiger Behinderung auf dem Weg zu mehr Selbstbestimmung*, seiner Dokumentation (vgl. Bundesvereinigung Lebenshilfe für Geistig Behinderte 1997) sowie der daraus entstehenden ›People First‹-Initiative änderte.

Dass das Thema Selbstbestimmung im Kontext von geistiger Behinderung im Vergleich zum allgemeinen Diskurs über Selbstbestimmung und Behinderung vergleichsweise spät verhandelt wird, liegt nach Hahn (2000) in erster Linie daran, dass Menschen mit geistiger Behinderung ein Mindestmaß an Selbstbestimmung aufgrund vielfältiger Abhängigkeitsverhältnisse gemeinhin abgesprochen wird. Gleichwohl zeigt sich der bis heute anhaltende wissenschaftliche Diskurs über Selbstbestimmung im Kontext geistiger Behinderung von Beginn an als vielstimmig (vgl. Hoffmann 2013, 28). Doch geht es darin laut Hoffmann hauptsächlich »um eine *Befreiung* geistig behinderter Menschen aus gesellschaftlichen Verhältnissen, die mit Abhängigkeit und Entmündigung, sozialer Ausgrenzung, wohlmeinenden Zwängen und institutioneller Gewalt in Verbindung gebracht werden« (ebd., 29; Herv. i. O.). Selbstbestimmung wird darin also vornehmlich »im Sinn bürgerlicher Subjektautonomie verstanden, die u. a. auch Menschen mit Behinderung für sich reklamieren« (Dederich 2001, 201 f.). Und dementsprechend wird die »Befreiung« von bestehenden Zwängen gefordert. Hahn vertritt demgegenüber schon frühzeitig ein relationales Verständnis von Autonomie. Bereits 1979 beschreibt er das Autonomieprinzip für Menschen mit schwerer Behinderung, das »den Appell [enthält], Menschen – auch mit schwerer geistiger Behinderung – selbst bestimmen zu lassen« (Hahn 2000, 16). Für Hahn gilt dabei der anthropologische Grundsatz, dass »Selbstbestimmung ein Wesensmerkmal des Menschen ist« (ebd., 14). Zugleich geht er davon aus, dass alle Menschen – auch Menschen mit geistiger und komplexer Behinderung – zwar zunehmend autonom, gleichzeitig aber stets von einem gewissen Maß an Abhängigkeit bestimmt sind: »Es darf angenommen werden, daß von Anbeginn der Menschheit die individuelle Entwicklung des einzelnen Menschen, ob behindert oder nicht, durch einen Zuwachs an Autonomie – trotz Abhängigkeit – gekennzeichnet war« (ebd.). Allerdings, so Hahn, sei die zu konstatierende besondere soziale Abhängigkeit der Personengruppe in ein direktes Verhältnis zu (fehlenden) Selbstbestimmungsmöglichkeiten zu setzen: »*Das Mehr an sozialer Abhängigkeit bedeutet ein Weniger an selbständig realisierbarer Unabhängigkeit. Der Freiheitsraum für selbstständiges Handeln verringert sich in dem Maße, wie die behinderungsverursachte Abhängigkeit zunimmt*« (ebd., 25; Herv. i.O.). Hahn formuliert darum die pädagogische (An-)Forderung, »*Selbstbestimmung trotz massiver Abhängigkeit* zu ermöglichen« (ebd., 26; Herv. i.O.).

Trotz diesem relationalen Verständnis ist der Selbstbestimmungsdiskurs in der Heil- und Sonderpädagogik des 20. Jahrhunderts vornehmlich affirmativ geprägt, was nach Stinkes (2000) kritisch zu hinterfragen ist. Darin bleibe nämlich eine kritische Einschätzung der gesellschaftlichen Entwicklung zunehmender Individualisierung aus, die eine neoliberale Selbstbestimmungsidee befeuere, die wiederum Ausgrenzung und Marginalisierung zeitigt. Auch Dederich (2001, 202) konstatiert, dass Selbstbestimmung zunehmend zu einem »im Dienste des Neoliberalismus instrumentalisierte[n] Programm« avanciert, »das auf die Souveränität, die Eigenverantwortlichkeit, die Flexibilität, die Macht und den Erfolg des Subjektes setzt«. Entsprechend kritisch sei sich gegenüber der gegenwärtigen Idee von Selbstbestimmung zu positionieren. So ist »selbstbestimmt und autonom zu sein« laut Stinkes (2000) »*keine* Wesenseigenschaft des Menschen, sondern eine tradierte Selbstbeschreibung des Menschen. Sie ist [...] eine geschichtlich gewordene Idee« (170; Herv. T. S.). Entsprechend darf »Selbstbestimmung nicht als anthropologische Konstante begriffen werden« (ebd., 173). Demnach müssen Selbstbestimmung und Autonomie unter den je gegebenen Bedingungen stets neu verhandelt und interpretiert werden. Dabei ist Selbstbestimmung nie ohne Fremdbestimmung zu denken (vgl. u. a. Dederich 2001, 202) – ein Grundsatz, der in heutigen Diskussionen häufig vergessen wird (vgl. ebd.). Auch Meyer-Drawe (1993, 196) weist darauf hin, dass »Fremdbestimmungen« trotz einer gegenwärtig zu konstatierenden Dominanz neoliberaler Individualisierungstendenzen und postulierter Subjektautonomie »nicht vollständig verschwunden [sind], sie tauchen in anderer Gestalt auf«.

Vor diesem Hintergrund befürchtet Stinkes (2000, 182), dass gegenwärtige Forderungen nach einer Befreiung des Menschen von Entmündigung, Zwang und Unterdrückung wiederum in Zwang umschlagen, »denn in ihrer Verallgemeinerung (= jeder hat sich selbst zu ermächtigen) wird sie [die neoliberale Freiheitsidee] zum Pflichtprogramm jedes Menschen«. Diese Tendenzen sind vor allem dann besorgniserregend, wenn die Befreiung von Menschen mit (geistiger) Behinderung mit der Ökonomisierung des Hilfesystems im Sinne von Kürzungen und einer »Lockerung wohlfahrtstaatlicher Errungenschaften« (ebd.) einhergeht. Entsprechend konstatiert Dederich (2001, 203): »Selbstbestimmung ist ein Schlüsselbegriff in der gegenwärtigen Diskussion um die Zurückschneidung des Wohlfahrtstaates. Sie impliziert eine Leugnung von sozialer Abhängigkeit und führt oft genug zu einer Negativbewertung jener, die auf Hilfe angewiesen sind.«

Neben dem Beschriebenen scheint auch ein modernes Subjektverständnis im Kontext geistiger und komplexer Behinderung Spannungen in Bezug auf Selbstbestimmung zu produzieren. Wie beschrieben, liegt der sich in der Philosophie der Aufklärung ausformenden Idee der Selbstbestimmung ein ganz bestimmtes Verständnis der Person zugrunde, das neben dem Vorhandensein eines Bewusstseins zur Bestimmung des Selbst auch die Fähigkeit zu autonomem und intentionalem Handeln voraussetzt (vgl. Dederich 2016, 170). Menschen mit geistiger Behinderung, »deren Verstandeskräfte als dauerhaft schwach eingestuft werden«, haben dann aber »erhebliche Schwierigkeiten, als Subjekte anerkannt zu werden« (Waldschmidt, 2003, o. S.). Sie können durch diese Zuschreibung »nicht oder nur eingeschränkt als selbstbestimmungsfähige Subjekte gelten« (Dederich 2016, 170). Subjekt- und Selbstbestimmungsideen der Moderne stehen damit in einem schier unauflösbaren Spannungsverhältnis mit bestimmten, das Phänomen *geistige Behinderung* bis heute häufig charakterisierende Zuschreibungen wie etwa fehlender vernünftiger Wille und unzureichende rationale Handlungsfähigkeit. Anstelle einer kritischen Reflexion der tradierten Ideen ist der entsprechende Diskurs darum mitunter durch Beiträge bestimmt, die erstens stark affirmativ geprägt sind und dabei zweitens den Versuch unternehmen, den Begriff *Selbstbestimmung* stark auszuweiten (vgl. etwa Wagner 2007). Dabei kann auch eine Ausweitung des Selbstbestimmungsbegriffs »das Problem nicht wegdefinieren, dass manche Menschen nicht oder nur eingeschränkt vernünftige Entscheidungen treffen und die Folgen ihrer Handlungen abschätzen können« (Dederich 2016, 170).

5 Phänomenologische Annäherungen an die Idee der Selbstbestimmung

Ohne dieses Problem lösen zu können, bietet eine phänomenologisch orientierte Auseinandersetzung die Möglichkeit, sich diesem problematisierend zuzuwenden und sich gängigen Motiven aus veränderter Perspektive anzunähern (vgl. u. a. Stinkes 2000; 2008; Seitzer 2022). Dabei eröffnen sich Denkhorizonte, die sich auch mit Blick auf die Verhältnisbestimmung von Selbstbestimmung und Erwachsenwerden im Kontext geistiger und komplexer Behinderung als sinnvoll erweisen können. Wie beschrieben ist vor dem Hintergrund einschlägiger Theorien phänomenologischer – und auch poststrukturalistischer – Providenz davon auszugehen, dass es völlige Autonomie und damit auch uneingeschränkte Selbstbestimmung niemals geben kann (vgl. u. a. Foucault 2014; Meyer-Drawe 1990). Phänomenologisch betrachtet ist das Subjekt nicht als autonomes und souveränes, sondern als gespaltenes zu begreifen. Meyer-Drawe (1993, 197) schreibt: »Es lohnt sich ein Blick zurück in die Entwicklung einer neuzeitlichen Ichkonzeption, um sich darüber zu vergewissern, daß dieses Ich von Anfang an ein gespaltenes, ein doppelbödiges war, weil es immer Untertan und Souverän zugleich war, obgleich es sich vorzugsweise als bloßer Souverän verkannte.« Das Subjekt ist stets beherrscht *und* beherrschend. Zudem ist es als *leibliches* Selbst (vgl. Waldenfels 2000) »in der Welt« (Dederich 2022, 34) und zugleich »Teil dieser Welt« (ebd.), das Andere und Fremde ist unhintergehbarer Teil dieses Selbst. Vor diesem Hintergrund kann Selbstbestimmung dann aber weder völlige Selbsterkenntnis noch ein vollständiges Beherrschen und Bestimmen des Selbst über sich und sein Handeln meinen. Das *leibliche* Selbst ist vom Fremden bzw. ihm Unzugänglichen notwendigerweise durchzogen (vgl. Waldenfels 2000).

Daran anknüpfend scheint es sinnvoll, gängige Selbstbestimmungskonzeptionen kritisch zu hinterfragen und eine veränderte Perspektive zuzulassen. Gleichzeitig ist darauf zu insistieren, Selbstbestimmung als Idee nicht einfach aufzugeben, insofern sie mit wesentlichen politischen, juristischen und anthropologischen Fragen und Forderungen verbunden ist, die sich zwar nicht vollständig lösen, aber auch nicht einfach in Luft auflösen lassen.

Vor dem Hintergrund bereits vorgenommener kritischer Auseinandersetzungen (vgl. Benner 2012; Musenberg, Riegert & Lamers 2015; Stommel 2023, 88 ff.) soll Selbstbestimmung hier vor dem Hintergrund der Anerkennung der Leiblichkeit des Menschen als *Versuch einer Verhältnisbestimmung* innerhalb gegebener Fremd-, Welt- und Selbstbezüge bzw. als (leibliche) (*Such-*)*Bewegung* (vgl. Ackermann 1990/2010, 68) verstanden werden. Diese Suche bzw. die (präreflexive) Verhältnisbestimmung kann das Wahrnehmen, Denken und Handeln beeinflussen und zur Voraussetzung dafür werden, dieser Bestimmung entsprechende Entscheidungen *selbstbestimmt* zu treffen.

Die (auch mit diesem Verständnisansatz weiter bestehenden) Spannungen und Ambivalenzen, die sich mit Blick auf Selbstbestimmung im Kontext geistiger und komplexer Behinderung zeigen, wirken sich auch auf das Thema Erwachsenwerden aus. Selbstbestimmungsfähigkeit gilt gemeinhin als Charakteristikum erwachsener Personen, die sich – moderner Denktradition folgend – wiederum durch Vernunftfähigkeit und Bewusstsein des Selbst auszeichnen. Eine solche Gegenstands- und Verhältnisbestimmung führt nicht selten zu der (impliziten) Annahme, Menschen mit geistiger und komplexer Behinderung könnten nicht – zumindest nicht in einem hinreichenden Maße – erwachsen werden, was die historisch belegbare und anhaltende Erfahrung von Infantilisierung der Personengruppe zum Ausdruck bringt. Dabei bleibt häufig unbeachtet, dass Erwachsenwerden mehr umfasst als die bloße Ausbildung rationaler Fähigkeiten. Im Folgenden wird der Versuch unternommen, Erwachsenwerden als Antworten auf Ansprüche ebenso wie das Erheben von Ansprüchen innerhalb individuell-gesellschaftlicher Verstrickungen zu pointieren, um sich dem Verhältnis von Selbstbestimmung und Erwachsenwerden weiter anzunähern.

6 Erwachsenwerden zwischen Ansprüchen und Antwortversuchen – Eine phänomenologische Perspektive

Erwachsenwerden meint also weder allein körperliche Reifung noch die bloße Zunahme rationaler Fähigkeiten. Der Vorschlag lautet, Erwachsenwerden als ein responsives Geschehen zu denken, das inkarnierte Subjekte erfahren. Das heißt, Erwachsenwerden wird hier als Prozess skizziert, der sich zwischen Ansprüchen und Antwortversuchen ereignet und der das Subjekt betrifft, das phänomenologischem Denken entsprechend als leibliches Wesen *in* der Welt und *zur* Welt ist. So verstanden vollzieht sich Erwachsenwerden in einem *Dazwischen* und ist damit kein vom Anderen losgelöster und einzig die Person betreffender, eigenverantwortlicher Prozess. Erwachsenwerden kann dem folgend auch nicht vollständig eigenaktiv gesteuert werden und steht nicht völlig in der eigenen Verfügung. Verstanden als *responsives* Geschehen beschreibt Erwachsenwerden vielmehr einen Prozess, in dem Ansprüche erhoben werden, auf die es Antworten zu (er-)finden gilt, wobei sich Ansprüche und Antworten verstricken.

Responsivität beschreibt nach Waldenfels ein anthropologisches Grundprinzip, wonach der Mensch als Lebewesen begriffen wird, »das Antworten gibt« (Waldenfels 1994, 62). Dabei unterscheidet Waldenfels die »*Antwort (answer), die erteilt wird*« von einem »*Antworten (response), das auf Angebote und Ansprüche des Anderen eingeht*« (ebd., 60; Herv. i.O.). Das Antworten geht vom Anderen aus und gleichzeitig auf die im Anspruch erhobenen Prätentionen ein. Entsprechend zeichnet sich das Antworten (*response*) durch eine vorgängige Nachträglichkeit aus, insofern das Worauf des Antwortens (*pathos*) erst im Antworten seine Bestimmung erhält. *Etwas* erhebt einen Anspruch (in dem Doppelsinn eines Appells und einer Prätention), dem wir nicht entkommen können, so dass das Antworten durch eine Unausweichlichkeit gekennzeichnet ist. Und dieses Antworten beginnt nicht bei uns, sondern anderswo (vgl. Waldenfels 2006).

Bezogen auf das Erwachsenwerden lässt sich dann annehmen, dass im Prozess des Erwachsenwerdens verschiedene Ansprüche erhoben werden, auf die es zu antworten gilt. Erstens erhebt ›die Welt‹ Ansprüche an das älter werdende Subjekt, wie etwa die Ansprüche und Aufforderungen, das eigene Leben verantwortungsvoll zu führen und zum gesellschaftlichen Leben – z.B. durch Erwerbsarbeit, politische Mitbestimmung, kulturelles und soziales Engagement sowie Familiengründung zur (biologischen wie ökonomischen) Sicherung des gesellschaftlichen Fortbestehens (vgl. Quenzel/Hurrelmann 2022, 39) – beizutragen. Im Erwachsenwerden werden neben ganz neuen Ansprüchen auch solche des Kindes- und Jugendalters weiter, vermehrt und ›lauter‹ erhoben. Das Subjekt wird dazu genötigt, auf diese Ansprüche zu antworten (vgl. Stinkes 2008). Weil aber der Anspruch vom anderen ausgeht, sind auch die Antworten nie vom Subjekt allein bestimmt bzw. ›völlig frei‹. Sie sind nicht vom ›Worauf‹ des Antwortens zu trennen. Jedes Antworten ist damit durch gewisse, diesem Anspruch bereits inhärente (normative) Grenzen (vor-)bestimmt. Und diese Grenzen bestimmen wiederum die jeweiligen subjektiven Antwortspielräume mit.

Gleichzeitig erhebt aber auch das leibliche Subjekt mit zunehmendem Alter den Anspruch auf größtmögliche Freiheit und Selbstbestimmung in der eigenen Lebensgestaltung. Das heißt, die universelle Anforderung, das eigene Leben zunehmend selbstbestimmt und *ver*-antwortlich führen zu *müssen*, verstrickt sich mit dem subjektiven Anspruch, das eigene Leben autonom und selbstbestimmt führen zu *wollen*. Dieser individuelle Anspruch bestimmt darum ebenso die gerade beschriebenen Antwortspielräume. Erwachsenwerden meint aus persönlicher Perspektive die Be-antwortung zahlreicher Fragen wie z. B. *Wo/Wie möchte ich wohnen? Wo möchte ich arbeiten? Welche Tätigkeit möchte ich ausüben? Was möchte ich essen? Wann gehe ich schlafen? Was ziehe ich an? Wohin fahre ich in den Urlaub? Mit wem möchte ich mein Leben verbringen?* Das Antworten vollzieht sich dabei nicht nur innerhalb normativ-gesellschaftlicher Grenzen, die bereits im Anspruch gewissermaßen vorgegeben sind, sondern darüber hinaus auch vor dem Hintergrund eigener Vorstellungen und dem persönlichem Freiheitsanspruch, der wiederum mit den gesellschaftlichen Aspekten unauflösbar verwoben ist. Dabei geht aber »mit der *eigenen* Entscheidung […] nicht nur ein Mehr an Privilegien und Selbstbestimmung einher, sondern auch ein Mehr an Eigenverantwortung und erhöhte Anforderungen an das Individuum« (Seitzer 2022, 11; Herv. i.O.).

Darüber hinaus erscheinen weitere Motive als entscheidend für das Erwachsenwerden, nämlich die (uneingeschränkte) Annahme einer Antwortfähigkeit ebenso wie die Anerkennung der Person als erwachsene und damit zugleich die Anerkennung der im Rahmen des Möglichen autonom und selbstbestimmt *gegebenen Antworten* einer Person (vgl. Wilken 1997). (Selbstbestimmtes) Antworten ist folglich nur möglich, wenn der Person Antwortfähigkeit ebenso wie Autonomie- und Selbstbestimmungsfähigkeit zugesprochen werden bzw. wenn die Affirmation dieser Fähigkeiten im Anspruch bereits enthalten ist. Mit anderen Worten sind das *Antworten* ebenso wie die *gegebene Antwort*, das *Wie des Antwortens* und auch die *Spielräume des Antwortens* vom Anspruch bzw. der darin enthaltenden Anerkennung vorbestimmt. So sind gesellschaftliche Vorannahmen und soziale Anerkennung entscheidende Faktoren für das Erwachsenwerden und schließlich für ein gelingendes eigenständiges Leben, denn »Anerkennungsverhältnisse sind der Ermöglichungsrahmen individuellen gelingenden Lebens« (Dederich 2001, 206). Werden Antwort- und Selbstbestimmungsfähigkeit aus anthropologischer Perspektive als konstitutive Momente des menschlichen Seins begriffen, dann ist aus ethischer Perspektive zu fordern, dass diese Fähigkeiten auch dann anzunehmen sind, wenn die Lebensrealität von Personen von Abhängigkeit, Angewiesenheit und Unterstützung gekennzeichnet und die verbalsprachlichen (Antwort-)Fähigkeiten eingeschränkt sind.

Mit Blick auf das Themenfeld Erwachsenwerden und Selbstbestimmung im Kontext von geistiger und komplexer Behinderung zeigen sich vor dem Hintergrund des Beschriebenen weiterhin Spannungen. So fehlt es Menschen mit geistiger und komplexer Behinderung häufig an sozialer Anerkennung und der vermeintlich uneingeschränkten (Vor-)Annahme einer Antwortfähigkeit. Zudem ist weiterhin zu konstatieren, »dass manche Menschen nicht oder nur eingeschränkt vernünftige Entscheidungen treffen und die Folgen ihrer Handlungen abschätzen können« (Dederich 2016, 170).

Diese Spannungen lassen sich hier nicht auflösen. Es lässt sich aber durchaus die Frage in den Fokus rücken, welche *(pädagogischen) Konsequenzen* möglicherweise aus einer Offenlegung und Problematisierung dieser Spannungen und Herausforderungen gezogen werden können. Solche möglichen Konsequenzen können hier allerdings nur angedeutet werden. Vor dem Hintergrund eines responsiven Verständnisses von Erwachsenwerden zeigt sich etwa die Notwendigkeit, das anthropologische Grundmotiv der *Responsability* grundsätzlich zu- und anzuerkennen und dieses in pädagogischen Situationen zu befördern und zu bestärken. Pädagogisch bedeutsam ist dabei die Anerkennung eines Antwortens, das mehr und anderes meint als rein verbalsprachliches Handeln (vgl. Stommel 2023, 152 ff.). Das impliziert die Notwendigkeit einer Offenheit gegenüber alternativen Antwortformen. Pädagogisch bedeutsam ist zudem die Bereitschaft, im Anspruch bereits die Möglichkeit eines *selbstbestimmten*, d. h. aus den (präreflexiven) Bestimmungsbewegungen erwachsenden, Antwortens mit zu geben. Von einem pädagogischen Standpunkt aus ist dann eben nicht zu fragen, *ob* Menschen mit geistiger Behinderung zur Selbstbestimmung fähig sind (vgl. Seitzer 2022, 25 f.; Zirfas 2012, zit. nach ebd.), sondern vielmehr, *wie* sich Selbstbestimmung im benannten Kontext zeigt und *wie* das individuelle Antworten, das Erwachsenwerden meint, *Gehör finden* kann. Voraussetzung für selbstbestimmtes Antworten ist zudem eine Auseinandersetzung mit sich selbst sowie mit den individuellen Welt-, Selbst- und Fremdbezügen. Hieraus erwächst die pädagogische Anforderung, Angebote und Erfahrungsmöglichkeiten zu schaffen, die eine Auseinandersetzung mit dem Selbst und der Welt ermöglichen und die diese Auseinandersetzung pädagogisch rahmen und begleiten. Es liegt ferner in pädagogischer Verantwortung, das (Er-)Finden von Antworten auf Fragen, die sich an das (er-)wachsen(d)e Subjekt stellen, zu begleiten und zu unterstützen und dabei vom eigenen Anspruch, von den eigenen (Lebens-)Vorstellungen zurückzutreten. Hierbei kann eine verantwortungsvolle und responsive Pädagogik helfen, die vom Anspruch des Anderen ausgeht und vor dem Hintergrund der Erfahrungen der Person diese im größtmöglichen Maße dazu befähigt, (Lebens-)Entscheidungen zu treffen, ohne dabei wiederum die Freiheiten und Rechte des Anderen zu beschränken. Eine responsive Pädagogik impliziert im wahrsten Sinne des Wortes *Rück-sicht* auf die Ansprüche, die sich erheben und die die Grundlage pädagogischen Antwortens bilden. Damit geht ein Zurücktreten der pädagogisch Tätigen hinter die eigenen Bedürfnisse, Werte- und Normvorstellungen bzgl. Erwachsenwerden einher, was für das Erwachsenwerden nicht nur im Kontext geistiger und komplexer Behinderung bedeutsam ist.

Literatur

Ackermann, K.-E. (1990/2010). Zum Verständnis von »Bildung« in der Geistigbehindertenpädagogik. In O. Musenberg & J. Riegert (Hrsg.), *Bildung und geistige Behinderung. Bildungstheoretische Reflexionen und aktuelle Fragestellungen* (53–72). Oberhausen: Athena.

Benner, D. (2012). *Allgemeine Pädagogik. Eine systematisch-problemgeschichtliche Einführung in die Grundstruktur pädagogischen Denkens und Handelns.* Weinheim: Beltz Juventa.

Biewer, G. (2000). Pädagogische und philosophische Aspekte der Debatte über Selbstbestimmung von Menschen mit geistiger Behinderung. *Zeitschrift für Heilpädagogik,* 51 (6), 240–244.

Bundesvereinigung Lebenshilfe für Geistig Behinderte (Hrsg.) (1997). Selbstbestimmung. Kongreßbeiträge. Dokumentation des Kongresses »Ich weiß doch selbst, was ich will!«, Menschen mit geistiger Behinderung auf dem Weg zu mehr Selbstbestimmung vom 27. September bis zum 1. Oktober 1994 in Duisburg. Marburg: Lebenshilfe-Verlag.

Dederich, M. (2001). *Menschen mit Behinderung zwischen Ausschluss und Anerkennung.* Bad Heilbrunn: Klinkhardt.

Dederich, M. (2016). Selbstbestimmung. In M. Dederich, I. Beck, U. Bleidick & G. Antor (Hrsg.), *Handlexikon der Behindertenpädagogik. Schlüsselbegriffe aus Theorie und Praxis* (169–171). Stuttgart: Kohlhammer.

Dederich, M. (2019). Gefährdete Integrität. Axel Honneths Theorie der Anerkennung. In R. Stöhr, D. Lohwasser, J. Noack Napoles, D. Burghardt, M. Dederich, N. Dziabel, M. Krebs & J. Zirfas (Hrsg.), *Schlüsselwerke der Vulnerabilitätsforschung* (S. 201–219). Wiesbaden: Vieweg.

Dederich, M. (2022). Ethik der Sorge: Verantwortung, Anerkennung, Gerechtigkeit im Zeichen radikaler Andersheit. Ein Versuch. *Menschen,* 45 (1), 33–40.

Falkenstörfer, S. (2020). *Zur Relevanz der Fürsorge in Geschichte und Gegenwart. Eine Analyse im Kontext komplexer Behinderungen.* Wiesbaden: Springer.

Fornefeld, B. (Hrsg.) (2008). *Menschen mit Komplexer Behinderung. Selbstverständnis und Aufgaben der Behindertenpädagogik.* München: Ernst Reinhardt.

Fornefeld, B. (2009). Selbstbestimmung/Autonomie. In M. Dederich & W. Jantzen (Hrsg.), *Behinderung und Anerkennung* (S. 183–187). Stuttgart: Kohlhammer.

Foucault, M. (2014). *Schriften: in vier Bänden* = Dits et écrits. Band 1: 1954–1969. Frankfurt a. M.: Suhrkamp.

Hackl, B. (2014). Va pensiero! Warum die Sache mit der Selbstbestimmung in der Schule nicht so einfach ist. In T. Rihm (Hrsg.), *Teilhaben an Schule. Zu den Chancen wirksamer Einflussnahme auf Schulentwicklung* (S. 53–69). Wiesbaden: Springer VS.

Hahn, M. (1981). *Behinderung als soziale Abhängigkeit. Zur Situation schwerbehinderter Menschen.* München: Ernst Reinhardt.

Hahn, M. (2000). Anthropologische Aspekte der Selbstbestimmung. In F. Vahsen & E. Wilken (Hrsg.), *Sonderpädagogik und Soziale Arbeit. Rehabilitation und soziale Integration als gemeinsame Aufgabe* (S. 14–30). Neuwied: Luchterhand.

Harmel, H. (2011). *Subjekt zwischen Abhängigkeit und Autonomie. Eine kritische Literaturanalyse und ihre Bedeutung für die Behindertenpädagogik.* Bad Heilbrunn: Klinkhardt.

Heitger, M. (2004). *Bildung als Selbstbestimmung.* Paderborn/München/Wien/Zürich: Schöningh.

Hoffmann, T. (2013). *Wille und Entwicklung. Problemfelder – Konzepte – pädagogisch-psychologische Perspektiven.* Wiesbaden: Springer VS.

Klafki, W. (1995). Schule und Unterricht gestalten. »Autonomie«, »Partizipation« und »politische Verantwortung« als schultheoretische und didaktische Kategorien. In: J. Bastian (Hrsg.), *Schule gestalten: Dialog zwischen Unterrichtsreform, Schulreform und Bildungsreform* (S. 35–46). Hamburg: Bergmann + Helbig.

Klafki, W. (2007). *Neue Studien zur Bildungstheorie und Didaktik. Zeitgemäße Allgemeinbildung und kritisch-konstruktive Didaktik.* Weinheim: Beltz.

Kulig, W. & Theunissen, G. (2006). Selbstbestimmung und Empowerment. In: E. Wüllenweber (Hrsg.), *Pädagogik bei geistigen Behinderungen. Ein Handbuch für Studium und Praxis* (S. 237–250). Stuttgart: Kohlhammer.

Leineweber, C. (2020). *Die Verzeitlichung der Bildung: Selbstbestimmung im technisch-medialen Wandel.* Bielefeld: transcript.

Liebau, E. (1999). *Erfahrung und Verantwortung. Werteerziehung als Pädagogik der Teilhabe.* Weinheim: Beltz Juventa.

Lindmeier, C. (1999). Selbstbestimmung als Orientierungsprinzip der Erziehung und Bildung von Menschen mit geistiger Behinderung – kritische Bestandsaufnahme und Perspektiven. *Die neue Sonderschule*, 44 (3), 209–224.

Meyer-Drawe, K. (1990). *Illusionen von Autonomie. Diesseits von Ohnmacht und Allmacht des Ich.* München: P. Kirchheim.

Meyer-Drawe, K. (1993). Das Ich im Spiegel des Nicht-Ich. *Bildung und Erziehung*, 46 (2), 195–206.

Miles-Paul, O. (1992). *Wir sind nicht mehr aufzuhalten. Behinderte auf dem Weg zur Selbstbestimmung.* München: AG Spak.

Ministerium für Kultus, Jugend und Sport Baden-Württemberg (2022). Bildungsplan Förderschwerpunkt Geistige Entwicklung. Online verfügbar unter: https://www.bildungsplaene-bw.de/,Lde/10359547, Zugriff am 12.10.2023.

Mühl, H. (1996). Erziehung zur Selbstbestimmung durch handlungsbezogenen Unterricht. In Bundesvereinigung Lebenshilfe für Geistig Behinderte (Hrsg.), *Selbstbestimmung. Kongressbeiträge. Dokumentation des Kongresses »Ich weiß doch selbst, was ich will!«, Menschen mit geistiger Behinderung auf dem Weg zu mehr Selbstbestimmung vom 27. September bis zum 1. Oktober 1994 in Duisburg* (S. 312–316). Marburg: Lebenshilfe-Verlag.

Musenberg, O., Riegert, J. & Lamers, W. (2015). Innovation und Reduktion. Zum Verhältnis von Bildung und Lebenspraxis in der Pädagogik für Menschen mit geistiger Behinderung. *Teilhabe*, 54(2), 54–60.

Nirje, B. (1994). Das Normalisierungsprinzip. In U. Fischer (Hrsg.), *Wohnen im Stadtteil für Erwachsene mit schwerer geistiger Behinderung* (S. 175–202). Reutlingen: Diakonie-Verlag.

Nirje, B. (1997). Selbstbestimmung und Normalisierungsprinzip. In Bundesvereinigung Lebenshilfe für Geistig Behinderte (Hrsg.), *Selbstbestimmung. Kongressbeiträge. Dokumentation des Kongresses »Ich weiß doch selbst, was ich will!«, Menschen mit geistiger Behinderung auf dem Weg zu mehr Selbstbestimmung vom 27. September bis zum 1. Oktober 1994 in Duisburg* (S. 40). Marburg: Lebenshilfe-Verlag.

Quenzel, G. & Hurrelmann, K. (2022). *Lebensphase Jugend. Eine Einführung in die sozialwissenschaftliche Jugendforschung.* Weinheim/Basel: Beltz Juventa.

Ritter, J. & Gründer, K. & Gabriel, G. (Hrsg.) (2017). *Historisches Wörterbuch der Philosophie online.* Basel: Schwabe Verlag. Online verfügbar unter: https://www.schwabeonline.ch/schwabe-xaveropp/elibrary/start.xav?start=%2F%2F%2A%5B%40attr_id%3D%27hwph_productpage%27%5D, Zugriff am 12.10.2023.

Seitzer, P. (2022). Geistige Behinderung und Entscheidungsfähigkeit. *Behindertenpädagogik*, 61(1), 5–30.

Speck, O. (1985). Mehr Autonomie für Erwachsene mit schwerer geistiger Behinderung. *Geistige Behinderung*, 24 (3), 162–170.

Stinkes, U. (2000). Selbstbestimmung – Vorüberlegungen zur Kritik einer modernen Idee. In K. Bundschuh (Hrsg.), *Wahrnehmen, Verstehen, Handeln. Perspektiven für die Sonder- und Heilpädagogik im 21. Jahrhundert* (S. 169–192). Bad Heilbrunn: Klinkhardt.

Stinkes, U. (2008). Bildung als Antwort auf die Not und Nötigung, sein Leben zu führen. In B. Fornefeld (Hrsg.), *Menschen mit Komplexer Behinderung. Selbstverständnis und Aufgaben der Behindertenpädagogik* (S. 82–107). München: Ernst Reinhardt.

Stommel, T. (2023). *Bildung und Staunen. Eine bildungsphilosophische Perspektive im Kontext geistiger und schwerer Behinderung.* Bielefeld: transcript.

Theunissen, G. (2002). Von der Fremdbestimmung zur Selbstbestimmung. Impulse für die Arbeit mit Menschen, die als geistig behindert gelten. *Behinderte in Familie, Schule und Gesellschaft* 25 (1), 47–58.

Wagner, M. (2007). Autonomie. In K. Bundschuh, U. Heimlich, R. Krawitz & F. Klein (Hrsg.), *Wörterbuch Heilpädagogik. Ein Nachschlagewerk für Studium und pädagogische Praxis* (S. 24–26). Bad Heilbrunn: Klinkhardt.

Waldenfels, B. (1994). *Antwortregister.* Frankfurt a.M.: Suhrkamp.

Waldenfels, B. (2000). *Das leibliche Selbst. Vorlesungen zur Phänomenologie des Leibes.* Frankfurt a.M.: Suhrkamp.

Waldenfels, B. (2006). *Grundmotive einer Phänomenologie des Fremden.* Frankfurt a.M.: Suhrkamp.

Waldschmidt, A. (2003). Selbstbestimmung als behindertenpolitisches Paradigma – Perspektiven der Disability Studies. *Aus Politik und Zeitgeschichte.* Online verfügbar unter: https://www.bpb.de/shop/zeitschriften/apuz/27792/selbstbestimmung-als-behindertenpolitisches-paradigma-perspektiven-der-disability-studies/, Zugriff am 12.10.2023.

Wehmeyer, M. L. (2022). Lebensqualität und Selbstbestimmung. In P. Zentel (Hrsg.), *Lebensqualität und geistige Behinderung: Grundlagen, Aufgabenfelder, Lebensbereiche* (S. 55–61). Stuttgart: Kohlhammer.

Weisshaupt, B. (1996). Identität und Selbstbestimmung. In H. Büchi & M. Huppenbauer (Hrsg.), *Autarkie und Anpassung. Zur Spannung zwischen Selbstbestimmung und Umwelterhaltung* (S. 227–242). Wiesbaden: VS Verlag für Sozialwissenschaften.

Wilken, U. (1997). Selbstbestimmung und soziale Verantwortung – Gesellschaftliche Bedingungen und pädagogische Voraussetzungen. In Bundesvereinigung Lebenshilfe für Geistig Behinderte (Hrsg.), *Selbstbestimmung.* Kongressbeiträge. Dokumentation des Kongresses »Ich weiß doch selbst, was ich will!«, Menschen mit geistiger Behinderung auf dem Weg zu mehr Selbstbestimmung vom 27. September bis zum 1. Oktober 1994 in Duisburg (S. 41–48). Marburg: Lebenshilfe-Verlag.

Allgemeine und spezifische Gesundheitsbedürfnisse von erwachsen werdenden Menschen mit geistiger Behinderung

Lena Grüter und Tobias Bernasconi

1 Einleitung

Gesundheit wird umgangssprachlich oftmals als positiver Gegenpol zu Krankheit verstanden, wenngleich beide Begriffe nicht einfach definiert werden können, sondern jeweils eine Vielzahl an Definitionen, Auslegungen und Konzepten implizieren (Haveman & Stöppler, 2014). Auch die Definition von Gesundheit laut World Health Organization (WHO) von 1948 beschreibt diese als »Zustand des vollständigen körperlichen, geistigen und sozialen Wohlbefindens *und nicht nur die Abwesenheit von Krankheit und Gebrechen*«. In diesem Zusammenhang wird zwar die Abkehr vom biomedizinischen Verständnis als Gegenteil von Krankheit formuliert, jedoch erschwert auch in dieser Definition der Anspruch auf vollständiges Wohlbefinden deren Übertragung auf die Lebensrealität eines Menschen.

Gerade in jüngerer Vergangenheit wird diese Definition auch vermehrt kritisiert und durch insbesondere die Fragilität und Veränderbarkeit von Gesundheitszuständen beachtende Konzepte erweitert (z.B. Hafen, 2016; Razum & Hurrelmann, 2016). In verschiedenen Fachdisziplinen wird der Gesundheitsbegriff sehr unterschiedlich gefasst, z.B. mit Fokus auf Gesunderhaltung, als Kontinuum im Kontext der Salutogenese (Antonovsky, 1997; Faltermaier, 2018) oder als subjektives Empfinden des Gesundseins im Kontext der Pflegewissenschaften. Letztlich stellt Gesundheit damit ein individuelles, aber auch gesellschaftlich-soziales Konstrukt dar, welches intrapsychische und äußerlich-sichtbare Aspekte enthält und im Sinne der Gesunderhaltung und rehabilitativen Unterstützung als wichtige Grundvoraussetzung für gesellschaftliche Teilhabe betrachtet werden kann (Nicklas-Faust, 2011).

Deutlich wird dabei zum einen, dass Gesundheit als eine Einheit von Körper, Psyche und Umwelt verstanden werden kann. Zum anderen, und dies ist ebenso zentral für die Auseinandersetzung mit Gesundheit im Prozess des Erwachsenwerdens und Erwachsenseins bei Menschen mit geistiger Behinderung, dass Gesundheit durch subjektives Wohlbefinden des Individuums maßgeblich bestimmt ist und sich dynamisch verändern kann, ganz unabhängig von einem vorliegenden körperlichen oder psychischen Gesundheitsproblem. Zudem gibt es deutliche Hinweise, »dass praktizierte angemessene Partizipation ein wesentlicher Faktor ebenso für die Erhaltung und Förderung von Gesundheit wie für Heilung und Bewältigung von Krankheit ist, also Bedeutung für die Qualität und Wirksamkeit von Prävention, Therapie, Pflege und Rehabilitation hat« (Rosenbrock & Hartung, 2012, 9; Wright et al., 2018).

Dies bedeutet aber auch, dass gesundheitliche Realität und subjektives Wohlbefinden voneinander abweichen können und demnach eine (chronische) körperliche Erkrankung nicht ausschlaggebend für den Grad des subjektiven Wohlbefindens sein muss. Gleichwohl kann sich dem Individuum die gesundheitliche Realität in Bezug auf die Beschaffenheit der körperlichen Konstitution auch zunächst (kognitiv und/oder medizinisch) verschließen, in den Momenten, in denen sich das Individuum in seiner Einheit von Körper, Psyche und Umwelt subjektiv wohl fühlt, obwohl zeitgleich z.B. ein Entzündungswert im Körper feststellbar wäre (Krause, 2018). So kann sich ein Mensch mit (geistiger Behinderung und) der Stoffwechselerkrankung Typ-1-Diabetes wohl und in gewisser Weise gesund fühlen, da nicht nur die körperliche Verfassung das individuelle Wohlbefinden beeinflusst, sondern auch Umweltfaktoren (z.B. eine Insulinspritze), psychosoziale Faktoren (z.B. stabile Peerbeziehungen) und weitere soziale Determinanten. Menschen mit geistiger Behinderung werden dennoch in Gesundheitsfragen oftmals als verletzliche Wesen eingestuft, bei denen eine erhöhte Anfälligkeit für körperliche und/oder psychische Erkrankungen besteht (Allweiss, Perowanowitsch, Burtscher & Wright, 2017). Subjektives Wohlbefinden in Fragen der Gesundheit zu fokussieren, bedeutet vor dem Hintergrund eines mehrdimensionalen und dynamischen Gesundheitsverständnisses aber, dass die individuelle Bedürftigkeit eines Menschen nicht nur in Pflegehandlungen und in der Unterstützung der körperlichen Gesundheitssorge besteht, sondern Bedürftigkeit aufgrund eines individuellen Gesundheitszustandes die Facetten des a) Wohlbefindens, b) des Körpers, c) der Psyche und d) der Umwelt umschließt.

Auch die Perspektive auf Gesundheit der WHO lässt sich aktuell zumindest als eine erweiterte verstehen, wenn – ergänzend zur Internationalen statistischen Klassifikation der Krankheiten und verwandter Gesundheitsprobleme (ICD) – in der Internationalen Klassifikation der Funktionsfähigkeit, Behinderung und Gesundheit (ICF) die Folgen einer Erkrankung im bio-psycho-sozialen Modell von Behinderung beschrieben werden und dabei Behinderung vom Begriff der Schädigung unterschieden wird. In der ICF werden mit ›functioning‹, was mit ›Funktionsfähigkeit‹ ins Deutsche übersetzt wurde, »alle Aspekte der funktionalen Gesundheit, und zwar sowohl bezogen auf körperlich-organisatorische Strukturen und Funktionen wie auch auf Aktivitäten bzw. Kompetenzen und die Teilhabe am gesellschaftlichen Leben« (Fischer, 2003, 304) bezeichnet. Um eine differenzierte und individuelle Beschreibung der Auswirkungen der Gesundheitssituation auf die Aktivität und Teilhabe des Individuums vornehmen zu können, beschreibt das ICF-Modell Gesundheit und Krankheit im jeweiligen individuellen Kontext des Individuums. Die Funktionsfähigkeit eines Menschen im Sinne von Möglichkeiten zur Partizipation ist dabei abhängig von der Wechselwirkung zwischen möglichen Gesundheitsproblemen und den Kontextfaktoren im Lebensumfeld einer Person (DIMDI, 2005). Entsprechend können auch hier gesundheitliche Probleme zu Einschränkungen im Lebensalltag führen, gleichsam können sie jedoch auch kompensiert werden, wenn gute Unterstützungsfaktoren und -bedingungen existieren.

Im Mittelpunkt dieses Beitrags stehen deshalb auch vornehmlich das subjektive Wohlbefinden und ein interaktionistisches, dynamisches und mehrdimensionales

Verständnis von Gesundheit als Ausgangspunkt der Überlegungen zu gesundheitsbezogenen Fragestellungen in Verbindung mit dem Prozess des Erwachsenwerdens und Erwachsenseins von Menschen mit geistiger Behinderung. Ausgehend von Befunden zur Gesundheitssituation werden dann Hinweise zur pädagogischen bzw. andragogischen Unterstützung formuliert.

2 Aktuelle Befunde zur Gesundheitssituation und Gesundheitsveränderung von Menschen mit geistiger Behinderung im Erwachsenwerden

Im Kontext von Gesundheit werden in erster Linie medizinische Aspekte, wie das Vorkommen bestimmter Erkrankungen und gesundheitlicher Gefährdungen bzw. der Bedarf an pflegerischer und therapeutischer Versorgung thematisiert (u. a. Budroni, Roser & Schnepp, 2011; Schlichting, 2009). Hier existieren Veröffentlichungen mit Fokus auf Menschen mit geistiger Behinderung und/oder psychischen Erkrankungen (Kinnear et al., 2017; Mazza et al., 2020; Sappok, 2023). Menschen mit komplexer Behinderung werden dabei aber oftmals nur am Rande bedacht (Sappok, Diefenbacher & Winterholler, 2019) oder nur über kleine Kohorten untersucht. Hinsichtlich präventiver Möglichkeiten, Teilhabechancen an der allgemeinen Gesundheitsversorgung sowie Möglichkeiten einer Gesundheitsbildung gibt es vereinzelte Erkenntnisse (u. a. Schülle & Hornberg, 2016; Wetzel & Rathmann, 2020; Rathmann & Dadaczynski, 2021; Dins & Keeley, 2022).

Die Studienlage konzentriert sich insgesamt überwiegend auf allgemeine Daten zum Auftreten psychischer Störungen bei Menschen mit geistiger Behinderung, so dass die Angaben zur physischen und psychischen Morbidität keine differenzierte Einordnung in Bezug auf die Relevanz für das junge Erwachsenenalter zulassen. Hinsichtlich der gesundheitlichen Situation konzentrieren sich die vorliegenden Studien entweder auf das Kindes- und Jugendalter, auf das Erwachsenenalter, auf älter werdende Menschen mit geistiger Behinderung oder lebensphasenunabhängig auf die Entwicklung spezifischer körperlicher oder psychischer Gesundheitsprobleme bei Menschen mit geistiger Behinderung, bei ausgewählten Behinderungsbildern oder Syndromen.

Die Gesundheitsprobleme, die zu einem Hausarztbesuch führen, sind bei Menschen mit und ohne Behinderung zunächst weitgehend identisch (Haveman & Stöppler, 2014). Die Unterschiede liegen jedoch in den Prädispositionen und den daraus resultierenden erhöhten Risiken für physische und psychische Gesundheitsprobleme. Darüber hinaus unterscheidet sich ihr Gesundheitsprofil mitunter deutlich von dem der Allgemeinbevölkerung (Cooper et al., 2015). Zentral kann demnach das gleichzeitige Vorliegen mehrerer Erkrankungen (akut, chronisch, intermittierend) sein, d. h. in diesem Zusammenhang der Umgang mit Multimorbidität bei einem Heranwachsenden mit geistiger Behinderung. Menschen mit geistiger Behinderung sind im Erwachsenenalter stärker von Multimorbidität betroffen, die sich bei ihnen in einem früheren Lebensalter manifestiert (Cooper et al., 2015).

So weist Fornefeld (2020) darauf hin, dass Menschen mit geistiger und insbesondere mit komplexer Behinderung insgesamt ein hohes Erkrankungsrisiko haben, sich häufiger im Übergangsbereich zwischen den Zuständen Gesundheit und Krankheit im Gesundheits-Krankheits-Kontinuum befinden und häufiger chronische sowie multimorbide Erkrankungen aufweisen (z. B. als prä-, peri- oder frühpostnatale Folge der Behinderung). Dazu zählen unter anderem infantile Zerebralparese, schwere epileptische Anfälle, Muskelatrophie oder -dystrophie, sensorische Integrationsstörungen, rezidivierende Atemwegsinfekte und Erkrankungen des Herz-Kreislauf-Systems (Stöppler, 2017). Auch chronische Krankheitsverläufe können sich manifestieren, häufig als Folge einer zu späten Erkennung und Behandlung von Krankheiten. Dazu gehören u. a. Beeinträchtigungen der Fernsinne, des Herz-Kreislauf-Systems, des Abwehrsystems, der Harnwege, der Genitalien, der Leber- und Schilddrüsenfunktion, des Stütz- und Bewegungsapparates sowie psychiatrische Störungen (Haveman & Stöppler, 2014).

Damit wird deutlich, dass die gesundheitliche Situation von Menschen mit geistiger Behinderung insgesamt durch ein höheres Maß an Multimorbidität gekennzeichnet ist. Eine Studie von Cooper et al. (2015) untersuchte die Multimorbidität und Verbreitung von Krankheiten bei Menschen mit und ohne geistige Behinderung anhand der Auswertung von primären Gesundheitsdaten aus Schottland. 31,8 % der 8014 Personen mit geistiger Behinderung wiesen keine komorbiden Erkrankungen auf (verglichen mit 51,6 % der Menschen ohne geistige Behinderung) und signifikant häufiger lagen bei ihnen eins bis vier komorbide Erkrankungen vor (Cooper et al., 2015). Die Zahl der gleichzeitig bestehenden Erkrankungen nahm mit dem Alter zu, war aber in allen Altersgruppen weit verbreitet (Cooper et al., 2015). In dieser Studie wurde auch festgestellt, dass 14 der 32 körperlichen Erkrankungen bei Menschen mit geistiger Behinderung häufiger diagnostiziert wurden wie Epilepsie, Obstipation und Sehbehinderungen. Bei Menschen mit geistiger Behinderung lagen zudem Hörverlust, Ekzeme, Reizmagen, Schilddrüsenerkrankungen und die Parkinson-Krankheit oder Parkinsonismus doppelt so häufig vor. Die Studie von O'Leary, Cooper und Hughes-McCormack (2018) ergab eine erhöhte Prävalenz von Epilepsie, Hypothyreose, Asthmaerkrankungen, Diabetes mellitus und Herzinsuffizienz. In einer Studie von Robertson, Hatton, Emerson und Baines (2015) wurde für Epilepsie eine Prävalenz von 15 % bei Personen mit leichter geistiger Behinderung und von 30–50 % bei Personen mit komplexer Behinderung im Vergleich zu 0,5 % in der Allgemeinbevölkerung angegeben. Darüber hinaus waren vier der elf Herz-Kreislauf-Erkrankungen (koronare Herzkrankheit, periphere Gefäßkrankheit, Bluthochdruck, Herzrhythmusstörung) in der Studie von Cooper et al. (2015) seltener als bei Menschen ohne geistige Behinderung, ebenso die chronische obstruktive Lungenerkrankung (COPD) und Krebserkrankungen. Eine weitere Studie von Cooper et al. (2018) bestätigt, dass kardiovaskuläre Erkrankungen bei Menschen mit geistiger Behinderung nicht häufiger sind, jedoch häufiger unerkannt und unbehandelt bleiben. In einem systematischen Review wurde festgestellt, dass sich das Krebsprofil bei Menschen mit und ohne geistige Behinderung unterscheidet (O'Leary et al., 2018), sodass eine Vulnerabilität zur Entwicklung ausgewählter Krebsformen bei Menschen mit bestimmten Syndromen besteht, wie die 20mal häufigere akute lymphatische Leukämie (ALL) bei Trisomie 21 (O'Leary et al., 2018; Sappok et al., 2019). Einen Überblick zu medizinischen Komplikationen häufiger genetischer Syndrome im Erwachsenenalter geben Sappok et al. (2019, 813–814).

Menschen mit geistiger Behinderung leiden häufig unter akuten und chronischen Schmerzen, die verschiedene Schmerzursachen haben können und mitunter nicht oder erst spät erkannt werden: a) allgemeine Ursachen (z.B. Fehlhaltung oder Fehlbelastung), b) behinderungsbedingte Ursachen (z.B. Spastik, Skoliose) oder c) als Folge der Behinderung (z.B. durch Therapie- und Pflegemaßnahmen) (Jerosenko, 2021).

Menschen mit geistiger Behinderung sind anfällig für somatische und psychische Erkrankungen, wobei die Häufigkeit der psychischen Störungen drei- bis viermal höher ist und die Punktprävalenz bei ca. 20% liegt (Cooper, Smiley, Morrison, Williamson & Allan, 2007; Schützwohl & Sappok, 2020). Dies kann u. a. darauf zurückgeführt werden, dass Menschen mit geistiger Behinderung nicht nur akuten, sondern häufiger auch längerfristigen psychischen Belastungen ausgesetzt sind, die als übergeordnetes Merkmal der Lebenswirklichkeit der Personengruppe zu einer dauerhaft erhöhten Beanspruchung führen (Grüter, 2022). Cooper et al. (2015) ermittelten eine signifikante Zunahme bei fünf von sechs psychischen Störungen, mit Ausnahme von Anorexia nervosa und Bulimia nervosa. In einer früheren Studie von Cooper et al. (2007) ist die Punktprävalenz für schizophrene Psychosen bei Menschen mit leichter geistiger Behinderung höher (6%) und bei Menschen mit komplexer Behinderung niedriger, während affektive Störungen ähnlich wie in der Allgemeinbevölkerung mit 6–7% auftreten. Bestimmte Syndrome wie das Prader-Willi-Syndrom, Fetale Alkoholspektrum-Störungen (FASD) und Trisomie 21 erhöhen das Risiko für Depression, während das Fragile X-Syndrom und das Rubenstein-Taybi-Syndrom mit bipolarer affektiver Störung assoziiert sind (Charlot et al., 2018). Die Entwicklung einer posttraumatischen Belastungsstörung wird mit 10% angegeben, gegenüber 5–10% in der Allgemeinbevölkerung (Daveney, Hassiotis, Katona, Matcham & Sen, 2019). Die genaue Prävalenz von Angststörungen ist unklar und wird auf 2,4% bis 6% geschätzt (Cooper et al., 2007; Sappok et al., 2019).

Menschen mit geistiger Behinderung haben zudem ein erhöhtes Risiko für altersbedingte Erkrankungen (Murray, Dada & May, 2022). So treten z.B. Demenzerkrankungen bei Menschen mit geistiger Behinderung im Durchschnitt früher und fünfmal häufiger auf als in der Allgemeinbevölkerung, bei Menschen mit Trisomie 21 ist die Inzidenz für Demenz besonders hoch und tritt bereits im Alter um 40 Jahre auf (Müller & Kuske, 2023; Strydom, Chan, King, Hassiotis & Livingston, 2013). Aufgrund der oftmals nicht erkannten ersten Anzeichen und fehlenden Konzepte der passgenauen Unterstützung können demenzielle Erkrankungen zudem oft weniger gut kompensiert werden.

Neben den konkret medizinischen Problemen gilt zu bedenken, dass für Menschen mit geistiger Behinderung der Balanceakt im Kontext des Gesundheits-Krankheits-Kontinuums möglicherweise anstrengender und komplexer ist. Damit ist gemeint, dass Strategien, mit gesundheitlichen Problemen umzugehen und sich verändernde körperliche und psychische Funktionen zu akzeptieren, nur eingeschränkt abrufbar sind oder nicht existieren. Dies ist u. a. darauf zurückzuführen, dass Menschen mit geistiger Behinderung im Prozess des Erwachsenerdens im Vergleich zu Menschen ohne geistige Behinderung über weniger Coping-Strategien »auf Abruf« verfügen und darauf nicht zeitnah zurückgreifen können.

Bei der Betrachtung der Gesundheitssituation im Prozess des Erwachsenwerdens ist neben der Multimorbidität auch die drei- bis viermal höhere Mortalitätsrate zu berücksichtigen (Glover, Williams, Heslop, Oyinlola & Grey, 2017; O'Leary et al., 2018). Allgemein liegen für Deutschland Ergebnisse vor, die eine um 6 bis 12 Jahre geringere Lebenserwartung von Menschen mit geistiger Behinderung im Vergleich zur Allgemeinbevölkerung zeigen (Dieckmann, Giovis & Offergeld, 2015). Auch ist allgemein belegt, dass chronische und sekundäre Gesundheitszustände die Lebenserwartung von Menschen mit einer geistigen Behinderung um etwa 20 Jahre im Vergleich zur Allgemeinbevölkerung verringern (O'Leary et al. 2018). In einer Studie von Glover et al. (2017) wurde anhand einer Datenbankanalyse ermittelt, dass die Lebenserwartung bei der Geburt um 19,7 Jahre niedriger war als bei Menschen ohne geistige Behinderung. Zu den häufigsten Ursachen der (Früh-)Sterblichkeit zählen Krebserkrankungen, Kreislauf- und Atemwegserkrankungen, aber auch vermeidbare Todesursachen, wie Epilepsie, Aspirationspneumonie und Darmkrebs (Glover et al., 2017). Die erhöhte Mortalitätsrate und die geringere Überlebenszeit bei bestimmten Krebsformen, wie Darmkrebs, wird auf die längere Zeit bis zu deren Feststellung, die geringen präventiven Angebote und die geringe Therapietreue in der Behandlung zurückgeführt (Sappok et al., 2019).

Übergeordnet lässt sich bereits an dieser Stelle festhalten, dass die Lebensrealität von Menschen mit geistiger Behinderung durch eine erhöhte Morbidität und Mortalität gekennzeichnet sein kann (Sappok et al., 2019), was neben dem Einfluss auf die Aufgaben im Prozess des Erwachsenwerdens von Menschen mit geistiger Behinderung auch zu spezifischen Anforderungen im Lebensalltag führen kann, aus denen sich mitunter auch Ambivalenzen ergeben können.

3 Aufgaben und Ambivalenzen

3.1 Gesundheitsbezogene Anforderungen

Auch wenn die allgemeinen gesundheitlichen Bedürfnisse und Anforderungen im Übergang zur Jugend und zum jungen Erwachsenenalter bei Menschen mit und ohne geistige Behinderung weitgehend identisch sind (Stöppler, 2017), haben gesundheitsbezogene Fragen im Entwicklungsprozess des Erwachsenwerdens bei Menschen mit geistiger Behinderung oftmals eine erhöhte Relevanz. So ist die Gesunderhaltung oder Wiederherstellung von Gesundheit oftmals ein wichtiger Aspekt im Lebensalltag, gleichsam jedoch eine Aufgabe, die üblicherweise im Prozess des Erwachsenwerdens nicht im Mittelpunkt steht. Angesichts der erhöhten Vulnerabilität gegenüber physischen und psychischen Erkrankungen (Allweiss et al.,

2017) werden gesundheitsbezogene und gesundheitserhaltende Fragen und Gesundheitsprobleme bei Menschen mit geistiger Behinderung im Lebensverlauf häufiger und mitunter deutlich früher relevant. Gesundheitsbezogene Anforderungen sind in den unterschiedlichen Lebensphasen zwar allgegenwärtig, sie treten aber zu unterschiedlichen Zeitpunkten als konkrete Anforderung in das individuelle Leben, und dies häufiger deutlich schneller als bei Menschen ohne geistige Behinderung, bei denen gravierende gesundheitliche Fragen in der Regel erst im Prozess des Älterwerdens persönlich bedeutsamer werden. Neben akuten Erkrankungen sind intermittierende und vor allem chronische Erkrankungen in die Überlegungen zu Fragen der Gesundheit im Erwachsenwerden einzubeziehen, insbesondere vor dem Hintergrund der Multimorbidität über die Lebensphasen hinweg mit den unterschiedlichen Verläufen und Folgen der Erkrankung(en). Dabei besteht die Gefahr einer Pathologisierung des Lebensalltags, in dem vor allem gesundheitliche Fragen und die Versorgung möglicher sich ergebender Problemlagen im Mittelpunkt stehen und weniger Aspekte des Umgangs mit gesundheitsbezogenen Veränderungen im Leben bzw. die Entwicklung von Perspektiven, die über gesundheitliche Fragen hinaus gehen.

Das Spezifische in Fragen der Gesundheit in dieser Lebensphase kann demnach der individuelle Stellenwert bei Menschen mit und ohne Behinderung sein. So kann die Frage nach Gesundheit und Gesunderhaltung sowie der Umgang mit Erkrankung(en) ein überdauernder Zustand sein und eben nicht erst eine Frage, die im Alterungsprozess an Relevanz gewinnt. Gesundheitsfragen beschäftigen jeden Menschen, sie sind Thema, aber nicht bei jedem Menschen in gleicher Intensität. Es kann spezifisch sein, dass Gesundheit nicht nur ein aktuelles, sondern ein Lebensthema ist. Dies soll jedoch nicht zu der Annahme verleiten, dass sich alle Menschen mit geistiger Behinderung überdauernd mit gesundheitsbezogenen Fragestellungen konfrontiert sehen (müssen).

3.2 Umgang mit erhöhter Vulnerabilität

Das Erwachsenenalter ist generell mit einer zunehmend wachsenden Verantwortung für die eigene Gesundheitssorge verbunden, die im Hinblick auf gesundheitsbezogene Zustände und Veränderungen bei Menschen mit geistiger und komplexer Behinderung an Bedeutung gewinnt und im Sinne des Empowerments geeignete Zugänge erfordert, z. B. zu Gesundheitsinformationen. In einer Studie von Dins und Keeley (2022) konnte gezeigt werden, dass Menschen mit komplexer Behinderung über grundlegende Fähigkeiten zur Verbesserung ihrer Gesundheitskompetenz verfügen, aber dennoch ein Umfeld bedürfen, das sie in den Anforderungen der Gesundheitskompetenz unterstützt bzw. diese stellvertretend übernimmt. Dazu wurden Möglichkeiten des Zugangs und der Vermittlung von Gesundheitsinformationen untersucht, insbesondere in den Bereichen a) Erfassen und Einordnen der eigenen Gesundheit, b) Mitteilen eigener gesundheitlicher Bedürfnisse und c) an Gesundheitskommunikation teilzuhaben, die es im Sinne gesundheitsbezogener Teilhabe auszuschöpfen gilt (Dins & Keeley, 2022).

Der erhöhten (gesundheitlichen) Vulnerabilität sollte zudem durch eine ganzheitliche und individuelle Bedürfnisbefriedigung begegnet werden, die über gesundheitliche Bedarfe hinausgeht. Dins (2022, 62) sieht in diesem Zusammenhang vor allem in einer deduktiven Beschreibung des individuellen Teilhabekontextes hinsichtlich der Bedürfnisse und Bedarfe, wie sie u. a. in der ICF vorgesehen ist, insbesondere bei Menschen mit komplexer Behinderung die Gefahr, »dass konkrete subjektive Bedürfnisse gleichsam ›überblendet‹ werden oder andere lebensweltliche Bedürfnisse – also solche, die gemeinhin nicht zu den (wie auch immer bestimmten) ›Grundbedürfnissen‹ gezählt werden – aus dem Blick geraten«.

Hinsichtlich des Zusammenhangs von Vulnerabilität und Bedürftigkeit birgt die anthropologisch begründete Annahme der grundsätzlichen Bedürftigkeit für alle Menschen und der damit verbundenen Bedarfe und Bedürfnisse Potenziale und zugleich Gefahren. Es wird deutlich, dass Bedürftigkeit im Lebensverlauf kein für Menschen mit Behinderung spezifisches Phänomen darstellt, sondern Bedürftigkeit das Individuum mit und ohne Behinderung in der Lebensspanne in unterschiedlicher Ausprägung sowohl als Empfänger:in als auch als Antwortgeber:in dieser Bedürftigkeit betrifft.

3.3 Pathologisierung der Lebenssituation

Vor dem Hintergrund der gesundheitsbezogenen Bedürftigkeit ergeben sich auch einige Gefahren, die eine Sensibilisierung erfordern. Dazu gehört z. B. die Gefahr der Reduktion auf das Pflegebedürfnis durch Pflegebedürftigkeit, sodass zwar bestmöglich auf die Pflegebedürfnisse des Heranwachsenden mit geistiger Behinderung geantwortet wird, die von der Befriedigung überlebensnotwendiger Grundbedürfnisse bis hin zu komplexen Gesundheitsbedürfnissen reichen können. Die Bedürftigkeit wird standardisiert sichtbar in der Vergabe eines Pflegegrades oder in dem Eindruck, in der Selbstpflege Assistenz zu bedürfen. Andere Bedürfnisse hingegen laufen Gefahr, unbeantwortet oder unerkannt zu bleiben, wie z. B. das Bedürfnis nach Autonomie, nach (sexueller) Zuwendung oder nach sinnvoller Freizeitgestaltung. Der ausschließliche Fokus auf Gesunderhaltung und Wiederherstellung von Gesundheit sowie auf gesundheitliche Veränderungen bei Heranwachsenden mit geistiger Behinderung ist zudem problematisch, da sie die Konzentration auf körperliche Grundbedürfnisse und den damit verbundenen (körperlichen) Pflegebedarf fördert. Werden dabei Therapien oder Behandlungen mit großen Erwartungen und Hoffnungen verknüpft, so kann das Nicht-Eintreten des gewünschten Gesundheitszustandes oder Ergebnisses zu Frustration und Enttäuschung auf Seiten der Betroffenen und ihrer Bezugspersonen führen. Dabei spüren gerade Jugendliche und junge Erwachsene oftmals auch die Zweifel und Ängste der Eltern, was in der Folge depressives, aber auch aggressives sowie regressives Verhalten auslösen kann.

Die eindimensionale Betrachtung von Gesundheit mit dem Fokus z. B. auf die Wiederherstellung körperlicher Gesundheit birgt die Gefahr, die Dynamik und Mehrdimensionalität von individueller Gesundheit und Wohlbefinden zu vernachlässigen. Die eindimensionale Betrachtung kann für den jungen Erwachsenen mit geistiger Behinderung und (chronischer) Erkrankung bedeuten, über weniger

Möglichkeiten zur aktiven Beeinflussung des subjektiven Wohlbefindens zu verfügen, da neben der medizinischen und pflegerischen Versorgung auf keine weiteren Gesundheitsdeterminanten zurückgegriffen werden kann. Gleichwohl bleiben durch die Fokussierung auf die körperliche Gesundheitssorge in der Assistenz Möglichkeitsräume verschlossen, der Person mit geistiger Behinderung zu einem Wohlgefühl zu verhelfen. Diese Gefahr besteht insbesondere bei einem erhöhten Unterstützungsbedarf im Kontext der Gesundheitssorge und -versorgung, z. B. bei einem erhöhten Bedarf an Fremd- und Behandlungspflege. Dies trifft häufiger auf Personen mit sogenannter komplexer Behinderung zu, deren Alltagserfahrungen vor allem durch einen Pflegealltag charakterisiert sind (Schlichting, 2013). An dieser Stelle kann die Einnahme einer zu Beginn des Beitrags thematisierten salutogenetischen Perspektive auch begründen, inwieweit die Gefahr der Konzentration auf körperliche Gesundheitsbedürfnisse und Pflegeerfordernisse insbesondere in Fragen der Gesundheit bei Menschen mit geistiger Behinderung und Multimorbidität kritisch zu hinterfragen ist. Zentral ist dabei die Erkenntnis, dass Gesundheit eine subjektiv erlebte Befindlichkeit darstellt und sich der Mensch wiederkehrend, und dies täglich, aktiv in einem Kontinuum zwischen den Polen Gesundheit und Krankheit bewegt (Faltermaier, 2018; Krause, 2018). Gesundheitsbezogenes Wohlbefinden ist demnach auch bei Heranwachsenden mit geistiger Behinderung nicht nur von der aktuellen körperlichen Konstitution abhängig, sondern ist a) bio-psycho-sozial bedingt, b) basiert dabei auf einer subjektiven Bewertung in der Situation und c) kann täglich positiv beeinflusst werden (Faltermaier, 2018).

3.4 Autonomie- und Ablöseprozesse

Die spezifische Vulnerabilität von Menschen mit geistiger Behinderung gegenüber physischen und psychischen Erkrankungen über die Lebensspanne hinweg ist neben spezifischen und individuellen Auswirkungen auf die Teilhabedomänen mit weiteren Dilemmata für Heranwachsende mit geistiger Behinderung verbunden. Die mit dem Prozess des Erwachsenwerdens verbundenen Autonomieprozesse und Ablöseprozesse sind wesentlicher Bestandteil dieser Entwicklungsphase, wie das Treffen der autonomen und selbstbestimmten Entscheidung, aus dem Elternhaus in eine eigene Wohnung zu ziehen. Im Hinblick auf diese bedeutsamen Autonomieprozesse ist bei Heranwachsenden mit geistiger Behinderung zu bedenken, dass gesundheitliche Veränderungen oder gesundheitliche Zustände die Autonomie des Individuums eingrenzen oder dem Autonomiebedürfnis sogar im Weg stehen können. Dies kann nicht nur den Ablöseprozess erschweren oder gänzlich verunmöglichen, sondern auch Selbstwirksamkeitserfahrungen in den Autonomieaushandlungen unterbinden. Die individuelle Gesundheitssituation kann sich demnach sowohl auf beginnende Autonomie- und Ablöseprozesse auswirken und diese gänzlich unberücksichtigt lassen als auch vollzogene Ablöseprozesse, z. B. aufgrund akuter Erkrankungen, rückgängig machen. Auch hier besteht die angesprochene Gefahr, dass der Fokus auf Gesundheits- und Pflegebedarfe gelegt wird und andere Bedürfnisse vernachlässigt werden oder unberücksichtigt bleiben.

3.5 Zugang zum Gesundheitssystem und zur Gesundheitsversorgung

Ambivalenzen existieren auch mit Blick auf den Zugang zum Gesundheitssystem und zu Gesundheitsdiensten in der gesundheitlichen Versorgung. Trotz hinreichend dokumentierter Gesundheitsbedarfe von Menschen mit geistiger und komplexer Behinderung ist das Gesundheitssystem auf diese spezifische Zielgruppe nicht hinreichend gut ausgerichtet (Grüter, 2023). Vielmehr schränken spezifische Barrieren den Zugang von Menschen mit geistiger Behinderung zu Gesundheitsdiensten, -leistungen und -informationen erheblich ein (z. B. unzugängliche Einrichtungen und ungeeignete Untersuchungsräume, unzureichende Qualifikation der gesundheitsrelevanten Berufsgruppen, Verständigungsschwierigkeiten, fehlende alternative kommunikative Zugänge, fehlende Zeit für den Patient*innenkontakt).

Diese Ambivalenz stützen Ergebnisse aus einer bevölkerungsbasierten Kohortenstudie im Vereinigten Königreich, in der die Behandlung und das Management von Langzeiterkrankungen bei 721 Erwachsenen mit geistiger Behinderung untersucht und mit der Allgemeinbevölkerung verglichen wurde. Sie stellten im Allgemeinen fest, dass das Management aller Langzeiterkrankungen bei Erwachsenen mit geistiger Behinderung schlechter war, so dass im Vergleich zur Allgemeinbevölkerung mit 76,8 % nur 19,6 % der Erwachsenen mit geistiger Behinderung ein hohes Leistungsniveau gemäß den Indikatoren für gute medizinische Versorgung erhielten (O'Leary et al., 2018). Aus den Ergebnissen von O'Leary et al. (2018) lässt sich schließen, dass Erwachsene mit geistiger Behinderung schlechter versorgt werden, obwohl sie häufiger erkranken.

Eine aktuelle Studie von Wellkamp, Cruppé, Schwalen und Geraedts (2023) untersuchte Barrieren und förderliche Aspekte für Menschen mit geistiger Behinderung bei der Inanspruchnahme von Leistungen des Gesundheitswesens in Deutschland. Die Ergebnisse zeigen, dass organisatorische Barrieren im Gesundheitssystem dominieren, die sich im Allgemeinen aus den spezifischen Anforderungen im Umgang mit Menschen mit geistiger Behinderung ergeben, während räumliche Barrieren weniger ausgeprägt sind. Als problematisch werden in der Behandlung der Umgang mit Ängsten, Unruhe, der erhöhte Behandlungsaufwand oder die Verweigerung von Untersuchungen berichtet. Insgesamt wird die Begleiter*innenrolle der Angehörigen bei der medizinischen Versorgung von Menschen mit geistiger Behinderung betont: So berichten Menschen mit geistiger Behinderung ihren Angehörigen von ihren Beschwerden, diese begleiten sie häufig zu einem Arztbesuch, wofür Transparenz über mögliche spezialisierte Anlaufstellen gewünscht wird (Wellkamp et al., 2023).

Darüber hinaus können der Gesundheitsbedarf und die entsprechende Behandlung von Menschen mit geistiger Behinderung aufgrund der Beeinträchtigung der spezifischen Vulnerabilitäten sehr komplex sein und erfordern daher medizinisches und behinderungsspezifisches Wissen in der Diagnostik und Behandlung. Viele genetisch bedingte Erkrankungen manifestieren sich als multiorganische Erkrankungen und erfordern daher nach Sappok et al. (2019) eine interdisziplinäre Behandlung mit der Expertise verschiedener medizinischer Fachrichtungen, wobei der individuelle Unterstützungsbedarf krankheitsspezifisch ist. Dies führt in der Konsequenz dazu, dass die Regelversorgung durch spezifische Versorgungsstrukturen und -dienste in Deutschland ergänzt wird, um der Versorgungslücke durch multidisziplinäre und spezialisierte Behandlungszentren zu begegnen (Winterholler, 2022). Spezialisierte Zentren, Medizinische Behandlungszentren für Erwachsene mit geistiger oder schwerer Mehrfachbehinderung (MZEBs) nach §119c SGB V, stehen in Deutschland für außergewöhnlich komplexe klinische Situationen zur Verfügung (Sappok et al., 2019; Winterholler, 2022).

Zusammenfassend lässt sich festhalten, dass die derzeitige Versorgungssituation von Menschen mit geistiger Behinderung trotz der Einrichtung von Spezialzentren aus rechtlicher Sicht ein unhaltbarer Zustand ist, denn mit der Ratifizierung der UN-Behindertenrechtskonvention (UN-BRK) hat sich der Staat im Artikel 25 UN-BRK »Gesundheit« verpflichtet, durch geeignete Maßnahmen den Gesundheitsschutz und den diskriminierungsfreien Zugang zur Gesundheitsversorgung, d. h. zu Gesundheitsdiensten, gesundheitlicher Rehabilitation und zu spezifischen Maßnahmen, gleichermaßen für alle Menschen (mit Behinderung) sicherzustellen. Der Artikel 26 UN-BRK »Habilitation und Rehabilitation« verpflichtet die Vertragsstaaten, bedarfsgerechte Maßnahmen zu initiieren, »um Menschen mit Behinderungen in die Lage zu versetzen, ein Höchstmaß an Unabhängigkeit, umfassende körperliche, geistige, soziale und berufliche Fähigkeiten sowie die volle Einbeziehung in alle Aspekte des Lebens und die volle Teilhabe an allen Aspekten des Lebens zu erreichen und zu bewahren« (Art. 26 UN-BRK, Abs. 1).

Mit Blick auf die Analyse von Fragen zur gesundheitlichen Versorgung von Menschen mit geistiger Behinderung wird neben der unzufriedenstellenden Situation auch deutlich, dass Fragen der gesundheitlichen Begleitung ebenso in deutlich zu geringem Maß bearbeitet wurden und werden. Im Folgenden sollen daher erste Ideen entwickelt werden, wie eine pädagogische Unterstützung und Begleitung von Menschen mit geistiger Behinderung unter Berücksichtigung komplexer gesundheitlicher Ausgangslagen gedacht werden kann.

4   Pädagogische Antwortversuche und Anforderungen an den professionellen Umgang mit Aufgaben und Ambivalenzen in personenorientierten Transitionsprozessen

Zentral ist eine grundlegende Sensibilisierung für die Bedürfnisse und Bedarfe im Prozess des Erwachsenwerdens und deren Fokussierung mit den sich daraus ergebenden Ambivalenzen für Heranwachsende mit geistiger Behinderung, zu denen aufgrund der individuellen gesundheitlichen Situation ergänzend und nicht ersetzend weitere Teilhabebedarfe hinzukommen. Dabei spielen unterschiedliche Aspekte eine Rolle, die im Folgenden nur skizziert werden, die aber für sich alle ein

Forschungsdesiderat darstellen und als Aufgabe für die Zukunft mit Blick auf Konzeptentwicklung, aber auch weiterer theoretischer Auseinandersetzung stehen sollen.

4.1 Health Literacy und individuelle Gesundheitskompetenz

Spätestens im Prozess des Erwachsenwerdens sollte die Gesundheitskompetenz im Sinne von Empowerment und aktiver Einflussnahme auf die Gesundheit gestärkt werden, was geeignete Zugänge zu Gesundheitsinformationen voraussetzt. Der Zusammenhang zwischen gesundheitsbezogenen Informationen und der Entscheidung, die die eigene Gesundheitsförderung durch individuelles Verhalten beeinflussen, ist der Kern des sogenannten Health Literacy-Konzeptes (Sørensen et al., 2012). Bei der Beschaffung und der Einbindung dieser Informationen in das persönliche Handlungskonzept sowie der Möglichkeit, Informationen zu erhalten, sind gemäß einem bio-psycho-sozialen Verständnis individuelle, situative sowie sozialumweltliche Aspekte einflussrelevant. Menschen mit einer geringeren Gesundheitskompetenz sind jedoch einem höheren Erkrankungsrisiko ausgesetzt, haben oftmals eine geringere Lebenserwartung, fordern zu wenig Unterstützung ein und können Krankheitsphasen oftmals weniger gut managen. Hier muss beachtet werden, dass das zur Stärkung einer guten Health Literacy nötige aktive Einholen von gesundheitsbezogenen Informationen und der aktive Wunsch nach dem Aufbau individueller Gesundheitskompetenz nicht zwingend originär von Menschen mit geistiger Behinderung eingefordert wird (Geukes, 2019). Vielmehr benötigten sie Anleitung und Anregung von einem gesundheitssensiblen und entsprechend geschultem Umfeld.

4.2 Bedarfsermittlung und Teilhabeplanung

Die personenorientierte Unterstützung in der Gesundheitsversorgung durch Angehörige und/oder Professionelle sollte auf einem mehrdimensionalen und interaktionistischen Verständnis von Gesundheit basieren und dementsprechend die bio-psycho-sozialen Determinanten von Gesundheit nutzen. Die Einordnung der individuellen Situation des jungen Menschen mit geistiger Behinderung in das Modell der ICF kann dem unterstützenden Umfeld differenzierte Informationen über die Auswirkungen der Situation auf Aktivität und Teilhabe liefern und helfen, personenorientierte Teilhabebedarfe und -bedürfnisse zu identifizieren und entsprechende Angebote zu initiieren. Bedarfsermittlung und Teilhabeplanung erfordern aufgrund der Heterogenität des Personenkreises und der individuellen Bedarfslagen eine Mehrperspektivität, die durch interdisziplinäre Zusammenarbeit und größtmögliche Partizipation der betreffenden Person hergestellt werden kann. Bedarfsermittlung erfordert darüber hinaus immer auch die Wahrnehmung und Anerkennung der bio-psycho-sozio-emotionalen Bedürfnisse und Bedarfe des Menschen mit geistiger Behinderung, welcher dazu in besonderem Maße auf ein aufmerksames und anerkennendes Umfeld angewiesen ist (Grüter, 2023). Die Ermittlung des individuellen (gesundheitsbezogenen) Teilhabebedarfs ist jedoch mit Herausforderungen verbunden, insbesondere bei Heranwachsenden mit komplexer Behinderung, »wenn geäußerte Bedürfnisse unverhältnismäßig oder aufgrund ungewohnter bzw. unbekannter Ausdrucksformen nicht nachvollziehbar erscheinen« (Dins, 2022, 61).

4.3 Gesundheitsbezogene Kommunikation und Interaktion

Auch fehlende Lautsprache und die sich daraus ergebenden veränderten Kommunikationsbedingungen wie Zeitdruck, eingeschränktes Vokabular, unterschiedliche Kommunikationsmodalitäten (Bauersfeld & Bauersfeld, 2015) können dazu führen, dass Menschen mit geistiger Behinderung die Fähigkeit abgesprochen wird, eine eigene Einschätzung der gesundheitlichen Bedürfnisse vorzunehmen. Aufgrund von fehlender Ausbildung und institutionellem Zeitdruck sprechen Professionelle im Gesundheitswesen dann häufiger mit Angehörigen oder Betreuungspersonen und nicht mit den Menschen mit geistiger Behinderung (Blackstone, 2015). Balandin et al. (2001) konnten zeigen, dass Menschen mit geistiger und körperlicher Behinderung, die in ihrer Kommunikation eingeschränkt waren, im Krankenhaus mangelnde Beteiligung, Unwohlsein oder Frustration sowie Isolation erlebten. Darüber hinaus waren sie auch häufiger unnötig länger im Krankenhaus als Menschen, die ihre Bedürfnisse und Befindlichkeiten kommunizieren konnten (Balandin et al., 2001). Dies verweist nachdrücklich darauf, wie wichtig es insbesondere auch im Gesundheitssystem ist, dass Maßnahmen der Unterstützen Kommunikation zur Verfügung stehen und genutzt werden, »um die Qualität von gesundheitlicher Versorgung und patientenorientierter Pflege zu verbessern« (Blackstone, 2015, 17.055.001). Hilfreich können hier z.B. Informationsblätter und niederschwellige Materialien sein, die es auch Fachkräften aus dem Gesundheitssystem, die in Unterstützter Kommunikation ungeübt sind, ermöglichen, schnell, situationsangemessen und personenzentriert zu kommunizieren.

Literatur

Allweiss, T., Perowanowitsch, M., Burtscher, R. & Wright, M. T. (2017). Participatory Exploration of factors influencing the health of people with intellectual disabilities in an urban district. *Proceeding of the 3rd ICOPH, 3*, 237–245. https://doi.org/10.17501/icoph.2017.3228

Antonovsky, A. (1997). *Salutogenese: Zur Entmystifizierung der Gesundheit*. Tübingen: dgvT Verlag.

Balandin, S., Hemsley, B., Sigafoos, J., Green, V., Forbes, R., Taylor, C. et al. (2001). Communicating with Nurses: The Experiences of 10 Individuals with an Acquired Severe

Communication Impairment. *Brain Impairment*, 2(2), 109–118. https://doi.org/10.1375/brim.2.2.109

Bauersfeld, S. [Svenja] & Bauersfeld, S. [Sören] (2015). Unterstützte Kommunikation im Kontext medizinisch beruflicher Pflege. In G. f. U. K. e. V. von Loeper Literaturverlag/issac (Hrsg.), *Handbuch der Unterstützten Kommunikation. von Loeper, Karlsruhe* (17.038.001–17.049.057). Karlsruhe: von Loeper.

Blackstone, S. (2015). Zugang zu Kommunikationsmöglichkeiten in allen Bereichen des Gesundheitswesens. In G. f. U. K. e. V. von Loeper Literaturverlag/issac (Hrsg.), *Handbuch der Unterstützten Kommunikation. von Loeper, Karlsruhe* (17.050.001–17.057.001). Karlsruhe: von Loeper.

Budroni, H., Roser, J.-M. & Schnepp, W. (2011). Die Krankenhausversorgung geistig- oder mehrfachbehinderter Menschen. *Med Men Geist Mehrf Beh*, 8, 21–28.

Charlot, L. R., Benson, B. A., Fox, S., Tassé, M. J., Hassiotis, A. & Pray, R. J. (2018). Depressive Disorders. In R. J. Fletcher, J. Barnhill & S.-A. Cooper (Hrsg.), *Diagnostic Manual – Intellectual Disability (DM-ID-2). Textbook of Diagnosis of Mental Disorders in Persons With Intellectual Disability* (2nd ed., S. 265–302). Kingston: NADD Press.

Cooper, S.-A., Hughes-McCormack, L., Greenlaw, N., McConnachie, A., Allan, L., Baltzer, M. et al. (2018). Management and prevalence of long-term conditions in primary health care for adults with intellectual disabilities compared with the general population: A population-based cohort study. *Journal of Applied Research in Intellectual Disabilities*, 31 Suppl 1, 68–81. https://doi.org/10.1111/jar.12386

Cooper, S.-A., McLean, G., Guthrie, B., McConnachie, A., Mercer, S., Sullivan, F. et al. (2015). Multiple physical and mental health comorbidity in adults with intellectual disabilities: population-based cross-sectional analysis. *BMC family practice*, 16, 1–11. https://doi.org/10.1186/s12875-015-0329-3

Cooper, S.-A., Smiley, E., Morrison, J. [Jillian], Williamson, A. & Allan, L. (2007). Mental ill-health in adults with intellectual disabilities: prevalence and associated factors. *The British Journal of Psychiatry : the Journal of Mental Science*, 190, 27–35. https://doi.org/10.1192/bjp.bp.106.022483

Daveney, J., Hassiotis, A., Katona, C., Matcham, F. & Sen, P. (2019). Ascertainment and Prevalence of Post-Traumatic Stress Disorder (PTSD) in People with Intellectual Disabilities. *Journal of Mental Health Research in Intellectual Disabilities*, 12(3–4), 211–233. https://doi.org/10.1080/19315864.2019.1637979

Dieckmann, F., Giovis, C. & Offergeld, J. (2015). The Life Expectancy of People with Intellectual Disabilities in Germany. *Journal of Applied Research in Intellectual Disabilities*, 28(5), 373–382. https://doi.org/10.1111/jar.12193

Dins, T. (2022). Teilhabe, Bedarfe, Bedürfnisse. Untersuchung eines Spannungsfeldes. In S. Fränkel, M. Grünke, T. Hennemann, D. Hövel, C. Melzer & K. Ziemen (Hrsg.), *Teilhabe in allen Lebensbereichen? Ein Blick zurück und nach vorn* (S. 58–63). Bad Heilbrunn: Klinkhardt.

Dins, T. & Keeley, C. (2022). Recognising Basic Health Literacy Capabilities: An Explorative Study on the Relevance of Health-Related Information in the Support of People with Profound Intellectual and Multiple Disabilities. *International Journal of Environmental Research and Public Health*, 19. https://doi.org/10.3390/ijerph192416874

Faltermaier, T. (2018). Salutogenese – Resilienz – Gesundheitskompetenz: Anregungen zur Gesunderhaltung von Menschen mit Behinderungen. In N. J. Maier-Michalitsch (Hrsg.), *Leben pur – Gesundheit und Gesunderhaltung bei Menschen mit komplexer Behinderung* (Leben pur, S. 18–28). Düsseldorf: verlag selbstbestimmtes leben.

Fischer, E. (2003). Geistige Behinderung im Kontext der ICF – ein interdisziplinäres, mehrdimensionales Modell? In E. Fischer (Hrsg.), *Pädagogik für Menschen mit geistiger Behinderung. Sichtweisen – Theorien – aktuelle Herausforderungen* (S. 296–324). Oberhausen: Athena.

Fornefeld, B. (2020). *Grundwissen Geistigbehindertenpädagogik*. München: Reinhardt.

Geukes, C. (2019). Health Literacy und die Konstruktion von Gesundheit und Krankheit aus der Perspektive von älteren Menschen mit geistiger Behinderung. Forum Qualitative Sozialforschung/Forum: Qualitative Social Research, Vol 20, No 2 (2019): Harold Garfinkel's »Studies in Ethnomethodology«. An Interview Issue. https://doi.org/10.17169/fqs-20.2.3001

Glover, G., Williams, R., Heslop, P., Oyinlola, J. & Grey, J. (2017). Mortality in people with intellectual disabilities in England. *Journal of Intellectual Disability Research*, 61(1), 62–74. https://doi.org/10.1111/jir.12314

Grüter, L. (2022). Teilhabebeeinträchtigungen durch psychische Belastungen bei Menschen mit komplexen Behinderungen – Ein weitgehend übersehenes Phänomen. In S. Fränkel, M. Grünke, T. Hennemann, D. Hövel, C. Melzer & K. Ziemen (Hrsg.), *Teilhabe in allen Lebensbereichen? Ein Blick zurück und nach vorn* (S. 223–228). Bad Heilbrunn: Klinkhardt.

Grüter, L. (2023). Gesundheitskompetenz inklusiv(e)? Kritische Analyse der Zugänge für Menschen mit geistiger und komplexer Behinderung. In A. Baumeister, C. Schwegler & C. Woopen (Hrsg.), *Facetten von Gesundheitskompetenz in einer Gesellschaft der Vielfalt* (Schriften zu Gesundheit und Gesellschaft – Studies on Health and Society, Bd. 6, S. 79–95). Berlin, Heidelberg: Springer Berlin Heidelberg.

Hafen, M. (2016). Of what use (or harm) is a positive health definition? *Journal of Public Health*, 24(5), 437–441. https://doi.org/10.1007/s10389-016-0741-8

Haveman, M. & Stöppler, R. (2014). *Gesundheit und Krankheit bei Menschen mit geistiger Behinderung*. Stuttgart: Kohlhammer.

Jerosenko, A. (2021). *Schmerzen bei Menschen mit komplexer Behinderung*. München: Eigenverlag.

Kinnear, D., Morrison, J. [Jill], Allan, L., Henderson, A., Smiley, E. & Cooper, S.-A. (2017). Prevalence of physical conditions and multimorbidity in a cohort of adults with intellectual disabilities with and without Down syndrome: cross-sectional study. *BMJ Open*, 8(2), e018292. https://doi.org/10.1136/bmjopen-2017-018292

Krause, C. (2018). *Salutogenese in der Kita. Was Kinder gesund erhält*. Berlin: Cornelsen.

Mazza, M. G., Lorenzo, R. de, Conte, C., Poletti, S., Vai, B., Bollettini, I. et al. (2020). Anxiety and depression in COVID-19 survivors: Role of inflammatory and clinical predictors. *Brain, Behavior, and Immunity*, 89, 594–600. https://doi.org/10.1016/j.bbi.2020.07.037

Müller, S. V. & Kuske, B. (2023). Demenz. In T. Sappok (Hrsg.), *Psychische Gesundheit bei Störungen der Intelligenzentwicklung. Ein Lehrbuch für die Praxis* (2., erweiterte und überarbeitete Auflage) (S. 91–97). Stuttgart: Kohlhammer.

Murray, J., Dada, S. & May, A. (2022). *Dementia and Augmentative and Alternative Communication*. Freiburg: Karger.

Nicklas-Faust, J. (2011). Schwere und mehrfache Behinderung – Medizinische Aspekte. In A. Fröhlich, N. Heinen, T. Klauß & W. Lamers (Hrsg.), *Schwere und mehrfache Behinderung – interdisziplinär* (S. 61–86). Oberhausen: Athena Verlag.

O'Leary, L., Cooper, S.-A. & Hughes-McCormack, L. (2018). Early death and causes of death of people with intellectual disabilities: A systematic review. *Journal of Applied Research in Intellectual Disabilities*, 31(3), 325–342. https://doi.org/10.1111/jar.12417

Rathmann, K. & Dadaczynski, K. (2021). Gesundheitskompetenz von Menschen mit Behinderung in Einrichtungen für Menschen mit Behinderung im Bereich Wohnen und Arbeiten: Ergebnisse der GeKoMB-Studie. Verfügbar unter: https://fuldok.hs-fulda.de/opus4/frontdoor/index/index/docId/868

Razum, O. & Hurrelmann, K. (Hrsg.). (2016). *Handbuch Gesundheitswissenschaften* (6., durchgesehene Aufl.). Weinheim: Beltz.

Robertson, J., Hatton, C., Emerson, E. & Baines, S. (2015). Prevalence of epilepsy among people with intellectual disabilities: A systematic review. *Seizure*, 29, 46–62. https://doi.org/10.1016/j.seizure.2015.03.016

Rosenbrock, R. & Hartung, S. (2012). Gesundheit und Partizipation. Einführung und Problemaufriss. In R. Rosenbrock & S. Hartung (Hrsg.), *Handbuch Partizipation und Gesundheit* (S. 8–26). Bern: Huber; Hogrefe AG.

Sappok, T. (Hrsg.). (2023). *Psychische Gesundheit bei Störungen der Intelligenzentwicklung. Ein Lehrbuch für die Praxis* (2., erweiterte und überarbeitete Auflage). Stuttgart: Kohlhammer. https://doi.org/10.17433/978-3-17-041147-0

Sappok, T., Diefenbacher, A. & Winterholler, M. (2019). The Medical Care of People With Intellectual Disability. *Deutsches Ärzteblatt International*, 116(48), 809–816. https://doi.org/10.3238/arztebl.2019.0809

Schlichting, H. (2009). *Pflege als wesentlicher Bestandteil von Unterricht bei Schülern mit schwersten Behinderungen – Empirische Untersuchung zur Durchführung von Pflege bei Schülern mit* schwersten Behinderungen an Förderschulen bzw. -zentren mit dem Förderschwerpunkt »Geistige Entwicklung« in Thüringen. Verfügbar unter: https://www.db-thueringen.de/servlets/MCR-FileNodeServlet/dbt_derivate_00019839/schlichting.pdf

Schlichting, H. (2013). *Pflege bei Menschen mit schwerer Behinderung. Ein Praxisbuch.* Düsseldorf: verlag selbstbestimmtes leben.

Schülle, M. & Hornberg, C. (2016). Barrieren der Barrierefreiheit in der medizinischen Versorgung: Fördernde und hemmende Faktoren bei der Etablierung medizinischer Zentren für Erwachsene mit geistiger und Mehrfachbehinderung (MZEB). *Bundesgesundheitsblatt, Gesundheitsforschung, Gesundheitsschutz, 59*(9), 1117–1124. https://doi.org/10.1007/s00103-016-2407-7

Schützwohl, M. & Sappok, T. (2020). Psychische Gesundheit bei Personen mit Intelligenzminderung. *Der Nervenarzt, 91*(3), 271–281. https://doi.org/10.1007/s00115-020-00878-0

Sørensen, K., van den Broucke, S., Fullam, J., Doyle, G., Pelikan, J., Slonska, Z. et al. (2012). Health literacy and public health: a systematic review and integration of definitions and models. *BMC Public Health, 12*, 80. https://doi.org/10.1186/1471-2458-12-80

Stöppler, R. (2017). *Einführung in die Pädagogik bei geistiger Behinderung* (Basiswissen der Sonder- und Heilpädagogik, Bd. 4135, 2., aktualisierte Auflage). München, Basel, München, Basel: Ernst Reinhardt Verlag. https://doi.org/10.36198/9783838548005

Strydom, A., Chan, T., King, M., Hassiotis, A. & Livingston, G. (2013). Incidence of dementia in older adults with intellectual disabilities. *Research in Developmental Disabilities, 34*(6), 1881–1885. https://doi.org/10.1016/j.ridd.2013.02.021

Wellkamp, R., Cruppé, W. de, Schwalen, S. & Geraedts, M. (2023). Menschen mit geistiger Behinderung (MmgB) in der ambulanten medizinischen Versorgung: Barrieren beim Zugang und im Untersuchungsablauf. *Bundesgesundheitsblatt, Gesundheitsforschung, Gesundheitsschutz, 66*(2), 184–198. https://doi.org/10.1007/s00103-023-03655-x

Wetzel, L. D. & Rathmann, K. (2020). Inanspruchnahme und wahrgenommene Barrieren des Gesundheitswesens bei Menschen mit Behinderung in Deutschland: Ergebnisse des GEDA 2014/2015-EHIS-Survey. *Prävention und Gesundheitsförderung, 15*(4), 332–339. https://doi.org/10.1007/s11553-020-00768-y

Winterholler, M. (2022). Medizinische Zentren für Erwachsene mit mehrfacher und geistiger Behinderung (MZEB). *Zeitschrift für Epileptologie, 35*(3), 205–211. https://doi.org/10.1007/s10309-022-00520-w

Wright, M. T., Hartung, S., Bach, M., Brandes, S., Gebhardt, B., Jordan, S. et al. (2018). Impact and Lessons Learned from a National Consortium for Participatory Health Research: PartKommPlus-German Research Consortium for Healthy Communities (2015–2018). *BioMed Research International, 2018*, 5184316. https://doi.org/10.1155/2018/5184316

Erwachsensein mit Behinderung vor Recht und Gesetz. Vom normativen Anspruch zu konkreten Unterstützungsleistungen für volljährige Menschen mit (geistiger und komplexer) Behinderung

Julia Fischer-Suhr und Oliver Totter

Im Gegensatz zum sozioemotionalen, psychologischen und biologischen Reifeprozess des Erwachsenwerdens beginnt das Erwachsensein vor Recht und Gesetz mit einem klaren Startpunkt. Mit Beginn des 18. Lebensjahres ist ein Mensch in Deutschland rechtlich gesehen volljährig (§ 2 BGB). Ab diesem Zeitpunkt hat er alle Rechte und Pflichten eines Erwachsenen. Den Freiheiten auf der einen Seite stehen die Pflichten gegenüber. Einen wesentlichen Einfluss auf die Ausgestaltung des gesetzlichen Rahmens für diesen neuen Lebensabschnitt hat das Verständnis davon, wie ein erwachsener Mensch zu sein hat und welche Lebensführung in unserer Gesellschaft von ihm als Subjekt erwartet wird. Das Menschenbild, anhand dessen unser Staat das Verhältnis zwischen sich und seinen Bürger*innen, aber auch zwischen den einzelnen Bürger*innen und Bürgergruppen definiert, geht zwar nirgends ausdrücklich aus einem Verfassungstext oder Gesetz hervor, kann jedoch aus unterschiedlichen Artikeln des Grundgesetzes abgeleitet werden. Demnach ist der erwachsene Mensch ein autonomes Wesen, das einen freien Willen besitzt, einen Raum zur Persönlichkeitsentwicklung benötigt, den er jedoch nur in Wechselwirkung mit der sozialen Gemeinschaft gänzlich erfahren kann. Das Leben in einer Gemeinschaft führt dazu, dass der Mensch seine Entscheidungen über sein Handeln in dem Bewusstsein treffen muss, welche Wirkung diese nach sich ziehen und dass er sich für deren Folgen verantworten muss (Schünemann, 2002, 4). Das Grundgesetz setzt einen elementaren Rahmen zum Schutz dieser Vorstellung von Menschsein, indem es Persönlichkeitsrechte formuliert, Freiheitsrechte einräumt und diese unter Berufung u.a. auf den Schutz von Mitbürger*innen auch eingrenzt. Besonders deutlich wird dieses Zusammenspiel zum Beispiel in Bezug auf Meinungsfreiheit (Art. 5 GG), die ein hohes Gut in unserer demokratischen Gesellschaft darstellt, jedoch eingegrenzt wird, sobald sie das ebenfalls hohe Gut des Persönlichkeitsrechtes von Anderen verletzt.

1   Volljährig werden (mit Behinderung)

Die Entwicklung zu einem autonomen und eigenverantwortlichen Menschen setzt voraus, dass dieser die Möglichkeit hatte, Prozesse zu durchlaufen, um sich bestimmte Fähigkeiten und Kenntnisse anzueignen, um seine Rechte und Bürgerpflichten ausleben und ausführen zu können. Bis zum Einsetzen der Volljährigkeit räumt der Staat gesetzlich geregelte Räume ein, die einerseits Entwicklungsprozesse hin zum selbstbestimmten und eigenverantwortlichen Menschen fördern (z. B. das Kinder- und Jugendhilferecht SGB VIII) und andererseits ihn vor selbst- und fremdgefährdetem Handeln (z. B. durch die Sorgfaltspflichten der Eltern oder Regelungen des BGB) schützen sollen. Die Verantwortung für sein Wohlergehen und sein Handeln werden ihm vom Gesetzgeber zunächst schrittweise und erst mit Vollendung des 18. Lebensjahres gänzlich übergeben. Mit der Volljährigkeit und dem Wegfall der Sorgepflicht der Eltern stehen ihm neue Rechte zu, die ihm die Möglichkeiten bieten, unabhängige Entscheidungen über wesentliche Aspekte des Lebens zu treffen und diese in die Tat umzusetzen. Damit ermöglicht der Staat Prozesse, die mit dem Erwachsenwerden einhergehen und zur Veränderung des Lebenskontext führen wie z. B. der Auszug aus dem Elternhaus oder der Übergang in das Berufsleben. Gleichzeitig geht die neu gewonnene Freiheit mit gesellschaftlicher und rechtlicher Verantwortung, Pflichten und dem Verlust eines bestimmten Schutz- und Fürsorgeraums einher. Rechtlich geregelt ist dieser neue Gestaltungs- und Handlungsraum hauptsächlich im Bürgerlichen Gesetzbuch, wobei der Eintritt in die Volljährigkeit auch u. a. Bereiche des Familienrechtes und des Jugendschutzgesetzes streift. Die zentrale Rechtsfolge, die der Gesetzgeber mit dem Erwachsenwerden manifestiert, ist das Erlangen der vollen Geschäftsfähigkeit. Es handelt sich dabei um die Kompetenz, Rechtsgeschäfte wirksam abschließen zu können. Damit erkennt das Gesetz die volljährige Person als handlungs- und haftungsfähigen Vertragspartner an. Neben der Tätigung von Rechtsgeschäften öffnet die Volljährigkeit den freien Umgang in Bereichen des alltäglichen Lebens, die vorher unter dem Vorbehalt des Schutzes und der Fürsorge bestimmten Eingrenzungen unterlagen. Das Jugendschutzgesetz greift bei Volljährigen größtenteils nicht mehr. Es besteht beispielsweise freier Zugang zu legalen Rauschmitteln sowie Lokalitäten wie Bars und Diskotheken (§ 4ff JuSchG). Ebenfalls ist es möglich, eine Ehe einzugehen (§ 1303 BGB). Außerdem räumt der Gesetzgeber allen volljährigen deutschen Staatsbürger*innen das hohe Gut einer demokratischen Gesellschaft ein: das Recht zu wählen und gewählt zu werden (Art. 38 Abs. 2 GG). Gleichzeitig unterliegen Volljährige verstärkten Sanktionen, wenn sie gesetzeswidrig handeln. Sie sind voll strafrechtlich verantwortlich, wobei bis zum 21. Lebensjahr in bestimmten Fällen das Jugendstrafrecht angewandt wird (§1 JGG).

Obwohl in Deutschland laut Art. 1 Abs. 1 GG der Grundsatz der Gleichbehandlung für alle Menschen gilt und damit auch Menschen mit geistiger und komplexer Behinderung mit der Volljährigkeit den gerade beschriebenen Erwachsenenstatus erlangen. sehen sich volljährige Menschen mit Behinderung und ihr Unterstützendenkreis besonderen Fragen ausgesetzt, die auf folgenden Spezifika beruhen:

- Menschen mit Behinderung wurden in der Historie, aber auch in der Gegenwart in einem rechtlichen Umfeld verortet, indem der Schwerpunkt auf den Förder- und Fürsorgegedanken lag. Folge war eine Behindertenpolitik, die »die Heime und andere Sondereinrichtung als Schonräume legitimiert, die Barrieren als

Schicksal deklariert und Behinderung als legitimen Grund für Entrechtung determiniert« (Degener, 2015, 63).

Die Sozialisation vor allem von Menschen mit geistiger und komplexer Behinderung war und ist es teilweise noch von einem fürsorglichen und institutionszentrierten Unterstützungssystem geprägt. Erst seit Ratifizierung der UN-Behindertenkonvention (UN-BRK) im Jahr 2009 und dem sich daraus ergebenden Bundesteilhabegesetz wandelt sich dieser Umstand.

Trotz der o. g. historischen Entwicklung besteht insbesondere für volljährige Menschen mit geistiger, komplexer oder psychischer Behinderung eine Begrenzung des rechtlichen Handlungsraumes und eine Erweiterung des rechtlichen Schutzraumes, die laut Gesetz auf das Fehlen bestimmter Fähigkeiten wie z. B. die Einsicht über die Folgen des eigenen Handelns oder die Fähigkeit, Entscheidungen zu treffen, zurückzuführen sind (so z. B. in § 104 Nr. 2 BGB in Bezug auf die Geschäftsfähigkeit). Dies führt in der Umsetzung zu speziellen rechtlichen Konstellationen und Regelungen.

- Um der Benachteiligung von Menschen mit Behinderung entgegenzuwirken, ist die Sicherung der bedarfsgerechten Versorgung und die Förderung von Teilhabe an unserer Gesellschaft gesetzlich geregelt. Die sich daraus ergebenden Ansprüche sichern für die betroffenen Personen Leistungen zunächst unabhängig davon, ob man Kind, Jugendlicher oder Erwachsener ist, führen jedoch nach Erlangen der Volljährigkeit in der Praxis zu Änderungen von Leistungsansprüchen und Zuständigkeiten im Rahmen der Sozialgesetze. Ebenfalls gehen mit dem Prozess des Erwachsenwerdens Veränderungen des Lebenskontextes einher, wie z. B. der Auszug aus dem Elternhaus. Diese Entwicklungen führen dazu, dass im Regelfall rechtliche Bereiche gestreift werden, die im Vorhinein eine geringe Rolle gespielt haben.

Unter Beachtung der benannten Spezifika wird im Folgenden die Entwicklung hin zu den aktuellen normativen geltenden Prinzipien und der sich daraus ergebende gesetzliche Handlungsrahmen für die Ermöglichung eines selbstbestimmten Erwachsenenlebens für Menschen mit geistiger und komplexer Behinderung skizziert.

2 Selbstbestimmung und Teilhabe als Paradigma des modernen (Sozial-)Rechtes

2.1 Die UN-Behindertenkonvention

Die UN-BRK ist ein internationales Übereinkommen, bei dem erstmals Menschenrechte länderübergreifend speziell für Menschen mit Behinderung verbindlich festgeschrieben wurden. Der Fokus dieses völkerrechtlichen Vertrages liegt auf der Anerkennung von Autonomie und der Menschenwürde von Menschen mit Behinderung und der Bekennung zu diesem Personenkreis als Teil der gesellschaftlichen Vielfalt. Die Herstellung von Chancengleichheit und die Bekämpfung von Diskriminierung wird als Notwendigkeit erachtet, um die Partizipation und Teilhabe dieses Personenkreises herzustellen (Art. 3 UN-BRK). Im Rahmen der UN-BRK erfolgt auch erstmals eine Abkehr vom medizinischen hin zu einem, auf internationaler Ebene erstmals vertretenen sozialen und menschenrechtlichen Behinderungsverständnis (Degener, 2015). Behinderung wird nicht mehr als individuelles, zu behandelndes Phänomen betrachtet, sondern als eine Folge von negativen Wechselwirkungen von personenbezogenen Faktoren und Umwelteinflüssen. Behinderung wird demnach im Kontext von Teilhabemöglichkeiten definiert (Fornefeld, 2020, 69). Damit verlässt die UN-BRK die bis dahin herrschende traditionelle fürsorgliche Sichtweise auf Menschen mit Behinderung und spricht ihnen die generelle Rechts- und Handlungsfähigkeit zu (Art. 12 Abs. 2 UN BRK). Die Ratifizierung der UN-BRK in Deutschland im Jahr 2009 hatte zur Folge, dass das benannte Behinderungsverständnis, Selbstbestimmung und Teilhabe als normative Leitlinien in das nationale Rehabilitationswesen einzogen und eine Reformierung einschlägiger Gesetze in Gang setzte. Dies eröffnet Menschen mit Behinderung Ansprüche auf Leistungen, die die Selbstbestimmung, Teilhabe und freie Willens- und Wahläußerung in den Vordergrund stellen. Teilhabe gilt seither als ein Leitbegriff für Leistungen der Politik und Praxis (Luthe, 2013, 124f).

Im Folgenden werden zwei gesetzliche Regelungen beschrieben, die nach dem neuen Leitprinzipien ausgestaltet sind und die vor allem Auswirkungen auf die Lebenssituation von volljährigen Menschen mit Behinderung haben: das Betreuungsrecht und das Bundesteilhabegesetz (BTHG).

2.2 Das Betreuungsrecht

Das Betreuungsrecht ist seit 1992 Teil des Bürgerlichen Gesetzbuches (BGB). Es stellt eine wichtige Unterstützung dar, sowohl für Menschen mit Behinderung, aber auch für erkrankte Menschen, die ihre Angelegenheiten ganz oder teilweise rechtlich nicht besorgen können (§ 1814 BGB), wie auch für ehren- und hauptamtlichen Betreuende und Institutionen in ihrem Umgang mit volljährigen Personen. Ein Kriterium, anhand dessen das Erfordernis zur rechtlichen Betreuung definiert wird, ist das Vorliegen der Geschäftsunfähigkeit. Obwohl das Gesetz grundsätzlich alle Menschen als geschäftsfähig ansieht, erfolgt laut § 104f BGB eine Eingrenzung des Personenkreises, der nicht im Besitz der vollen Geschäftsfähigkeit ist. Diese trifft ein, wenn die volljährige Person aufgrund einer Krankheit oder einer Behinderung nicht in der Lage ist, die Bedeutung und Tragweite der eigenen Entscheidung und des rechtlichen Handelns einzusehen und für die eigene Lebenssituation zu bewerten (Kruse 2022a, 9). Auch wenn das Vorliegen einer Behinderung im Gesetzestext als möglicher Grund für eine Geschäftsunfähigkeit benannt ist, so ist zu beachten, dass eine Beeinträchtigung beim Lernen, Denken, Erinnern oder Orientieren im Alltag wie es z.B. bei Menschen mit geistiger und komplexer Behinderung der Fall sein kann, nicht grundsätzlich zur Geschäftsunfähigkeit führt. Da die Bestellung einer rechtlichen Betreuung einen wesentlichen Eingriff in die Grundrechte einer Person darstellt, sind die entsprechenden gesetzlichen Regelungen sehr umfangreich. Das Betreuungsrecht beinhaltet Vorgaben zur personenorientierten Ausgestaltung der rechtlichen Betreuung. Hierzu gehören z. B. Regelungen zur Bestimmung der unter die Betreuung fallenden Aufgabebereiche, die Regelung der Bestellung von rechtlichen Betreuer*innen durch das Betreuungsgericht oder die Vorgaben zur Berichtspflicht über die Führung der Betreuung. Wurde die rechtliche Betreuung früher vom Fürsorgegedanken getragen, so orientiert sich das Betreuungsrecht seit 2023 gemäß der menschenrechtlichen Ausrichtung der UN-BRK. Ziel der Änderung ist es, die Rechtsposition der zu Betreuenden im Sinne der Selbstbestimmung und Autonomie zu stärken und die Qualität der rechtlichen Betreuung zu verbessern (Schnellenbach, 2022, 7f). Dieses Vorhaben wird vor allem durch die Etablierung zweier Leitprinzipien im Rahmen des Betreuungsrechtes gesetzlich umgesetzt. Zum einen steht nun verstärkt die zu betreuende Person mit ihren Bedarfen und Bedürfnissen im Mittelpunkt. So sind der zentrale Maßstab für die Betreu*innenauswahl und die Betreuungsführung die Wünsche der zu betreuenden Person (§ 1816 Abs. 2 BGB; 1821 Absatz 2 BGB). Zum anderen wird durch die Einführung des Erforderlichkeitsgrundsatzes der Wirkungsbereich der rechtlichen Betreuer*innen individuell und ganz konkret festgesetzt. Dieser Grundsatz besagt, dass nur für die unbedingt notwendigen Aufgabenbereiche eine rechtliche Betreuung erfolgen darf (§ 1815 Abs. 1 BGB). Rechtliche Betreuer*innen haben demnach laut Gesetz nur wenig Entscheidungs- und Gestaltungsmacht über die alltägliche Lebensführung der Betreuenden. Die durch die Volljährigkeit entstandenen Freiheitsräume erfahren durch eine rechtliche Betreuung keine Eingrenzung, auch wenn das Verhalten seitens der rechtlichen Betreuer*in nicht gutgeheißen wird. Somit ist es möglich, dass eine Person für die Vermögenssorge eine rechtliche Betreuung benötigt, jedoch in der Gesundheitssorge keine angeordnet wird, da die Person Einsicht in und Verständnis für ihre gesundheitliche Situation hat und auch die damit verbundenen Handlungen wie Arztbesuche eigenständig oder mit Assistenz ausführen kann (Kruse, 2022a, 10). Es liegt im Ermessensspielraum des Betreuungsgerichtes, auf Grundlage des eingereichten Antrages und entsprechender Gutachten eine individuell angepasste rechtliche Betreuungskonstellation zu bestellen. Die Rolle der rechtlichen Betreuer*innen wandelt sich von der einer bestimmenden zur unterstützenden. In vielen Fällen übernehmen Eltern die rechtliche Betreuung ihrer behinderten Kinder. Klarzustellen ist jedoch, dass es sich bei der rechtlichen Betreuung nicht um die Fortsetzung der elterlichen Sorge handelt. Mit dem Erwachsenenalter haben Eltern kein Recht zur Erziehung und sind nur zur Unterstützung in rechtlichen Angelegenheiten berechtigt (Stumpf, 2023, 41).

2.3 Das Bundesteilhabegesetz

Stellt das Betreuungsrecht einen gesetzlichen Orientierungsrahmen für die Unterstützung von volljährigen Menschen in der Ausführung ihrer Rechts- und Handlungsfähigkeit dar, so bezieht sich das Bundesteilhabegesetz durch die Einführung von gesetzlichen Leistungsansprüchen auf die Gewährleistung einer selbstbestimmten und teilhabeorientierten Lebensgestaltung. Das Bundesteilhabegesetz stellt kein eigenständiges Gesetz dar, sondern ist ein sog. Artikelgesetz, das zur Änderung von bereits bestehenden Gesetzen führte. Auf nationaler Ebene ist das BTHG eine der ersten sozialrechtlichen Entwicklungen, die die Vorgaben zur menschrechtlichen Ausrichtung der UN-BRK beinhaltet. Der Schwerpunkt des Reformprozesses liegt auf dem Sozialgesetzbuch IX (SGB IX), insbesondere den neu eingefügten Leistungen der Eingliederungshilfe sowie der allgemeinen Grundsätze des Rechts der Rehabilitation von Menschen mit Behinderung und, wobei auch andere Sozialgesetzbücher wie das SGB XII (Sozialhilfe) von Änderungen betroffen sind (von Boetticher, 2020, 27). Ziel und Aufgabe der Eingliederungshilfe nach § 1 SGB IX ist es, Menschen mit Behinderung eine individuelle und menschenwürdige Lebensführung zu ermöglichen sowie die volle, wirksame und gleichberechtigte Teilhabe am Leben in der Gesellschaft zu fördern. Wie auch beim Betreuungsrecht sind auf diesem Weg die Bedarfe, Bedürfnisse und Wünsche der leistungsberechtigten Person und deren personenorientierte Ausgestaltung handlungsleitend, solange dies im angemessenen Rahmen erfolgt (§ 8 i.V.m. § 104 Abs. 1 SGB IX). Diese Ziele und Anliegen finden im SGB IX an zahlreichen Stellen ihre gesetzliche Grundlage. Das erfolgt u. a. durch die gesetzliche Etablierung von Ansätzen und Instrumenten, die die Beteiligung von Menschen mit Behinderung an Verfahrensprozessen, aber auch in der Leistungsausführung vorsehen, wie das Wunsch- und Wahlrecht (§ 8 SGB IX), das Persönliche Budget als Möglichkeit der selbstbestimmten Leistungsorganisation (§ 29 SGB IX), die Stärkung der unabhängigen Beratungslandschaft (§ 32 SGB IX) oder das im Folgenden näher beschriebene Gesamtplanverfahren nach § 117 SGB IX[1]. Das Gesamtplanverfahren regelt die Ermittlung, Sicherstellung und die Steuerung personenorientierter Leistungen, indem es eine partizipative und dialogische Ausgestaltung dieser Prozesse zwischen der leistungsberechtigten Person und Leistungsträgern gesetzlich normiert (Steinmüller & Löwe 2019, 19). Dabei ist der Leistungsträger in der Pflicht über Rechte und Verfahrensschritte in einer der leistungsberechtigten Person zugänglichen Art zu informieren und bei Bedarf zu beraten und zu unterstützen (§ 106 SGB IX). Die Ermittlung des Eingliederungshilfebedarfs wird als eigenständiger Verfahrensschritt betrachtet, für dessen Durchführung die Etablierung eines ICF-orientierten Instrumentes vorgegeben ist (§ 118 SGB IX). Auf Basis der Bedarfsermittlung werden Teilhabeziele formuliert, die bindend für die Ausgestaltung der Unterstützungsleistung sind (§ 123 Abs. 4 SGB IX). Alle zwei Jahre soll im Rahmen einer Qualitäts- und Wirksamkeitskontrolle (§ 121 Abs. 2 SGB IX) die Überprüfung des Umfangs der Bedarfe erfolgen. Der Träger der Eingliederungshilfe wirkt bei der Aufstellung des Gesamtplans mit der leistungsberechtigten Person sowie auf deren Verlangen mit einer Person ihres Vertrauens zusammen (§ 117 Abs. 2, 121 Abs. 3 SGB IX). Damit ist das Gesamtplanverfahren Dreh- und Angelpunkt der Sicherung des Wunsch- und

---

1 Das Gesamtplanverfahren bezieht sich ausschließlich auf Leistungen der Eingliederungshilfe nach dem SGB IX. Erhält die leistungsberechtigte Person Leistungen von unterschiedlichen Rehabilitationsträgern und aus unterschiedlichen Leistungssystemen, kommt das Teilhabeplanverfahren nach § 19 SGB IX zum Einsatz. Diese Regelung hat u. a. als Ziel, Leistungen im Gesamten zu koordinieren. Zugunsten der Übersichtlichkeit liegt in diesem Text der Schwerpunkt auf dem Gesamtplanverfahren.

Wahlrechtes und Ausführung der aus der Eingliederungshilfe entstehenden Ansprüche auf Unterstützungsleistungen zur selbstbestimmten Lebensführung. Ist das Gesamtplanverfahren abgeschlossen, kann die leistungsberechtigte Person den Dienstleister auswählen. Auf Antrag können Menschen mit Behinderung in Form des Persönlichen Budget den benötigten Geldbetrag für ihre Unterstützungsleistung vom Leistungsträger auszahlen lassen und deren Erbringung frei gestalten. Bei dieser Inanspruchnahme nehmen sie die Rolle eines/einer Kund*in an und treten aus die einer versorgenden Person (KSL, 2020, 14f). Trotz dieser Möglichkeiten schließen Menschen, die in besonderen Wohnformen[2] leben, einen Betreuungs- und Wohnvertrag mit dem jeweiligen Leistungserbringer ab, in denen die Rahmenbedingungen der Leistungsausführungen geregelt sind. Diese Handhabung geht mit den Vorteilen einher, dass zumeist die Wohn- und die Betreuungssituation aus einer Hand organisiert und erbracht wird, birgt jedoch die Gefahr einer erhöhten Abhängigkeit von der jeweiligen Institution und den dort tätigen Fachkräften von der Bedarfsermittlung über die Leistungsausführung bis zur Qualitätskontrolle.

3 Selbstbestimmt Leben auf Basis komplexer Leistungskonstellationen

Das Betreuungsrecht und das Bundesteilhabegesetz mit seinem Schwerpunkt in der Eingliederungshilfe geben die Richtlinien für die Ausgestaltung der Ansprüche und Leistung für volljährige Menschen mit Behinderung vor. Sie stellen jedoch nicht die einzige Gesetzesgrundlage dar, die im konkreten Alltag das Versorgungs- und Unterstützungssetting von Menschen mit Behinderung gesetzlich regelt. Vielmehr führt der Eintritt in die Volljährigkeit zu einer neuen Konstellation von Leistungsansprüchen, die für die Betroffenen einen Umbruch in den bisher gewohnten gesetzlichen Bereichen und Zuständigkeiten bedeutet. Die Leistungen der Eingliederungshilfe nach SGB IX verlagern ihren Schwerpunkt von ergänzenden bedarfsdeckenden Leistungen wie die der Schulbegleitung oder Assistenzleistungen in der Schule (§ 112 i.V.m. 75 SGB IX) zu einem breiten Repertoire an Teilhabeleistungen u. a. zur Teilhabe an Arbeit, Bildung und der Sozialen Teilhabe. Mit der Volljährigkeit können aus dem SGB XII für Volljährige (mit Behinderung), die ihren Lebensunterhalt nicht eigenständig erwirtschaften können, neue Ansprüche auf Grundsicherung oder pflegerische Leistungen entstehen. Versorgungsämter nutzen den Zeitpunkt der Volljährigkeit oft dazu, Anspruchsvoraussetzungen wie den Grad der Behinderung oder Kriterien für das Vorliegen bestimmter Merkzeichen zu überprüfen (Bundesvereinigung Lebenshilfe, 2023, 14f).
Für Betroffene ist die bedarfsgerechte Deckung ihrer Versorgung und die vom Elternhaus finanziell unabhängige Lebensführung eine komplexe Aufgabe, bei der es

---

2 Ehemals auch als stationäre Wohneinrichtungen bekannt.

vielfältige Anträge zu stellen und Leistungen zu kombinieren und koordinieren gilt. Zusätzlich können sich Schnittstellen in den Zuständigkeiten der jeweiligen Sozialgesetzbücher und den dazugehörigen Ämtern ergeben. Abgrenzungsschwierigkeiten gibt es vor allem zwischen Leistungen der Pflegeversicherung und der Eingliederungshilfe (Deutscher Verein, 2022, 8f). Zwar gibt es verschiedene Vorschriften, die diese Schnittstellen regeln, in der Praxis können diese gesetzlich nicht klar definierten Linien zu Problemen in der Bewilligung von Maßnahmen und einem zusätzlichen Bürokratieaufwand führen.

Am Beispiel der Lebenslage des selbstständigen Wohnens erfolgt im Weiteren eine beispielhafte Darstellung von Unterstützungsleistungen für diesen Bereich.

In Deutschland haben erwachsenen Menschen mit Behinderung die Möglichkeit, zwischen unterschiedlichen Wohnformen zu wählen. Sie können in einer besonderen Wohnform, in einer Wohngemeinschaft, in einer eigenen Wohnung mit aufsuchenden Dienstleistern oder weiterhin im Elternhaus leben. Der Gesetzgeber sieht eine Fülle an Leistungen vor, die das autonome und selbstbestimmte Agieren, die größtmögliche Teilhabe und die Befähigung zur Eigenverantwortung in dieser Lebenslage ermöglichen sollen (Kruse, 2023, 33f). Ansprüche auf die im Folgenden beschriebenen Leistungen hat jeder Mensch mit Behinderung, unabhängig für welche Wohnform sich dieser entscheidet. Unterschiede ergeben sich jedoch je nach Wohnform im Zusammenspiel von Leistungen der Eingliederungshilfe, der Existenzsicherung und der Pflege (Bundesvereinigung Lebenshilfe, 2023, 22 ff). Die Leistungskonstellation, die sich somit für die einzelne leistungsberechtigte Person ergibt, ist im Sinne der Personenorientierung recht individuell und hängt von den Bedarfen der jeweiligen Person und von Besonderheiten der Wohn- und Lebenssituation ab.

Die vielfältig im Gesetz benannten Leistungen werden in diesem Beitrag grob in drei Leistungsarten kategorisiert. Sie umfassen Leistungen,

- zur Sicherung des Wohnraumes und der grundlegenden Versorgung (existenzsichernde Leistungen),
zur Gestaltung einer barrierefreien Lebensumgebung durch Hilfsmittel und zur Unterstützung im Lebensalltag durch Assistenz.

Die benannten Leistungsarten betreffen weder zwingend alle leistungsberechtigten Personen noch dürfen sie abschließend gedacht werden.[3]

3.1   Leistungen zur Sicherung der Existenz

Die erst erwähnte Leistungsart bezieht sich auf die Finanzierung des Wohnraumes und die Deckung des Lebensunterhaltes. Es handelt sich um die sog. existenzsichernden Leistungen. Hierzu gehören Miet-, Heizungs-, aber auch die allgemeinen Lebenshaltungskosten für Verpflegung, Körperpflege, Kosten des Internetzugangs usw. Dieser Bedarf wird bei Menschen, die als dauerhaft erwerbsgemindert gelten,

---

3   Nicht benannt sind in diesem Beitrag z. B. Leistungen zur Mobilität

hauptsächlich durch die Grundsicherung nach SGB XII finanziert. Die Grundsicherung ist eine Leistung der Sozialhilfe. Sowohl Menschen, die in einer eigenen Wohnung leben, als auch Menschen, die in besonderen Wohnformen oder im Haushalt der Eltern wohnen, können diese Leistung erhalten (Kruse, 2022, 21 f). In manchen Fällen reichen die vorgesehen Pauschalbeträge zur vollständigen Deckung des Lebensunterhaltes nicht aus. Liegen z. B. die Wohn- und Heizkosten in besonderen Wohnformen über der Angemessenheitsgrenze nach dem SGB XII, werden die Mehrkosten als Leistungen der Eingliederungshilfe abgerechnet (§ 113 Abs. 5 SGB IX). Je nach Wohnform und Mehrbedarfe der leistungsberechtigten Person ergeben sich hierbei Besonderheiten in den Zuständigkeiten der jeweiligen Sozialgesetzbücher und in der Übernahme der Leistungen durch die jeweiligen Rehabilitationsträger. Die existenzsichernden Leistungen der Grundsicherung werden ergänzt durch Leistungen der Pflegeversicherung nach SGB XI und Leistungen der Eingliederungshilfe nach SGB IX.

3.2 Leistungen zur sozialen Teilhabe

Bei den zwei weiteren benannten Leistungsarten handelt es sich um Leistungen zur sozialen Teilhabe nach § 113 SGB IX. Hierzu gehört zum einem die bedarfsgerechte Ausgestaltung des Wohnraumes und der Ausgleich für Mehrbedarfe, die sich aufgrund der Behinderung ergeben (§113 Abs. 1 i.V. m. § 77 SGB IX; § 40 Abs. 4 SGB XI). Im Bereich des Wohnens wären dies z. B. die Anschaffung einer Rampe oder einer höhenverstellbaren Küchenzeile, Schalteinrichtungen für Wasch- oder Küchenmaschinen sowie Zusatzgeräte oder spezielle Software zur Kommunikation für sprachbehinderte Menschen.

Zum anderen handelt es sich um eine relevante und daher im Folgenden näher beleuchtete Leistungsart, die Erbringung von Assistenz. Durch das BTHG sind Assistenzleistungen erstmals konkret im Gesetz benannt worden und nehmen seitdem in der Gewährleistung von Unterstützung eine zentrale Rolle ein. Durch die Einführung des Begriffes »Assistenz« soll ein verändertes Verständnis von professioneller Hilfe zum Ausdruck gebracht werden. Es soll also nicht eine Hilfeleistung in einem Über-/Unterordnungsverhältnis stattfinden (von Boetticher, 2020, 272 ff). Assistenzleistungen decken einen großen Teil der individuellen Unterstützungsbedarfe der leistungsberechtigten Person ab, die sich im Wohnalltag und darüber hinaus ergeben. Laut § 78 Abs. 1 SGB IX gehören dazu,

> »…die allgemeinen Erledigungen des Alltags wie die Haushaltsführung, die Gestaltung sozialer Beziehungen, die persönliche Lebensplanung, die Teilhabe am gemeinschaftlichen und kulturellen Leben, die Freizeitgestaltung einschließlich sportlicher Aktivitäten sowie die Sicherstellung der Wirksamkeit der ärztlichen und ärztlich verordneten Leistungen. Sie beinhalten die Verständigung mit der Umwelt in diesen Bereichen.«

Der Gesetzgeber unterscheidet bei den Assistenzleistungen zwischen der qualifizierten und der nichtqualifizierten Assistenz (§ 78 Abs. 2 SGB IX). Die qualifizierte Assistenz dient der Befähigung der leistungsberechtigten Person zu einer eigenständigen Alltagsbewältigung. Die Aufgaben der qualifizierten Assistenz liegen in der Anleitung und Einübung mit dem Ziel der Befähigung der leistungsberechtigten Person, eine Situation oder Teilaspekte davon perspektivisch selbstständig zu erledigen. Die Erreichbarkeit dieses Ziels kann auch in weiter Ferne liegen (Deutscher Bundestag, 2016, 262). Die nichtqualifizierte Assistenz[4] umfasst die vollständige und teilweise Übernahme von Handlungen zur Alltagsbewältigung sowie die Begleitung (§ 78 Absatz 2 SGB IX). Im Rahmen des Kochens würden die Arbeiten wie z. B. Gemüse schneiden oder den Kochtopf aufsetzen zum Tätigkeitsbereich der nicht qualifizierten Assistenz gehören. Die Unterstützung bei der Entwicklung von Geschmacksvorlieben, der Erlangung des Wissens, durch welche Lebensmittel und Gerichte dieser Geschmack hergestellt werden kann, dem Erlernen der Bewegungsabläufe beim Schneiden des Gemüses, der Erstellung der Einkaufsliste etc. fallen unter qualifizierte Assistenzleistungen. Diese sind ebenfalls notwendig, wenn die leistungsberechtigte Person einen besonderen Unterstützungsbedarf hat, z. B. bei eingeschränkten Kommunikationsmöglichkeiten oder wenn sie herausforderndes Verhalten zeigt (§ 78 Absatz 1 SGB IX). Die Assistenztätigkeit bei Menschen mit geistiger und vor allem komplexer Behinderung bedarf eines Konzeptes, das Bildungsaspekte, Beziehungs- und Interaktionsgestaltung und eine Sensibilität für die Befindlichkeiten, Wahrnehmungen und Bedürfnisse der betroffenen Personen umfasst. Die Qualität der Leistungserbringung hängt von einer entsprechenden Haltung, fachlichem Wissen und Handlungskompetenz auf Seiten der Fachkraft, aber auch der Organisationskultur des jeweiligen Dienstleisters ab (DHG, 2021, 28 ff). Deshalb gibt der Gesetzgeber vor, dass die qualifizierte Assistenztätigkeit nur von Fachkräften ausgeübt werden darf (§ 78 Abs. 2 SGB IX), wobei die Art der Qualifikation nicht näher erläutert wird. Diese Unschärfe beinhaltet die Frage nach der Abgrenzung dieser Assistenzen und damit auch die Frage, ob eine bestimmte Leistung von einer Fachkraft erbracht werden muss oder nicht.

4 Ein selbstbestimmtes und autonomes Leben: Zu hoher Anspruch oder eine (Bildungs-)Aufgabe für Alle?

Die vorangegangenen Erläuterungen verdeutlichen, dass die durch die UN-BRK angestoßenen Reformprozesse eine nationale gesetzliche Grundlage für die Führung eines selbstbestimmten, autonomen Lebens geschaffen haben. Auch wenn die menschenrechtliche Ausrichtung der Gesetzgebungen wie im SGB IX grundlegend positiv erscheint, so verläuft der Paradigmenwechsel nicht reibungslos.

---

4 Im Rahmen des § 78 SGB IX wird die nicht qualifizierte Assistenz nicht direkt benannt. Assistenzleistungen, die in dem Text benannten Tätigkeiten der nicht qualifizierten Assistenz sind in den Bundesländern unter unterschiedlichen Namen bekannt (z. B. unterstützende Assistenz oder kompensatorische Assistenz).

Erste Erkenntnisse in Modellversuchen der Systemumstellung im Sinne des BTHG weisen auf Herausforderungen vor allem beim Einbezug der leistungsberechtigten Person mit geistiger, komplexer und psychischer Behinderung in das Gesamtplanverfahren hin. Schwierigkeiten ergeben sich aufgrund der (eingeschränkten) Kommunikationsfähigkeit, der Einflussnahme des Unterstützendenkreises, der Kürze der Zeit bei der Bedarfsermittlung und der fehlenden Sensibilisierung der leistungsberechtigten Personen zur Äußerung von Wünschen (Deutscher Bundestag, 2022, Anlage 2, 92 f). Diedrich et. al (2019) benennen außerdem die noch starke Orientierung von Rehabilitationsträgern an ICD-Diagnosen und die mangelnde Implementierung von ICF-Kriterien (98 f). Fehlendes partizipatives Handeln zeigte sich ebenfalls in der Anwendung des bisherigen Betreuungsrechtes. Somit wurden Betroffene weder ausreichend über ihre Rechte und Möglichkeiten im Rahmen der rechtlichen Betreuung informiert und beraten, noch hatten sie genügend Entscheidungsraum nach der Betreuungsbestellung (Matta et al., 2015, 9). Weitere Einflussfaktoren, die eine selbstbestimmte und teilhabeorientierte Lebensführung beeinflussen, sind sozioökonomische und infrastrukturelle Rahmenbedingungen. So grenzt der Gesetzgeber bereits das Wunsch- und Wahlrecht der leistungsberechtigten Person ein, indem er in § 104 Abs. 2 SGB IX die Angemessenheit der Wünsche an einen Kostenvorbehalt knüpft. Was als angemessen für die Deckung von Bedarfen und Bedürfnissen gilt, ist im Einzelfall zwischen Leistungsträger, Leistungserbringer und leistungsberechtigter Person auszuhandeln. Die Knappheit an barrierefreiem Wohnraum und Dienstleistungen und Angeboten im Sozialraum erschwert zusätzlich die praktische Ausführung des Wunsch- und Wahlrechtes der leistungsberechtigten Person (Tauchert, 2019, 35). Und nicht zuletzt ist der prognostizierte Fachkräftemangel in der Eingliederungshilfe angekommen, so dass es fraglich ist, ob für die personenorientierte und bedarfsgerechte Ausgestaltung der Assistenzleistung genügend Personal vorhanden ist.

Neben den benannten Herausforderungen bei der Implikation der gesetzlichen Reformen in die Handlungspraxis bestimmen auch ethisch geprägte Aspekte Diskussionen rund um diese Entwicklung.

Diese beziehen sich auf das durch die Gesetzgebung transportierte Menschenbild und die daraus resultierenden möglichen Folgen vor allem für Menschen mit geistiger und komplexer Behinderung. Die Kopplung der Attribute Selbstständigkeit und Selbstbestimmung an die Vorstellung, wie ein erwachsener Mensch zu sein hat, birgt in sich Anforderungen an den Erwerb von Fähigkeiten und gibt ein klares Ziel der Entwicklung hin zur Aktivität und Eigenverantwortung vor, wie im Fall der Assistenzleistungen. Auch die Nutzung der Gestaltungsräume und Beteiligungsinstrumente, die das Gesetz zur Stärkung der Position der Menschen mit Behinderung anbietet, wie das Gesamtplanverfahren, setzt eine bestimmte Regiekompetenz voraus. Eine offene Frage bleibt in diesem Sinne, was mit den Personen passiert, die diese Vorstellungen und Ansprüche (noch) nicht erfüllen können. Zum einen ist davon ein bestimmter Personenkreis betroffen, der aufgrund der Komplexität und Schwere seiner Behinderung einen erhöhten Unterstützungsbedarf aufweist und lebenslang auf die Unterstützung anderer angewiesen ist. Zum anderen fehlen vor allem Menschen mit geistiger und komplexer Behinderung Sozialisationsprozesse und Bildungserfahrungen, die sie auf ein selbstbestimmtes Leben als Bürger*innen mit Rechten und Pflichten vorbereiten. Die aktuelle Orientierung der Gesetzgebung an Leistung, Aktivierung der Person hin zur Entwicklung zu einer eigenverantwortlichen Persönlichkeit sowie die Überprüfung der Wirksamkeit der Leistungen hin auf die benannte Zielsetzung birgt eine Gefahr der Exklusion für alle, die die benannten Kompetenzen in dem Umfang nicht innehaben und/oder ihre Wünsche und Bedarfe vor Verwaltung und Leistungserbringern nicht entsprechend kommunizieren können (Falkenstörfer, 2021; Fornefeld, 2009). In diesem Fall ist der genannte Personenkreis besonders stark auf die Bereitschaft seines Unterstützendenkreis sowie der Leistungserbringer angewiesen, entsprechende Bildungsprozesse zu initiieren und Kommunikationszugänge zu schaffen. Der genannte Personenkreis ist aber auch im Sinne einer menschenrechtlichen und personenorientierten Haltung auf Assistenzen und/oder Vertreter angewiesen, die ihre Interessen und Wünsche für sie advokatisch vor Gesetz und Verwaltung vertreten.

5 Fazit

Resümierend lässt sich festhalten: Wird ein Mensch mit Behinderung volljährig, so begegnet ihm das Gesetz auf der normativen Ebene grundsätzlich genauso wie einem Menschen ohne Behinderung, indem es ihm die gleichen Rechte und Pflichten zuspricht. Die benannten Reformprozesse haben Gesetzesänderungen angestoßen, die sich an dem Maßstab eines autonomen und eigenverantwortlichen erwachsenen Menschen orientieren, der in der Lage ist, seinen Alltag nach seinen Wünschen und Bedarfen selbstbestimmt auszurichten und zu leben. Die UN-BRK und infolge ihrer Anwendung unter anderem das BTHG und das neue Betreuungsrecht bieten einen gesetzlichen Rahmen und geben eine strategische Ausrichtung vor, in der die Position des Menschen mit Behinderung vor Gesetz, Politik und Verwaltung gestärkt wird und formulieren Regelungen und Ansprüche, die auf die personenorientierte Ausgestaltung der Unterstützungsleistungen hinwirken sollen. Die benannten Gesetze beinhalten ein breites Repertoire an Leistungen, die eine selbstbestimmte und teilhabeorientierte Alltagsgestaltung unterstützen sollen und die es seitens der leistungsberechtigten Person und ihres Unterstützendenkreis zu beantragen und zu koordinieren gilt. Voraussetzung für die Nutzung dieser Möglichkeiten ist jedoch die Kenntnis über dieses und dessen Handhabung. Zum aktuellen Zeitpunkt ist der Paradigmenwechsel noch nicht gänzlich vollzogen. Die Implementierung der Reformen auf Handlungsebene zeigt auf, dass in der Lebenswirklichkeit eines Menschen mit geistiger und komplexer Behinderung das gesetzliche Ziel nach der Ermöglichung einer individuellen und menschenwürdigen Lebensführung noch nicht erreicht ist. Für die Umsetzung von und das Agieren innerhalb der neuen Gesetze ist auf der personenbezogenen Ebene die Initiierung von Bildungsprozessen in Bezug auf die Befähigung zum selbstbestimmten Leben, aber auch auf eine personenorientierte Haltung und (Fach-)Wissen bei allen Beteiligten notwendig. Unerlässlich ist ebenfalls die Erweiterung der Handlungsmöglichkeiten der leistungsberechtigten Person durch die Etablierung und Weiterentwicklung von Dienstleistungen und Ausbau einer barrierefreien Infrastruktur, so dass man von einem gelebten Wunsch- und Wahlrecht sprechen kann. Nicht zu vergessen ist die Beseitigung der vielfältigen Hürden für betroffene Menschen und deren Unterstützendenkreis, die sich u. a. aufgrund der Schnittstellenproblematik im Rahmen der Zuständigkeiten bei gleichzeitigem finanziellem Abgrenzungsinteresse der Rehabilitationsträger ergeben. Der Erfolg der Prozesse hängt davon ab, inwieweit die Bereitschaft und Offenheit der beteiligten Akteur*innen ist, eine Veränderung hin zu mehr Partizipation und Teilhabe von Menschen mit Behinderung zu initiieren und zu begleiten und ob entsprechende Ressourcen zur Verwirklichung der gesetzlichen Vorgaben zur Verfügung gestellt werden.

Literatur

Bundestag-Drucksache 20/5150 (2022). Bericht zum Stand und zu den Ergebnissen der Maßnahmen nach Artikel 25 Absatz 2 bis 4 des Bundesteilhabe-Gesetzes. Anlage 3: Wissenschaftliche Untersuchung der modellhaften Erprobung der Verfahren und Leistungen nach Artikel 1 Teil 2 des Bundesteilhabegesetzes vom 29. Dezember 2016 einschließlich ihrer Bezüge zu anderen Leistungen der sozialen Sicherung. Verfügbar unter: https://dserver.bundestag.de/btd/20/051/2005150.pdf

Deutscher Bundestag (2016). Entwurf eines Gesetzes zur Stärkung der Teilhabe und Selbstbestimmung von Menschen mit Behinderungen (Bundesteilhabegesetz – BTHG). Drucksache 18/9522. https://dserver.bundestag.de/btd/18/095/1809522.pdf (abgerufen am 15.09.23).

Bundesvereinigung Lebenshilfe (2023). *Recht auf Teilhabe. Ein Wegweiser zu allen wichtigen sozialen Leistungen für Menschen mit Behinderung* (7. Auflage). Marburg: Lebenshilfe Verlag.

Falkenstörfer, S. (2020). Implizite Behinderungsvorstellungen und Menschenbilder im BTHG. Mögliche Auswirkungen des neuen Bundesteilhabegesetzes (BTHG) auf Menschen mit komplexen Behinderungen. In *Teilhabe* 1/2020, Jg. 59, S. 4–9.

Fornefeld, B. (2020). *Grundwissen Geistigbehindertenpädagogik* (5. Auflage). München Basel: Reinhardt Verlag.

Fornefeld, B. (2009). *Menschen mit Komplexer Behinderung. Selbstverständnis und Aufgaben der Behindertenpädagogik.* München Basel: Reinhardt Verlag.

Degener, T. (2015). Die UN-Behindertenkonvention – ein neues Verständnis von Behinderung. In. Degener, T. & Diehl, E. (Hrsg.), *Handbuch Behindertenrechtskonvention. Teilhabe als Menschenrecht – Inklusion als gesellschaftliche Teilhabe* (S. 55–74). Bonn: Bundeszentrale für politische Bildung.

Diedrich, V., Fuchs, H., Morfeld, M., Risch, L. & Ruschmeier, R. (2019). Implementationsstudie zur Einführung von Instrumenten zur Entwicklung des Rehabilitationsbedarfs nach § 13 SGB IX (Bundesteilhabegesetz). Verfügbar unter https://www.bmas.de/SharedDocs/Downloads/DE/Publikationen/Forschungsberichte/fb540-studie-zur-implementierung-von-instrumenten-der-bedarfsermittlung.pdf?__blob=publicationFile&v=1

Deutsche Heilpädagogische Gesellschaft (2021). *Fachliche Standards zur Teilhabe von Menschen mit kognitiver Beeinträchtigung und komplexem Unterstützungsbedarf.* Stuttgart: Kohlhammer

Deutscher Verein für öffentliche und private Fürsorge e.V. (2022). Pflege und Rehabilitation. Empfehlungen zur Schnittstelle zwischen Eingliederungshilfe und Pflege mit dem Fokus auf Leistungen im häuslichen Bereich. Verfügbar unter: https://www.deutscher-verein.de/de/uploads/empfehlungen-stellungnahmen/2022/dv-20-21_eingliederungshilfe-pflege.pdf

Kompetenzzentrum Selbstbestimmt Leben NRW (2020). *Das Persönliche Budget. Konkret#1.* Verfügbar unter: https://www.ksl-nrw.de/public/2020/08/200813_KSLkonkret_PB_bf.pdf

Kruse, K. (2022a). *18 werden mit Behinderung. Was ändert sich bei Volljährigkeit?* (8. Auflage). Düsseldorf: Verlag selbstbestimmt leben.

Kruse, K (2023). *Mein Kind ist behindert – diese Hilfen gibt es.* Düsseldorf: Verlag selbstbestimmtes leben

Luthe, E. (2015): *Rehabilitationsrecht.* (2. Auflage). Berlin: Erich Schmidt

Matta, V., Engels, D., Köller, R., Schmitz, A., Maur, C., Brosey, D., Kosuch, R., Engel, A. (2018). Qualität in der rechtlichen Betreuung. Abschlussbericht. Verfügbar unter: https://www.bmjv.de/DE/Service/Fachpublikationen/Bericht_Qualitaet_rechtliche_Betreuung.html

Schnellenbach, A. (2022). Entwicklung des Betreuungsrechts in Deutschland und die Neuregelung ab 2023. In Deutscher Verein für öffentliche und private Fürsorge e.V. (Hrsg.). *Mehr Selbstbestimmung durch die Reform des Betreuungsrechts?* (53/3), 4–14

Schünemann, B. (2002). Das »Menschenbild des Grundgesetzes« in der Falle der Postmoderne und seine überfällige Ersetzung durch den »homo oecologicus«. In Schünemann, B., Müller J. & Phillips L. (Hrsg.), *Das Menschenbild im weltweiten Wandel der Grundrechte* (S. 3–23) (Schriften zum öffentlichen Recht. Band 889). Berlin: Duncker und Humblot.

Steinmüller, F. & Löwe A. (2019). Der Umsetzungstand des Bundesteilhabegesetzes in den Bundesländern. *Archiv für Wissenschaft und Praxis* (50/1), 16–31.

Stumpf, K. (2023). Das Leben ist (k)ein Wunschkonzert: Eltern als rechtliche Betreuer:innen. In: Ernst, M., Reitemeyer, S. & Stumpf K. (2023), *Rechtliche Betreuung von Menschen mit Behinderung durch Eltern und Geschwister* (S. 41–46). Düsseldorf: Verlag selbstbestimmtes leben.

Tauchert, N. (2019). Erste Erfahrungen mit dem BTHG aus der Sicht betroffener Menschen. *Archiv für Wissenschaft und Praxis der Sozialen Arbeit* (50/1), 32–38.

von Boetticher, A. (2020): *Das neue Teilhaberecht.* 2. Auflage. Baden-Baden: Nomos

Herausforderungen und Chancen in der Begleitung erwachsener Menschen mit geistiger Behinderung aus der Perspektive ihrer familiären Bezugspersonen

Michaela Naumann

1 Zur Rolle der Familien

1.1 Familien mit einem erwachsenen Kind mit geistiger Behinderung

Die Begleitung, Betreuung und Pflege erwachsener Menschen mit geistiger Behinderung stellt eine komplexe Lebenssituation dar, die nicht nur die Betroffenen selbst, sondern ebenso die Lebenswege ihrer engsten Bezugspersonen prägt. Dieser Beitrag widmet sich der vielschichtigen Situation dieser (überwiegend familiären) Bezugspersonen, die nicht nur eine verantwortungsvolle Rolle in der Betreuung übernehmen, sondern auch mit den tiefgehenden Veränderungen in familiären Dynamiken konfrontiert sind. Die Umbruchphase des Erwachsenwerdens eines Familienmitgliedes mit geistiger Behinderung wirft für Eltern und andere familiäre Bezugspersonen noch einmal neue Fragen in Bezug auf die Zukunft auf; die eigene und auch die des erwachsenen Kindes[1]. Es stellen sich Fragen wie: Wie gestaltet sich Selbstständigkeit bei (hohem) Unterstützungsbedarf? Wie wird mein (Geschwister-)Kind wohnen? Und nicht zuletzt: Was geschieht mit meinem Kind, wenn ich selbst nicht mehr für es sorgen kann? Auch wenn sich die individuelle Lebensgestaltung von Familien teilweise erheblich voneinander unterscheidet, so tauchen diese und ähnliche Fragen vereinend immer wieder auf, spätestens dann, wenn die Eltern oder nahen Bezugspersonen selbst altern.

In den vergangenen Jahren hat sich das Verständnis für geistige Behinderung stetig weiterentwickelt, wobei aktuell vermehrt die Bedeutung der Familie als zentraler Unterstützungsfaktor erkannt wird. Dies zeigt sich in aktuellen Veröffentlichungen, wie beispielsweise von Eckert (2014), Sarimski (2021) oder der Bundesvereinigung Lebenshilfe (2018). Dabei werden nicht mehr ausschließlich die Belastungen der Familien beschrieben, sondern vielfach auch die Ressourcen und positiven Erfahrungen in den Blick genommen. Die engsten Angehörigen, seien es

---

1 Der Begriff »Kind« oder auch »erwachsenes Kind« wird in diesem Beitrag nicht mit Bezug zum Lebensalter oder der Lebensphase »Kindheit« verwendet, sondern soll vielmehr die verwandtschaftliche Beziehung im Sinne der Nachkommenschaft verdeutlichen.

Eltern, Geschwister oder andere Verwandte, spielen an verschiedenen Stellen eine entscheidende Rolle auf dem Lebensweg von Menschen mit geistiger Behinderung.

Der Fokus liegt dabei jedoch häufig in der Lebenssituation von Familien mit einem heranwachsenden Kind mit Behinderung; zur Situation der Familien und nahen Angehörigen von erwachsenen Menschen mit geistiger Behinderung ist im wissenschaftlichen Diskurs verhältnismäßig wenig bekannt. Forschungsprojekte wie »Älter werdende Eltern und erwachsene Familienmitglieder mit Behinderung zu Hause. Innovative Beratungs- und Unterstützungsangebote im Ablösungsprozess« (ElFamBe) (Burtscher, Heyberger & Schmidt 2015) oder Familen.Stärken (Reich & Schäfers 2021) bilden hier eine Ausnahme. Der Fokus dieses Beitrages liegt deswegen auf den Herausforderungen und Belastungen, die diese Bezugspersonen erleben, den Ressourcen, die sie mobilisieren, und den spezifischen Aufgaben, die sich aus dieser anspruchsvollen Betreuungssituation ergeben.

Grundsätzlich unterscheiden sich Familien mit einem Kind mit einer geistigen Behinderung nicht von solchen, die keine Familienmitglieder mit Behinderung begleiten. Eckert führt jedoch an:

> »Gleichzeitig heben viele dieser Eltern die besondere Intensität ihrer Erlebnisse hervor. So werden Herausforderungen in den Erfahrungsberichten häufig als besonders ausgeprägt beschrieben, ebenso wie zahlreiche intensive Glücksmomente benannt werden« (Eckert 2014, 19).

Aber auch diese Ausführungen beziehen sich auf das Erleben von Familien mit heranwachsenden Kindern (und eben nicht mit bereits erwachsenen Kindern) mit einer geistigen Behinderung. Ist dennoch anzunehmen, dass dies auch auf Familien mit einem erwachsenen Kind mit einer geistigen Behinderung zu übertragen ist? Welche spezifischen und vielleicht auch neuen Herausforderungen kommen mit dem Erwachsenwerden der eigenen Kinder hinzu? Das BMAS stellt in seinem »Dritten Teilhabebericht der Bunderegierung über die Lebenslagen von Menschen mit Beeinträchtigungen« fest:

> »[...] Eltern mit Kindern mit Beeinträchtigungen leben in gleicher Weise als Familien zusammen und erleben die gleichen Vorteile und Anforderungen wie Familien ohne Mitglieder mit Beeinträchtigungen. Allerdings stellen sich manche familientypischen Belastungen für Familien mit Mitgliedern mit Beeinträchtigungen in besonderer Ausprägung dar« (BMAS 2021, 67).

Darüber hinaus besteht bei Familien mit erwachsenen Kindern mit einer geistigen Behinderung die Besonderheit, dass die Begleitung über die Lebensspanne von anderer Intensität und Dauer geprägt ist als bei Familien ohne Behinderungserfahrung. Auch wenn bei Familien ohne ein Kind mit Behinderung die Fürsorge für das eigene Kind äußerst selten mit Vollendung des achtzehnten Lebensjahres oder dem Auszug aus dem Elternhaus endet, so unterscheidet sich doch die Art der Verantwortung für die weitere Entwicklung des Lebensweges des eigenen Kindes maßgeblich. Nach Reich und Schäfers (2021) leben etwa die Hälfte der Erwachsenen, die eine Werkstatt für behinderte Menschen (WfbM) besuchen, in ihrer Herkunftsfamilie. Der genaue Umfang lässt sich nur schwer erfassen, da dieser aus demographischen Daten oder Erhebungen, wie etwa dem Teilhabebericht der Bundesregierung, nicht hervorgehen. Die Daten lassen sich daher nur aus regionalen Studien ableiten (z. B.

Burtscher et al. 2015; Seifert 2010) Aber auch wenn die erwachsenen Kinder nicht mehr im Elternhaus leben, werden diese häufig noch von den Familienangehörigen eng begleitet. Emmelmann und Greving (2019, 6) halten fest:

> »Wenn Erwachsene mit einer geistigen Behinderung relativ eigenständig in einer eigenen Wohnung leben, zeigt die Praxis, dass die Eltern in vielen Fällen immer weiter in der Begleitung und Unterstützung eingebunden sind.«

Familiäre Bindungen und das umfangreiche persönliche Know-how von Eltern und engen Bezugspersonen stellen dabei eine essenzielle Ressource für erwachsene Menschen mit geistiger Behinderung dar. Die individuelle Beeinträchtigung erfordert aber gelegentlich erhebliche Anpassungsfähigkeit und Flexibilität von Eltern und Geschwistern. Durch ihre alltäglichen Erfahrungen haben die Eltern über die Jahre ein tiefgreifendes, individuelles Verständnis für ihr Kind entwickelt, einschließlich seiner Eigenheiten und der spezifischen Art der Beeinträchtigung, das sich auch im Erwachsenenalter fortsetzt. Diese elterliche Expertise und die emotionale Verbindung stellen in zahlreichen Situationen bedeutende Ressourcen dar. Von diesem Erfahrungsschatz kann nicht nur der erwachsene Mensch mit geistiger Behinderung profitieren, sondern auch professionelle Unterstützer*innen.

Dennoch ist es unerlässlich, im Sinne der Entwicklungsaufgaben von Eltern und Kindern, eine veränderte Sicht und einen sich an die neue Situation anpassenden Umgang miteinander zu finden, wenn das eigene Kind mit Behinderung erwachsen wird. Eltern, die nun vermehrt auf eine unterstützende Rolle angewiesen sind, müssen ihre Beziehung zu ihrem erwachsenen Kind neu definieren. Die Entwicklungsaufgaben beim Erwachsenwerden können je nach kulturellen, sozialen und individuellen Gegebenheiten variieren. Trotzdem gibt es einige allgemeine Aufgaben und Herausforderungen, die viele Menschen während des Übergangs vom Jugendlichen zum Erwachsenen bewältigen müssen.

1.2 Entwicklungsaufgaben von familiären Bezugspersonen und erwachsenen Kindern mit geistiger Behinderung

Auch wenn Entwicklungsmodelle häufig einen deterministischen Zugang wählen oder eine Homogenität von Entwicklung suggerieren, die in der Realität selten gegeben ist, so können sie doch einen Orientierungsrahmen bieten, insbesondere um Entwicklungsaufgaben in bestimmten Lebensphasen zu identifizieren. So nennen oder beschreiben die meisten Modelle, etwa das Stufenmodell nach Erikson oder die Theorie der Lebensstrukturphasen nach Levinson, die Relevanz von Ablöseprozessen am Übergang zu dem und während des Erwachsenenlebens. Entwicklungsaufgaben entstehen durch das Zusammenspiel gesellschaftlicher Anforderungen und Erwartungen, biologischer Entwicklungsveränderungen und der Persönlichkeit eines Individuums (vgl. Freund & Baltes, 2005). Sie sind also in gewissem Maß auch immer kulturspezifisch geprägt und nicht losgelöst von den individuellen Entwicklungsmöglichkeiten einer Person zu betrachten.

Beispielsweise ist das Zusammenleben von Generationen, und daraus resultierend auch das füreinander Sorgen, in westlichen Kulturkreisen zunehmend unüblich geworden, während es in anderen Kulturen die gewöhnliche Form des Miteinanders darstellt. An dessen Stelle ist eine wachsende Institutionalisierung und Professionalisierung, ein umfangreiches Hilfssystem für alle Altersgruppen sowie eine Auslagerung aus dem Privaten getreten. Erst in den letzten Jahren rücken auch in der Bundesrepublik Deutschland Themen wie der Wert von Care-Arbeit und die Relevanz des Miteinander innerhalb der Gesellschaft wieder zunehmend ins Blickfeld. Die individuellen Entwicklungsaufgaben, wie etwa Autonomiebestrebungen in familiären Beziehungen oder die Identitätsentwicklung, sind also immer im Spiegel solcher kulturspezifischen Einflüsse zu betrachten.

Auch die Beeinträchtigung selbst sowie der Umstand, dass in der Familie ein oder mehrere Mitglieder mit Behinderung leben, hat, im Sinne eines bio-psycho-sozialen Verständnisses von Behinderung, Einfluss auf die Entwicklung aller Familienmitglieder. So stellt Rolland fest:

> »Wird eine Familie mit Krankheit oder Behinderung konfrontiert, so sollte sie das Ziel verfolgen, die Entwicklungsaufgaben, die ihr durch die Krankheit gestellt werden, zu bewältigen, ohne die Familienmitglieder zu zwingen, ihre eigene Entwicklung oder die der gesamten Familie zu opfern.« (Rolland 2000, 89)

Entsprechend hat nicht nur die erwachsene Person mit geistiger Behinderung bestimmte Entwicklungsaufgaben (gegebenenfalls mit unterschiedlich hohem Unterstützungsbedarf) zu meistern, sondern auch die Eltern oder nahen Angehörigen durchlaufen eine Entwicklung und bewältigen dabei ihrerseits Aufgaben. Diese wechselseitigen Prozesse werden als eine der wichtigsten Aufgaben des Erwachsenwerdens beschrieben. Ablöseprozesse zu begleiten und zu durchleben kann für Eltern und nahe Bezugspersonen eine ebenso große Herausforderung darstellen wie für die erwachsenwerdende Person mit geistiger Behinderung selbst.

Hilfreich bei der Entwicklung hin zu einem erwachsenen Miteinander kann dabei der »Heilpädagogische Dreisatz« nach Emmelmann und Greving (2019) sein, welcher von den beiden Autoren im Rahmen des Freiraumkonzeptes konzipiert wurde. Dieser lautet:

1. Was ein Mensch alleine tun kann, soll er auch alleine tun.
2. Was ein Mensch noch nicht kann, kann er lernen.
3. Was ein Mensch nicht lernen kann, wird für ihn getätigt; jedoch in der Regel in seiner Anwesenheit (ebd. S. 39).

Diese Sichtweise ermöglicht Zugänge zu mehr Freiheit und Selbstbestimmung für Angehörige und erwachsene Kinder gleichermaßen. Sie betont, dass lebenslanges Lernen als wesentliches Merkmal eines jeden Menschen (vgl. ebd. 41) der Schlüssel zur stetigen Entfaltung des eigenen Potentials ist, zeigt aber gleichzeitig, dass niemand »alles können kann« und dass dies auch gar nicht das Ziel ist.

Es ist folglich von großer Bedeutung, die spezifischen Belastungen, aber auch die Potenziale und Bewältigungsstrategien von Eltern und Angehörigen zu verstehen. Somit können nicht nur auf theoretischer Basis Erkenntnisse gewonnen werden, sondern auch, in weiterführenden Überlegungen, praxisorientierte Ansätze entwickelt werden, um die Lebensqualität von Angehörigen erwachsener Menschen mit einer geistigen Behinderung zu verbessern.

Die vielfältigen Herausforderungen, vor denen diese Angehörigen stehen, umfassen nicht nur individuelle, sondern insbesondere auch gesellschaftliche Dimensionen. Sie reichen von der Bewältigung der physischen und emotionalen Anforderungen bis hin zur Auseinandersetzung mit Vorurteilen und einer oft unzureichenden Unterstützungsstruktur. Im Folgenden wird das Augenmerk sowohl auf die intrafamiliäre Situation und die Belange der Familie als System als auch auf den gesamtgesellschaftlichen Kontext gelenkt, um ein Bewusstsein zu schaffen und zugleich Wege aufzuzeigen, wie Angehörige gestärkt werden können, um ihre wichtige Rolle auszufüllen.

2 Herausforderungen und Belastungen: Die Vielschichtigkeit der Anforderungen an das familiäre Betreuungsumfeld

Die Betreuung erwachsener Menschen mit geistiger Behinderung ist ein hochkomplexes Aufgabenfeld. Die Vielschichtigkeit der Herausforderungen erstreckt sich über verschiedene Lebensbereiche und prägt maßgeblich das tägliche Leben der Betreuungspersonen. Im Folgenden werden exemplarisch einige dieser Belastungen betrachtet und, soweit möglich, Bewältigungsansätze skizziert und eingeordnet, wenngleich dies nur Ausschnitte aus der komplexen Lebenswelt von Familien mit erwachsenen Kindern mit geistiger Behinderung sind.

2.1 Familientypen

Die Themen, die die Familien beschäftigen, sind vielfältig und auch der Umgang der Familien mit der Behinderung ihres erwachsenen Kindes unterscheidet sich deutlich. So identifizieren Hellmann et al. (2007) vier Familientypen, die sich in den im Folgenden dargestellten Punkten und in ihrer Sicht auf die Zukunft und der möglichen Vorbereitung auf ein Leben ohne die Eltern unterscheiden (vgl. ebd. S.10).

Es ist dabei anzumerken, dass in der zugrundeliegenden Studie die Lebenssituation von Familien mit einem erwachsenen Kind mit schweren körperlichen, geistigen oder psychischen Behinderungen, die seit Geburt überwiegend in ihrer Herkunftsfamilie leben, untersucht wurde. Der Personenkreis ist also weiter gefasst, und nicht in allen Familien gibt es Angehörige mit einer geistigen Behinderung.

- Der erste Familientyp wird als »*Leben mit schwerster Behinderung in Autonomie und Offenheit*« oder als »*Ich nehme mein Leben in meine Hände*« beschrieben. In dieser Familie prägt gegenseitiger Respekt und Offenheit den Umgang. Meinungsäußerungen, Wünsche und auch Widersprüche sind erlaubt, es kommt dann zu Aushandlungsprozessen. Die Familienmitglieder sind häufig in soziale Netzwerke eingebunden und zeigen eine bewusste Außenorientierung. Einige haben Selbsthilfegruppen mitbegründet. Die Familienmitglieder mit komplexer Behinderung suchen hier selbst aktiv nach externer Unterstützung zur Entlastung ihrer Eltern bei Versorgungsaufgaben. Der geforderte Umfang an Selbstständigkeit stellt hohe Anforderungen an die Angehörigen mit komplexer Behinderung. So verwundert es vielleicht weniger, dass zu diesem Familientyp in der untersuchten Gruppe keine Familien mit einem erwachsenen Kind mit geistiger Behinderung vertreten waren (vgl. Hellmann; Borchers; Olejniczak 2007, 8).
- Der zweite Familientyp wird als »*Leben mit schwerster Behinderung in Selbstbestimmung und Offenheit für Neues*« oder mit dem Ausspruch »*Ich weiß, sie fordern mich auch weiterhin*« beschrieben. Respekt, Offenheit, Teilhabe und konstruktive Konfliktfähigkeit prägen in diesen Familien das Zusammenleben. Humor ist im Umgang möglich und die Eltern kommunizieren partnerschaftlich. Die Ansichten der Menschen mit Behinderungen werden aktiv einbezogen, wenn auch nicht in gleichem Maße wie in Typ I. Die Mitsprache- und Entscheidungsspielräume der Menschen mit Behinderungen werden kontinuierlich ausgebaut, meist in Absprache mit den Eltern. Soziale Netzwerke sind offen, Kontakte werden als Lernchance betrachtet. Die Familienangehörigen mit komplexer Behinderung werden gefordert, setzen jedoch nur begrenzt eigene Impulse. Die Eltern gönnen sich zwischenzeitlich ›Auszeiten‹ (vgl. ebd., 8 f).
- Der dritte Familientyp wird als »*Leben mit schwerster Behinderung im Familiennetz*« oder mit dem Zitat »*Wir haben schon viel geschafft*« umschrieben. Auch in diesem Familientyp herrscht eine respektvolle und offene Atmosphäre. Die Förderung der Selbstständigkeit der Kinder und ihre Einbeziehung in Entscheidungen sind wichtig, die Eltern grenzen die Selbstbestimmung jedoch gelegentlich ein, besonders in Bezug auf den Gesundheitszustand ihrer erwachsenen Kinder mit komplexer Behinderung. Einige der Familienmitglieder mit komplexer Behinderung in dieser Gruppe geben an, dass ihnen eigene Entscheidungen nicht so wichtig sind. Die sozialen Netzwerke sind klein und geschlossen. Geschwister unterstützen hier gelegentlich, umfassende Hilfe wird jedoch nicht erwartet. Die Eltern denken nicht an ›Auszeiten‹, da die familiären Beziehungen sehr eng sind. Auch Urlaube werden gemeinsam verbracht (vgl. ebd. 9).
- Der vierte Familientyp wird mit »*Leben mit schwerster Behinderung im engsten Familienkreis*« oder auch »*Jetzt sind auch mal die Eltern dran*« beschrieben und kommt nur verhältnismäßig selten vor. Die Eltern bestimmen hier den Alltag und setzen einen engen Handlungsrahmen für ihre erwachsenen Kinder mit komplexen Behinderungen. In Interviews kommen die Menschen mit Behinderungen weniger zu Wort, einige äußern kaum eigene Ansichten oder zeigen sogar Furcht vor der Reaktion der Eltern Das Zusammenleben soll harmonisch verlaufen, und die Förderung der Gesundheit hat eine hohe Bedeutung. Es besteht ein grundsätzliches Interesse an Veränderungen der Situation, jedoch weniger im Sinne von

Selbstbestimmung und Teilhabe, sondern eher zur Entlastung der Eltern. Wenn soziale Netzwerke vorhanden sind, sind diese klein und geschlossen, da Außenkontakte eher als Belastung wahrgenommen werden (vgl. ebd., 9f).

Familien mit einem erwachsenen Kind mit geistiger Behinderung unterscheiden sich also durchaus deutlich, so wie jede andere Familie auch. Insbesondere das Maß der (erwarteten) Selbstständigkeit des Familienmitgliedes mit einer komplexen Behinderung und die Inanspruchnahme von Entlastung und Unterstützung gestalten sich in den vier Familientypen unterschiedlich. Auch die Vernetzung außerhalb der Familie, beispielsweise in Form von Selbsthilfegruppen oder von professioneller Unterstützung, wird verschieden gelebt.

Dadurch ist anzunehmen, dass auch Belastungen, welche die Familien intrafamiliär oder strukturell betreffen können, die Familiensysteme unterschiedlich stark beeinflussen. Beispielsweise kann es einen großen Unterschied ausmachen, ob eine Familie aus freien Stücken auf professionelle Unterstützung verzichtet, weil die familieninternen Unterstützungssysteme als völlig ausreichend wahrgenommen werden, oder ob eine Familie Hilfe von außen als Bedrohung empfindet und sich deswegen gegen Angebote entscheidet, die zur Entlastung beitragen könnten. Einige dieser möglichen Belastungen sowie Perspektiven zum Umgang mit diesen sollen deswegen nun näher beleuchtet werden, um einen Eindruck von den diversen Aufgaben zu gewinnen, denen sich Familien von erwachsenen Kindern mit einer geistigen Behinderung stellen.

2.2 Emotionale Belastungen

Einen großen Stellenwert haben emotionale Belastungen und daraus resultierende psychosoziale Dynamiken. Die Betreuung von Menschen mit geistiger Behinderung geht oft mit emotionalen Belastungen einher, wie Sorge um das Wohlbefinden des betreuten Erwachsenen, Bewältigung von Ängsten hinsichtlich der Zukunft und Auseinandersetzung mit gesellschaftlichen Stigmata, die zu einer emotionalen Erschöpfung führen können. Auch hier stellt der dritte Teilhabebericht der Bundesregierung diesbezüglich fest:

> »Diese Faktoren können zu hohen emotionalen und psychischen Belastungen bei den Familienmitgliedern führen. In diesen Situationen haben der partnerschaftliche und familiäre Zusammenhalt sowie die Unterstützung aus dem Freundes- und Verwandtenkreis eine herausragende Bedeutung für das Familienleben« (BMAS 2021, 68).

Damit wird deutlich, dass sich die Belastungen nicht nur auf das Individuum der betreuenden Person erstrecken, sondern sie prägen auch die Dynamik innerhalb der Familie und des sozialen Umfelds der Bezugspersonen. Daher ist es sinnvoll, sich damit auseinanderzusetzen, wo in der Familie mögliche Ansatzpunkte sind, um beispielsweise in Form von Beratung oder anderen Angeboten zu unterstützen.

Ein hier hilfreiches Modell zum Verständnis der unterschiedlichen Umgangsweisen und des Belastungsempfindens von Familien ist das Rolland-Modell, welches sich mit der Bewältigung von chronischer Krankheit und Behinderung in Familien beschäftigt. Entwickelt von John Rolland, einem Psychiater und Familientherapeuten, betont das Modell die Bedeutung von Verbindungen und Beziehungen innerhalb von Familien, wenn ein Familienmitglied schwer krank ist, behindert ist oder stirbt. In einfachen Worten besagt das Rolland-Modell, dass Familien eine Art »Krankheitsportfolio« haben, das die verschiedenen Arten von Herausforderungen und Belastungen darstellt, denen sie gegenüberstehen. Diese Herausforderungen können physisch, emotional oder finanziell sein. Das Modell zeigt auch, wie sich Krankheiten oder der Tod einer Person in der Familie auf alle Mitglieder auswirken können (vgl. Rolland 2000, 62). Es geht dabei von diagnoseübergreifenden Faktoren aus und benennt eine wechselseitige Verknüpfung von drei Entwicklungslinien, die wichtig sind, um den individuellen Umgang mit den Folgen einer Behinderung verstehen zu können:

1. Art der Krankheit oder Behinderung
2. Individuelle, familiäre und krankheitsbezogene Lebenszyklen und Familienstrukturen
3. Familiäre Grundüberzeugungen sowie ethnische und kulturelle Zugehörigkeiten.

Mit einer systemisch orientierten Sichtweise bietet das Rolland-Modell einen ›biopsychosozialen‹ Zugang zum Erleben und Bewältigen von Behinderung im familiären Kontext.

Ein Schlüsselkonzept des Rolland-Modells ist dabei die Idee der »Familienkohäsion« – die enge Bindung und Unterstützung innerhalb der Familie. Rolland betont, dass eine starke Familienkohäsion dazu beitragen kann, mit schwierigen Situationen umzugehen. Darüber hinaus betont das Modell, dass Familien sich anpassen und resilient sein können, was bedeutet, dass sie in der Lage sind, sich zu erholen und zu wachsen, auch wenn sie mit schweren Herausforderungen konfrontiert sind. Es erkennt auch an, dass jede Familie einzigartig ist und unterschiedliche Ressourcen und Stärken hat, die in schwierigen Zeiten genutzt werden können (vgl. ebd., 63 f). Das Modell kann damit wichtige Zugänge zur Einschätzung der Belastungssituation von Familien, aber auch über die vorhandenen Ressourcen und Stärken bieten. Bereits früh halten Doege et al. (2011, S. 119) fest:

> »Wegen der hohen Dauerbelastung von pflegenden Angehörigen und der Gefahr eines Burn-Out-Syndroms insbesondere bei Müttern hat die Einschätzung des Belastungs- und Resilienzstatus eine hohe gesundheitspolitische Bedeutung.«

In Bezug auf Familien mit einem Familienmitglied mit Behinderungen kann daher das Rolland-Modell nicht nur dazu beitragen, die Interaktionen, Rollenverteilungen und die Kommunikation innerhalb der Familie zu analysieren. Vielmehr ist auch die von Doege et al. festgestellte (gesundheits-)politische Komponente bei der frühen Identifizierung von Belastungssituationen zu beachten. Das Modell kann somit auch dabei helfen, rechtzeitig unterstützende Interventionen zu entwickeln, um die Familienstärke und -resilienz zu fördern.

2.3 Finanzielle Unsicherheiten und Ressourcenknappheit

Eine weitere große Herausforderung für Familien mit einem erwachsenen Kind mit geistiger Behinderung liegt oftmals in finanziellen Unsicherheiten. Dies ist nicht nur durch einen Kostenmehraufwand, wenn zum Beispiel spezielle Therapien oder individuelle Betreuung nicht von den Kostenträgern übernommen werden, zu erklären. Vor allem scheint dies am Betreuungsaufwand zu liegen, weswegen die eigene Berufstätigkeit (und damit die Möglichkeit, das Familieneinkommen zu erhöhen) eingeschränkt wird. So stellen Reich und Schäfers (2021, 102) in der Ergebniszusammenfassung des Forschungsprojektes »Familien.Stärken« fest:

> »Über die Hälfte der Hauptbetreuungspersonen berichtete, wegen der Betreuung ihres Familienmitglieds mit Behinderung ihre Erwerbstätigkeit aufgegeben (23%) oder eingeschränkt (33%) zu haben.«

Eine solche Einschränkung der Erwerbstätigkeit von Hauptbetreuungspersonen, allen voran Müttern, ist auch bei Familien ohne Kinder mit Behinderung zu beobachten und trägt maßgeblich zum Altersarmutsrisiko von Frauen bei. Die Reduzierung oder Aufgabe der bezahlten Erwerbsarbeit zugunsten von unbezahlter Care-Arbeit gleicht sich aber bei Müttern von Kindern ohne Behinderung mit zunehmendem Alter der Kinder wieder aus. 2023 werteten Keller und Körner Daten des Statistischen Bundesamtes aus und beschrieben, wie hoch die Erwerbsarbeitsquote von Müttern und Vätern im Vergleich zu Frauen und Männern ohne Kinder ist. Dabei ist festzustellen, dass Mütter zwar im Alter von unter 40 Jahren (also des Lebensalters, in dem sie vermutlich noch recht kleine Kinder haben), zu einem deutlich geringeren Anteil im Vergleich zu Vätern oder Männern und Frauen ohne Kinder erwerbstätig sind. Allerdings entsprach die Erwerbsarbeitsquote von Müttern im Alter von etwa 45 Jahren im Jahr 2022 dann wieder der von Männern und Frauen ohne Kind (vgl. Keller & Körner 2023, 91). Da es sich bei den ausgewerteten statistischen Daten um einen Bevölkerungsdurchschnitt handelt, lässt sich annehmen, dass Mütter überwiegend die Erwerbsarbeit wieder aufnehmen, wenn die eigenen Kinder heranwachsen. Dies unterscheidet sie maßgeblich von Hauptbetreuungspersonen von erwachsenen Kindern mit einer geistigen Behinderung, die in der Regel nach Reich und Schäfers auch hier die Mütter sind (vgl. ebd., 102) Diese nehmen ihre Erwerbstätigkeit signifikant häufiger und über einen deutlich längeren Zeitraum nicht mehr auf. So verwundert es nicht, dass es weiter heißt:

> »Die Armutsrisikoquote der Familien, in denen ein Familienmitglied mit Behinderung lebt, ist mit 30,9% fast doppelt so hoch wie in der Allgemeinbevölkerung mit einer Armutsrisikoquote von 15,9%« (ebd. S. 102).

Die Begleitung erwachsener Kinder mit geistiger Behinderung ist damit von vielfachen finanziellen Risiken geprägt. Insbesondere Mütter sind davon betroffen, da sie über einen langen Zeitraum häufig keiner Erwerbstätigkeit oder einer Teilzeiterwerbsarbeit nachgehen. Sie leisten dafür den Großteil der häuslichen Pflege und unbezahlten Care-Arbeit.

Nicht immer sind Angehörige von Menschen mit geistiger Behinderung auch gleichzeitig pflegende Angehörige. Auch an dieser Stelle ist es schwer, verlässliche Daten zu finden, aus der Untersuchung von Reich und Schäfers geht aber hervor, dass bei 85 % der befragten Familien für das erwachsene Familienmitglied mit geistiger Behinderung ein Pflegegrad nach der Pflegeversicherung festgestellt wurde (vgl. ebd., 103). Es ist also anzunehmen, dass ein Großteil der Hauptbezugspersonen auch gleichzeitig Pflege leistet.

Es wird sichtbar, dass es deutlich an finanziellen Entlastungangeboten fehlt, die verlässlich und vor allem langfristig die finanzielle Benachteiligung von Familien mit erwachsenen Kindern mit geistiger Behinderung, die im Alltag auf Unterstützung angewiesen sind, ausgleichen. Es bleibt abzuwarten, ob sich sozialpolitische Veränderungen, wie etwas das Pflegezeitgesetz oder das Familienpflegezeitgesetz, auf diese Dynamiken auswirken. Beide Gesetze sollen zur besseren Vereinbarkeit von Beruf und Pflege beitragen, sind aber für höchsten sechs (Pflegezeitgesetz) oder höchstens 24 Monate (Familienpflegezeitgesetz) in Anspruch zu nehmen (vgl. BMFSFJ 2023). Sie decken damit nicht im Ansatz die Belastungen von Familien mit einem erwachsenen Kind mit einer geistigen Behinderung ab, die in der Regel lebenslänglich auf Unterstützung angewiesen sind. Tatsächliche Entlastung, die auch nur einen Teil der strukturellen Benachteiligung von Familien mit einem erwachsenen Kind mit geistiger Behinderung ausgleichen, gibt es nicht.

2.4 Veränderte Lebensperspektiven und Ungleichheit in der gesellschaftlichen Teilhabe

Die Betreuung, Begleitung und Pflege erwachsener Menschen mit geistiger Behinderung gehen oft mit einer tiefgreifenden Umkehr der Rollen aller Familienmitglieder einher, die strukturelle und emotionale Veränderungen mit sich bringen können. Nicht nur die Lebensperspektiven der Eltern sind betroffen, sondern auch die der nahen Angehörigen und allen voran die der Geschwister können sich ändern. Die Übernahme der primären Betreuungsrolle erfordert Anpassungen in der Familie, die Alltagsstruktur muss gegebenenfalls neu organisiert werden, um den speziellen Bedürfnissen des betreuten Erwachsenen gerecht zu werden. Dies kann Veränderungen in der Wohnsituation, der Arbeitsaufteilung und den sozialen Aktivitäten mit sich bringen, was, auch im Zusammenhang mit den finanziellen Unsicherheiten, zu einer vermehrten Einschränkung der gesellschaftlichen Teilhabe führen kann.

Noch weniger als die Situation von betreuenden Eltern erwachsener Kinder mit geistiger Behinderung ist dabei diejenige der Geschwister untersucht. Zwar gibt es mittlerweile zahlreiche Veröffentlichungen zu Geschwisterbeziehungen, in denen ein Geschwister eine Behinderung hat, und den daraus resultierenden Dynamiken, aber hier wird fast ausschließlich die Beziehung im Kindes- und Jugendalter beleuchtet. Auch auf den vom Bundesverband für Körper- und Mehrfachbehinderte e.V. (bvkm) organisierten Fachtagungen für (junge) erwachsene Geschwister mit Behinderung, die 2021 und 2022 stattfanden, wird gleichermaßen der große Bedarf und das fehlende Angebot für diese Personengruppe festgestellt. So heißt es im Sachbericht, welcher im Anschluss an die Tagung 2021 veröffentlicht wurde:

> »Für erwachsene Geschwister gibt es bisher nur vereinzelt Aktivitäten. Dabei erleben viele Geschwister auch im erwachsenen Alter ihre Lebenssituation als besonders« (bvkm 2021, 1).

Dabei steht insbesondere die Frage nach der Versorgung und der Verantwortung für das Geschwister mit Behinderung im Raum. Familien thematisieren diese Fragen unterschiedlich, einige schon früh, andere durchaus auch gar nicht, wie der bvkm zusammenfasst (vgl. ebd.). Oft fühlen Geschwister aber, unabhängig von der tatsächlichen Erwartungshaltung ihrer Eltern, eine emotionale Verantwortlichkeit. Somit stellt sich auch für viele die Frage nach der gesetzlichen Betreuung, wenn die eigenen Eltern nicht mehr in der Lage sein sollten, diese auszuführen. Für Geschwister kann die Übernahme der primären Betreuungsrolle eine Herausforderung in Bezug auf die eigene Identitätsfindung darstellen. Die Frage nach der eigenen Lebensgestaltung und den persönlichen Zielen muss in einem neuen Licht betrachtet werden.

Doch auch die (alternden) Eltern von erwachsenen Kindern mit geistiger Behinderung setzen sich mit veränderten Lebensperspektiven auseinander. Die Unterstützung und Begleitung des eigenen Kindes stellt, je nach Familientyp unterschiedlich ausgeprägt, über viele Jahrzehnte den Lebensmittelpunkt der Familie dar. Eigene Rollenvorstellungen müssen also immer wieder überdacht werden. Die schon eingangs aufgegriffene Frage: »*Was wird aus meinem Kind, wenn ich einmal nicht mehr für es sorgen kann?*« wird mit der Zeit zunehmend relevanter. Schon in der Kurzfassung des Abschlussberichtes zum Forschungsprojekt *Perspektiven alternder Menschen mit schwerster Behinderung in der Familie* von Borchers, Hellmann und Olejniczak (2007) wird die Erprobung gemeinsamer Betreuungs- und Unterstützungsangebote für Eltern und ihre erwachsenen Kinder mit schwerer Behinderung empfohlen. Dabei sollen Angebote geschaffen werden, die sich von den bisherigen Wohn- und Unterstützungskonzepten der Alten- und Behindertenhilfe unterscheiden und eine gemeinsame Begleitung der Familienmitglieder im Alter ermöglichen.[2] Ob das gemeinsame Altern von erwachsenen Menschen mit geistiger Behinderung und ihren nahen Angehörigen für alle Familien erstrebenswert ist, sei dahingestellt. Ganz sicher braucht es allerdings neue und vielfältige Angebote, die den unterschiedlichen Bedarfen sensibel gerecht werden.

Auch an dieser Stelle zeigt sich, wie schon in den Ausführungen zu den familiären Belastungen, dass sich Familie nur als System verstehen lässt. Retzlaff (2019, S. 19) formuliert hierzu:

> »Aus systemischer Sicht sind die eigentlichen Experten für das Leben mit einer Behinderung nicht Fachleute, sondern die betroffenen Familien selbst. Ihre subjektiven Landkarten vermitteln möglicherweise ein anderes Bild des Lebens mit Behinderung als die Theorien von Familienforschern und Therapeuten.«

---

2 Ein solches Konzept, allerdings in Frankreich, wird in der im Jahr 2022 vom TV-Sender ARTE produzierten Dokumentation »Was wird aus meinem erwachsenen Kind« vorgestellt.

3 Auf dem Weg zu einer unterstützenden Gemeinschaft?

Was also kann abschließend zur Situation von Angehörigen erwachsener Menschen mit geistiger Behinderung festgehalten werden? Zuallererst: Familien sind unterschiedlich. Sie unterscheiden sich in ihrer Konstellation und Ausgangslage, in ihrem Umgang mit der Behinderung des Familienmitgliedes, in ihrem Bedürfnis nach Unterstützung und in ihren Wünschen und Perspektiven für die Zukunft. Die intensive Auseinandersetzung mit der Lebensrealität von familiären Bezugspersonen heranwachsender und erwachsener Menschen mit geistiger Behinderung zeichnet ein facettenreiches Bild von Herausforderungen, Bewältigungsstrategien und Entwicklungsaufgaben. Dabei darf auch die Rolle der erwachsenen Geschwister nicht aus den Augen verloren werden, begleiten sie doch ihr Geschwister mit Behinderung in der Regel über den Tod der eigenen Eltern hinaus.

Die Identifizierung und Analyse der Herausforderungen, denen familiäre Bezugspersonen gegenüberstehen, verdeutlichen die Notwendigkeit einer individualisierten und bedarfsorientierten Unterstützung. Emotionale Belastungen, finanzielle Unsicherheiten und veränderte Lebensperspektiven sind komplexe Aspekte, die in ihrer Gesamtheit eine sorgfältige Betrachtung erfordern. Es wird deutlich, dass die Unterstützung nicht auf eine spezifische Ebene beschränkt sein kann, sondern vielmehr ein umfassender Ansatz erforderlich ist, der individuelle, soziale und gesellschaftliche Dimensionen einschließt. Dabei wäre die Integration dieser Perspektiven in politische Entscheidungen (nicht nur) zur allgemeinen Gesundheitsversorgung wünschenswert. Auch die Förderung von Forschung und die Implementierung von wissenschaftlichen Erkenntnissen in die Praxis sind zentral, um eine kontinuierliche Weiterentwicklung von Unterstützungsmaßnahmen zu gewährleisten.

Als konkrete Perspektiven für die Unterstützung und Entwicklung einer ganzheitlichen Betreuungsperspektive bieten sich verschiedenen Ansatzpunkte, die sowohl auf individueller Ebene als auch im gesellschaftlichen Kontext ansetzen. Zu nennen wäre hier die Bereitstellung individualisierter Beratungs- und Unterstützungsangebote; sowohl zur psychosozialen Beratung als auch zu praktischen Hilfen, wie etwa administrativen Aufgaben oder der Organisation von Therapien.

Auch die Stärkung von Selbsthilfe und Peer-Support-Netzwerken können bei der Bewältigung der familiären Herausforderungen hilfreich sein. Oft bricht der Kontakt zu anderen Betroffenen mit dem Ende des Schulalters der eigenen Kinder ab und der Austausch von Erfahrungen auf Augenhöhe ist eingeschränkt. Somit kann ein stärkerer Fokus auf Vernetzung der Angehörigen, etwa durch niedrigschwellige Online-Angebote oder institutionell unterstützte Zugänge, eine Möglichkeit zum sozialen Austausch bieten.[3]

---

3 Ein Beispiel hierfür bietet die Internetplattform *erwachsene-geschwister.de*, auf der Austausch und Informationen für erwachsene Geschwister angeboten werden.

Nicht zuletzt sollte die Unterstützung von Bezugspersonen auch finanzielle Aspekte berücksichtigen. Der Zugang zu finanziellen Ressourcen und Entlastungsangeboten, wie beispielsweise ressourcenschonende Betreuungsdienste oder steuerliche Erleichterungen, würde dazu beitragen, finanzielle Belastungen und das Armutsrisiko der Familien zu mindern.

Die gezielte Aktivierung und Nutzung dieser Ressourcen würde es den Bezugspersonen ermöglichen, nicht nur die Betreuungsaufgaben effektiv zu bewältigen, sondern auch ihre eigene Lebensqualität zu erhalten. Insgesamt ist den besonderen Bedarfen der Angehörigen von erwachsenen Menschen mit einer (geistigen) Behinderung mehr Aufmerksamkeit zu wünschen. Ein breiteres Verständnis in der Gesellschaft und auf politischer Entscheidungsebene sowie die Anerkennung unterschiedlicher Lebenswege würde damit grundlegend zur Entlastung der familiären Bezugspersonen beitragen.

Literatur

BMAS – Bundesministerium für Arbeit und Soziales (2021). Dritter Teilhabebericht der Bundesregierung über die Lebenslagen von Menschen mit Beeinträchtigungen. TEILHABE – BEEINTRÄCHTIGUNG – BEHINDERUNG. https://www.bmas.de/SharedDocs/Downloads/DE/Publikationen/a125-21-teilhabebericht.pdf?__blob=publicationFile&v=7 (Stand: 02.11.2023).

BMFSFJ – Bundesministerium für Familie, Senioren, Frauen und Jugend (2023). Wege zur Pflege. https://www.wege-zur-pflege.de/familienpflegezeit (Stand: 02.11.2023).

Bundesvereinigung Lebenshilfe (Hrsg.). *Familien unterstützen. Ideen und Praxisbeispiele für Haupt- und Ehrenamtliche.* Marburg: Lebenshilfe-Verlag.

Burtscher, R., Heyberger, T., Schmidt, T. (2015). *Die »unerhörten« Eltern. Eltern zwischen Fürsorge und Selbstsorge.* Marburg: Lebenshilfe-Verlag.

Bvkm – Bundesverband für Körper- und Mehrfachbehinderte e.V. (2021). ICH – DU – WIR: Fachtagung für (junge) erwachsene Geschwister von Menschen mit Behinderung. https://bvkm.de/unsere-themen/kindheit-jugend-und-familie/ (Stand: 02.11.2023)

Doege, D., Aschenbrenner, R. M., Nassal, H., Holtz, K.-L., Retzlaff, R. (2011). Familienkohärenz und Resilienz bei Eltern von Kindern mit intellektueller Behinderung. *Zeitschrift für Gesundheitspsychologie*, 19 (3), S. 113–121

Eckert, A. (2014). Familien mit Kindern mit einer Behinderung: Leben im Spannungsfeld von Herausforderung und Zufriedenheit. *Teilhabe* 1/2014, Jg. 53, S.19–23

Emmelmann, I. & Greving, H. (2019). *Erwachsene Menschen mit geistiger Behinderung und ihre Eltern.* Stuttgart: Kohlhammer

Freund, A. M. & Baltes, P. B. (2005). Entwicklungsaufgaben als Organisationsstrukturen von Entwicklung und Entwicklungsoptimierung. In Filipp, S.-H. & Staudinger, U. M. (Hrsg.). *Enzyklopädie der Psychologie: Entwicklungspsychologie* (Bd. 6) (S. 35–78). Göttingen: Hogrefe.

Hellmann, M., Borchers, A., Olejniczak, C. (2007). Perspektiven alternder Menschen mit schwerster Behinderung in der Familie – Kurzfassung zum Abschlussbericht. ies-Bericht 103.07. Hannover.

Keller, M. & Körner, T. (2023). Closing the gap? Erwerbstätigkeit und Arbeitszeit von Müttern und Vätern nach 15 Jahren Elterngeld. In *WISTA – Wirtschaft und Statistik*, 4/2023, S. 88–101 https://www.destatis.de/DE/Methoden/WISTA-Wirtschaft-und-Statistik/2023/04/erwerbstaetigkeit-arbeitszeit-042023.pdf?__blob=publicationFile (Stand: 02.11.2023).

Reich, K. & Schäfers, M. (2021). Lebensqualität und Lebensperspektiven von Familien mit behinderten Angehörigen im Erwachsenenalter. In *Teilhabe* 3/2021, Jg. 60, S. 100–106.

Retzlaff, R. (2019). *Familien-Stärken. Behinderung, Resilienz und systemische Therapie* (3. Auflage). Stuttgart: Klett-Cotta.

Rolland, J. (2000). Krankheit und Behinderung in der Familie. Modell für ein integratives Behandlungskonzept. In: Kröger, F., Hendrischke, A., McDaniel, S. (Hrsg.), *Familie, System und Gesundheit*. Heidelberg: Carl-Auer-Systeme, S. 62–104.

Sarimski, K. (2021). *Familien von Kindern mit Behinderungen. Ein familienorientierter Beratungsansatz*. Göttingen: Hogrefe

Schäfers, M. (2018): Familien mit behinderten Angehörigen im Erwachsenenalter. Zwischen familiärem Zusammenhalt und professioneller Betreuung. In Bundesvereinigung Lebenshilfe (Hrsg.), Familien unterstützen. Ideen und Praxisbeispiele für Haupt- und Ehrenamtliche. Marburg: Lebenshilfe-Verlag, S. 53–68

Seifert, M. (2010). *Kundenstudie: Bedarf an Dienstleistungen zur Unterstützung des Wohnens von Menschen mit Behinderung*. Abschlussbericht. Berlin: Rhombos.

Onlinequellen

Geschwisterplattform mit Erfahrungsberichten und Möglichkeiten der Vernetzung: www.erwachsene-geschwister.de (Stand 06.12.2023)

ARTE-Dokumentation »Was wird aus meinem erwachsenen Kind«: https://www.arte.tv/de/videos/102308-000-A/was-wird-aus-meinem-erwachsenen-kind/ (Stand 06.12.2023)

Erwachsen(d)e Räume. Der Auszug aus dem Herkunftshaushalt als Teil des Erwachsenseins und erwachsen werden im (alleine) Wohnen

Annalena Ziemski

1   Raum um erwachsen zu werden?

Im Rahmen eines zur Hilfebedarfsermittlung durchgeführten Interviews äußerte die Kundin eines ambulant betreuten Wohnprojekts auf die Frage, wer über den Zutritt zu ihrer Wohnung verfügen würde: »Meine Mutter soll den Schlüssel von meiner Wohnung besser nicht haben. Ich bin kein kleines Kind mehr. Ich bin erwachsen, haben die so gesagt, ich wohne alleine.«

Das selbstbestimmte Verfügen über den eigenen Wohnraum wird von ihr mit dem Status als erwachsene Person verknüpft – Erwachsensein und alleine Wohnen ohne den jederzeit möglichen Zugriff durch die Eltern gehören zusammen. Keine andere Lebensentscheidung wird so sehr mit Erwachsenwerden, Verselbstständigung und Ablöseprozessen verbunden wie der Auszug aus dem Eltern- oder Herkunftshaushalt[1] (Konietzka & Tatjes, 2016, 201). Das Abnabeln oder ›Flüggewerden‹ aus der elterlichen Wohnumgebung bringt neben räumlicher Distanz und einer Veränderung der Beziehung zu primären Bezugspersonen auch Anforderungs- und Ermöglichungsräume für eine eigenständige, selbstbestimmte und eigenverantwortliche Lebensführung mit sich. Zudem stellt das Wohnen außerhalb des elterlichen Haushalts auch aus lebenslauftheoretischer Perspektive einen Marker für den Erwachsenenstatus dar: gemessen an einer Normalbiographie wird der Auszug aus dem Elternhaus als eine der zentralen Statuspassagen benannt, welche im Übergang vom Jugend- ins Erwachsenenalter verortet werden und bedingt somit auch die gesellschaftliche Anerkennung eines Individuums als Erwachsenem (Billari & Liefbroer, 2007, 181). Die im Fach-, aber auch gesellschaftlichen Diskurs besonders präsenten Beschreibungen der Wohnsituation von Menschen mit geistiger und komplexer Behinderung scheinen den Merkmalen einer als erwachsen wahrgenommenen Lebensführung allerdings grundsätzlich zu widersprechen: Fremd- statt Selbstbestimmung, betreutes statt alleine Wohnen, Angewiesenheit statt Unabhängigkeit und schließlich Infantilisierung statt Anerkennung als Erwachsene*r (beispielsweise: Trescher 2017; Seifert 2006; Schuppener, Schlichtung, Hauser & Goldbach, 2021; Bernasconi und Böing 2015; Tiesmeyer und Koch 2022). Gleich-

---

[1] Im Rahmen dieses Artikels wird in der Regel vom Auszug aus dem elterlichen Haushalt gesprochen, die von Meuth verwendete, weiter gefasste Begrifflichkeit des Herkunftshaushalts, welche ebenfalls genutzt wird, soll verdeutlichen »dass die Wohnformen und -situationen junger Erwachsener vor einem ersten Auszug heterogener sind als das meist kernfamilial konzipierte Elternhaus« (2018, S. 35).

zeitig wird aber die Notwendigkeit des Auszugs aus dem Elternhaus auch für diesen Personenkreis aus der Perspektive des Erwachsenseins und -werdens eingefordert (Schuppener et al., 2021, 283). In einem Überblick zu wohnbezogenen Forschungsprojekten von Schrooten und Tiesmeyer wird zudem deutlich, dass die Dimensionen Erwachsensein und alleine Wohnen durchaus verknüpft werden, aber nie Gegenstand eigenständiger Forschung sind (2022, 130 ff.). Im Folgenden wird beleuchtet, was der Auszug aus dem Elternhaus mit Erwachsenwerden zu tun hat, wie behindernde Bedingungen dieses Verhältnis beeinflussen und Entwicklungen erschweren, aber auch zu herausfordernden Ambivalenzen für Eltern und pädagogische Fachkräfte führen, um abschließend Rückschlüsse für die Gestaltung von erwachsenengerechten Wohnangeboten zu ziehen

2 Verhältnis des (alleine) Wohnens zum Erwachsensein und -werden

Im deutschen Durchschnitt ziehen Frauen mit 21 Jahren aus dem Herkunftshaushalt aus, Männer[2] mit 23, nur selten findet ein Auszug vor dem Erreichen der gesetzlichen Volljährigkeit oder erst nach dem 30. Lebensjahr statt (Berngruber, 2016, 520). An einem solchen Durchschnittsalter orientieren sich auch allgemeingesellschaftliche Vorstellungen davon, in welchem Alter ein Auszug aus dem Elternhaus angemessen ist und »je nach Lebensalter werden Auszug bzw. Umzug als adäquat bzw. als zu früh oder zu spät markiert und Wohnsituation und -konstellation als altersbedingt adäquat oder unangemessen diskutiert« (Meuth, 2018, 31). Normative Vorstellungen bedingen dabei subjektive Entscheidungen und Konzepte darüber, wann ein angemessener Zeitpunkt für den Auszug aus dem Herkunftshaushalt sei (Billari & Liefbroer, 2007, 181). In der Auseinandersetzung mit einem erstmaligen Umzug fällt auf, dass diskursiv die Terminologie Auszug genutzt wird – der Fokus liegt entsprechend nicht (nur) auf dem Wechsel des Wohnortes, sondern dem Verlassen des Herkunftshaushaltes als ein- und erstmaligem Ereignis und damit verbundenen individuellen und interindividuellen Veränderungen und Prozessen (Meuth, 2018, 35). In diesem Sinne soll in den folgenden Ausführungen alleine Wohnen nicht (nur) das Wohnen als Einzelperson bezeichnen, sondern jegliche Wohnformen außerhalb des Eltern- oder Herkunftshaushaltes mitmeinen. Aus lebenslauftheoretischer Perspektive steht ein solcher erstmaliger Auszug vor allem im Prozess des Übergangs vom Jugend- ins Erwachsenalter im Fokus: Neben dem Abschluss von Schule oder Berufsausbildung, dem Eingehen einer festen Partnerschaft oder dem Gründen einer Familie wird der Auszug aus dem Herkunftshaushalt und die damit verbundene Ablösung von den Eltern bzw. primären Bezugspersonen als

---

2 Zahlen für Menschen, welche sich dieser binären Geschlechtsordnung nicht zuordnen, liegen nicht vor.

zentral benannt (Konietzka, 2010, 148). Vorstellungen des Erwachsenseins gehen dabei eng mit normativen Vorstellungen und Verhaltenserwartungen einher: der Erwachsenenstatus ist damit kein intrinsches Merkmal, sondern hängt vielmehr von gesellschaftlich konstituierten und tradierten Vorstellungen ab (ebd., 204f). Die einzelnen Übergänge markieren dabei nicht eine plötzliche Statusveränderung, sondern sind vielmehr als Marker des Übergangs ins Erwachsensein zu verstehen, »da die Ereignisse Veränderungen in der Lebenssituation, der Lebensführung und auch in der Verantwortungsübernahme mit sich bringen. Mit den Lebensereignissen gehen also zentrale Statusveränderungen einher, die selbst bei Rückgängigmachung nicht mehr zur selben Ausgangsposition zurückführen« (Berngruber & Herz, 2023, 128). Konietzka und Tatjes (2016, 204) sprechen in diesem Zusammenhang vom »Übergang in das Erwachsenenalter als Kontext des Auszugsprozesses« – ein Auszug erfolgt, weil ein Individuum sich im Übergang vom Jugend- ins Erwachsenenalter befindet, gleichzeitig markiert ein Auszug diesen Übergang für das Individuum selbst und nach außen. Der Auszug aus dem Herkunftshaushalt wird dabei nicht als ein einzelner Moment verstanden, sondern als Prozess, welcher auch vor und nach dem erfolgten Auszug auf verschiedensten Ebenen zutage tritt (Berngruber, 2016, 521). Die ›Verzeitlichung‹ des menschlichen Lebenslaufs zeigt sich damit in der Anlehnung an ein als adäquat geltendes Lebensalter als Ordnungs- und Orientierungskriterium in Bezug auf Entscheidungen über das eigene Leben im Allgemeinen »and leaving home in particular« (Billari & Liefbroer, 2007, 181). Allerdings bedingen zunehmende Individualisierungs- und Pluralisierungstendenzen der postmodernen Gesellschaft ein schrittweises Auflösen starrer Vorstellungen eines ›gelingenden‹ Lebenslaufes, erschweren damit aber auch die Orientierung an vermeintlichen ›Normverläufen‹ für Individuen und das Bereitstellen standardisierter Hilfsangebote wie dies derzeit im Rahmen der Behindertenhilfe der Fall ist (Brachmann, 2011, 143). Als zentrales Motiv für das Verlassen des Herkunftshaushaltes wird neben der Orientierung an normativen Vorstellungen eines adäquaten Auszugsalters vor allem die »durch Gründung eines eigenen Haushalts erreichbare verringerte soziale Kontrolle durch die Eltern und verstärkte Eigenständigkeit der Lebensführung« (Konietzka & Tatjes, 2016, 207) genannt. Dem Auszug liegt somit zufolge »der explizite Wunsch nach Autonomie und geringerer Verhaltenskontrolle durch die Herkunftsfamilie zugrunde« (ebd.).

Für eine strukturiertere Darstellung der Zusammenhänge des Erwachsenwerdens mit dem alleine Wohnen eignet sich ein Blick auf das von Meuth (2018, 67) entwickelte heuristische Modell von (begleitetem) Wohnen, in welchem sie unter Einbezug und kritischer Auseinandersetzung mit soziologischen, phänomenologischen und raumtheoretischen Perspektiven zwischen physisch-materieller, sozialstruktureller, handlungsbezogener, emotional-kognitiver und kulturgeschichtlich-gesellschaftlicher Dimension unterscheidet. Zusammenfassend liegt dem Modell dabei »die Annahme zugrunde, dass Wohnen im Wechselspiel dieser Aspekte bzw. der abstrahierten Dimensionen konstituiert und vollzogen wird« (ebd., 67). Mit dem Auszug aus dem Elternhaus finden Veränderungen in der sozial-strukturellen Wohndimension statt, da sich Eltern oder andere primäre Bezugspersonen nicht mehr in unmittelbarer Nähe aufhalten und gegebenenfalls Beziehungen zu anderen Personen, mit welchen gemeinsam gewohnt wird oder welche, wie pädagogische oder pflegerische Fachkräfte, das Leben im Wohnraum beeinflussen. Hier wird die weiter oben beschriebene Entwicklungsaufgabe der (emotionalen) Ablösung von Eltern oder weiteren primären Bezugspersonen zentral, welche durch einen Auszug maßgeblich beeinflusst wird (ebd., 2017, 115). Unter der Wohn-Tätigkeit als handlungsbezogene Dimension fasst Meuth den »Alltag des Wohnens, damit einhergehende Routinen, die Haushaltsführung, Rekreation und Reproduktion oder auch Interaktionen innerhalb des Haushalts und des Nahraums, die Aneignung dieses Ortes und die Gestaltung des Wohnraums« (ebd., 2018, S. 68). Zentral erscheint in diesem Zusammenhang der Begriff der verselbstständigten Lebensführung, welchen Gaupp und Berngruber als zentralen Prozess des Erwachsenwerdens beschreiben und mehrere Ebenen konstatieren:

> »Der Prozess des Erwachsenwerdens umfasst – erstens – konkrete Lebensereignisse im Sinne von markanten Veränderungen im Lebenslauf […]. Verselbstständigung beinhaltet – zweitens – Veränderungen in den alltäglichen Alltagspraktiken, indem sich junge Menschen neue Handlungsspielräume aneignen […] Verselbstständigung findet – drittens – auch auf der subjektiven Ebene statt, indem sich etwa die Selbstwahrnehmung von einem kindlichen über ein jugendliches hin zu einem erwachsenen Selbstverständnis wandelt« (2022, 255).

Obwohl Verselbstständigung also nicht nur auf die Dimension der Selbständigkeit reduziert werden kann, findet dennoch eine diskursive Engführung auf diesen Aspekt statt, wenn Erwachsenwerden und alleine Wohnen zusammengedacht werden. Verselbstständigung ist dann vor allem dadurch gekennzeichnet, dass die eigene (wohnbezogene) Lebensführung vom Individuum übernommen wird und eigene Entscheidungen unabhängig von elterlicher Aufsicht getroffen werden (Mulder, 2009, 203) und es so zu einer »zunehmenden Verantwortungsübernahme im Hinblick auf den persönlichen Lebensentwurf« (Berngruber & Herz 2023, 126) kommt. Die das eigene Leben betreffenden Anforderungen werden selbstständig bewältigt, eigene Entscheidungen selbstbestimmt getroffen und die Konsequenzen für eigene Handlungen selbstverantwortlich getragen (Quenzel & Hurrelmann, 2022, 33). In diesem Sinne lassen sich in den von Meuth genannten Aspekten der Wohntätigkeit eine Reihe an Handlungsvollzügen finden, die eine solche Verselbstständigung zulassen, erfordern oder ermöglichen. Der Auszug aus dem Elternhaus führt also zu einer veränderten Situation, welche die Chance auf Verselbstständigung mit sich bringt: (2) In der eigenen Wohnung wird Selbstständigkeit, Selbstbestimmung und Selbstverantwortung möglich. Mit der kulturgeschichtlich-gesellschaftlichen Dimension bezeichnet Meuth (2018, 69) schließlich gesellschaftlich und historisch gewachsene Funktionen und Ideen zum Wohnen. Die obigen Ausführungen haben verdeutlicht, dass das Wohnen außerhalb des Herkunftshaushaltes mit gesellschaftlichen Vorstellungen von Erwachsensein verknüpft wird und entsprechend gesellschaftliche (3) Ab- oder Anerkennung des Erwachsenenstatus an die Wohnsituation geknüpft sein kann. Auch Meuth stellt in ihrer Analyse heraus, dass verselbstständigtes Wohnen implizit mit dem Erwachsenenstatus verbunden wird (ebd., 2017, 116). Alle genannten Aspekte haben dabei Einfluss auf die emotional-kognitive Dimension, in welcher Meuth auf die von Hasse herausgestellte atmosphärische Dimension des Wohnens und »Gefühle, Vorstellungen, Erinnerungen und Ideen« (ebd., 2018, 68f) verweist, welche mit dem Wohnen verbunden sind. (4) Möglichkeiten, den eigenen Wohn-Raum als Raum zu erleben, in welchem sich Personen als erwachsenes Individuum identifizieren können, hängen entsprechend von sozialen Handlungszusammenhängen ab. Mit Bezug zu Bourdieu konstatiert Knabe, dass sich soziale Ungleichheit durch räumliche Strukturen besonders »im Falle des Wohnens« (Knabe, 2019, 643) hervorbringen und festschreiben. Hasse (2009, 21) drückt diese atmosphärische Wohndimension wie folgt aus:

> »Der Raum der Wohnenden ist ein Raum des Menschen, der seine Welt aus der Situation seines Lebens erlebt, entfaltet und gestaltet. Die Lebenswelt bildet den Resonanzrahmen, in dem das eine oder andere Wohnen möglich ist oder unausweichlich wird. […] Im Wohnen drückt sich aber vor allem die Situation eigenen Lebens aus.«

Wohnen lässt sich also auch auf einer emotional-affektiven Ebene mit Erwachsensein verbinden, wenn der Prozess des Erwachsenwerdens auch als wandelndes Selbstverständnis verstanden wird, in welchem Subjekte sich selbst als Erwachsene begreifen (Berngruber & Herz, 2023, 126).

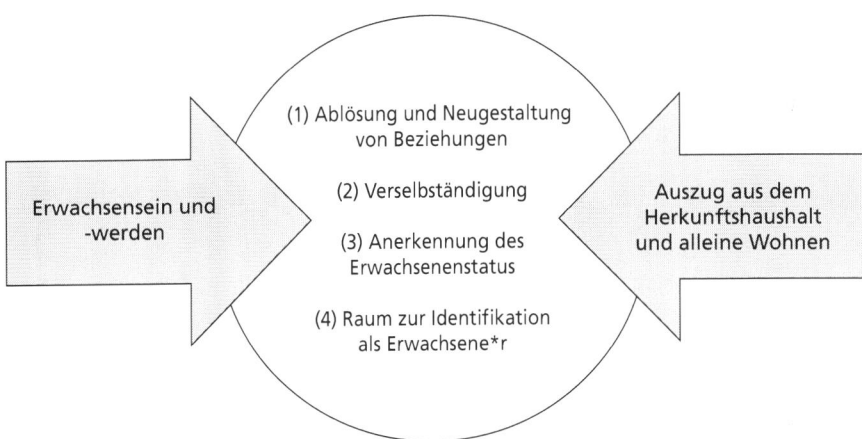

Abb. 1: Zusammenhänge zwischen Auszug aus dem Herkunftshaushalt und alleine Wohnen und Erwachsensein und -werden

3 Geplantes Erwachsenwerden – Auszug und alleine Wohnen im Kontext von geistiger und komplexer Behinderung

Menschen mit geistiger und komplexer Behinderung leben in der Regel auch nach Erreichen eines normativen Auszugsalters nicht alleine: Die Mehrzahl volljähriger Menschen mit geistiger und komplexer Behinderung lebt weiterhin im Herkunftshaushalt, gefolgt vom Wohnen in besonderen Wohnformen sowie dem Wohnen in einer eigenen Wohnung mit ambulanter Betreuung und Unterstützung bei der Alltagsbewältigung (Groß, 2014, 216). Zudem erfolgt ein Auszug aus dem Elternhaus häufig später als im Durchschnitt, teilweise auch erst im hohen Erwachsenenalter, wenn die eigenen Eltern aufgrund eigener Pflegebedürftigkeit oder sogar bei Versterben die Unterstützung nichtmehr selbst übernehmen können (Emmelmann & Greving, 2019, 15). Konietzka und Tatjes (2016, 206 f.) identifizieren verschiedene Faktoren, welche das Auszugsverhalten aus dem Herkunftshaushalt beeinflussen, und nennen in diesem Zusammenhang:

- Soziale Normen
- Eigene Ressourcen
- Subjektive Lebensziele der Akteur*innen
- Ressourcen und Bedingungen des Herkunftshaushaltes
- Subjektive elterliche Normen und Werte
- Kohorten- und kontextspezifische Opportunitätsstrukturen (Chancen auf Wohnungs- oder Arbeitsmarkt).

Werden diese Aspekte auf Lebenslagen von Menschen mit geistiger und komplexer Behinderung übertragen, ergeben sich hier weitere Ergänzungen. Äußerungen zu subjektiven Lebenszielen von Menschen mit geistiger und komplexer Behinderung sind nicht immer unmittelbar zu erfassen oder unterliegen einer erhöhten Interpretationsleistung von Mitmenschen (Keeley, 2018, 20), sodass davon ausgegangen werden kann, dass die Ressourcen, Wünsche und Bedingungen sowie Normvorstellungen des Herkunftshaushaltes oder professioneller Unterstützungssysteme eine bedeutende Rolle bei der Entscheidung über einen Auszug spielen (Bernasconi & Böing, 2015, 239; Weishaupt et al., 2022, 47). Eigene Ressourcen lassen sich mit Blick auf ökonomische Mittel und Zugangsmöglichkeiten zu Informationen oder Wohnungsangeboten als eingeschränkt betrachten und auch bezüglich Kohorten- und kontextspezifischer Opportunitätsstrukturen lassen sich verschärfte Bedingungen konstatieren: auf dem allgemeinen Wohnungsmarkt kann aufgrund finanzieller Ressourcen, welche sich aus diskriminierenden Strukturen des Arbeitsmarktes ergeben, von vergleichsweise schlechteren Chancen ausgegangen werden; soll in eine betreute Wohnform umgezogen werden, erfordert das einen erhöhten Aufwand für alle Beteiligten durch das Einholen von Informationen über geeignete Wohnkonzepte, das Auseinandersetzen mit unterschiedlichen Betreuungskonzepten und Möglichkeiten der Finanzierung. Neben der Limitierung solcher Angebote lassen sich hier auch teils prekäre Zustände feststellen, welche die Entscheidung für einen Auszug erschweren können. Wohnbedingungen und Auszugsentscheidungen von Menschen mit geistiger und komplexer Behinderung hängen also oftmals nicht (nur) von subjektiven Wünschen ab, sondern werden vielmehr von dem alltäglichen Hilfebedarf sowie sozialen und finanziellen Ressourcen bestimmt:

> »Anders als bei Menschen ohne Behinderungserfahrungen ist für die Wahl des Wohnortes von Menschen mit Unterstützungsbedarf häufig nicht der Wunsch des Menschen selbst ausschlaggebend, sondern der scheinbare Umfang des Unterstützungsbedarfes, die Außenperspektive von Familienangehörigen oder die Meinung professioneller Helferinnen« (Schuppener et al., 2021, 282).

Wird der Auszug aus dem Elternhaus als Teil des Prozesses des Erwachsenwerdens verstanden, kann für Menschen, für die der Auszug unter fremdbestimmten Bedingungen initiiert und institutionalisiert begleitet wird, von ›geplanten Erwachsenwerden‹ gesprochen werden. Dies zeigt bereits, dass in Bezug auf das alleine Wohnen für Menschen mit geistiger und komplexer Behinderung behindernde Bedingungen identifiziert werden können, auch in Bezug auf die Dimension des Erwachsenwerdens. Wo sich dennoch Ansatzpunkte, aber auch besondere Herausforderungen und Spannungsfelder finden lassen, soll im Folgenden analysiert werden, indem die zuvor erarbeiteten Aspekte der (1) Entwicklungsaufgabe der Ablösung von den Eltern im Kontext des Auszugsprozesses, (2) die Möglichkeiten einer verselbstständigten Lebensführung in der eigenen Wohnung und der (3) gesellschaftlichen Anerkennung als erwachsene Person durch das Erreichen des normativen Erwachsenenmarkes ›Auszug‹ in diesem Kontext kritisch reflektiert und auf den interessierenden Personenkreis übertragen werden sowie jeweils auf die Möglichkeit, sich selbst als (4) erwachsenes Individuum wahrzunehmen, als querliegende Perspektive verwiesen wird.

3.1 Ablösung und Neugestaltung

Ein zentrales Merkmal des Übergangsprozesses vom Jugend- ins Erwachsenenalter stellt ein »Zuwachs der sozialen, psychischen und ökonomischen Unabhängigkeit von der Herkunftsfamilie« (Konietzka, 2010, 204 f.) und damit einhergehend die Aufgabe der Neugestaltung der Eltern-Kind-Beziehung dar (King, 2010, 14). Die räumliche Trennung, die sich aus einem Auszug ergibt, legt dabei die grundlegenden Voraussetzungen für eine veränderte Beziehungsgestaltung: Einerseits besteht keine durchgehende Möglichkeit des Zugriffs auf die Lebensgestaltung des Kindes mehr, anderseits können aber auch Hilfs- und Unterstützungsleistungen nicht mehr unmittelbar erfolgen. Mit Blick auf den im Vergleich zu einem Durchschnittsalter häufig später erfolgenden Auszug von Menschen mit geistiger und komplexer Behinderung und den Herausforderungen, welche sich aus einer solchen Situation ergeben können, wenn Bezugspersonen beispielsweise altersbedingt, bei Krankheit oder sogar Versterben, nicht mehr in der Lage, die für ihr Kind mit Behinderung notwendige Versorgung und Unterstützung zu leisten (Schuppener et al., 2021, S. 280), fordern Greving und Emmelmann (2019, 16):

> »Wenn deutlich ältere Menschen mit Behinderungen in eine erwachsenengemäße Wohnform einziehen, weil die betagten Eltern sie nicht mehr unterstützen können, sind wesentliche Entwicklungsschritte nicht mehr möglich. Aus diesem Grunde sind wir der festen Überzeugung, dass erwachsene Menschen mit Behinderungen spätestens dann in eine eigene Wohnform wechseln sollten, wenn die Eltern noch ausreichend in der Lage sind, sich selbst auf die neue Situation einzulassen und ihr »Kind« bei diesem Entwicklungsprozess zu unterstützen.«

Sind die volljährigen Kinder lebensbegleitend auf Unterstützung angewiesen, können mit einer solchen räumlichen Veränderung Sorgen und Ängste für alle Beteiligten einhergehen:

- Wie werden Notsituationen bewältigt, wenn die Eltern sich nicht mehr in der unmittelbaren räumlichen Umgebung befinden?
- Kann Fachpersonal die pflegerische oder beratende Betreuung genauso gut leisten wie die Eltern?
- Kann in einer betreuten Wohnform ebenso auf individuelle Bedürfnisse eingegangen werden wie im elterlichen Haushalt, besonders wenn das Erkennen von geäußerten Wünschen für unbekannte Personen nicht immer gelingt?

Daneben verweisen Bernasconi und Böing mit Blick auf im Herkunftshaushalt lebende, erwachsene Menschen mit geistiger und komplexer Behinderung auf eine »über Jahrzehnte gewachsene Bindung zwischen Eltern und Kind und die daraus resultierende Hinauszögerung des Momentes der Ablösung« (2015, 239). Allerdings zeigt King, dass auch unabhängig von spezifischen Bedingungen, welche sich im Kontext von (geistiger und komplexer) Behinderung für familiäre Strukturen ergeben, das Ermöglichen von Ablöseprozessen für Eltern eine nicht immer leicht zu bewältigende Aufgabe darstellt, die auch mit Rückwirkungen auf das eigene Selbst- und Weltkonzept einhergehen kann: indem Bezugspersonen »adoleszente Entwicklungen ermöglichen, befördern sie teilweise auch die Relativierung und Abschaffung ihrer eigenen Weltsicht« (2010, 15). Erforderlich wird also das Zulassen von der eigenen Vorstellung abweichenden, vielleicht auch als negativ oder gefährlich bewerteten Lebensentwürfen, welche sich durch den Auszug aus dem Herkunftshaushalt der elterlichen Kontrolle entziehen. Aus der durch einen Umzug veränderten räumlichen Distanz ergibt sich auch die Aufgabe, die Eltern-Kind-Beziehung »über eine zeitliche und räumliche Distanz neu zu strukturieren« (Emmelmann & Greving, 2019, 18). Der Sorge nach emotionaler Distanzierung und Ablösung, welche für alle Beteiligten mit einem Auszug einhergehen kann, kann allerdings entgegnet werden, dass eine räumliche Distanzierung und verselbstständigtere Lebensführung nicht zwangsläufig mit einer inneren Distanzierung und Loslösung von Eltern oder anderen, primären Bezugspersonen einhergeht (Berngruber, 2016, 520). Ein weniger an Angewiesenheit geht also nicht mit einem mehr an emotionaler Distanz einher – im Gegenteil können beispielsweise Konfliktanlässe abnehmen, sodass »die Eltern-Kind-Beziehung auf Distanz sogar an Intimität gewinnt« (Walper, Lux & Witte, 2018, 124). Ziel sind also »Umgestaltungen, bei denen sowohl Aspekte von Autonomie als auch von Bindung relevant bleiben« (King, 2010, 14) und bei welchen sich für alle Beteiligten auch neue Chancen ergeben können.

Werden die ausgezogenen, erwachsenen Kinder im Alltag von Fachpersonal unterstützt, spielt bei der Um- und Neugestaltung der Eltern-Kind-Beziehung unter Umständen eine weitere Dimension eine Rolle: In die Beziehung zwischen Eltern und Kind sind jetzt pflegerische oder pädagogische Fachkräfte involviert, die gegebenenfalls Aufgaben übernehmen, welche zuvor von Eltern übernommen wurden, eine enge Beziehung zum ausgezogenen Kind aufbauen oder als Vermittler*innen zwischen Eltern und Kindern fungieren können. Ein solcher »Bezugsgruppenwechsel« (Fröhlich, 2012, 9) hat auch Auswirkungen auf Möglichkeiten der Umgestaltung der Eltern-Kind-Beziehung, weshalb Fischer fordert: »Wir müssen den Ablöseprozess im gesamten System der beteiligten Personenkreise betrachten. Es bestehen Abhängigkeiten, hohe Erwartungen und große Unsicherheiten bei allen« (2012, 26). Sie beschreibt die Dynamiken eines solchen Beziehungsgefüges, welches mit einem Auszug in eine betreute Wohnform einhergeht, und stellt dabei die Abhängigkeit der Bewohner*innen von den Eltern, die hohe soziale Abhängigkeit und Aufgabe der Beziehungsgestaltung zwischen Mitarbeiter*innen und Bewohner*innen sowie die gegenseitigen Erwartungen und Abhängigkeiten zwischen Eltern und Mitarbeiter*innen in den Fokus (ebd.). Aus einem Auszug ergeben sich also nicht nur organisatorische und strukturelle Aufgaben, sondern auch emotionale Anforderungen für alle Beteiligten – die ausziehende Person, Eltern oder andere primäre Bezugspersonen und involvierte Fachkräfte (Emmelmann & Greving, 2019, 5). Fischer betont in diesem Zusammenhang, dass der Umgang mit Unsicherheiten und Herausforderungen im Auszugsprozess besser gelingen kann, »wenn Rückhalt und Sicherheit vorhanden sind, um diesen Schritt zu wagen« (2012, 26). Eine solche Sicherheit können pädagogische Konzepte bieten, welche den Auszug aus dem Elternhaus begleiten, wie sie beispielsweise von Fischer (2012) vorgeschlagen werden oder im von Emmelmann und Greving (2019, 13 f.) entwickelten Freiraumkonzept, die als Basis ihrer Überlegungen fordern, »dass jeder Mensch seinen eigenen Lebensweg gehen kann. Ein Auszug aus dem Elternhaus schafft neue Freiräume. Diese Freiräume gilt es zu nutzen«.

Der Auszug in eine betreute Wohnform beeinflusst allerdings nicht nur Ablöse- und Umgestaltungsprozesse der Eltern-Kind-Beziehung, sondern hat auch Einfluss darauf, inwiefern eine als verselbstständigt wahrgenommene Lebensführung möglich wird. Diesem Aspekt soll sich im Folgenden genähert werden.

3.2 Verselbstständigung trotz Betreuung

Wohnen Menschen mit geistiger oder komplexer Behinderung in Einrichtungen der Behindertenhilfe, stehen sie Schallenkammer zufolge »formal unter institutionalisierter Betreuung und damit unter sozialer Kontrolle« (Schallenkammer, 2016, 52) – Entscheidungen und Verantwortlichkeiten, welche die eigene Lebensführung betreffen, entziehen sich also nach dem Auszug gegebenenfalls zwar der elterlichen Supervision, an diese Stelle treten jetzt allerdings Fachkräfte, welche einen, je nach Grad der individuellen Unterstützungsbedürftigkeit und Gestaltung der pädagogischen Arbeit, unterschiedlich großen Einfluss auf die Lebensgestaltung nehmen können. Waldschmidt konstatiert in diesem Zusammenhang mit Blick auf ein »Mehr oder Weniger an Unabhängigkeit, das einem Individuum zugestanden wird« (2012, 23), eine gesellschaftlich bestimmte Abstufung entlang der zugeschriebenen Vernunftfähigkeit, welche darüber bestimmt, welches Maß an autonomer Lebensführung einem Subjekt zuerkannt wird. Der Grad des zuerkannten Vernunftvermögens bestimmt somit den Grad der zugeschriebenen Selbstbestimmungs- und Unabhängigkeitsfähigkeit (ebd., 31). Wie kann also Verselbstständigung gelingen, wenn Aufgaben der Lebensführung anstatt von den Eltern nun von Fachkräften übernommen werden? Und welche Auswirkungen hat dieser Umstand auf die Wahrnehmung einer Person als erwachsene*, wenn mit Blick auf den Auszug gerade diese Dimension zentraler Aspekt für Erwachsenwerden und -sein darstellt?

Werden die »Chancen zur Eigenaktivität und Eigenverantwortung, die zur Erweiterung der Kompetenzen und zur Stärkung des Selbstwertgefühls beitragen, durch vorgehaltene Versorgungssysteme begrenzt« (Seifert, 2006, 379), erscheint in dieser Hinsicht natürlich das Hinterfragen eines in der »hierarchischen Ablauf- und Aufbauorganisation der Anbieter der Behindertenhilfe« (Aselmeier, 2023, 173) etablierten Helfer*innenmodells zentral, in welchem pädagogische Fachkräfte mit dem Motiv der Fürsorglichkeit bevormundende und fremdbestimmende Strukturen etablieren und aufrecht erhalten (Giesinger, 2006, 267). Sowohl paternalistische Entscheidungsübernahme als »wohlwollende Bevormundung« (Jox, 2004, 404) als auch infantilisierende Tendenzen, wie sie in der Arbeit mit Menschen mit geistiger und komplexer Behinderung festgestellt werden können (Trescher, 2017, 259), stellen Praktiken dar, welche mit (unbewussten) Grundannahmen darüber einhergehen, das Gegenüber sei nicht zu verantwortungsvollen Entscheidungen über das eigene Leben fähig, in der eigenen Entwicklung unfertig – nicht erwachsen (Kirchhöfer, 2007, 36). Besonders mit Blick auf institutionalisierende Strukturen muss von stark eingeschränkten Möglichkeiten zur verselbstständigten Lebensführung ausgegangen werden, was sich bereits in der Strukturierung des Wohnalltags entlang eines rationalen, übergeordneten Plans zeigt, welcher sich auf das Leben und die Autonomie der Bewohner*innen regulierend und überwachend auswirkt und keinen Raum für selbstbestimmte Entscheidungen oder eigenverantwortliche Lebensführung lässt (Trescher, 2017, 253). Auch für ambulant betreute Wohnformen kann mit Sicherheit konstatiert werden, dass Fachkräfte aus Fürsorgeverpflichtungen heraus teilweise Tätigkeiten auf Grundlage der Annahme übernehmen, dass die notwendigen Fähigkeiten beim Gegenüber selbst nicht vorhanden sind – die Deutungshoheit darüber, in welchen Bereichen und in welchem Ausmaß eine solche Fürsorgenotwendigkeit besteht, obliegt allerdings in der Regel den professionell Tätigen (Schallenkammer, 2016, 55).

Aus einer Generalisierung von aus Fürsorglichkeit getroffenen pädagogischen Entscheidungen als unmoralisch ergeben sich für die Praxis durchaus auch Schwierigkeiten. Wenn Fürsorge und Betreuung »mit einem zu überwindenden Paternalismus gleichgesetzt und als unerwünschte Fremdbestimmung abgelehnt [werden], eröffnet sich eine pädagogische Praxis, in der unklar bleibt, wie man den Menschen gerecht werden kann, die fortdauernd auf Hilfe angewiesen sein werden« (ebd., 52). Ein Ausweg eröffnet sich nur mit der Erkenntnis, dass Bedürftigkeit und das Angewiesenheit auf Andere keine Merkmale sind, welche erwachsene Menschen mit geistiger und komplexer Behinderung im Besonderen kennzeichnen, sondern vielmehr anthropologisches Attribut aller Menschen (Gröschke, 2008, 247). Möglichkeiten einer selbstständigen und selbstverantwortlichen Lebensführung sind entsprechend immer nur innerhalb eines sozialen Bezugsrahmens zu denken, weshalb das Postulat einer selbstbestimmten, selbstständigen Lebensführung umformuliert werden kann in den Anspruch auf eine Entwicklung, die so unabhängig von äußerer Kontrolle ist, wie gewünscht (Langner, 2017, 17; Schuppener, 2005, 108). Die Forderung nach Möglichkeitsräumen für eine erwachsene Lebensführung wäre also pädagogisch falsch verstanden, wenn diese »in eine Praxis mündet, die einem unhinterfragten Maßstab neoliberaler Leistungsanforderungen folgend den Menschen in seiner Eigenverantwortung sich selbst überlässt« (Seitzer, 2022, 28). Vielmehr konstituiert sich ein erwachsenes Selbstverständnis als das Gefühl, die Kontrolle über das eigene Leben zu erlangen, in Entscheidungen, welche das eigene Leben betreffen, mitgenommen zu werden und das Gefühl zu haben, auf die Entscheidungsfindung – wenn auch nicht alleine – einwirken zu können. Dass das Lebensfeld Wohnen hier besondere Chancen zur Eröffnung solcher Möglichkeitsräume bietet, wird immer wieder betont – so kann der Wohnbereich als »zentrales Element für die Entwicklung der Leitidee Selbstbestimmung angesehen werden« (Schallenkammer, 2016, 40). Mit Blick auf Verselbstständigung als Teil des Erwachsenwerdens muss deshalb »vielmehr eine Sowohl-als-auch-Perspektive eingenommen werden. Dann nämlich schließen sich Begleitung, Hilfe, Austausch, gelegentliche Abhängigkeiten (z. B. von Personen oder Sozialleistungen) und ›Selbständigkeit‹ nicht aus« (Meuth, 2018, 37). Ein Ansatzpunkt zur Realisierung dieses Anspruches findet sich in der auch rechtlich festgelegten Möglichkeit zur Mitbestimmung der eigenen (wohnbezogenen) Hilfeplanung, in welcher subjektive Perspektiven und Wünsche, aber auch Priorisierungen beim Festlegen des benötigten Hilfebedarfs im gleichen Maß Berücksichtigung finden müssen wie die Perspektive pädagogischer Fachkräfte (Greving, 2001, 32). Denn »nur so lässt sich eine gemeinsame Kooperationsbasis herstellen, bei der die Klient*innen bereit sein werden, die Verantwortung für ihren eigenen Hilfeprozess zu übernehmen« (Dobslaw, 2006, 91). Auch hier lassen sich mit Blick auf Menschen mit komplexer Behinderung, von welchen in der Regel angenommen wird, dass ihre »kognitiven Beeinträchtigungen vernunftgeleitete Entscheidungen verhindern« (Fornefeld, 2018, 220), besondere Herausforderungen konstatieren, denn, so Seitzer, »zwischen dem Recht auf eine Fähigkeit und der Fähigkeit, dieses Recht tatsächlich wahrzunehmen, klafft in der Praxis eine Lücke, die sich durch ethische Argumente allein nicht überbrücken lässt« (2022, 8). Allerdings zeigt beispielsweise Niedick für Menschen mit komplexer Behinderung Möglichkeiten auf, wie das Ermitteln wohnbezogener Wünsche und damit das Ermöglichen verselbstständigter Lebensführung auch für diesen Personenkreis gelingen kann (2022, 80–86).

3.3 Anerkennung als erwachsene Person

Mit dem Auszug aus dem Elternhaus sind, wie weiter oben bereits beschrieben, aufgrund der normativen Deutung dieser »zentrale[n] Statusveränderung« (Berngruber & Herz, 2023, 128) für die Lebensführung eines Individuums auch gesellschaftliche Anerkennungsprozesse als Erwachsenem verknüpft. In einer kritischen Auseinandersetzung konstatiert Meuth allerdings, dass der Auszug aus dem Herkunftshaushalt häufig auf die »normativen Orientierungsgrößen der Selbständigkeit, des selbständigen Wohnens oder der Verselbständigung enggeführt ist« (2018, 33) – als normativer Marker für Erwachsenwerden dient der Auszug aus dem Elternhaus also nur dann, wenn dieser als Schritt in Richtung Verselbstständigung aufgefasst wird. Sind Personen also auch nach dem Auszug aus dem Elternhaus auf Unterstützung bei der eigenen (wohnbezogenen) Lebensführung angewiesen, ergibt sich in Bezug auf den Auszug als normativem Marker für den Erwachsenenstatus einer Person eine Relativierung. Ist der konstituierende Aspekt des alleine

Wohnens für die Wahrnehmung als Erwachsenem gerade ein höherer Grad an Verselbstständigung, ergeben sich aus betreuten Wohnformen diese Rückschlüsse nicht, da die eigene Lebensführung als weiterhin von Dritten bestimmt und verantwortet wahrgenomen wird, Individuen sich zwar nicht mehr unter »parental supervision« (Mulder, 2009, 203) befinden, diese Supervision jetzt aber von anderen Personen übernommen wird. Mit Blick auf die Möglichkeit, aufgrund der Wohnsituation als erwachsene Person anerkannt zu werden, ergibt sich für Menschen, welche im Alltag auf Unterstützung und Betreuung angewiesen sind, also ein Dilemma: der Verbleib im Elternhaus auch nach Erreichen eines normativen Auszugsalters stellt eine verbesondernde Situation dar und kann mit dem Aberkennen des Erwachsenenstatus einher gehen (Schuppener et al., 2021, 283), gleichzeitig werden auch betreute Wohnformen nicht als selbständige und selbstverantwortliche, erwachsene Lebensführung anerkannt (Meuth, 2018, 36). Vielmehr ergibt sich eine Diskrepanz zwischen der an der Altersnorm orientierten Unabhängigkeits- und Selbstständigkeitserwartung mit Blick auf die eigene (wohnbezogene) Lebensführung und der feststellbaren Abhängigkeit von unterstützenden Systemen (Mohr, 2008, 73). Wird davon ausgegangen, dass sich die soziale Identität eines Subjekts »als ein relationales Beziehungs- und wechselseitiges Anerkennungsverhältnis« (Schäffter, 2009, S. 176) konstituiert, in welchem das eigene Selbstkonzept immer auch der Bestätigung durch die umgebenden Gesellschaftsmitglieder bedarf, ergibt sich für die Möglichkeit, sich selbst als Erwachsene*r wahrzunehmen, in betreuten Wohnkontexten eine Herausforderung: So wird der eigene Auszug aus dem Elternhaus – in Orientierung an internalisierten Normvorstellungen – von einem Individuum gegebenenfalls als Teil des Erwachsenwerdens verstanden, dieser Umstand wird im gesellschaftlichen Konsens und in daraus resultierenden sowohl pädagogischen Praxen, aber auch institutionellen Strukturen allerdings nicht gespiegelt.

Eine solche Aberkennung des Erwachsenenstatus und damit einhergehend die »Behandlung als Unmündigen, als Kind« (Nothdurft, 2010, 116) benennt Nothdurft mit Bezug zu Margalits Theorie institutioneller Demütigung als »institutionelle Behandlung als Nicht-Mensch« (ebd.). Auch die beiden weiteren von Margalit genannten Dimension – die institutionelle Beraubung der Kontrolle über die eigenen Lebensvollzüge sowie die institutionelle Zurückweisung der Zugehörigkeit zu einer identitätsrelevanten Gruppe – lassen sich in einen Zusammenhang mit der Aberkennung des Erwachsenenstatus betreut wohnender Menschen bringen (ebd.): Wird die Kontrolle über die eigenen Lebensvollzüge gerade als konstituierender Part des Erwachsenseins verstanden, lässt sich in der Beraubung dieser eine institutionelle Demütigung des Erwachsenenstatus konstatieren, und ist die Zugehörigkeit zur Gruppe der Erwachsenen eine für das Subjekt identitätsrelevante Gruppe, stellen paternalistische und infantilisierende Praktiken eine Zurückweisung der Zugehörigkeit zu dieser Gruppe dar. Die Verweigerung der Anerkennung, »dass erwachsene Menschen mit Behinderung aktive Gestalter ihres Lebens sind« (Bernasconi & Böing, 2015, 243) durch institutionalisierende Bedingungen und pädagogische Praxen, lässt sich folglich als institutionelle Demütigung identifizieren. Der Umkehrschluss – das Vermeiden institutioneller Demütigung – geht also mit gesellschaftlichen Anforderungen an Anerkennungsverhältnisse einher, wie dies auch Graumann (2022, 118) anmerkt: »wenn ein Mensch mit komplexen Beeinträchtigungen als soziale Person anerkannt wird, gehen damit konkrete Anerkennungszwänge einher, die beobachtet werden können«. Die Anerkennung als soziale Person muss dabei die Möglichkeit beinhalten, sich mit sozialen Kategorien wie der des Erwachsenseins zu identifizieren und in diesen anerkannt zu werden, und der Bedingungsraum intersubjektiver Anerkennung muss somit auch im Wohnen »als gestaltungsfähiger Ermöglichungsraum konzipiert werden« (Schäffter, 2009, 179). Dieser muss es einerseits ermöglichen, dass das Subjekt sich selbst durch die Rückmeldung seiner Umwelt »davon überzeugen kann, gerechtfertigter Weise als ein Mitglied der von ihm befürworteten Gemeinschaft akzeptiert zu werden« (Honneth, 2018, S. 186). Andererseits müssen Räume eröffnet werden, welche die Erfahrung ermöglichen, Kontrolle über das eigene Leben zu erhalten und als Entscheider*in anerkannt zu werden und somit das Ausbilden eines erwachsenen Selbstverständnisses. Erforderlich ist demnach eine Praxis der Anerkennung des Erwachsenseins auch betreut wohnender Menschen, womit gleichzeitig die Forderung nach dem Durchbrechen des »Machtverhältnis[ses] zwischen den in der Sozialen Arbeit professionell Tätigen und den Adressat_innen dieser Sozialen Arbeit« (Stadel, 2015, 154) einhergeht. Grundlegend werden deshalb die Reflexion professionell Tätiger über eigene Vorstellungen des Erwachsenseins sowie von Selbstbestimmungs- und Verantwortungsfähigkeit, was auch mit Herausforderungen für das eigene professionelle Selbstverständnis einhergehen kann. Außerdem die Veränderung gesamtgesellschaftlicher Vorstellungen darüber, inwiefern eine eigenständige Lebensführung mit dem Erwachsenenstatus verknüpft ist (Schallenkammer, 2016, 52).

4 Theoretische Schlussfolgerungen und praktische Konsequenzen

Die vorherigen Ausführungen haben gezeigt: Wohnen außerhalb des Herkunftshalts kann als ein zentraler normativer und subjektiver Marker für den Übergang ins Erwachsenenalter verstanden werden, gleichzeitig eröffnen sich im alleine Wohnen Möglichkeitsräume, sich selbst als erwachsenes Individuum wahrzunehmen, welches verselbstständigt eigene, wohn- und lebensbezogene Entscheidungen trifft. Ein Auszug aus dem Elternhaus bietet somit auch für Menschen mit geistiger und komplexer Behinderung Möglichkeiten des Erwachsenwerdens und wird gleichzeitig ihrem Erwachsensein gerecht – denn: Erwachsensein und -werden ist kein statisches Merkmal, sondern konstituiert sich in gesellschaftlichen Interaktions- und Anerkennungsprozessen, die verknüpft sind mit internalisierten Vorstellungen einer erwachsenen, verselbstständigten Lebensführung. Daraus lässt sich mit Blick auf erwachsenes Wohnen für Menschen mit geistiger und komplexer Behinderung einerseits die Forderung ableiten, solche Anerkennungsräume zu schaffen, indem tradierte, normative Vorstellungen von alleine und betreutem Wohnen, Erwachsensein, Verselbstständigung oder Menschen mit geistiger und komplexer Behinderung als ›ewige Kinder‹ reflektiert und verändert werden. Gleichzeitig öffnen sich so Räume, die das Erleben einer als erwachsen verstandenen Lebensführung ermöglichen. Als Zielperspektiven könnten also ein kritisches Hinterfragen normativer Vorstellungen einerseits genannt werden bei gleichzeitiger Ermöglichung der Orientierung an dieser Norm andererseits in der Schaffung von Handlungs- und Möglichkeitsräumen für erwachsene Wohnatmosphären denn, so Hasse (2018, 8), »das Ziel eines jeden Menschen, ein glückliches Leben zu führen, drückt sich auch in der Art und Weise seines Wohnens aus. Sache der Ethik ist es aber nicht, das individuelle Streben nach Glück (unbegrenzt) zu fördern, sondern nach Maßstäben für die Regulation eines guten und rücksichtsvollen Miteinander zu suchen«.

Das bedeutet auch, in betreuten Wohnkonzepten durch Interaktions- und Handlungspraktiken eine Atmosphäre zu schaffen, in welcher Individuen sich in der Identifikation als Erwachsene anerkannt und bestätigt wissen. Für wohnbezogene Hilfen lässt sich daraus die Forderung ableiten, einen Raum zu schaffen, in welchem die Wohnenden »das eigene Leben nach der aktuellen Bedürfnislage zum Ausdruck bringen« (Hasse, 2017, 44) können. Im dichotomen Verhältnis von Selbstbestimmung und Fürsorge, dem ›Recht auf Verwahrlosung‹ und der paternalistischen, vorausschauenden Übernahme von Entscheidungen zum Wohl der Bewohner*innen ist hier eine zutrauende Haltung gefragt, denn Chancen um zu Er-wachsen sind immer an Möglichkeitsräume gekoppelt (Stadel, 2015, 169–170).

Literatur

Aselmeier, L. (2023). Auszug aus dem Elternhaus: Wohnformen mit Assistenz oder wohnbezogene Assistenz? In U. Wilken & B. Jeltsch-Schudel (Hrsg.), *Elternarbeit und Behinderung. Partizipation – Kooperation – Inklusion* (2. Auflage) (S. 173–183). Stuttgart: Kohlhammer Verlag.

Bernasconi, T. & Böing, U. (2015). *Pädagogik bei schwerer und mehrfacher Behinderung*. Stuttgart: Kohlhammer Verlag.

Berngruber, A. (2016). Der Auszug aus dem Elternhaus als ein Statusübergang im jungen Erwachsenenalter. In A. Lange, C. Steiner, S. Schutter & H. Reiter (Hrsg.), *Handbuch Kindheits- und Jugendsoziologie* (S. 519–529). Wiesbaden: Springer Fachmedien.

Berngruber, A. & Herz, A. (2023). Verselbstständigung als eine zentrale Herausforderung des Jugendalters Wann im Leben findet was zum ersten Mal statt und inwiefern hat die Corona-Pandemie junge Menschen ausgebremst? *Sozial Extra, 47* (3), 126–131.

Billari, F. C. & Liefbroer, A. C. (2007). Should I Stay or Should I Go? The Impact of Age Norms on Leaving Home. *Demography, 44* (1), 181–198.

Brachmann, A. (2011). *Re-Institutionalisierung statt De-Institutionalisierung im System der Behindertenhilfe. Neubestimmung der Funktion von Wohneinrichtungen für erwachsene Menschen mit geistiger Behinderung aus sonderpädagogischer Perspektive*. Wiesbaden: VS Verl. für Sozialwissenschaften.

Dobslaw, G. (2006). Individuelle Hilfeplanung in der Behindertenhilfe als Voraussetzung für Inklusion – praxisbezogene Überlegungen. In K. Hennicke (Hrsg.), *Psychologie und geistige Behinderung*. Dokumentatioin der Fachtagung der DGSGB vom 29.9.-1.10.2005 in der Pädagogischen Hochschule Heidelberg (S. 87–95). Berlin: DGSGB.

Emmelmann, I. & Greving, H. (2019). *Erwachsene Menschen mit geistiger Behinderung und ihre Eltern. Vom Ablösekonzept zum Freiraumkonzept*. Stuttgart: Verlag W. Kohlhammer.

Fischer, U. (2012). Prozesse des Erwachsenwerdens und der Ablösung bei Menschen mit schweren und mehrfachen Behinderungen. In N. J. Maier-Michalitsch & G. Grunick (Hrsg.), *Leben pur – Wohnen. Erwachsen werden und die Zukunft gestalten mit schwerer Behinderung* (S. 16–30). Düsseldorf: verlag selbstbestimmtes leben.

Fornefeld, B. (2018). Miteinander Teilhabe gestalten. Erwachsene mit schwerer und mehrfacher Behinderung teilen mit uns Kultur und gestalten sie. In: W. Lamers (Hrsg.), *Teilhabe von Menschen mit schwerer und mehrfacher Behinderung an Alltag, Arbeit, Kultur* (Impulse, Band 3) (S. 219–231). Oberhausen: ATHENA.

Fröhlich, A. (2012). Übergange und Grenzen. Gedanken zum Erwachsenwerden von Menschen (mit schweren und mehrfachen Behinderung). In N. J. Maier-Michalitsch & G. Grunick (Hrsg.), *Leben pur – Wohnen. Erwachsen werden und die Zukunft gestalten mit schwerer Behinderung* (S. 9–15). Düsseldorf: verlag selbstbestimmtes leben.

Giesinger, J. (2006). Paternalismus und Erziehung. Zur Rechtfertigung pädagogischer Eingriffe. *Zeitschrift für Pädagogik, 52* (2), 265–284.

Graumann, S. (2022). Eine anerkennungstheoretische Grundlegung für die Forschugn mit Menschen mit vielfältigen Beeinträchtigungen. In K. Tiesmeyer & F. Koch (Hrsg.), *Wohnwunschermittlung bei Menschen mit Komplexer Behinderung* (S. 111–119). Stuttgart: Kohlhammer.

Greving, H. (2001). Professionalisierte Interaktionen in der Heilpädagogik – Bedingungen und Bedingtheiten. In: Deutsche Heilpädagogische Gesellschaft e.V. (DHG) (Hrsg.), *Hilfe nach Maß ?! Hilfebedarf. Individuelle Hilfeplanung. Assistenz. Persönliches Budget*. (S. 29–34). Verfügbar unter: https://dhg-kontakt.de/wp-content/uploads/2015/12/DHG-Schrift-6.pdf. Zugriff am: 16.10.23.

Gröschke, D. (2008). *Heilpädagogisches Handeln. Eine Pragmatik der Heilpädagogik*. Bad Heilbrunn: Verlag Julius Klinkhardt.

Groß, P. (2014). Wohnen. In E. Fischer (Hrsg.), *Heilpädagogische Handlungsfelder. Grundwissen für die Praxis* (S. 206–229). Stuttgart: Verlag W. Kohlhammer.

Hasse, J. (2009). *Unbedachtes Wohnen. Lebensformen an verdeckten Rändern der Gesellschaft*. Bielefeld: transcript Verlag.

Hasse, J. (2017). Wege der Wohn-Forschung – Leben an Orten. In M. Meuth (Hrsg.), *Wohn-Räume und pädagogische Orte. Erziehungswissenschaftliche Zugänge zum Wohnen* (S. 37–58). Wiesbaden: Springer.

Hasse, J. (2018). Was bedeutet es, zu wohnen? Essay. *Aus Politik und Zeitgeschichte*, 4–8. Verfügbar unter: https://www.bpb.de/shop/zeitschriften/apuz/228664/alle-apuz-jahrgaenge-auf-einen-blick/. Zugriff am: 07.10.23.

Honneth, A. (2018). *Anerkennung. Eine europäische Ideengeschichte*. Berlin: Suhrkamp.

Jox, R. J. (2004). Bewusstlos, aber autonom? Ethische Analyse stellvertretender Entscheidungen für einwilligungsunfähige Patienten. *Ethik in der Medizin, 16* (4), 401–414.

Keeley, C. (2018). Teilhabe durch Bildung – Bildung durch Teilhabe: Zugangsmöglichkeiten zur Erwachsenenbildung für Menschen mit Komplexer Behinderung. *Zeitschrift für Erwachsenenbildung und Behinderung, 30* (1), 18–29.

King, V. (2010). Adoleszenz und Ablösung im Generationenverhältnis: theoretische Perspektiven und zeitdiagnostische Anmerkungen. *Diskurs Kindheits- und Jugendforschung, 5* (1), 9–20.

Kirchhöfer, D. (2007). Neue Lernkultur und Infantilisierung. In G. Steffens (Hrsg.), *Infantilisierung des Lernens? Neue Lernkulturen – ein Streitfall* (S. 17–42). Frankfurt am Main: Lang.

Knabe, J. (2019). Wohnen und Wohnungspolitik als sozialraumbezogenes Handlungsfeld. In F. Kessl & C. Reutlinger (Hrsg.), *Handbuch Sozialraum. Grundlagen für den Bildungs- und Sozialbereich* (S. 635–658). Wiesbaden: Vieweg.

Konietzka, D. (2010). *Zeiten des Übergangs. Sozialer Wandel des Übergangs in das Erwachsenenalter*. Wiesbaden: VS Verl. für Sozialwissenschaften.

Konietzka, D. & Tatjes, A. (2016). Der Auszug aus dem Elternhaus. In Y. Niephaus, M. Kreyenfeld & R. Sackmann (Hrsg.), *Handbuch Bevölkerungssoziologie* (S. 201–225). Wiesbaden: Springer Fachmedien Wiesbaden.

Langner, A. (2017). Assistenz – unter der Bedingung schwerster Behinderung. In: K. Ziemen (Hrsg.), *Lexikon Inklusion* (S. 16–18). Göttingen: Vandenhoeck & Ruprecht.

Meuth, M. (2017). Theoretische Perspektiven auf Wohnen: Ein mehrdimensionales Wohnverständnis in erziehungswissenschaftlicher Absicht. In M. Meuth (Hrsg.), *Wohn-Räume und pädagogische Orte. Erziehungswissenschaftliche Zugänge zum Wohnen* (S. 97–122). Wiesbaden: Springer Fachmedien Wiesbaden.

Meuth, M. (2018). *Wohnen. Erziehungswissenschaftliche Erkundungen*. Weinheim: Beltz.

Mohr, K. (2008). Beziehungsprozesse zwischen Erwachsenen mit schwerer geistiger Behinderung und ihren Begleitpersonen. Theoretische und empirische Analysen. Verfügbar unter: http://doc.rero.ch/record/20968. Zugriff am: 17.09.23.

Mulder, C. H. (2009). Leaving the parental home in young adulthood. In A. Furlong (Ed.), *Handbook of youth and young adulthood. New perspectives and agendas* (S. 203–210). London: Routledge.

Niediek, I. (2022). Zugänge zur Lebenswelt von Menschen mit komplexem Unterstützungsbedarf jenseits von Verbalsprache. In K. Tiesmeyer & F. Koch (Hrsg.), *Wohnwunschermittlung bei Menschen mit Komplexer Behinderung* (S. 76–89). Stuttgart: Kohlhammer.

Nothdurft, W. (2010). Anerkennung. In J. Straub, A. Weidemann & D. Weidemann (Hrsg.), *Handbuch interkulturelle Kommunikation und Kompetenz. Grundbegriffe – Theorien – Anwendungsfelder* (S. 110–122). Stuttgart: Metzler.

Quenzel, G. & Hurrelmann, K. (2022). *Lebensphase Jugend. Eine Einführung in die sozialwissenschaftliche Jugendforschung* (14. Auflage). Weinheim: Juventa Verlag.

Schäffter, O. (2009). Die Theorie der Anerkennung – ihre Bedeutung für pädagogische Professionalität. In: A. Mörchen & M. Tolksdorf (Hrsg.), *Lernort Gemeinde. Ein neues Format der Erwachsenenbildung* (S. 171–182). Bielefeld: Bertelsmann.

Schallenkammer, N. (2016). *Autonome Lebenspraxis im Kontext Betreutes Wohnen und Geistige Behinderung. Ein Beitrag zum Professionalisierungs- und Selbstbestimmungsdiskurs*. Weinheim: Beltz.

Schrooten, K. & Tiesmeyer, K. (2022). Wohnen für Menschen mit Komplexer Behinderung. In K. Tiesmeyer & F. Koch (Hrsg.), *Wohnwunschermittlung bei Menschen mit Komplexer Behinderung* (S. 120–137). Stuttgart: Kohlhammer.

Schuppener, S. (2005). *Selbstkonzept und Kreativität von Menschen mit geistiger Behinderung* (Klinkhardt Forschung). Bad Heilbrunn: Klinkhardt.

Schuppener, S., Schlichting, H., Hauser, M. & Goldbach, A. (2021). *Pädagogik bei zugeschriebener geistiger Behinderung*. Stuttgart: W. Kohlhammer Verlag.

Seifert, M. (2006). Pädagogik im Bereich des Wohnens. In E. Wüllenweber, G. Theunissen & H. Mühl (Hrsg.), *Pädagogik bei geistigen Behinderungen. Ein Handbuch für Studium und Praxis* (S. 376–393). Stuttgart: Verlag W. Kohlhammer.

Seitzer, P. (2022). Geistige Behinderung und Entscheidungsfähigkeit. *Behindertenpädagogik*, 61 (1), 5–30.

Stadel, W. (2015). Inklusion als Enthinderung: Sozialräumliche Deutungsmuster von Erwachsenen mit geistiger Behinderung als Normalitätsrahmen. In: M. Alisch & M. May (Hrsg.), *»Das ist doch nicht normal ...!« Sozialraumentwicklung, Inklusion und Konstruktionen von Normalität* (S. 153–174). Opladen: Verlag Barbara Budrich.

Tiesmeyer, K. & Koch, F. (2022) *Wohnwunschermittlung bei Menschen mit Komplexer Behinderung*. Stuttgart: Kohlhammer.

Trescher, H. (2017). Zur bürokratischen Überformung der Subjekte. Wohnen in der stationären Alten- und Behindertenhilfe. In M. Meuth (Hrsg.), *Wohn-Räume und pädagogische Orte. Erziehungswissenschaftliche Zugänge zum Wohnen* (S. 245–266). Wiesbaden: Springer Fachmedien Wiesbaden.

Walper, S., Lux, U. & Witte, S. (2018). Sozialbeziehungen zur Herkunftsfamilie. In: A. Lohaus (Hrsg.), *Entwicklungspsychologie des Jugendalters* (S. 113–137). Berlin: Springer.

Weishaupt, E., Bössing, C. & Thiesmeyer, K. (2022). Ermittlung und Umsetzung von Wohnwünschen von Menschen mit Behinderung und hohem Unterstützungsbedarf – Einblicke in die Praxis. In K. Tiesmeyer & F. Koch (Hrsg.), *Wohnwunschermittlung bei Menschen mit Komplexer Behinderung* (S. 43–56). Stuttgart: Kohlhammer.

(Inklusive) Erwachsenenbildung

Caren Keeley

> »Erwachsenenbildung/Weiterbildung zielt darauf ab, Erwachsene bei der Aneignung von für sie relevanten Inhalten und Themen zu unterstützen und dafür geeignete Wege zu finden« (von Hippel, Kulmus & Stimm, 2018, 9).

Aus dieser Definition heraus lassen sich bereits die wesentlichen Diskursanteile ableiten, die sich auch als Grundfragen einer (inklusiven) Didaktik der Erwachsenenbildung beschreiben lassen:

- Wie eignen sich (junge) Erwachsene (mit geistiger und komplexer Behinderung) Bildungsinhalte an?
- Was sind (individuell) relevante Inhalte und Themen von und für Erwachsene (mit geistiger und komplexer Behinderung)?
- Was sind geeignete Wege zur Unterstützung von Aneignungsprozessen? Wie kann eine individuelle Unterstützung gestaltet werden?
- Welche (professionellen, strukturellen und institutionellen) Rahmenbedingungen sind notwendig?

Die allgemeine Erwachsenenbildung stellt eine eigenständige (wissenschaftliche) Disziplin dar, die in den letzten Jahrzehnten verschiedene theoretische, didaktische und konzeptionelle Entwicklungen hervorgebracht hat und dadurch in einem breiten Diskurs den abgebildeten Fragen begegnet (u. a. Heimlich & Behr, 2018; Babilon, 2018). In diesem Diskurs sind allerdings Menschen mit geistiger und komplexer Behinderung in der Regel noch nicht oder nur unzureichend berücksichtigt. Im Kontext einer inklusiven Erwachsenenbildung lassen sich allerdings erste Bestrebungen identifizieren, Zugänge zu einer Erwachsenenbildung für alle zu entwickeln, wobei diese noch ausgeweitet und in den allgemeinen Diskurs implementiert werden müssen.

1 Zum Desiderat

Das Recht auf Bildung ist ein zentrales (Menschen-)Recht, was mit der Ratifizierung der UN-Behindertenrechtskonvention (BRK) nochmals in seiner Bedeutung für eine ermöglichende Teilhabe konkretisiert und gestärkt wurde. Im schulischen Kontext wird diesem Recht bereits in Teilen Folge geleistet: Neben der Beschulung von Kindern und Jugendlichen mit geistiger und komplexer Behinderung in Förderschulen mit verschiedenen sonderpädagogischen Schwerpunkten findet zunehmend eine Beschulung im Rahmen des Gemeinsamen Lernens statt, der dann eine förderschwerpunktspezifische, didaktisch-methodische Rahmung zugrunde liegt.

Für außer- und vor allem nachschulische Lebenswelten gilt dies nicht. Auch wenn sich in den letzten Jahren zunehmend inklusive (Bildungs-)Angebote im Kontext der Volkshochschulen (Ackermann, 2019) etablieren, berufliche Bildung als Rehabilitationsangebot durch die Agentur für Arbeit als nachschulische Maßnahme für viele Menschen mit geistiger Behinderung den Einstieg in die Teilhabe am Arbeitsleben (mehrheitlich in der WfbM) ermöglichen kann und auch Träger der Eingliederungshilfe ein breites Angebot an Lernerfahrungen für Erwachsene mit geistiger und komplexer Behinderung vorhalten[1], mangelt es grundlegend an didaktischen Überlegungen für eine inklusive Erwachsenenbildung und dementsprechend für eine Erwachsenenbildung, die auch die Bedarfe und Bedürfnisse von Menschen mit geistiger und komplexer Behinderung berücksichtigt bzw. in den Mittelpunkt der Überlegungen stellt. So konstatiert Babilon (2018), dass sich »in der Aufarbeitung des theoretischen Diskurses und der praktischen Realisierung inklusiver Erwachsenenbildung zeigt (...), dass das Erwachsenenbildungsangebot für diese Menschen und die Möglichkeiten der Teilhabe am allgemeinen Erwachsenenbildungssystem in Deutschland eingeschränkt sind. Umfassende Praxismodelle inklusiver Erwachsenenbildung sind erst in Ansätzen vorhanden, auch die Rahmenbedingungen gelingender inklusiver Erwachsenenbildung wurden kaum systematisch aufgearbeitet« (ebd., o. S.). Mit dem Blick auf die Praxis der Erwachsenenbildung stellt Lauber-Pohle (2019, 15) fest, dass Menschen mit (geistiger und komplexer) Behinderung »in der Planung von Veranstaltungen der allgemeinen Erwachsenenbildung nicht oder kaum thematisiert« werden und dass, obwohl sie sowohl eine eigenständige Zielgruppe als auch eine wachsende Gruppe innerhalb anderer Zielgruppen darstellen (ebd., 15).

Neben dieser ›Missachtung‹ durch Vertreter*innen und Anbietende der allgemeinen Erwachsenenbildung zeigt sich noch ein weiteres Dilemma, welches Burtscher et al. (2013) beschreiben: »Die Behindertenpädagogik befindet sich im Rahmen einer inklusiven Pädagogik in einem intensiven Diskussionsprozess, wie die Teilhabe an Bildung von Menschen mit Behinderungen gewährleistet werden kann. Ihr Problem ist die Fixierung auf schulische Bildungsprozesse (...)« (Burtscher, Ditschek, Ackermann, Kil & Kronauer, 2013, 12). So kann insgesamt festgehalten werden, dass »sich für Deutschland ein Forschungsdesiderat bezüglich der Theorie und Praxis einer gleichberechtigten Teilhabe von Menschen mit Lernschwierigkeiten an allgemeiner Erwachsenenbildung feststellen [lässt]. Es mangelt an wissenschaftlicher Literatur und empirischen Arbeiten, Erfahrungen zur praktischen Umsetzung, einer Systematisierung notwendiger Realisierungsbedingungen sowie konkreten Praxisempfehlungen und Handlungsleitlinien, die die Implementierung,

---

1 Einen Überblick über die historischen Entwicklungslinien einer inklusiven Erwachsenenbildung und einen Einblick in die aktuelle (institutionsbezogene) Situation geben beispielsweise Heimlich & Behr (2018) und Babilon (2018).

Gestaltung und Umsetzung inklusiver Strukturen gezielt unterstützen« (Babilon, 2018, 8).

Umso notwendiger ist es, die Diskurse und Entwicklungen einer inklusiven Erwachsenenbildung öffentlicher zu etablieren und (konkrete) Zugänge und Teilhabemöglichkeiten auch in diesem Feld gesellschaftlichen Lebens zu ermöglichen und zu erweitern.

2 Überlegungen zu einem nicht-ausschließenden Verständnis von (Erwachsenen-)Bildung

2.1 Zum Bildungsbegriff

Vorab ist festzuhalten, dass das Verständnis von Bildung davon abhängig ist, aus welcher wissenschaftstheoretischen Perspektive das Verhältnis des Menschen zur Welt betrachtet wird, weshalb eine allgemein gültige Definition nicht möglich ist (vgl. Bernasconi, 2022).

Den folgenden Ausführungen liegt ein Bildungsverständnis zugrunde, welches sich insgesamt an den bildungstheoretischen Überlegungen von Wolfgang Klafki orientiert. Dieser spricht von Bildung als doppelseitiger Erschließung und beschreibt Bildung als »jenes Phänomen, an dem wir – im eigenen Erleben oder im Verstehen anderer Menschen – unmittelbar der Einheit eines objektiven (materialen) und eines subjektiven (formalen) Momentes innewerden. (…) Bildung ist Erschlossensein einer dinglichen und geistigen Wirklichkeit für einen Menschen – das ist der objektive oder materiale Aspekt; aber das heißt zugleich: Erschlossensein dieses Menschen für diese seine Wirklichkeit – das ist der subjektive oder formale Aspekt zugleich im funktionalen wie im methodischen Sinne« (Klafki, 1972, 43).

Für die Gestaltung von Bildungsangeboten bedeutet dies, dass Inhalte so aufbereitet werden müssen, dass alle Lernenden individuell mögliche Zugangs- und Aneignungsmöglichkeiten nutzen können. Die Form der Aneignung bzw. der Lernweg entscheidet hierbei mit darüber, inwiefern der jeweilige Inhalt für einen Menschen bedeutsam wird und wie dieser sich dabei selbst verändert und entwickelt, »was bedeutet, dass Bildungsangebote immer auch entwicklungsorientiert sein müssen und die individuelle Entwicklung bei der Gestaltung von Angeboten (auch im Erwachsenenalter) berücksichtigt werden muss« (Keeley, 2023, 250).

Der Bildungsvorgang zeigt sich so als eine nicht abzuschließende (Selbst-)Entwicklung, die immer im Kontext der jeweiligen Umwelt erfolgt (vgl. Heinen & Lamers, 2011) bzw. durch die Auseinandersetzung mit ihr stattfindet. Ackermann (2010) beschreibt Bildung daher auch als einen »Vorgang im Menschen«, als eine »Tätigkeit des sich-seiner-selbst-und-der-Welt-inne-werdens« (ebd., 233), die vor allem mittels einer aktiven Aneignung in dafür geschaffenen Ausnahmesituationen und der Interaktion mit Anderem und Anderen vollzogen wird. Zu diesem Schluss kommen auch Heinen und Lamers (2011), die herausstellen: »Bildung ist zwar im Kern ›Selbst-Bildung‹, erfordert aber immer ein Gegenüber, eine Begegnung mit Gegenständen und Inhalten, die außerhalb des Subjekts liegen, d. h. Bildung ist auf menschliche Gemeinschaft, zwischenmenschliche Begegnung, gemeinsame Tätigkeit und Kommunikation angewiesen« (ebd., 325). Menschen bilden sich durch Begegnung mit anderen und Anderem, das heißt, Bildung findet durch soziale und kulturelle Teilhabe statt (vgl. Fornefeld, 2012). Demnach ist Bildung eine unverzichtbare Voraussetzung von Teilhabe, und Teilhabe ist die unverzichtbare Voraussetzung von Bildung (Keeley, 2018b).

Auf der Grundlage dieser Überlegungen kann nun auch ein lebenslanges Lernen gedacht und gestaltet werden, denn das Verhältnis des Selbst zur Welt ist ein relationales, welches subjektbezogen immer wieder neu ausgehandelt werden muss, wozu immer auch begleitende Bildungsprozesse gehören. Dies gilt für alle Menschen, unabhängig von Grad und Schwere einer Beeinträchtigung. Für ein nichtausschließendes Bildungsverständnis und auch für eine inklusive Erwachsenenbildung ist es zwingend notwendig, an der allgemeinen Didaktik anzuknüpfen und keine ›Sonderdidaktik‹ zu etablieren, sondern eine Bildung und Didaktik für alle als Zielperspektive ernst zu nehmen. So ist beispielsweise die so genannte Bildung mit ForMat, die von Heinen und Lamers (2006, 2011) in Anlehnung an Klafkis bildungstheoretische Didaktik entwickelt wurde, als Beitrag zu verstehen, allgemeine didaktische Überlegungen mit den spezifischen Bedarfen von Menschen mit geistiger und komplexer Behinderung in Einklang zu bringen bzw. einen Beitrag zu leisten, wie eine Bildung für alle zu gestalten ist. »Bei Bildung mit ForMat ergeben sich Bildungsinhalte durch die Orientierung an fundamentalen Ideen, aus der Orientierung an der (individuellen) Lebenswelt und den Möglichkeiten einer didaktischen Realisierung« (Keeley, 2018a, 120). Heinen und Lamers (2006) nutzen dazu das Konzept der Elementarisierung, welches als Abstimmungsprozess zwischen dem Kerngehalt des Bildungsinhalts und den individuellen Voraussetzungen der Lernenden verstanden werden kann und somit die Beziehung von (materialem) Lerninhalt und der Bedeutung für die Lernenden konkretisiert. Auch wenn diese Überlegungen für den schulischen Kontext entwickelt wurden, können sie ebenfalls als Grundprinzipien eines nichts-ausschließenden Bildungsverständnisses im Kontext von Erwachsenenbildung verstanden werden.

2.2   Erwachsenenbildung für alle

Den Überlegungen zu einer Bildung für alle ist als wesentlicher Aspekt die (menschen-)rechtliche Komponente hinzuzufügen, die im Sinne einer Bildung über alle Lebensphasen hinweg das Recht auf lebenslanges Lernen sicherstellt. Mit dem Artikel 24 hat die UN-Behindertenrechtskonvention das Recht auf Bildung für alle Menschen festgelegt und damit für alle Staaten, die diese ratifiziert haben, die Verpflichtung formuliert, »ein einbeziehendes (inklusives) Bildungssystem auf allen Ebenen und lebenslanges Lernen [zu gewährleisten; CK]. Dabei ist sicherzustellen, dass behinderte Menschen nicht aufgrund einer Behinderung vom allgemeinen Bildungssystem ausgeschlossen werden. (…) Ebenso soll der Zugang zur allgemeinen Hochschulbildung, Berufsausbildung, Erwachsenenbildung und zu lebenslangem Lernen gleichberechtigt mit anderen gewährleistet werden« (BGBL 2008, 1484). Gestützt durch diese (menschen-)rechtliche Vorgabe müssen dementsprechend Möglichkeiten zum lebenslangen Lernen entwickelt und u. a. durch Angebote der Erwachsenenbildung bereitgestellt werden.

Bei der Frage nach der Umsetzung ist der Aspekt der Zugänglichkeit von übergeordneter Bedeutung, dem sich zunächst über die Auseinandersetzung mit dem Angebotscharakter genähert werden soll. Erwachsenenbildung, verstanden als Unterstützung zur Selbst-Bildung, kann nur einen Möglichkeitsraum bieten, der vom Individuum entsprechend seiner Bedürfnisse, resultierend aus der jeweils spezifischen lebensweltlichen Situation, genutzt werden kann. Im Kontext der allgemeinen Erwachsenenbildung hat sich unter dieser Perspektive die so genannte Ermöglichungsdidaktik entwickelt: »Statt instruktionistischer und lehrzentrierter Belehrung geht es, bezogen auf das didaktische Arrangement, um Ermöglichung des Lernens, da Wissen nicht erzeugt, sondern seine Aneignung nur ermöglicht werden kann (vgl. Arnold & Gómez Tutor, 2007). Der Begriff der ›Ermöglichungsdidaktik‹ (Arnold & Gómez Tutor, 2007; Arnold & Schüßler, 2003; Siebert, 2003b) hat daher weite Verbreitung und Akzeptanz gefunden und versucht, dem Eigensinn der Lernenden Rechnung zu tragen und eine der Lehre immer unterstellte ›Fremdbestimmung‹ so weit wie möglich zurückzufahren« (von Hippel, Kulmus & Stimm, 2018, 64).

Für alle Überlegungen zu einer (inklusiven) Erwachsenenbildung scheint die Unterscheidung in institutionelle (beispielsweise durch Kursangebote der Volkshochschule oder Angebote der beruflichen Bildung) und informelle (z. B. das Erlernen hauswirtschaftlicher Tätigkeiten durch Mitwirkung bei der Essensvorbereitung oder digitale Bildungsmöglichkeiten durch gemeinsame Nutzung von Videotelefonie, o. Ä.) Bildungsangebote wichtig zu sein, die gleichermaßen zur Verfügung gestellt werden müssen. Schäffter (2000, o. S.) spricht bei Letzterem von »alltagsdidaktischen Institutionalisierungen, wie selbstgesteuertes Lernen in der Familie, am Arbeitsplatz, in Nachbarschaft und Freundschaftsbeziehungen, in Vereinen, in geselliger Runde oder in Initiativgruppen, aber auch im Rahmen individueller ›Lernprojekte‹« und weist implizit auf eine der großen Herausforderungen in Angeboten der Erwachsenenbildung auch für Menschen mit geistiger und komplexer Behinderung hin, den Prozess der Selbststeuerung. Aufgrund des lebenslangen Angewiesenseins auf Unterstützungentsteht auch im Kontext von (informellen) Bildungsangeboten die Notwendigkeit, diese »von außen gesteuert« zugänglich zu machen, also ganz konkret Angebote zu gestalten, die als Möglichkeitsraum erprobt und dann entsprechend der individuellen Bedürfnisse genutzt oder abgelehnt werden können. Das Moment der Freiwilligkeit, und hier vielleicht sogar explizit das Wunsch- und Wahlrecht der einzelnen Person muss immer das übergeordnete Paradigma der Erwachsenenbildung sein (siehe auch 3.2 und 4.4).

2.3 Didaktische Perspektiven der (allgemeinen) Erwachsenenbildung

Für die Didaktik und die konkrete Gestaltung der Bildungsangebote ergeben sich spezifische Anforderungen. Schäffter (2000, o. S.) konkretisiert diese wie folgt:

> »Man wird mit der Schwierigkeit konfrontiert, wie sich Lebensereignisse in Lernanlässe umformulieren lassen, ohne dass dies als bevormundende Lernzumutung erlebt werden muss. Als angemessene Antwort auf das Dilemma können Bemühungen um eine ›kommunikative Didaktik‹ gelten: Sinn und Zweck des pädagogischen Kontextes bestehen nun darin, zur Klärung beizutragen, *ob* überhaupt gelernt werden soll und, wenn tatsächlich, *was* es zu lernen gibt und *auf welche Weise* dies geschehen könnte. Die *Entscheidung zwischen Lernen oder Nichtlernen* wird dabei selbst wiederum als reflexiver Lernprozess erkennbar, den es ebenfalls pädagogisch zu fördern gilt. Nur dann lässt sich erfahren, was es (möglicherweise) alles zu lernen gibt. Zur Klärung der vorhandenen Optionen und zur konkreten Entscheidungsfindung setzt dies ein möglichst breites Angebot irritierender Lernzumutungen voraus« (Ebd.; Heraushebungen im Original)[2].

Schäffter (2000) hat seine Überlegungen nicht auf Menschen mit (geistiger und komplexer) Behinderung bezogen, sondern vielmehr ein allgemeines erwachsenenpädagogisches Problem beschrieben, dass zu einem Grundsätzlichen wird, wenn es in Kontexte der Pädagogik bei geistiger Behinderung übertragen wird: Wer entscheidet über Angebote, wer wählt Lerninhalte aus? Wer definiert Erfordernisse und so auch (Lern-)Bedarfe? Wie könnten in diesem Sinne ›irritierende Lernzumutungen‹ identifiziert werden? Dies kann im Rahmen einer ernst gemeinten Erwachsenenbildung nur als gemeinsamer Prozess zwischen Individuum und Unterstützer*innen geschehen und erfordert ein höchstmögliches Maß an Reflexivität und Sensibilität seitens der begleitenden Person. Das beschriebene Aufeinander-Angewiesensein in didaktischen Kontexten bzw. die Notwendigkeit, Auswahl- und Gestaltungsprozess zu reflektieren und sie gemeinsam zu gestalten, lässt sich grundsätzlich auf alle Lernprozesse transferieren, denn »didaktische Analyse und didaktische Reduktion sind immer ein Akt der Selektion und damit ein Akt der Machtausübung. Es muss mit der Lerngruppe jeweils thematisiert werden, dass die Lernarrangements, die vom Verantwortlichen für eine Unterrichtssequenz getroffen wurden, Angebote sind, Möglichkeiten, sich mit dem Thema auseinanderzusetzen« (Furrer, 2013, 202). Dieser Aspekt des Möglichkeits- und Entscheidungsspielraums muss in allen Bildungskontexten mitgedacht werden und aus den beschriebenen Anforderungen heraus muss didaktisches Handeln eher als »pädagogische Entwicklungsbegleitung« (Schäffter, 2000, o. S.) betrachtet werden, welche Lernenden die Möglichkeit gibt, in ihrem sozialen Umfeld Lernanlässe zu entdecken und Lernbedürfnisse zu entwickeln und in diesem Sinne dann selbstgesteuerte Lernentscheidungen zu treffen. Einen möglichen Zugang stellt die erwähnte Ermöglichungsdidaktik (Arnold, 2003) dar, in der der individuelle Lernprozess im Fokus steht. Hier werden Lernziele gemeinsam festgelegt und die Gestaltung orientiert

---

2 Stommel (2023) greift diese Überlegungen auf und entwickelt in ihrer bildungsphilosophischen Studie einen Zugang explizit auch für Menschen mit komplexer Behinderung, in dem sie das Phänomen des Staunens als Ausgangspunkt weiterer Bildungsprozesse setzt (vgl. dazu Stommel 2023 a, 2023 b).

sich an den Potentialen der Person. Grundannahme ist dabei, dass Lernen nur dann erfolgreich ist, »wenn es dem Lernenden gelingt, einen Bezug zwischen seinen individuellen Voraussetzungen sowie seinem vorhandenen Wissen und den Lerninhalten herzustellen, um dies dann auf die realen Lebenssituationen anwenden zu können. Insofern können Lernprozesse nicht wirklich von Lehrenden geplant werden. Aufgabe des Lehrenden ist es, die Lernumgebung so zu gestalten, dass Lernen ermöglicht und angeregt sowie selbstgesteuerte Lernprozesse unterstützt werden« (Galle-Bammes, 2012, 227). Mit diesem Primat der Subjektbezogenheit stellt sich die Frage, ob es überhaupt möglich ist, Bildungsangebote systematisiert, strukturiert und ggf. institutionell anzubieten, wie es im Kontext der Erwachsenenbildung häufig der Fall ist. Wenn sich die Lernanlässe im Kontext eines lebenslangen Lernens in erster Linie an den individuellen Lernbedürfnissen und damit lebensweltlichen Erfahrungen orientieren und in einem gemeinsamen Prozess ggf. auch erst entwickelt oder entdeckt werden müssen, wie lässt sich dann ein Rahmen schaffen, der potentielle Inhalte anbietet und damit institutionalisierte Möglichkeitsräume gestaltet?

2.4 Funktionen und Inhalte der Erwachsenenbildung (bei Menschen mit geistiger und komplexer Behinderung)

Als übergeordneter Rahmen für mögliche Funktionen der Erwachsenenbildung können die von der UNESCO als vier Säulen bezeichneten Elemente eines lebenslangen Lernens bezeichnet werden: »Learning to know, Learning to do, Learning to live together, Learning to be« (Inclusion Europe, 2006, 4). Durch die Möglichkeit der Erweiterung des Wissens, der eigenen Handlungsmöglichkeiten, des gemeinsamen (sozialen, gesellschaftlichen) Seins und des individuellen Auslebens eigener Interessen wird eine breite Zielperspektive der Erwachsenenbildung aufgezeigt, die sowohl personenbezogene als auch sozial-gesellschaftliche Aspekte berücksichtigt. Mit Bezug zu Menschen mit geistiger und komplexer Behinderung formuliert Theunissen (2003, 62 ff.) fünf Funktionsbereiche, die diese allgemeinen Zielperspektiven konkreter differenzieren:

1. Emanzipatorische Funktion
   Hierunter wird nach Theunissen (2003, 62) das »Überwinden von Verhältnissen, die die Verwirklichung des vollen Menschseins beeinträchtigen bzw. verhindern« verstanden. Erwachsenenbildung kann diesen Prozess unterstützen und im Sinne des Empowerment-Ansatzes zur Selbst-Befähigung und Selbst-Ermächtigung des Individuums beitragen.
2. Kompensatorische Funktion
   Erwachsenenbildung kann auch eine Möglichkeit darstellen, versäumte Lerninhalte aus dem schulischen Leben nachzuholen und aufzuarbeiten. Dies gilt grundsätzlich für alle Menschen, bei Menschen mit geistiger und komplexer Behinderung erscheint diese Funktion allerdings als ggf. (noch) wesentlicher, da verschiedene Ursachen (verzögerte Entwicklungsverläufe, längere Krankenhaus-

aufenthalte, fehlende curriculare Vorgaben etc.) für fehlende Bildungserfahrungen in Frage kommen.
3. Komplementäre Funktion
Hierunter fasst Theunissen die »Informationsvermittlung, Aufklärung, Lernhilfe und Unterstützung zur Bewältigung gesellschaftlicher Realität« (ebd.), die sich u. a. durch verändernde Lebensbedingungen auszeichnet, bei deren Anpassung Menschen mit geistiger und komplexer Behinderung ggf. Unterstützung benötigen.
4. Therapeutische Funktion
Auch wenn eine deutliche Abgrenzung zwischen Therapie und Bildung erfolgen sollte, können nach Theunissen auch Lern- und Bildungsprozesse eine therapeutische Qualität haben, da sie zum »psychisch-physischem Wohlbefinden, zum Abbau spezifischer Beeinträchtigungen (...), zur Ich-Findung, zum Aufbau eines positiven Selbstwertgefühls und Sozialverhaltens, zu verbesserter Selbst- und Fremdwahrnehmung und zur Stabilisierung von Identität« beitragen (ebd.). Wichtig ist hierbei, die Verknüpfung mit der emanzipatorischen Funktion zu berücksichtigen und den empowernden Beitrag der Erwachsenenbildung zu fokussieren.
5. Integrative Funktion
Mit dieser Funktion bezeichnet Theunissen die Aufgabe der Erwachsenenbildung als einer Art »Eingliederungshilfe«, in dem Bildungsangebote zu alltagsbezogenen und sozialraumorientierten Themen gestaltet werden. Als Beispiel nennt er hier das Wohntraining oder die Nutzung öffentlicher Verkehrsmittel.

Diese Zusammenstellung möglicher Funktionen kann durchaus auch kritisch betrachtet werden, geht sie doch sehr von den spezifischen Defiziten aus, die Menschen mit geistiger und komplexer Behinderung vermeintlich haben und definiert damit eine Erwachsenenbildung mit stark normativer Perspektive auf mögliche Inhalte. Nichtsdestotrotz werden Anhaltspunkte deutlich, die bei der Konzipierung einer Erwachsenenbildung für alle (mit) berücksichtigt werden sollten und sich auf die Identifikation potentieller Inhalte auswirken könnten. Von besonderer Bedeutung ist dabei aber die nachfolgend von Jerosenko (2021, 2) formulierte Forderung:

»Besonders Menschen mit Komplexer Behinderung benötigen lebenslang nicht nur Förderung und Therapie zum Erhalt ihrer Fähigkeiten und Kompensation von Einschränkungen, sondern auch Erwachsenenbildungsangebote, die ihren Interessen und Fähigkeiten entsprechen, ihnen Spaß machen und persönliche Entwicklungspotenziale bieten.«

Was können aber nun Inhalte einer Erwachsenenbildung sein, die sich eng an den lebensweltlichen (Lern-)Bedürfnissen der potentiell Teilnehmenden orientiert? Bei den bisher dargestellten Überlegungen wurde eine Aufgabe von Erwachsenenbildung eher nur implizit betrachtet: Bildung stellt immer auch einen Zugang zur Teilhabe an der Gesellschaft dar, denn »Bildung ermöglicht es, an unterschiedlichen Bereichen der Gesellschaft und Gemeinschaft teilzuhaben, das Zusammenleben mitzugestalten, mitzureden, sich einzumischen, Individualität zu leben, mitzuerleben, was in der Welt geschieht« (Sonnenberg, 2017, 12). Auch wenn damit nicht alle Facetten einer lebensweltorientierten Erwachsenenbildung abgebildet werden können, ergibt sich dennoch ein möglicher Orientierungsrahmen für die inhaltliche Gestaltung von (institutionalisierten) Angeboten. Wenn Bildung als Beitrag zur Teilhabe gesehen wird, dann sollten sich Bildungsangebote an möglichen Teilhabebereichen orientieren. Die Deutsche Heilpädagogische Gesellschaft (DHG, 2021, 17 f.) hat für Menschen mit komplexer Behinderung diese Bereiche in Anlehnung an die ICF (WHO, 2001) benannt:

- Gelegenheit für Lernen und Entwicklung haben
- Anforderungen im Alltag bewältigen können
- Mit anderen in (nonverbalen) Dialog treten zu können
- Sich innerhalb und außerhalb des Wohnbereichs bewegen zu können
- Bei der Selbstversorgung aktiv eingebunden zu sein
- An haushaltsbezogenen Aktivitäten beteiligt zu sein
- Tragfähige soziale Beziehungen zu haben
- In Lebensbereiche einbezogen zu sein, die subjektiv bedeutsam sind (z. B. Bildung, arbeitsweltbezogene Tätigkeiten, Freizeit)
- Als Bürger*in am Leben in der Gemeinde teilzuhaben.

Diese potentiellen Teilhabebereiche lassen sich als Ansatzpunkte für die Ableitung individuell relevanter Inhalte nutzen, wenn dabei immer berücksichtigt wird, dass die Konkretisierung und der Ausgangspunkt der weiteren Überlegungen (nur) durch persönliche Wünsche, Interessen und Bedürfnisse der Teilnehmenden zu konstituieren ist und dies immer unter den Paradigmen von Freiwilligkeit und Entscheidungsmöglichkeit erfolgt, denn dann kann Erwachsenenbildung »weitaus mehr als ein systematisiertes Lernangebot [sein; CK] – es ist ein Ort der zwischenmenschlichen Begegnung und bedeutet für den einzelnen ein Stück Teilhabe am Leben in der Gemeinschaft und damit eine Verbesserung von Lebensqualität« (Carroll, 2000, 313 f.).

3 Prinzipien einer (inklusiven) Erwachsenenbildung

Bei der Gestaltung sind neben den genannten Zielperspektiven und Ansatzpunkten noch weitere Prinzipien einer allgemeinen Erwachsenenbildung zu berücksichtigen, wobei der Diskurs um diese Grundlage zur Ausgestaltung von Lernprozessen intensiv und interdisziplinär geführt wird und die Prinzipien sich disziplin- und kontextspezifisch unterscheiden können (von Hippel et al., 2018, 82). Wie sich zeigen wird, offenbaren sich hier besonders gewinnbringende Ansatzpunkte für den Einbezug von Menschen mit geistiger und komplexer Behinderung, gleichzeitig aber spezifische Anforderungen, die bei der Konzipierung von Bildungsangeboten zu berücksichtigen sind. Im Folgenden werden die zentralen Prinzipien in Anlehnung an von Hippel et al. (2018) dargestellt und diskutiert und an den relevanten Stellen um spezifische Überlegungen im Sinne eines nicht-ausschließenden Ansatzes für eine inklusive Erwachsenenbildung ergänzt.

3.1 Adressat*innen- und Zielgruppenorientierung

Dieses Prinzip kann als konstituierendes Element für die Planung von Angeboten der Erwachsenenbildung bezeichnet werden und ist gleichzeitig auch das Prinzip, welches in wissenschaftlichen Diskursen am kontroversesten diskutiert wird. In erster Linie muss auf institutioneller Ebene darauf geachtet werden, dass bei der Ausrichtung von Angeboten immer die Interessen und Bedürfnisse von potentiell Teilnehmenden (Adressat*innen) perspektiviert werden. Faulstich und Zeuner (2008) konkretisieren diesen Personenkreis noch etwas: »Adressaten sind (...) diejenigen Personen, die Erwachsenenbildung erreichen soll. Sofern sie durch gemeinsame sozialstrukturelle Merkmale beschrieben werden können, geht es um Zielgruppen. Teilnehmende sind diejenigen, die zu einem Angebot gekommen sind« (ebd., 101). Um ein Angebot adressat*innenorientiert zu gestalten, müssen potentielle Bedürfnisse, Interessen und Bedarfe bekannt sein. Dies lässt sich zum einen aus bestimmten Lebenserfordernissen ableiten (zum Beispiel berufsbezogene Themen oder Themen, die ggf. mit einer bestimmten Lebensphase (Mutterschaft, Verrentung, o. Ä.) einhergehen). Zum anderen können auch die oben skizzierten Teilhabebereiche eine Orientierung bieten. Ausgehend von einer Subjektorientierung im Kontext der Erwachsenenbildung (siehe nächstes Prinzip), ist es allerdings notwendig, dem/der Lernenden zu ermöglichen, Bedürfnisse und Interessen zu entwickeln, zu äußern und in entsprechenden Maßnahmen als Bildungsangebot aufbereitet zu bekommen. Diese explizite Individualisierung ist institutionell nur schwer zu gewährleisten, womit eine der besonderen Herausforderungen der (inklusiven) Erwachsenenbildung identifiziert ist. Betrachtet man den Angebotscharakter, lässt sich hier ein Zugang finden, der in Verbindung mit dem zuvor beschriebenen Ansatz des Möglichkeitsraums einen Rahmen bieten kann, Inhalte orientiert an möglichen Lebenserfordernissen oder den beschriebenen Feldern einer potentiellen gesellschaftlichen Teilhabe anzubieten und so einen Raum zu schaffen, in dem Bildungsbedürfnisse erkannt und/oder entwickelt werden können. Um die unüberschaubare Diversität potentieller Interessen zu bündeln, wird im Kontext der Erwachsenenbildung von Zielgruppen gesprochen. Nach Bremer (2010, 8) soll diese Fokussierung dabei helfen, aus der differenzierten und »unübersichtlichen Fülle möglicher Teilnehmender und Bildungsinteressen durch Aufzeigen typischer Muster Orientierung für individualisierte Bildungsarbeit zu bekommen«. Dabei sollten allerdings nicht die personalen Gegebenheiten im Vordergrund stehen, sondern eher ähnliche Lebenslagen und Lebensumstände bestimmter Gruppen Berücksichtigung finden (vgl. Babilon, 2018). Für die Gestaltung von Bildungsangeboten, die auch für Menschen mit geistiger und komplexer Behinderung zugänglich sein sollen, sind dennoch »Kenntnisse über Lern- und Lebenssituationen von Erwachsenen mit Lernschwierigkeiten [...] für die Gestaltung einer inklusiven Erwachsenenbildung unerlässlich« (vgl. Schmidt-Hertha/Tippelt 2013, 255; Zimmer

2013, 117). Denn der überwiegende Teil der Menschen mit geistiger und komplexer Behinderung kann »ohne ausreichende Berücksichtigung seiner individuellen Lebensbedingungen (z. B. Biografie, Wohn- und Arbeitssituation) und seines Unterstützungsbedarfs nicht gleichberechtigt an Bildung und am kulturellen Leben partizipieren« (Galle-Bammes 2012a, 129, zit. n. Babilon, 2018, 52). Vor diesem Hintergrund empfiehlt Lassnigg (2010) den Begriff der Zielgruppendifferenzierung: »Der Begriff macht dann deutlich, dass auch, wenn bewusst zielgruppenübergreifend Adressat*innen angesprochen werden sollen, dies spezifisch ›zielgruppenübergreifend-orientiert‹ planend zu tun ist, sonst werden bestimmte Zielgruppen unbeabsichtigt ausgeschlossen.«

Für eine Adressierung einer inklusiven Zielgruppe hilft es, das Merkmal der Interessenorientierung in den Vordergrund zu stellen und dabei immer von einer heterogenen Gruppe aus zu denken. Dabei sind, wie beschrieben, individuelle Lernmöglichkeiten zu berücksichtigen (siehe dazu folgenden Punkt 2, Teilnehmendenorientierung). Sollte also ein inklusives Bildungsangebot angedacht werden, müssen auch die potentiellen Bedarfe von Menschen mit geistiger und komplexer Behinderung, im Sinne einer in sich bereits heterogenen Personengruppe, mitberücksichtigt werden. Dazu würde beispielsweise der Einsatz Leichter Sprache oder die Nutzung von Symbolen und/oder Hilfsmitteln der Unterstützten Kommunikation (siehe den nächsten Beitrag von Bernasconi in diesem Band) gehören.

Jenseits spezifischer Lern- und Unterstützungsbedarfe ist hinsichtlich des (didaktischen) Prinzips der Adressant*innen- und Zielgruppenorientierung die Möglichkeit der Nutzer*innenbeteiligung, die Möglichkeit der Interessensäußerung und Interessensentwicklung von besonderer Bedeutung. Für eine gelingende Erwachsenenbildung ist quasi ein (Vor-)Bildungsprozess anzudenken, in dem eigene Lernbedürfnisse, Interessen und Bedarfe entdeckt und entwickelt werden können. Gerade mit Blick auf Menschen mit geistiger und komplexer Behinderung muss dies verstärkt berücksichtigt und Wege entwickelt werden, die einen individuellen Bildungsweg (institutionell) ermöglichen und unterstützen.

3.2 Teilnehmendenorientierung

Das Prinzip der Teilnehmendenorientierung erfüllt das, was eine übergeordnete Zielgruppenorientierung nicht ermöglichen kann: die Orientierung und Ausrichtung an den Bedürfnissen der einzelnen teilnehmenden Person und damit die »Berücksichtigung von Voraussetzungen, Lernfähigkeiten und Erwartungshorizonten der Teilnehmer im Hinblick auf Didaktik und Auswahl der Kursinhalte« (Barz & Tippelt, 2018, 164). Diese didaktische Perspektive ist grundlegend im Kontext der so genannten Geistigbehindertenpädagogik, allerdings hier unter dem Prinzip der Subjektorientierung und Individualisierung in erster Linie in schulbezogenen didaktischen Überlegungen verortet, die darauf abzielen, Zugänge zu Inhalten basierend auf individuellen Lernvoraussetzungen anzubieten. Im Kontext der allgemeinen Erwachsenenbildung sind darunter sehr ähnliche Dinge zu verstehen, wie von Hippel et al. (2018) ausführen: »Teilnehmendenorientierung bezieht sich also auf die Ausgangsbedingungen der Teilnehmenden, die wiederum Erfahrungen,

Deutungen, Interessen und Einstellungen einbringen, welche sich über die Biografie hinweg ausgeprägt haben. Für die konkrete Planung einer Veranstaltung gilt es, diese Aspekte mitzudenken und das Setting der Veranstaltung sowie Inhalte und Methoden auf Lernmotivation und Bildungsinteressen rückzubeziehen« (ebd., 89).

Jenseits der Orientierung an den individuellen Zugangswegen perspektiviert eine Teilnehmendenorientierung aber auch das Involviertsein der teilnehmenden Personen in den gemeinsamen Bildungs- bzw. Lernprozess und knüpft damit an die vorhergehenden ausgeführten bildungstheoretischen Überlegungen an.

An dieser Stelle ist als didaktisches Prinzip auch der Lebensweltbezug mitzudenken, welcher in der Pädagogik bei geistiger Behinderung einen übergeordneten Stellenwert hat. Lerninhalte und Lernziele sollen einen Bezug zur individuellen Lebenswelt haben, sodass Anknüpfungspunkte zum Alltag der Lernenden hergestellt werden können. Besonders geeignet erscheint dabei das Lernen in realen Alltagssituationen und an realen Orten (vgl. Keeley, 2023, 256). Neben diesen lebensweltlichen Bezügen ist zudem eine ›Biografieorientierung‹ (Nittel, 2010, 50) bzw. eine ›Erfahrungsorientierung‹ (von Hippel et al., 2018, 91), zu berücksichtigen, wenn Angebote teilnehmendenorientiert gestaltet werden sollen.

3.3 Sach- und Inhaltsorientierung

Die inhaltliche Gestaltung der adressat*innen- und teilnehmendenorientiert ausgewählten Themenfelder steht im Mittelpunkt dieses Prinzips. Dabei handelt es sich quasi um das ›Kerngeschäft‹ der Didaktik und gleichzeitig auch um eine der größten Herausforderungen. Wie lassen sich Inhalte so aufbereiten, dass ein differenziertes und individuelles Lernen in heterogenen Gruppen möglich wird? Aus der in 2.1 skizzierten Bildung mit Format und dem Konzept der Elementarisierung als konkretem didaktischen Modell ergeben sich sinnvolle Ansatzpunkte, wie auch Inhalte der Erwachsenenbildung aufbereitet und zugänglich gemacht werden können. Der hier angewendeten didaktischen Analyse liegen fünf Fragen (bei Heinen (2006): Elementarisierungsrichtungen) zugrunde, die in der folgenden Grafik abgebildet sind:

Die Sach- und Inhaltsorientierung kann nur in einem gemeinsamen Aushandlungs- und Entscheidungsprozess von lernendem Subjekt und (lern-)begleitender Unterstützungsperson erfüllt werden, das heißt, dass die Auswahl der Bildungsinhalte und die Berücksichtigung individueller Aneignungsmöglichkeiten (siehe auch vorhergehende Prinzipien) als Ergebnis einer gemeinsamen Annäherung erfolgt. Da im Kontext der Erwachsenenbildung in der Regel curriculare Vorgaben fehlen (was sich aus dem Primat der Interessenorientierung ergibt), ist die Auswahl der Angebote aus institutionsbezogener Sicht sicherlich besonders herausfordernd. Hilfreich können dabei die von der DHG identifizierten Teilhabebereiche sein, die allerdings einen sehr großen Rahmen spannen, der teilnehmendenorientiert noch weiter konkretisiert werden muss.

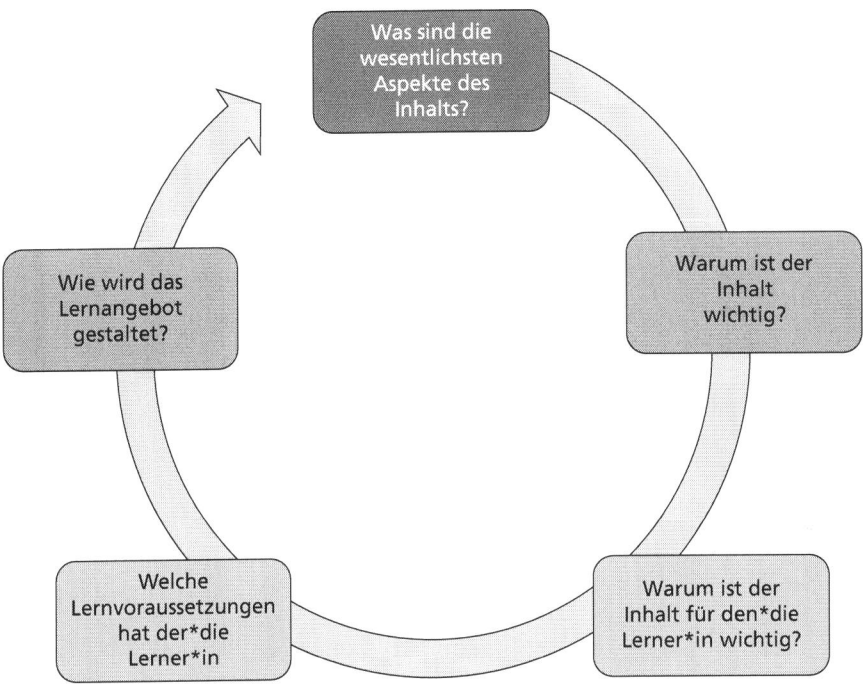

Abb. 2: Elementarisierungsfragen nach Keeley (2023)

3.4 Handlungs- und Situationsorientierung

Dieses didaktische Prinzip ist sowohl konstituierend im Kontext der allgemeinen Erwachsenenbildung (Siebert, 2003; Faulstich & Zeuner, 2008; von Hippel et al., 2018) als auch im Kontext der Pädagogik bei geistiger Behinderung (u. a. Pitsch & Tümmel, 2005). Dem Prinzip liegt die Annahme zugrunde, dass sich Lernen im konkreten Tun, in der handelnden Auseinandersetzung ereignet und vor allem dort zu subjektiver Sinnstiftung führt, wo es einen realen Situations- bzw. Lebensweltbezug aufweist; wo sich also aus dem Alltagserleben heraus konkrete und individuelle Bildungsbedarfe und Lernbedürfnisse zeigen (Keeley, 2023). Die handlungsorientierte Gestaltung von Bildungsangeboten bezieht sich damit sowohl auf die Auswahl von Inhalten als auch auf die (zielgruppen- und teilnehmenden-orientierte) methodisch-didaktische Umsetzung. Für die Erwachsenenbildung konkretisieren von Hippel et al. (2018, 97), dass Erwachsene »aus konkreten Lebens- und vor allem auch Arbeitsbezügen mit konkreten Handlungsproblemen und -anliegen [kommen], die sie lernend bewältigen möchten (…). Der Lernerfolg liegt daher ebenso im jeweiligen Handlungsfeld wie die Anlässe und Gründe für Lernen.« Hier lassen sich Bezugspunkte zu der Ermöglichungsdidaktik (Arnold & Schüßler, 2003) ableiten, in der davon ausgegangen wird, dass sich Lernen »nicht als lineares Ergebnis von Lehre, Unterweisung oder Training dar[stellt], sondern als ein Aneignungsprozess, der mehr von den subjektiven Wirklichkeitskonstruktionen der Beteiligten, dem situativen Kontext und dem sozialen Umfeld beeinflusst wird.«

Aufbauend auf den dargestellten didaktischen Überlegungen, werden im Folgenden Merkmale beschrieben, die bei der Gestaltung von Angeboten einer inklusiven Erwachsenenbildung mitgedacht und berücksichtigt werden sollten, wenn diese explizit auch für Menschen mit geistiger und komplexer Behinderung zugänglich sein sollen.

4 Erwachsenenbildung als lebenslanger selbstbestimmter Entwicklungs-, Entscheidungs- und Teilhabeprozess

Die Auseinandersetzung mit den grundlegenden Prinzipien einer allgemeinen Erwachsenenbildung hat gezeigt, dass sich umfassende Parallelitäten zu bestehenden didaktischen Konzepten im Kontext der Pädagogik bei geistiger Behinderung zeigen. Die Zusammenführung der Perspektiven ermöglicht es, eine inklusive Erwachsenenbildung für alle potentiellen Zielgruppen zu denken.

Einzelne Aspekte haben sich in beiden bislang getrennt voneinander entwickelten Feldern allerdings als herausfordernd dargestellt, was sich vor allem in den Prinzipien/Paradigmen der Teilnehmendenorientierung und Freiwilligkeit zeigt.

4.1 Ermittlung lebensweltrelevanter Fragestellungen und Themen

Schon im Kontext einer allgemeinen Erwachsenenbildung erweist sich die Frage als elementar, wie potentielle Inhalte an den Interessen der Teilnehmenden orientiert sein können bzw. wie die potentiellen Interessen der potentiell Teilnehmenden ermittelt werden können und noch einen Schritt davor, wie die potentiellen Teilnehmenden überhaupt potentiellen Interessen und damit Bildungsbedürfnisse entwickeln können. Nach Bremer (2023, 19) bedarf es »jedenfalls einer spezifischen pädagogischen Arbeit, um Lern- und Bildungsangebote so zu gestalten, dass sie stärker oder überhaupt die ›Lebenswelt‹ der Adressat*innen mit aufnehmen, pädagogisches Handeln also so auszurichten, dass diese Relevanzen herstellen können«. Hier zeigt sich also ein Handlungsbedarf, der, unter Berücksichtigung der (häufig institutionalisierten) Lebenslagen von Menschen mit geistiger und komplexer Behinderung, zu einem grundlegenden Problem wird bzw. eine quasi existentielle Herausforderung darstellt. Wie kann Lebensweltbezug hergestellt werden zu Lebenswelten, die häufig unzugänglich erscheinen bzw. die »von außen« nur bedingt erschlossen werden können? Abgesehen von der grundsätzlichen Schwierigkeit, Einsicht in die subjektiven Lebenswelten zu bekommen, ist in Bezug auf Menschen mit geistiger und komplexer Behinderung eine besondere Erschwernis dadurch gegeben, dass sie im Laufe ihres Lebens vielfach die Erfahrung machen, dass ihre Bedürfnisse nicht anerkannt, nicht erhört werden. Aufgrund dieser Erfahrungen kann es dann ggf. zu der Entscheidung kommen, dass diese Bedürfnisse nicht mehr zum Ausdruck gebracht werden, ggf. auch nicht mehr als solche wahrgenommen werden, weshalb von einer erlernten Bedürfnislosigkeit (Theunissen & Plaute, 2001) gesprochen werden kann. Hinzu kommen fehlende Erlebens- und Erfahrungsmöglichkeiten, die für die Ausbildung von (Bildungs-)Bedürfnissen essentiell sind (siehe Merkmal 3). Notwendig wäre es, Räume zu schaffen, in denen dieses Erleben und Erfahren möglich wird und das sowohl in der vorhandenen Lebenswelt als auch in unbekannten Räumen[3]. Grundlegend für diese teilnehmendenorientierten Zugangsmöglichkeiten ist zudem auch eine entsprechende Haltung seitens der Anbietenden und deren umsetzenden Protagonist*innen im Sinne von Bildungsbegleiter*innen oder auch Bildungsermöglicher*innen. Ausgehend von der Annahme, dass die jeweilige Lebenswelt subjektspezifisch unterschiedlich und dem Anderen nie vollumgänglich zugänglich sein wird, ist es sicherlich besonders herausfordernd, lebensweltbezogene Angebote für Personengruppen zu gestalten, deren Erfahrungserleben nicht geteilt werden kann. Dazu formuliert Bremer (2020):

> »Sich der Alltags- und Lebenskontexte derjenigen zu vergewissern, für die man Bildungsarbeit macht, ist insbesondere dann wichtig, wenn sie sich stark von den Lebenswelten der Pädagoginnen und Pädagogen unterscheiden. Und das ist – in unterschiedlicher Ausprägung – häufig so, da Pädagogen und Pädagoginnen und Lernende unterschiedlichen sozialen Milieus angehören« (ebd., 19).

Besonders wichtig ist daher ein professionelles Handeln, welches von einer reflexiven *Grundhaltung geprägt ist und Raum für die Frage lässt,* »ob das Interesse an ›Lebenswelt‹ eher von emanzipatorischen Intentionen unterlegt ist und dazu führen soll, Gestaltungsspielräume der Lernenden in Bezug auf ihre Lebenswelt zu erweitern« (Bremer, 2022, 21). Hier könnte sich ein partizipativer Ansatz als besonders gewinnbringend erweisen (siehe Merkmal 2), der Menschen mit geistiger und komplexer Behinderung als Expert*innen ihrer Lebenswelt in die Erarbeitung von Themen und Fragestellungen mit einbezieht. Unter Berücksichtigung der Herausforderungen, die sich aus der beschriebenen erlernten Bedürfnislosigkeit ergeben, sollten Ermöglichungsräume gestaltet werden, in denen Bildungsbedürfnisse entwickelt werden können (siehe Merkmal 3).

4.2 Lebensweltliche »Expert*innen« als partizipative Möglichkeit für einen inklusiven Entwicklungsprozess

Wie beschrieben, ist der Zugang zu Lebenswelten, die nicht unsere sind, immer erschwert. Vor allem die subjektive Sicht auf die Welt verschließt sich »dem Anderen«, denn »die Erfahrung von Bewusstseinszuständen aus der Perspektive der ersten Person unterscheidet sich radikal von derjenigen aus der Perspektive der zweiten

---

[3] An dieser Stelle wäre ein weiter Raumbegriff zu denken, der sowohl den persönlichen Nahals auch den Sozialraum denkt.

oder dritten Person« (Dederich, 2011, 133). Das heißt, dass es sich als besonders herausfordernd erweist, »von außen« Fragestellungen und Themen für Angebote der Erwachsenenbildung zu formulieren, die subjektiv bedeutsam sind und sich mit der jeweiligen Lebenswelt verknüpfen lassen. Vor allem dann, wenn, wie in Merkmal 1 beschrieben, die Lebenswelt sich aufgrund der Lebensbedingungen radikal von der Lebenswelt unterscheidet, in der die anbietende Person(en) verortet ist. Ein erster Schritt der Annäherung an die Gestaltung von potentiell relevanten Fragestellungen und Themen könnte der Einbezug von Menschen mit geistiger und komplexer Behinderung als Expert*innen in eigener Sache sein. Um überhaupt einen Einblick in möglicherweise übergeordnete Bedarfslagen (im Sinne einer Zielgruppenorientierung) zu erhalten, erscheint es sinnvoll, hier gemeinsam der Frage nachzugehen, welche Themen und Fragestellungen für Menschen mit geistiger und komplexer Behinderung aufgrund ähnlicher (institutionalisierter) Lebensbedingungen interessant oder relevant sein könnten. Dies sagt zunächst nichts über die individuelle Relevanz aus, wäre aber eine Möglichkeit, die unter Punkt 2.4 dargestellten sehr breiten Themenspektren, orientiert an den Teilhabebereichen, etwas zu konkretisieren. Methodisch könnten hier sowohl pädagogische Zugänge wie zum Beispiel die Persönliche Zukunftsplanung als auch forschungsmethodische Zugänge, wie beispielsweise Photo Voice (Keeley, 2021) zum Einsatz kommen.

Jenseits der Ermittlung potentieller Themen und Fragen, sollten Menschen mit geistiger und komplexer Behinderung als Expert*innen in eigener Sache wesentlich stärker in die Aufgaben der Bildungsbegleiter*innen und Bildungsermöglicher*innen involviert werden. Im Sinne eines Peer-Learnings können sich vielfältige Ressourcen und Möglichkeiten ergeben, lebensweltbezogene Inhalte zu vermitteln bzw. gemeinsam zu erfahren und zu erleben.

4.3 Ermöglichung der Entwicklung bildungsbezogener Bedürfnisse

Diese dritte Perspektive ist als grundlegend für die Gestaltung einer inklusiven Erwachsenenbildung zu betrachten, die als eines ihrer Leitprinzipien eine Teilnehmendenorientierung postuliert. Wie vorhergehend beschrieben, ist die Entwicklung und Wahrnehmung von (Lern-)Bedürfnissen als ein Prozess zu betrachten, der gerade für Menschen mit geistiger und komplexer Behinderung als herausfordernd bezeichnet werden kann. Ein Bedürfnis, dass ausgehend von der Annahme einer Bedürftigkeit beschreibt, setzt immer einen Mangelzustand bzw. ein Befriedigungsdefizit voraus. Die Überwindung der eigenen Bedürftigkeit lässt sich somit als kontinuierliches menschliches Bestreben verstehen, das eigene Befinden bzw. die eigene Lage zu verbessern. »Diese subjektive Dimension manifestiert sich in den individuellen Bedürfnissen eines Menschen. Der ursprüngliche Auslöser, also der subjektive Mangel, der ein Bedürfnis veranlasst, lässt sich allerdings von außen betrachtet nicht immer unmittelbar nachempfinden und hängt immer von individuellen Lebenslagen und Erfahrungen ab« (Dins, Smeets & Keeley, 2022, 67).

Bildungsbedürfnisse ergeben sich, entsprechend dieser Annahme, aus einem empfundenen Mangel an Wissen, Kompetenz oder aber auch einer Neugier und

Motivation, die eigene Entwicklung weiterzuentwickeln bzw. die eigene (Lebens-) Situation zu verbessern. Dazu muss aber zunächst ein Defizit, ein Mangel empfunden werden, Schäffter (2000) spricht in diesem Zusammenhang auch von irritierenden Lernzumutungen, die dazu anregen, sich mit spezifischen Fragen oder Inhalten auseinanderzusetzen und ein Bedürfnis zu (Selbst-)Bildung wahrzunehmen. Bei Menschen mit geistiger und komplexer Behinderung kommen hier, wie beschrieben, mehrere erschwerende Faktoren zusammen, die im Kontext einer »aufsuchenden Bildungsarbeit« begegnet werden muss: die Auswirkungen einer erlernten Bedürfnislosigkeit (siehe Merkmal 1), die ggf. erschwerten Verstehens- und Ausdrucksmöglichkeiten und mangelnde Erlebens- und Erfahrungsmöglichkeiten. Für die Gestaltung von Angeboten der Erwachsenenbildung bedeutet dies, in der jeweiligen Lebenswelt (und darüber hinaus) eben jene Erfahrungs- und Erlebensmöglichkeiten anzubieten und in einem sehr individuellen Prozess Bildungsbedürfnisse zu ermitteln, an denen orientiert sich dann sowohl informelle als auch institutionalisierte Bildungsangebote anschließen können. Methodisch könnte dies in einer partizipativ gestalteten Suche nach »irritierenden Momenten« umgesetzt werden, oder sich grundsätzlich aus der Frage nach potentiellen Interessen ergeben, die sich vielleicht nicht im konkreten Alltagshandeln zeigen. Auch hier sind es neben realen Erfahrungsmöglichkeiten Wege der Persönlichen Zukunftsplanung, aber auch der teilhabeorientierten Forschung (Keeley, 2022), die die Identifikation von Bildungsbedürfnissen ermöglichen können.

4.4 Freiwilligkeit als zentrales Element

Bei allen Prozessen der Erwachsenenbildung ist es von übergeordneter Bedeutung, den Angebotscharakter anzuerkennen und Angebote der Erwachsenenbildung als Möglichkeitsraum zu verstehen. Dies gilt sowohl für informelle als auch institutionelle Angebote, bei Letzterem aber ergeben sich (neue) Herausforderungen, denen im Rahmen einer inklusiv ausgerichteten Erwachsenenbildung begegnet werden muss und aus der (auch) Anforderungen an strukturelle und professionelle Prozesse hervorgehen:

Zuvorderst müssen hier die zentralen Aspekte der Wahlmöglichkeiten und Entscheidungsfreiheit stehen. Wahlfreiheit kann vielleicht sogar als mögliches Vehikel zur Sicherstellung von Freiwilligkeit bezeichnet werden.

Neben der individuellen, freiwilligen Entscheidung, an einem Angebot der Erwachsenenbildung teilzunehmen, braucht es für diesen Prozess zwingend auch die tatsächliche Möglichkeit zur Teilnahme an diesem Angebot. Unter dem Schlagwort Zugänglichkeit zusammengefasst, kommen hier vor allem strukturelle Aspekte zum Tragen: »Als typische Defizite werden fehlende Information über Angebote, fehlendes Wissen über Finanzierungsmöglichkeiten und rechtliche Bestimmungen sowie fehlendes Fachwissen und geringe Handlungskompetenz der Planenden und der Lehrenden genannt. Hinzu kommt, dass je nach Beeinträchtigung weitere Kosten entstehen, z. B. durch Fahrtkosten, Assistenz und Hilfsmittel. Gefordert wird eine angemessene Finanzierung, barrierefreier Zugang zu Bildungseinrichtungen auf allen Ebenen des Bildungssystems und eine angemessene Ausstattung und Assistenz (vgl. u. a. Hirschberg 2014; Deutscher Städtetag 2012; VHS München 2015)« (Lauber-Pohle, 2019, 10 f.). Ergänzend wären hier noch die Aspekte zu benennen, die bei der konkreten Gestaltung der Bildungsangebote zu berücksichtigen wären, wie eine teilnehmendenorientierte Kommunikation und die differenzierte Aufbereitung von Inhalten für unterschiedliche Aneignungswege.

4.5 Möglichkeiten zur Teilhabe an allen gesellschaftlichen Bereichen als Ansatzpunkt zur Gestaltung inhaltlicher Perspektiven

In Ergänzung zum zweiten Merkmal sei an dieser Stelle auf die Möglichkeit einer inhaltlichen Ausrichtung durch die Orientierung an potentiellen gesellschaftlichen Teilhabebereichen hingewiesen. Wie bereits an verschiedenen Stellen deutlich wurde, ist die Konzipierung eines übergeordneten inhaltlichen Rahmens herausfordernd, wenn das Primat der Individuumszentrierung (Teilnehmendenorientierung) als übergeordnet für die Planung und Gestaltung von Angeboten der Erwachsenenbildung gilt. Unter Einbezug der potentiell Teilnehmenden als Expert*innen in eigener Sache kann die Orientierung an den Teilhabebereichen aber ggf. eine Möglichkeit bieten, gemeinsam relevante Aspekte zu identifizieren, die für eine größere Anzahl von Personen interessant sein könnte, da es sich dabei um gesellschaftliche Kernaufgaben handelt, für die grundsätzlich eine Teilhabe ermöglicht werden soll. Und ausgehend von der Annahme, dass Teilhabe Bildung ermöglicht und Bildung Teilhabe (Keeley, 2018b), ergibt sich hier jenseits der individuellen Bildungsbedürfnisse ein Rahmen, der für die inhaltliche Gestaltung eine Orientierung bilden könnte.

5 Fazit

Eine inklusive Erwachsenenbildung scheint immer noch ein großes Desiderat in Theorie und Praxis zu sein, bei näherer Betrachtung lassen sich allerdings vielfältige Parallelitäten und Anknüpfungspunkte zwischen den beteiligten Disziplinen identifizieren, so dass sich konkretisierbare Möglichkeiten zur Umsetzung zeigen. An diesen Stellen muss zukünftig angesetzt werden, um eine Veränderung von ›innen heraus‹ zu initiieren, durch die sich dann ggf. auch die strukturellen Bedingungen beeinflussen lassen, die bei der Umsetzung des Rechts auf lebenslanges Lernen häufig noch Barrieren darstellen. Wichtig wird es sein, den Aspekt der Ermöglichung als zentrales Element immer mitzudenken, was sich sowohl methodisch-didaktisch als auch im Sinne eines (veränderten) Professionsverständnisses abbilden sollte. Im Sinne einer inklusiven Erwachsenenbildung muss es Bildungsräume als (zugängliches und ggf. sogar aufsuchendes) Angebot geben, und in diesem Rahmen professionell Tätige haben dann die Aufgabe der Bildungsraum-Ermöglicher*innen bzw. Bildungsermöglicher*innen. Dies gälte es in weiterer Forschung und konzeptioneller Entwicklung zu evaluieren.

Literatur

Ackermann, Karl-Ernst (2010). Zum Verständnis von »Bildung« in der Geistigbehindertenpädagogik. In Musenberg, Oliver, Riegert, Judith, (Hrsg.), *Bildung und geistige Behinderung. Bildungstheoretische Reflexionen und aktuelle Fragestellungen* (53–73). Oberhausen: Athena,.

Ackermann, Karl-Ernst (2019). Inklusive Erwachsenenbildung in Deutschland. Beispiele inklusiver Angebote für Menschen mit Lernschwierigkeiten. *weiter bilden (1)*, 17–20. Online abrufbar: http://www.die-bonn.de/id/36978

Arnold, Rolf, Schüßler, Ingeborg (Hrsg.) (2003). *Ermöglichungsdidaktik.* Hohengehren.

Babilon, Rebecca (2018). *Inklusive Erwachsenenbildung mit Menschen mit Lernschwierigkeiten – eine qualitative Studie in England.* Dissertation Universität Koblenz-Landau. Online abrufbar: https://kola.opus.hbz-nrw.de/opus45-kola/frontdoor/deliver/index/docId/1682/file/Babilon_Inklusive+ Erwachsenen bildung_Dissertation.pdf

Barz, Heiner & Tippelt, Rudolf (2018). Lebenswelt, Lebenslage, Lebensstil und Erwachsenenbildung. In R. Tippelt & A. von Hippel (Hrsg.), *Handbuch Erwachsenenbildung/Weiterbildung* (S. 161–184). Wiesbaden: VS.

Bernasconi, Tobias (2022). Anmerkungen zum Personenkreis. In: *Zeitschrift für Heilpädagogik,* 73 (7), 308–311.

Bernasconi, Tobia, Böing, Ursula (2016). *Schwere Behinderung und Inklusion. Facetten einer nicht ausgrenzenden Pädagogik.* Oberhausen: Athena.

Bremer, Helmut (2022). Passungsverhältnisse. *DIE Zeitschrift für Erwachsenenbildung* 29 (4), 18–21. http:// www.die-bonn.de/id/41714

Bremer, Helmut (2010). Zielgruppen in der Praxis. Erwachsenenbildung im Gefüge sozialer Milieus. *Magazin erwachsenenbildung.at 10*, 11 S. – URN: urn:nbn:de:0111-opus-75127 – DOI:10.25656/01:7512.

Burtscher, Reinhard, Ditschek, Eduard Jan, Ackermann, Karl-Ernst, Kil, Monika & Kronauer Martin (Hrsg.) (2013). *Zugänge zu Inklusion: Erwachsenenbildung, Behindertenpädagogik und Soziologie im Dialog* (Theorie und Praxis der Erwachsenenbildung). Bielefeld: W. Bertelsmann Verlag.

Carroll, Volker (2000). Bildungsangebote für Erwachsene mit geistiger Behinderung. In: Jakobs, Hajo, König, Andreas, Theunissen, Georg (Hrsg), *Lebensräume – Lebensperspektiven.* Butzbach-Griedel.

Dederich, Markus (2013). Bilanz: In Burtscher, Reinhard, Ditschek, Eduard Jan, Ackermann, Karl-Ernst, Kil, Monika & Kronauer Martin (Hrsg.) (2013), *Zugänge zu Inklusion: Erwachsenenbildung, Behindertenpädagogik und Soziologie im Dialog* (Theorie und Praxis der Erwachsenenbildung) (65–72). Bielefeld: W. Bertelsmann Verlag,.

Dederich, Markus & Karl-Ernst Ackermann (2011). *An Stelle des Anderen. Ein interdisziplinärer Diskurs über Stellvertretung und Behinderung.* Oberhausen: Athena.

Deutsche Heilpädagogische Gesellschaft (DHG) (2021). *Standards zur Teilhabe von Menschen mit kognitiver Beeinträchtigung und komplexem Unterstützungsbedarf.* Stuttgart: Kohlhammer.

Dins, Timo, Smeets, Stefanie & Keeley, Caren (2022). Bedürfnisse im Leben von Menschen mit Komplexer Behinderung. In Tiesmeyer, Karin & Koch, Frederike (Hrsg.), *Wahlmöglichkeiten sichern! Wohnwünsche von Menschen mit Komplexer Behinderung* (S. 66–75). Stuttgart: Verlag W. Kohlhammer.

Faulstich, Peter & Zeuner, Christine (2008). *Erwachsenenbildung. Eine handlungsorientierte Einführung in Theorie, Didaktik und Adressaten.* Weinheim: Juventa.

Feuser, Georg (1998). Gemeinsames Lernen am gemeinsamen Gegenstand. In Hildeschmidt, A. & Schnell, I. (Hrsg.), *Integrationspädagogik. Auf dem Weg zu einer Schule für alle* (S. 19–35). Weinheim: Juventa Verlag,.

Fornefeld, Barbara (2012). Bildung und soziale Teilhabe ohne Grenzen. Vortrag. Online abrufbar: http://www.beb-ev.de/files/pdf/2012/dokus/lehrer/Bildung%20und%20soziale%20Teilhabe%20-%20Vortragsversion.pdf.

Furrer, Hans (2013). Didaktische und methodische Überlegungen zur Inklusion in der Erwachsenenbildung. In Burtscher, Reinhard, Ditschek, Eduard Jan, Ackermann, Karl-Ernst, Kil, Monika & Kronauer Martin (Hrsg.) (2013), *Zugänge zu Inklusion: Erwachsenenbildung, Behindertenpädagogik und Soziologie im Dialog* (197–207) (Theorie und Praxis der Erwachsenenbildung). Bielefeld: W. Bertelsmann Verlag.

Galle-Bammes, Michael (2012). Das Bildungszentrum Nürnberg auf dem Weg zu einer Erwachsenenbildung für alle. In Schwalb, Helmut & Theunissen, Georg (Hrsg.), *Inklusion, Partizipation und Empowerment in der Behindertenarbeit. Best- Practice-Beispiele: Wohnen – Leben – Arbeiten – Freizeit* (221–232) Stuttgart: Kohlhammer.

Heimlich, Ulrich & Behr, Isabel (2018). Inklusion von Menschen mit Behinderung in der Erwachsenenbildung/Weiterbildung. In Tippelt, Rudolf und Hippel, von, Aiga (Hrsg.): Handbuch Erwachsenenbildung (6. Auflage) (S. 1207–1223). *Springer Reference Sozialwissenschaften,*. Wiesbaden: Springer VS.

Heinen, Norbert & Lamers, Wolfgang (2006). Bildung mit ForMat. Impulse für eine veränderte Unterrichtspraxis mit Schülerinnen und Schüler mit einer (schweren) Behinderung. In Laubenstein, D., Lamers, W., Heinen, N. (Hrsg.), *Basale Stimulation kritisch-konstruktiv* (141–205). Düsseldorf: Verlag selbstbestimmtes leben.

Heinen, Norbert & Lamers, Wolfgang (2011). Bildung für alle. Menschen mit schwerer und mehrfacher Behinderung im Spannungsfeld von Inklusion und Exklusion. In Fröhlich, A., Heinen, N., Klauß, Th., Lamers, W. (Hrsg.), *Schwere und mehrfache Behinderung – interdisziplinär* (317–344). Oberhausen: Athena,

Von Hippel, Aiga, Kulmus, Claudia, Stimm, Maria (2018). *Didaktik der Erwachsenen- und Weiterbildung.* Leiden: Schöningh.

Hirschberg, Marianne & Lindmeier, Christian (2013). Der Begriff »Inklusion« – Ein Grundsatz der Menschenrechte und seine Bedeutung für die Erwachsenenbildung. In: Burtscher, Reinhard, Ditschek, Eduard Jan, Ackermann, Karl-Ernst, Kil, Monika & Kronauer Martin (Hrsg.) (2013), *Zugänge zu Inklusion: Erwachsenenbildung, Behindertenpädagogik und Soziologie im Dialog* (Theorie und Praxis der Erwachsenenbildung) (S. 39–52). Bielefeld: W. Bertelsmann Verlag.

Inclusion Europe (2006). *Europe in Action. Learning all our Lives. Continuing learning opportunities for adults with intellectual disabilities. Recommendations.* Brüssel: Inclusion Europe.

Jerosenko, Anna (2021). *Fokus Erwachsenenbildung bei Menschen mit Komplexer Behinderung.* München: Stiftung Leben Pur.

Keeley, Caren (2023). Berufliche Bildung – auch für Menschen mit komplexen Behinderungen. In: Schachler, V., Schlummer, W., Weber, R. (Hrsg.), *Zukunft der Werkstätten, Perspektiven für und von Menschen mit Behinderung zwischen Teilhabe-Auftrag und Mindestlohn* (246–264). Bad Heilbrunn: Verlag Julius Klinkhardt.

Keeley, Caren (2022). Zugänge zur Teilhabeforschung mit Menschen mit Komplexer Behinderung: Methodologische und methodische Überlegungen zur Beteiligung eines nicht berücksichtigten Personenkreises. In Wansing, Gudrun; Schäfers, Markus & Köbsell, Swantje (Hrsg.): *Teilhabeforschung – Einführung in ein neues Forschungsfeld. Methodologien, Methoden und Projekte der Teilhabeforschung.* Bd. 2. (S. 225–246). Wiesbaden: VS Verlag.

Keeley, Caren (2021). Zugänge zur Befragung von Nutzenden. Teilhabe von Menschen mit hohem Unterstützungsbedarf. In *Werkstatt:Dialog* 4/2021, 29–31.

Keeley, Caren (2018a). Berufliche Bildung als Zugang zur arbeitsbezogenen Lebenswelt. In Lamers, W. (Hrsg.): *Teilhabe von Menschen mit schwerer und mehrfacher Behinderung an Alltag / Arbeit / Kultur* (S. 111–127). Oberhausen: Athena.

Keeley, Caren (2018b). Teilhabe durch Bildung – Bildung durch Teilhabe: Zugangsmöglichkeiten zur Erwachsenenbildung für Menschen mit Komplexer Behinderung. In: *Zeitschrift für Erwachsenenbildung und Behinderung.* Heft I, April 2018, 18–29.

Klafki, Wolfgang (1972). *Studien zur Bildungstheorie und Didaktik*. Weinheim: Beltz.
Lassnigg, Lorenz (2010). Zielgruppen und Lebensphasen. Programmatische Überlegungen für die Entwicklung und Umsetzung einer LLL-Strategie. *MAGAZIN erwachsenenbildung.at. Das Fachmedium für Forschung, Praxis und Diskurs*, 10, 05/01–05/11.
Lauber-Pohle, Sabine (2019). Dimensionen einer inklusiven, allgemeinen Erwachsenenbildung und Inklusion. In: *Hessische Blätter für Volksbildung*, Jg. 69, Nr. 1; 7–17.
Lindmeier, Christian (2020). Didaktik der inklusiven Jugend- und Erwachsenenbildung. In Dorothee Meyer, Wolfram Hilpert, Bettina Lindmeier (Hrsg.), *Grundlagen und Praxis inklusiver politischer Bildung*. (S. 150–168). Bonn: Bundeszentrale für politische Bildung.
Meueler, Erhard (2018). Didaktik der Erwachsenenbildung/Weiterbildung als offenes Projekt. In Tippelt, R., von Hippel, A. (Hrsg.), *Handbuch Erwachsenenbildung/Weiterbildung* (S. 1385–1401). Wiesbaden: Springer VS.
Nittel, Dieter (2010). Biographie. In R. Arnold, S. Nolda und E. Nuissl (Hrsg.), *Wörterbuch Erwachsenenbildung* (S. 49–50). Bad Heilbrunn: Verlag Julius Klinkhardt.
Pitsch, Hans-Jürgen & Thümmel, Ingeborg (2005). *Handeln im Unterricht. Zur Theorie und Praxis des Handlungsorientierten Unterrichts mit Geistigbehinderten*. Oberhausen: Athena.
Sonnenberg, Kristin (2017). *Soziale Inklusion – Teilhabe durch Bildung. Medienkompetenz als Beitrag zu sozialer und kultureller Teilhabe für Menschen mit Beeinträchtigungen*. Weinheim u. a.
Schäffter, Ortfried (2001). Lernkontext und Wissensdifferenz. Zur Transformation des „Lerngegenstandes" im Zuge seiner Institutionalisierung. *Hessische Blätter für Volksbildung*, 2/01, 128–141.
Schäffter, Ortfried (2000). Lernzumutungen. In: Deutsches Institut für Erwachsenenbildung. Online abrufbar: http://www.diezeitschrift.de/22000/positionen1.htm
Schäffter, Ortfried (2000). Didaktisierte Lernkontexte lebensbegleitenden Lernens. Perspektiven einer allgemeinen Didaktik lebensbegleitenden Lernens. In Becker, S. u. a. (Hrsg.), *Handbuch Altenbildung*. S. (S. 74–87). Opladen 2000.
Schäffter, Ortfried (1999). Implizite Alltagsdidaktik. Lebensweltliche Institutionalisierungen von Lernkontexten. In Arnold, R. u. a. (Hrsg.), *Erwachsenenpädagogik. Zur Konstitution eines Fachs. Festschrift für Horst Siebert*. Baltmannsweiler.
Sieper, Johanna, Petzold, Hilarion G. (2011). Integrative Agogik – ein kreativer Weg des Lehrens und Lernens. *Supervision: Theorie – Praxis – Forschung*. Ausgabe 06/2011, 359–365.
Stommel, Theresa (2023a). *Bildung und Staunen. Eine bildungsphilosophische Perspektive im Kontext geistiger und schwerer Behinderung*. Bielefeld: transcript.
Stommel, Theresa (2023b). Staunen und Bildung im Lichte des Fremden. Phänomenologische Überlegungen zur Bedeutung des Staunens für Bildungsprozesse im Kontext geistiger und schwerer Behinderung. *Sonderpädagogische Förderung heute*, 68(3), 278–289.
Theunissen, Georg (2003). *Erwachsenenbildung und Behinderung. Impulse für die Arbeit mit Menschen, die als lern- oder geistig behindert gelten*. Bad Heilbrunn: Klinkhardt.
Theunissen, Georg & Plaute, Wolfgang (2001). *Handbuch Empowerment und Heilpädagogik*. Freiburg im Breisgau: Lambertus-Verlag.

(Unterstützte) Kommunikation im Erwachsenenalter

Tobias Bernasconi

1 Kommunikation

Kommunikation ist zentral in jeder Phase des menschlichen Lebens. Kommunikation stellt dabei ein zentrales Grundbedürfnis des Menschen dar und umfasst alle Verhaltensweisen und Ausdruckformen, mit denen Menschen zu ihrer Umwelt in Beziehung treten (Wilken, 2021, 8). Kommunikation ist damit etwas, das ›zwischen‹ Menschen geschieht und damit auch essenziell für die Teilhabe an sozialen Systemen (Bernasconi & Terfloth, 2020), wodurch die Kommunikationspartner wechselseitig aufeinander angewiesen sind. Damit Kommunikation gelingt, ist die Nutzung eines gegenseitig verständlichen Kommunikationssystems eine wichtige Voraussetzung.

Kommunikationsbeeinträchtigungen schränken die Möglichkeiten, Erlebnisse, Gefühle und Ideen mitzuteilen, persönliche Vorlieben, Dinge und Personen zu benennen, Einfluss auf die mittelbare und unmittelbare Umgebung zu nehmen, Erfahrungen auszutauschen und Fragen zu stellen, erheblich ein. Sie haben damit vielfältige Auswirkungen auf den Lebensalltag der betroffenen Personen, aber auch ihres Umfeldes, ihrer Familien (Beukelman & Light, 2020) sowie im Kontext von Freizeit, Bildung bzw. Ausbildung und Arbeit. Viele Menschen mit geistiger Behinderung entwickeln im Laufe ihres Lebens keine oder nur eine stark eingeschränkte Lautsprache, was bedeutet, dass nur wenig Austausch mit konventioneller Kommunikation möglich ist oder die Kommunikation auf eine Art und Weise erfolgt, die nicht direkt verständlich ist. Für die betroffenen Personen kann diese Situation Rückzug, Vereinsamung oder aggressive bzw. selbstverletzende Verhaltensweisen auslösen (Walker & Snell, 2013).

Innerhalb der Pädagogik bei geistiger Behinderung und insbesondere im Kontext der sogenannten »Schwerstbehindertenpädagogik« haben sich in den vergangenen 40 Jahren unterschiedliche Konzepte entwickelt, die die Förderung von Kommunikation in den Mittelpunkt stellen (Bernasconi & Böing, 2015), z. B. die Basale Stimulation (Fröhlich, 2015), die Basale Kommunikation (Mall, 2001) oder das aus dem englischen Sprachraum stammende Konzept der ›intensive interaction‹ (Grans-Wermers et al., 2021; Hewett, 2018).

In diesen Konzepten steht neben dem Anspruch, mittels pädagogischer Interventionen die kommunikativen Möglichkeiten von Menschen mit geistiger Behinderung zu erweitern, auch vielfach der Wunsch nach Verstehen des Gegenübers im Mittelpunkt. Von Professionellen wird dabei die Interpretation des kommunikativen Verhaltens ohne Rückversicherung über diese Interpretation als besonders belastend empfunden. Klauß et al. (2007, 50) zeigen, dass in der Kommunikation mit

Menschen mit schwerer und mehrfacher Behinderung immer die subjektive Interpretation der Bezugspersonen leitend ist.

2 Unterstützte Kommunikation

Menschen, die sich nur unzureichend mittels Lautsprache ausdrücken können, können Medien und Materialien aus dem Fachgebiet der Unterstützen Kommunikation (UK) zur Verständigung und zum Verstehen nutzen. Das Fachgebiet hat sich in Deutschland dabei mittlerweile fest etabliert und wird mit dem Begriff »UK« benannt, was das deutschsprachige Äquivalent für den englischen Terminus »Alternative and Augmentative Communication (AAC)« ist (Braun, 2020). Die Notwendigkeit, Maßnahmen und Medien der Unterstützten Kommunikation in unterschiedlichen Kontexten zu integrieren, wird insbesondere auch durch die UN-Behindertenrechtskonvention (UN-BRK) unterstrichen. Hier werden ergänzende und alternative Formen der Kommunikation zur Umsetzung der übergreifenden Ziele Teilhabe, Mitbestimmung, Zugehörigkeitsgefühl mehrfach genannt. Weitergehend wird in Art. 24, Abs. 3a (BGBl, 2008, 1437) der Einsatz entsprechender Maßnahmen und Medien explizit gefordert.

Als potenzielle Zielgruppen für UK unterscheiden von Tetzchner & Martinsen (2000, 79 ff.):

1. Menschen, für die UK ein Ausdrucksmittel darstellt, also Personen mit einem guten Sprachverständnis, das durch Hilfsmittel eingesetzt werden kann.
2. Menschen, für die UK eine Unterstützung beim Lautspracherwerb darstellt bzw. für die bestehende, aber schwer verständliche oder (noch) nicht komplett entwickelte Lautsprache ergänzt werden kann.
3. Menschen, für die UK eine Ersatzsprache darstellt, d. h. bei denen trotz Möglichkeiten zur Produktion von Lautsprache selbige nicht der bevorzugte Weg der Kommunikation ist und UK hier eine Alternative zur Kommunikation darstellt.

Die Zielgruppenbeschreibung macht deutlich, dass auch beim Erwachsenwerden ein breites Spektrum an Personen, die auf UK angewiesen sein können, besteht. Die Frage, ob eine Person dabei als kompetenter Gesprächspartner wahrgenommen wird, ist damit nicht lediglich über personale Kompetenzen zu beantworten. Bereits 1989 entwickelt Light (1989, 138) ein Modell der kommunikativen Kompetenz, welches heute international anerkannt und verbreitet ist (s. auch unten). Kompetente Kommunikation wird dabei von Light als gelingende Alltagskommunikation beschrieben, d. h. wenn Menschen ihre Kommunikationsform(en) adäquat und entsprechend den Erfordernissen der jeweiligen Situation sowie der beteiligten Gesprächspartner*innen verwenden können. Light (2003) führt ergänzend aus, dass der Erwerb kommunikativer Kompetenz auf Seiten des Umfelds zudem von einer Reihe an Förderfaktoren und Barrieren abhängig ist (z. B. Einstellungen, Wissen/

Können, Vorhandensein adäquater Hilfen und Wortschätze) und auf Seiten der unterstützt kommunizierenden Person von verschiedenen psychosozialen Faktoren wie Motivation, Einstellung, Selbstvertrauen und Resilienz.

Das Modell der kommunikativen Kompetenz bildet eine Grundlage, auf der beschrieben werden kann, welche Fähigkeitsbereiche berücksichtigt werden müssen, um Personen mit Bedarf an UK dabei zu unterstützen, dass sie sich zu kompetenten Gesprächspartner*innen im Alltag entwickeln können.

2.1 Methoden und Medien der UK

Zur Einteilung des breiten Spektrums an Modalitäten und Medien der UK existieren verschiedene Systematiken. Eine wiederkehrend beschriebene unterscheidet körpereigene und körperferne Verfahren (siehe Abb. 3).

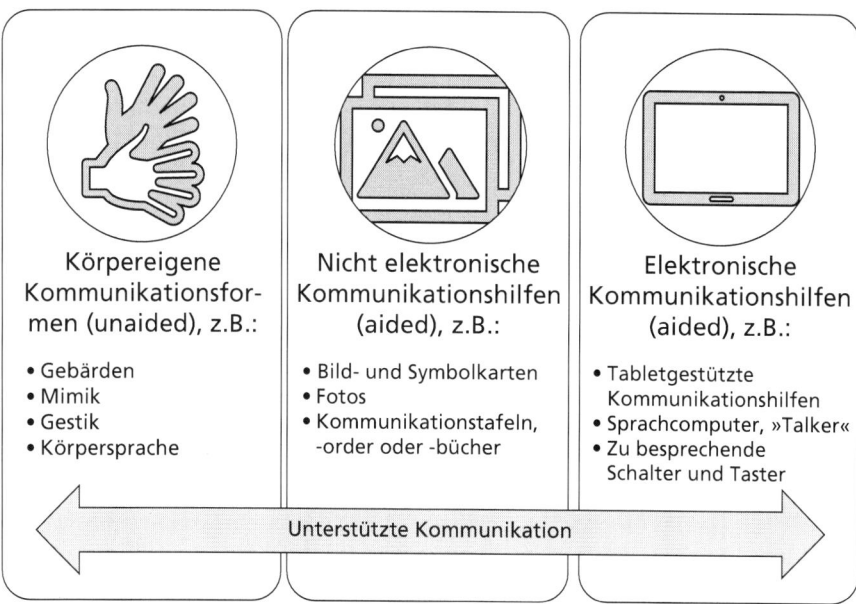

Abb. 3: Formen der UK (Sachse & Bernasconi, 2024)

Körpereigene (unaided) Verfahren bezeichnen Kommunikationsmöglichkeiten, bei denen zum einen in einem weit gefassten Kommunikationsbegriff jedwede Informationsvermittlung als kommunikativer Akt verstanden wird. ›Basale‹ Kommunikationsformen haben ihren Ausgangspunkt häufig an der Körperlichkeit einer Person. Dabei geht es zunächst darum, sich wahrgenommen zu fühlen, Selbstwirksamkeit zu erleben und Eindeutigkeit in der Kommunikation herzustellen.

Externe Hilfen (aided) bezeichnen alle Medien der UK, welche nicht direkt mit dem Körper umgesetzt werden. Hier wird häufig noch die Unterscheidung in elektronische und nicht-elektronische Hilfen getroffen.

Nicht-elektronische Hilfen funktionieren ohne Batterie bzw. Strom. Dazu gehören zum einen greifbare Symbole, z. B. verkleinerte Darstellungen von Objekten oder reale Objekte, die als Zeichen für einen Realgegenstand oder eine Situation verwendet werden. Diese ›Ankündigungszeichen‹ oder ›Ankündigungsobjekte‹ sind ebenfalls bereits auf einer sehr frühen Stufe der kommunikativen Entwicklung einsetzbar. Greifbare Symbole sind zudem besonders geeignet für Sehbehinderte oder blinde Personen. Den umfangreichsten Teil der nicht-elektronischen externen Hilfen stellen grafische Symbole beziehungsweise Symbolsysteme dar. Das Spektrum an Möglichkeiten, die hier gegeben werden, ist sehr breit und reicht von einfachen Bebilderungen bis hin zu komplexen Wortschatz-strukturierenden Medien mit umfangreichen Symbolsammlungen. Die Symbole können zum Beispiel auf Kärtchen oder in kleinen Mappen angeordnet werden, wobei Zeichnungen, Piktogramme oder auch abstrakte Symbole eingesetzt werden können.

Externe elektronische Hilfen bezeichnen unterschiedliche Geräte, mit denen Nachrichten und Kommunikationsinhalte abgespielt und ausgetauscht werden können. Das Spektrum reicht hier von einfachen Tastern, welche mit Verbalsprache besprochen werden und die dann von den unterstützt kommunizierenden Personen abgespielt werden können, bis hin zu komplexen elektronischen Hilfen (sog. Talker bzw. PC-Systeme mit Sprachausgabe) mit einem umfänglichen Vokabular und vielfältigen syntaktischen und grammatikalischen Funktionen (Scholz & Stegkämper, 2022).

Einfache Hilfen können dabei über synthetische Sprache verfügen oder sie werden besprochen und wieder abgespielt. Insbesondere im Bereich der elektronischen Hilfen sind in den letzten Jahren viele Entwicklungen entstanden, welche das Spektrum der elektronischen Hilfen maßgeblich erweitert und verbreitet haben. Auch Tablet-gestützte Kommunikationshilfen, die z. B. auf iPad-Basis funktionieren und bei denen über eine App Wortschatzstrukturierung, Ansteuerung und Sprachausgabe realisiert werden, haben in den letzten Jahren eine immer größere Verbreitung gefunden. Elektronische Hilfen bieten damit vielfältige Möglichkeiten zur Kommunikation und zur Individualisierung der Kommunikationshilfen. Eine strukturierende und systematisierende Übersicht findet sich z. B. bei Boenisch et al. (2020).

Da aber selbst komplexe Kommunikationshilfen nicht alles denkbare und notwendige Vokabular abbilden, sind Menschen, die unterstützt kommunizieren, in hohem Maße von dem ihnen zur Verfügung gestellten Vokabular abhängig. Bei der Auswahl und für den erfolgreichen Einsatz einer Kommunikationshilfe ist entsprechend die Vokabularauswahl entscheidend. Umfangreiche Studien zum sogenannten Kernvokabular (z. B. Boenisch 2014) haben dabei zu einem Paradigmenwechsel in der Sprachförderung mit UK geführt. Das Kernvokabular bezeichnet die 200–300 am häufigsten verwendeten Wörter einer Sprache und macht dabei 80 % der Alltagssprache aus. Es wird unabhängig von der individuellen Lebenssituation und vom Thema hochfrequent und flexibel eingesetzt. Das Kernvokabular besteht aus im Schwerpunkt aus Pronomen, Hilfsverben, Adverbien, Präpositionen, Artikeln und Konjunktionen und wird nur durch einzelne Nomen, Verben und Adjektive ergänzt. Das Randvokabular bildet den Rest des Wortschatzes einer Person und ermöglicht eine themenspezifische Kommunikation. Das Kernvokabular ist aber nicht nur aufgrund seiner häufigen Nutzung so relevant, sondern auch »weil man z. B. mit Substantiven zwar etwas benennen oder einfordern, aber kaum verschiedene Kommunikationsfunktionen ausdrücken kann (z. B. verhandeln, begründen, etwas bestätigen)« (Boenisch & Sachse, 2020, 111). Entsprechend sollten die Erkenntnisse der vorliegenden Studien bei der Erstellung und Bereitstellung von Kommunikationshilfen immer berücksichtigt werden. Durch die Integration von Kernvokabular werden vor allem spontane und auf den situativen Kontext bezogene Kommunikation ermöglicht. Ist das Thema in der Kommunikationssituation gegeben, z. B. eine Situation, die eine Entscheidung erfordert, so kann mittels Lernvokabular schneller und zielgerichteter ein Beitrag im Sinne von z. B. Zustimmung oder Ablehnung, eine (Rück-)Frage oder ein Kommentar formuliert werden.

2.2 Unterstütze Kommunikation im Erwachsenenalter

Auch wenn sich die UK in den letzten Jahren in vielerlei Hinsicht weiterentwickelt hat, besteht für das Erwachsenenalter und insbesondere bei Erwachsenen Menschen mit geistiger Behinderung jedoch weiterhin ein Forschungsdesiderat.

Für erwachsene Menschen mit Bedarf an UK besteht dabei die besondere Herausforderung, dass sie oftmals durch fehlende Versorgung in der Kindheit und Jugend über kein oder nur ein eingeschränktes Kommunikationsmittel verfügen. Diese Menschen haben nach Sailer (2015) gelernt, dass sie nur eingeschränkt verstanden werden.

> »Um ihren Unterstützern einen Gefallen zu tun oder um nicht zu viel ›Umstände‹ zu verursachen, hören sich diese Menschen Popmusik an obwohl sie Volksmusik lieben und essen Käse statt Wurst, weil der Mitarbeiter vegetarische Kost gut findet. Sie wählen von den Dingen, die sie angeboten bekommen, oft das Letztgenannte aus, antworten häufig mit 'Ja' oder haben Strategien entwickelt, sich so zu entscheiden, dass nicht allzu viel Arbeit entsteht« (Sailer, 2015, 10 127 001).

Die so gelernte Hilfslosigkeit lässt sich im Erwachsenenalter oftmals nur schwer wieder aufbrechen, da insbesondere spezifische Materialien und Hilfen für diese Lebensphase nur randständig existieren.

Dabei sollte auch im Erwachsenenalter und bei alten Menschen mit geistiger Behinderung das Thema Kommunikation als zentrales behandelt werden. Dudichum (2015) nennt hier zwei pragmatische Gründe:

1. Im fortgeschrittenen Alter werden alternative Kommunikationsmöglichkeiten aufgrund von häufig entstehenden zusätzlichen Seh- oder Hörbeeinträchtigungen zunehmend wichtig, um eigene Interessen Themen und Wünsche zu äußern und die Umwelt zu verstehen
2. Bei altersbedingten Erkrankungen gehen oftmals auch Sprechfähigkeit oder Sprachfertigkeiten verloren.

Aus diesen Gründen ist davon auszugehen, dass die Anzahl der Menschen, die im Alter ein alternatives oder ergänzendes Angebot zur Kommunikation benötigen, eher ansteigt als sinkt.

Zwar erhält das Thema UK durch die zunehmende Anzahl von entstehender Behinderung im Alter, z. B. Demenzerkrankten, Menschen mit Verlust der Sprechfähigkeit z. B. infolge von Schädel-Hirn-Traumata, Menschen mit progredienten Erkrankungen (Multiple Sklerose, Amyotrophe Lateralsklerose, etc.) sowie einer wachsenden Zahl an immer älter werdenden Menschen mit bestehender (komplexer) Behinderung, etwas mehr Aufmerksamkeit, es gibt aber bisher keine validen Zahlen über den Anteil der alten Menschen mit einer Behinderung mit Einschränkungen im Bereich der Kommunikation. Hinzu kommt, dass das Thema UK im Erwachsenenalter zwar vereinzelt Thema von Veröffentlichungen ist, bisher aber »keineswegs als Versorgungs*standard*« (Liehs & Giehl, 2020, 280, Hervorhebung im Original) für erwachsene Menschen mit Bedarf an UK oder erworbenen Erkrankungen, die mit Einschränkungen der Sprache und des Sprechens einhergehen, erkennbar ist.

Dabei ergeben sich vielfältige Anwendungsbereiche und -felder für erwachsene Menschen mit Bedarf an UK, z. B. bei Menschen mit zusätzlichen oder entstehenden neurologischen Erkrankungen (z. B. nach Unfällen, Schlaganfall, Schädel-Hirn-Trauma etc.), fortschreitenden neurologischen Erkrankungen oder bei unfallbedingten oder auftretenden Erkrankungen der Sprechorgane.

Hinzu kommt das breite Feld der altersbedingten Erkrankungen, von denen die häufigsten die demenziellen Erkrankungen sind. Diese gehen nahezu immer mit Einschränkungen in der Kommunikationsfähigkeit einher. Menschen mit geistiger Behinderung haben ein erhöhtes Risiko, an Demenz zu erkranken (Murray et al, 2022) oder demenzielle Erkrankungen weniger gut und kürzer zu kompensieren. Demenzerkrankungen treten entsprechend bei Menschen mit geistiger Behinderung im Schnitt früher und häufiger auf (Müller & Kuske, 2019). Dies trifft besonders auf Menschen mit dem Down-Syndrom zu. Sie erkranken oft schon ab dem 40. Lebensjahr und zwei bis dreimal häufiger an Alzheimer (Strydom et al, 2013). Mit dem Abbau geistiger Fähigkeiten wie Gedächtnisfähigkeit, Konzentrationsfähigkeit oder Aufmerksamkeitsfunktionen werden jedoch auch die Möglichkeiten zur aktiven und rezeptiven Kommunikation zunehmend eingeschränkt.

Dem Großteil der komplex behinderten Menschen ohne Lautsprache kann mit klassischer Sprachtherapie nicht geholfen werden, bei den meisten kommt sie erst gar nicht zum Einsatz. Gleiches gilt für Menschen mit erworbenen Sprach- und Sprechstörungen wie Aphasie z. B. nach einem Schädel-Hirntrauma. Auch hier existieren nur z. T. spezifische Materialien und Konzepte zur Begleitung und Unterstützung der kommunikativen Teilhabe im Alltag in Ergänzung zur klassischen Sprachtherapie.

Gerade für alte Menschen mit geistiger und komplexer Behinderung sind Kommunikationsbarrieren eine besondere Herausforderung (Haveman & Stöppler, 2021). Nicht lautsprachlich kommunizierende Menschen stehen in der Gefahr, schnell vernachlässigt zu werden, da professionellen und privaten Bezugspersonen die Kommunikation mit ihnen schwerfällt, kommunikative Bedarfe nicht erkannt werden oder schlichtweg Handlungskonzepte fehlen. Häufig ist die Ursache für einen Rückgang der Kommunikation oder Schwierigkeiten mit selbiger nicht alleine eine körperliche Einschränkung, sondern es kommen auch psychische Ursachen – teilweise medikamentös bedingt – hinzu (Mutismus, Depression). Die Ursachenforschung für einen Rückgang kommunikativen Verhaltens ist dabei oftmals erschwert, weil pflegende Angehörige oder weitere Bezugspersonen nicht mehr leben. Weiterhin erschwerend sind Umzüge zu Wohnheimen anderer Träger ohne entsprechende Übergabedokumente, die sich auf die Kommunikation beziehen, wodurch die Mitarbeitenden oftmals nur wenig Wissen über die tatsächlichen kommunikativen Möglichkeiten einzelner Bewohner*innen erfahren. Aus vielen Berichten ist bekannt, dass langjährig aufgebaute Kommunikationsformen aus Unwissenheit dann wieder verkümmern. Umgekehrt zeigt sich, dass der Aufbau von Kommunikationsmöglichkeiten den Abbau von Verhaltensauffälligkeiten deutlich begünstigt, da Personen wieder Wünsche, Unmut oder Gedanken äußern sowie bei der Planung ihres Alltags beteiligt werden können. Erschwerend kommt hinzu, dass die Symptome der Demenz häufig erst später erkannt werden und zunächst als Verhaltensauffälligkeiten interpretiert werden (Müller & Wolff, 2012).

Kommunikative Bedarfe von Menschen mit komplexer Behinderung stellen dann einen nochmals sensibleren Bereich in der Begleitung und Unterstützung dar, da sie häufig nicht nur ohne Lautsprache, sondern körpersprachlich, körpereigen und sehr individuell realisiert werden können. Im Alter können sich die Kommunikationswege durch das »grundsätzlich erhöhte Risiko altersbedingter Erkrankungen« (Müller & Kuske, 2019, 90) wie z. B. sich verstärkende kognitive Einschränkungen, Demenz, oder Epilepsie oder durch den Bedarf an bestimmten Medikamenten zusätzlich verändern, so dass z. B. symbolbasierte Kommunikation ab einem bestimmten Zeitpunkt nicht mehr möglich ist.

Entsprechend gilt es für die professionellen Bezugspersonen, das eigene kommunikative Verhalten anzupassen sowie kommunikative Prozesse wertschätzend und sensibel zu begleiten. Insbesondere die gezielte Nutzung nonverbaler Kommunikationsformen sowie der Einsatz spezifischer Materialien aus dem Bereich der Unterstützten Kommunikation gewinnen dabei an Bedeutung.

3 Handlungsempfehlungen beim Umgang mit erwachsen werdenden Menschen mit geistiger Behinderung und Einschränkungen der Kommunikation

3.1 Transitionen als Schlüsselstelle

Zentrales Thema im Kontext der Kommunikationsunterstützung im Erwachsenenalter ist die Gestaltung von Übergängen. Dabei geht es nicht nur um den Wechsel von z. B. der Schule in das nachschulische Leben, sondern auch um Transitionen zwischen Handlungsfeldern oder auch innerhalb eines Handlungsfeldes (z. B. beim Wechsel einer Wohnform). Auch hier fehlen weitere Analysen von Übergängen, die sich nicht speziell auf den Übergang von Jugend zu Erwachsenenalter, sondern auch auf Übergänge im Erwachsenenalter beziehen. Transitionsprozesse beinhalten grundsätzlich die Gefahr, dass bisherige kommunikative Kompetenzen und Unterstützungsmaßnahmen nicht gut in ein anderes System übertragen werden können. Mögliche Gründe können die fehlende Kontinuität der Interventionen beim Übergang sein, aber auch veränderte Kommunikationssituationen und -kontexte. Einen besonderen Stellenwert haben darüber hinaus veränderte und z. T. ausbleibende Unterstützungsmaßnahmen der Bezugspersonen bzw. nicht vorhandenes Wissen über individuelle Kommunikationsmuster und -formen oder auch in der Vergangenheit bereits erfolgte Versorgungen auf Seiten der neuen fachlichen Begleitungen.

Übergänge sollten entsprechend systematisch geplant und umgesetzt werden, um Kommunikationsmöglichkeiten zu erhalten und weiter auszubauen. Dabei spielen insbesondere folgende Aspekte eine wichtige Rolle:

- Bisherige kommunikative Kompetenzen der Personen inkl. ggf. idiosynkratrischer Kommunikationsformen erfassen und dokumentieren (z. B. im Ich-Buch, s. u.)
- Unterstützungsaspekte von Seiten der privaten und professionellen Bezugspersonen dokumentieren und an neue Handlungsfelder übermitteln (z. B. Mitnutzen der Gebärden bei der Begrüßung)
- Art der Nutzung von spezifischen Hilfsmitteln erläutern und dokumentieren (z. B. welche Symbolkarten werden genutzt, wann wird eine elektronische Kommunikationshilfe eingesetzt, welche Gebärden sind bekannt).

Mögliche Hilfestellung bei der Planung von Transitionen sind z. B. die Nutzung von Dokumentationsmaterialien wie z. B. die Übergangsbögen von Vollert & Leber (2011) oder die von Erdèlyi et al (2015) entwickelte Oldenburger Box of Tools (OLBoT) zur Gestaltung von u. a. Übergängen. Ziel der systematischen Planung von Transitionen ist vor allem, Abbrüche in der kommunikativen Unterstützung zu verhindern und gleichzeitig erreichte Kompetenzen in das neue System zu integrieren. Insbesondere mit Blick auf Menschen, die lange Zeit nur über ein unzureichendes Kommunikationssystem verfügt haben, sollten neue Impulse dabei vorsichtig und mit ausreichend Zeit eingebracht werden. Es empfiehlt sich hier, anregende Angebote und Lernerfahrungen des Verstandenwerdens durch zurückhaltende, aber eindeutige, ggf. multimodale Anregungen und Angebote sowie Priorisierungen der Angebote zu unterstützen (Sailer, 2015).

Eine übergreifende Möglichkeit, Übergänge systematisch und pragmatisch zu planen sowie eine alltagsorientierte Interventionsplanung umzusetzen, bietet z. B. das ABC-Modell.

Das ABC-Modell (Sachse & Bernasconi, 2020) versucht einen einfachen Weg zu zeigen, wie UK-Interventionen mit Blick auf den Alltag und ihre Umsetzbarkeit geplant werden können. »Gute« UK-Interventionen sind vor allem jene, die zu einer »verbesserten Alltagskommunikation« (Light 1989) führen und einen wirklichen Mehrwert für alle beteiligten Personen haben. Es geht demnach nicht nur um vermehrte Teilhabe für die unterstützt kommunizierende Person, sondern immer auch um das Umfeld (Bernasconi & Terfloth, 2020).

Kommunikative Kompetenz von Menschen wird in dieser Denkweise nicht als isolierte Fähigkeit gesehen, sondern »als interpersonales Konstrukt verstanden, in dem auch Aspekte der Umwelt sowie Einstellungen und Fähigkeiten der Kommunikationspartner*innen eine Rolle spielen« (Bernasconi & Sachse, 2023).

Um UK-Interventionen systematisch zu planen, orientiert sich das ABC-Modell an anderen bestehenden Modellen, die Teilhabe und kommunikative Kompetenz bereits beschrieben und in Teilen operationalisiert haben. Für die Frage nach sinnvollen Aktivitäten im Alltag wird die ICF-(CY) genutzt, zur Planung spezifischer Ziele im Bereich der UK das Modell der Kommunikativen Kompetenz (Light 1989). Im ABC-Modell werden diese Modelle zusammengeführt und liefern so eine konzeptionelle Grundlage zur systematischen Interventionsplanung mit Blick auf die Umsetzung im Alltag (weiterführend: Bernasconi & Sachse, 2021; 2023).

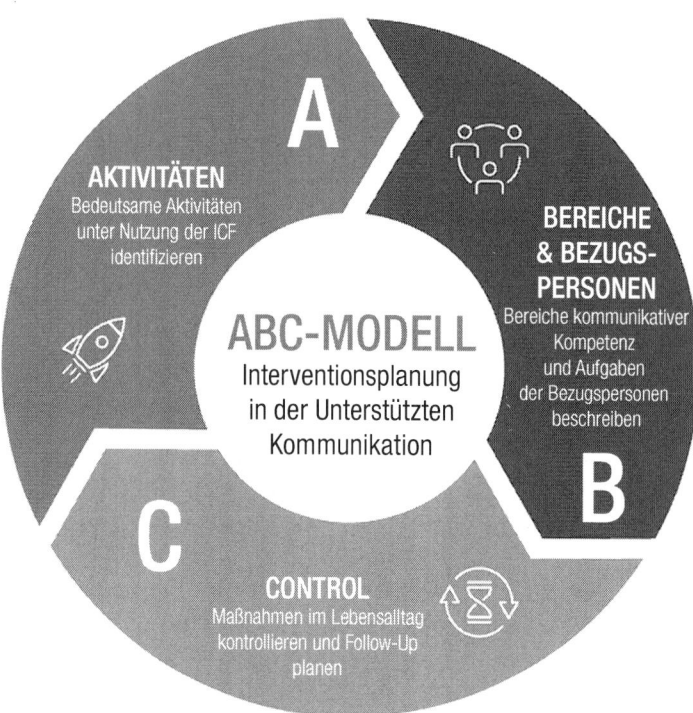

Abb. 4.: Zirkuläres ABC-Model zur Interventionsplanung

Das Kürzel ABC steht dabei für:
A = *Aktivitäten* beschreiben. Dies ist der Ausgangspunkt der Interventionsplanung.
B = Ziele anhand der *Bereiche* kommunikativer Kompetenz *beschreiben* und Aufgaben der *Bezugspersonen* festlegen. Hier werden die praktischen Maßnahmen geplant und konkrete Ziele aufgestellt.
C = Kontrolle (*control*) der Maßnahmen im Alltag durch Evaluation der Interventionsplanung sowie *continue*, d. h. Weiterentwicklung der Förderideen, Fortsetzung der Interventionsplanung.

Mit dem ABC-Modell können gerade im Erwachsenenbereich UK-Maßnahmen kleinschrittig und mit Blick auf die jeweiligen Bedarfe der Person und ihres privaten und professionellen Umfelds beschrieben und geplant werden.

3.2 Hilfreiche Methoden bei der Umsetzung

3.2.1 Biografiearbeit

Um Menschen mit geistiger Behinderung mehr Selbst- und Mitbestimmung im Alltag zu ermöglichen, bedarf es auch eines Mehr an Aufmerksamkeit für die subjektive Lebenserfahrung der Person. Nur dieses Wissen ermöglicht eine professionelle Begleitung, die sich (auch) an den Wünschen der Personen orientiert. Gleichzeitig erhöht ein individuelles biografisches Wissen auch die Qualität pädagogischer Praxis, da Angebote individuell passender gestaltet werden können.

Zur Annäherung an die Lebenserfahrungen einer Person und die strukturierte Auseinandersetzung mit dem individuellen Lebensweg, der jeweiligen Umwege, Hindernisse, Neuanfänge und Perspektiven können die Methoden der Biografiearbeit genutzt werden. Diese versteht sich als »strukturierte Methode in der pädagogischen und psychosozialen Arbeit, die Kindern, Jugendlichen, Erwachsenen und alten Menschen ermöglicht, frühere Erfahrungen, Fakten, Ereignisse des Lebens zusammen mit einer Person ihres Vertrauens zu erinnern, zu dokumentieren, zu bewältigen und zu bewahren. Dieser Prozess ermöglicht Menschen, ihre Geschichte zu verstehen, ihre Gegenwart bewusster zu erleben und ihre Zukunft zielsicherer zu planen« (Lattschar & Wiemann, 2013, 13). Die im Kontext der Biografiearbeit angeleitete Reflexion der Vergangenheit dient dazu, Gegenwart zu verstehen und Zukunft zu gestalten. Durch die Annäherung an die individuelle Lebensgeschichte entstehen so auf der einen Seite für die Person Erkenntnisse über ihr Gewordensein, auf der Seite der Fachkräfte dagegen kann ein Wissenszuwachs über die Person erreicht, neue Perspektiven eröffnet und Handlungspotenziale erweitert werden. Dazu gehört auch der Bereich der Kommunikation, indem im biografischen Arbeiten Hintergrundinformationen über die Person erhoben werden.

Biografischen Methoden kommt insbesondere im Bereich der Übergangsgestaltung und dem (neu) Kennenlernen einer Person ein hoher Stellenwert zu. Durch biografisches Arbeiten können zentrale Themen einer Person identifiziert werden und so Kommunikationsanlässe geschaffen werden. Ferner können Kommunikationssituationen identifiziert werden, aber auch ggf. negative Erlebnisse mit Kommunikation oder misslingender Interaktion wahrgenommen und beachtet werden.

Stehen Erlebnisse und Ereignisse des Lebens in Form von schriftlichen Dokumenten, Fotos, Gegenständen sowie weiteren Materialien zur Verfügung, kann darüber Kommunikation und Interaktion entstehen.

Im Kontext der Arbeit mit Menschen mit komplexer Behinderung macht Lindmeier (2016) deutlich, dass auch mit diesen Menschen biografisch gearbeitet werden kann, sofern sich Fachkräfte auf die Methoden von z. B. der Senso-Biografie einlassen. Ferner spielen die Anerkennung, dass Menschen sich erinnern können, bedeutsame Dinge im Leben individuell unterschiedlich sind und die Erinnerung nicht konsistent ist, d. h. sich durchaus an verschiedenen Tagen unterscheiden kann, eine wichtige Rolle.

Als Möglichkeit, sich intensiver mit der Biografie einer Person auch mit komplexer Behinderung auseinanderzusetzen, kann hier auch auf das Konzept der Intensive Interaction (Hewett, 2018) zurückgegriffen werden. Zentral ist dabei, offen und zugänglich zu sein, sich ganz auf die Person einzustellen und Pausen in der Kommunikation zuzulassen und auszuhalten (Grans et al, 2019), um zunächst einen Dialog aufzubauen und so weitergehend auch biografische Informationen zu erhalten.

3.2.2 Talking Mats

Eine weitere Methode, mehr Kommunikation und Selbstbestimmung im Erwachsenenalter zu ermöglichen, stellen die 1996 und 1999 von Sprachtherapeut*innen der Stirling University in Schottland entwickelten Talking Mats dar. Diese haben das Ziel, Einschätzungen von Personen mit eingeschränkter Lautsprache oder kognitiver Beeinträchtigung durch Visualisierung zu ermöglichen (Murphy, 1998; Murphy et al, 2018).

Ausgehend von einer spezifischen visuellen Struktur wird gemeinsam eine Bewertung von individuell relevanten Themen vorgenommen. Die visuelle Struktur sowie die spezifische Methodik in der Umsetzung versucht, Erinnerungsleistungen zu reduzieren, Ablenkbarkeit zu vermindern und Verstehen durch das Ansprechen unterschiedlicher Sinneskanäle zu erhöhen (Mischo 2020, 16).

Durch die Talking Mats kann z. B. ein Thema durch offene Fragen und die Visualisierung von Unteraspekten dieses Themas besprochen werden. Durch den angestoßenen Kommunikations- und Denkprozess wird es möglich, eine eigene Meinung zu einer Thematik zu finden oder zu äußern. Entsprechend ergeben sich hier Überlappungen zur Biografiearbeit. Die Ideen und Meinungen werden auf einer Talking Mat dann mittels einer Skalierung (z. B. »gut«/»mittel«/»schlecht« oder »klappt«/»klappt manchmal«/»klappt nicht«) visualisiert und auf eine »mat« (z. B. eine Teppichfliese) geheftet.

Ein Gespräch mit einer Talking Mat besitzt dabei einen festen Ablauf:

- Vorstellung des Themas und der beteiligten Personen
- Erläuterung der Einschätzungs-Skala
- Besprechen der Platzierungsoptionen auf der Skala
- Frage nach fehlenden Aspekten durch den Einsatz von Leerkarten
- Besprechung der Matte im Gesamtbild, Möglichkeit zur Umgestaltung
- Festhalten des Ergebnisses z. B. durch ein Foto und Vereinbarung weiterer Schritte oder Termine (Murphy et al., 2018; Bernasconi, 2023).

Dieser Ablauf kann natürlich angepasst werden. Auch bezüglich der inhaltlichen Gestaltung bei der Nutzung der Methode werden keine Grenzen festgelegt. Lediglich die Grundstruktur aus Fragen, Einschätzungsskala und Visualisierung bleibt erhalten.

3.2.3 Ich-Bücher

Das in der UK seit Längerem bekannte und in der Praxis zum Teil weit verbreitete Ich-Buch stellt im Kontext von Kommunikationsunterstützung bei erwachsenen Menschen mit geistiger Behinderung eine zentrale Möglichkeit dar, eine Person zunächst über ihre kulturelle und soziale Verbundenheit kennenzulernen und darauf aufbauend Unterstützungsideen zu entwickeln. Braun und Vollbracht (2009, 33) beschreiben den Zweck eines Ich-Buches darin, »die zentralen Informationen über den Besitzer dieses Buches an neue und unvertraute Partner weiterzugeben«. Ein Ich-Buch kann demnach zum einen eher ›passiv‹ genutzt werden, wenn es essenzielle Informationen enthält, um im Tagesablauf auch bei wechselnden Bezugspersonen Kontinuität und Stabilität in der Unterstützung zu gewährleisten. Ein Ich-Buch kann jedoch auch aktiv zum Erzählen, zur Selbstdarstellung oder zur Erläuterung von Erlebnissen, Vorlieben oder Abneigungen etc. genutzt werden. Entsprechend ist es wichtig, dass das Ich-Buch ein persönliches Dokument ist, welches die betreffende Person aktiv mitgestalten kann. Die Einbindung der betreffenden Person stellt dabei mitunter zwar eine Herausforderung dar, gleichzeitig ist sie als Chance zu betrachten, aktiv und alltäglich etwas übereinander zu lernen. Wird beispielsweise eine Seite über Freizeitaktivitäten angelegt, ermöglicht bereits die gemeinsame Erstellung der Seite die Verifizierung von subjektiven Interpretationen oder einen (beginnenden) Austausch mit der Person: »Ist Schwimmen wirklich die bevorzugte Freizeitaktivität? Und woran machen unterschiedliche Bezugspersonen diese Annahme fest? Wie reagiert die betreffende Person auf unterschiedliche Anregungen (z. B. Fotos, Geräusche, Gerüche, taktile Reize wie Schwimmhose, Handtuch etc.) im Zusammenhang mit dem Schwimmen und wie interpretieren die verschiedenen Bezugspersonen die Äußerungen der betreffenden Person?« (Bernasconi, 2015). Ich-Bücher können entsprechend nicht kurzfristig erstellt werden, sondern erfordern Planung, Vorbereitung und Zeit. Ich-Bücher stellen dennoch eine pragmatische und vor allem vielfach zu gestaltenden Möglichkeit dar, individuelle Besonderheiten und Eigenschaften einer Person festzuhalten und gleichzeitig zum Gegenstand von Kommunikation zu machen.

Ich-Bücher, die wichtige Themen der Person enthalten, aber vor allem auch »Informationen über Kommunikationsmöglichkeiten und Hilfestellungen im Alltag, sind für die Gewährung der größtmöglichen Selbstbestimmung [hinsichtlich kommunikativer Potentiale] von großer Wichtigkeit« (Birngruber, 2010, 150). Zudem sind sie ein wichtiges Mittel zur Gestaltung von Übergängen und sie können im Kontext biografischer Arbeiten eingesetzt werden.

Von Vorteil ist dabei, dass es keine feste Struktur oder Vorgabe gibt, wie ein Ich-Buch zu gestalten ist. Dies kann jedoch auch – gerade bei ungeübten oder bisher nur wenig in Kontakt mit UK gekommenen Bezugspersonen – eine Herausforderung darstellen. Hier empfiehlt es sich, Ich-Bücher gemeinsam entstehen zu lassen. Die Praxis zeigt letztlich oftmals, was funktioniert und an welchen Stellen bzw. in welchen Situationen das Ich-Buch hilfreich oder eben nicht hilfreich für die Person und den Kontext ist.

4 Ausblick

Die spezifischen Methoden zur Kommunikationsunterstützung, aber auch grundlegende Medien und Materialen aus dem Bereich der UK sollten ihre Anwendung vor allem im Alltag haben. Das bedeutet, dass es auch im Erwachsenenalter nicht darum geht, isolierte individuelle Förderung im Bereich der Kommunikation anzubieten, sondern durch UK Verstehen und Verständigung im Alltag zu unterstützen.

Bezüglich UK im Erwachsenenalter ergeben sich unterschiedliche Anwendungsfelder und Aufgaben für die Zukunft. Zunächst soll betont werden, dass die vorgestellten Methoden zwar in sich einer spezifischen Struktur folgen, dennoch immer mit Blick auf den Einsatz im Alltag gedacht werden sollten. Gerade wenn sich vertraute Umgebungen ändern, neue Alltagsherausforderungen durch veränderte Kontexte entstehen oder sich kommunikative Möglichkeiten von Menschen durch altersbedingte Erkrankungen verringern, ist es umso zentraler, dass sich die Menschen dennoch kompetent in ihrer Kommunikation erleben. Dazu gehört es, orientiert zu sein, wichtige Dinge zu äußern, sich nicht ausgeliefert zu fühlen oder über interessante Dinge zu sprechen (Beer & Geller, 2019).

Konkrete Unterstützung im Alltag kann z. B. bedeuten:

- Visualisierung von Tagesplänen, Aufgaben etc.
- Darstellen von Handlungsabläufen und Routinen
- Bebilderung und Beschriftung von Räumen, Türen und Schränken
- Anlegen eines Tagebuchs mit wichtigen Ereignissen (ggf. als Ergänzung oder in Kombination mit einem individuellen Ich-Buch)
- Bedeutsame Aktivitäten und Interessen bestimmen (z. B. mit Hilfe einer Talking Mat)
- Erinnerungsboxen mit Gegenständen, Bildern, Fotos als Kommunikationsanlass erarbeiten, bereitstellen und nutzen.

Übergreifend formulieren Murray et al (2021) Prinzipien, die helfen sollen, aktuelle kommunikative Kompetenzen zu identifizieren und zukünftige Ziele für erwachsene Menschen mit Bedarf an UK zu entwickeln. Auch wenn die Hinweise vor allem aus dem Kontext von Menschen mit Demenzerkrankungen erstellt sind, können sie gut auf allgemeine Anforderungen im Bereich von Kommunikationsunterstützung im Erwachsenenalter übertragen werden und als allgemeine Prinzipien zur Unterstützung, Erhaltung und Erweiterung von kommunikativen Kompetenzen bei erwachsenen Menschen mit geistiger Behinderung beschrieben werden.

- Prinzip 1: Anpassung von bisherigen Maßnahmen der UK an neue Kontexte und Lebenssituationen
- Prinzip 2: Orientierung an evidenzorientierten Ergebnissen bzw. Best Practice für den Bereich erwachsener Menschen mit Bedarf an UK
- Prinzip 3: Auswahl neuer UK-Medien und Materialien in Abhängigkeit aktueller Fertigkeiten und zukünftiger Bedarfe
- Prinzip 4: Die Rolle der Bezugspersonen bei der Unterstützung im Bereich UK mitbedenken
- Prinzip 5: Interaktionsmöglichkeiten in unterschiedlichen Kontexten (Alltag, Freizeit, Arbeit, Wohnen etc.) zur Verfügung stellen
- Prinzip 6: Interventionen und Ziele aus der Perspektive der Person mit UK-Bedarf heraus formulieren.

Als ergänzendes siebtes Prinzip soll die Einbindung von Schriftsprache auch für erwachsene Menschen bei den UK-Interventionen eingeführt werden. Ohne dies hier auszuführen, muss betont werden, dass letztlich nur die Schriftsprache eine wirklich freie Kommunikation ermöglicht und zudem erwachsene Menschen mit Bedarf an UK in ihrem Alltag vielfach auf schriftliche Informationen treffen, die gleichsam als Lernfeld und Möglichkeit der Partizipation gesehen werden können (weiterführend z. B. Matausch-Mahr, 2015 oder Sachse, 2020).

Darüber hinaus erscheint es essentiell, UK gerade bei erwachsenen Menschen nicht nur im institutionellen Kontext zu denken, sondern zunehmend den sozialen Nahraum mit zu erschließen. Mischo (2019) macht hier deutlich, dass kommunikativen Fähigkeiten von erwachsenen Menschen eine besondere Rolle mit Blick auf Partizipationschancen im alltäglichen Lebens- und sozialen Nahraum zukommt. Umso bedeutsamer scheint in diesem Kontext das Ergebnis von Lemler (2020), dass erwachsene unterstützt kommunizierende Menschen die Bedeutsamkeit ihrer Kommunikationshilfen vor allem mit Blick auf das individuelle Umfeld betonen und weitergehend Aspekte und Kontext des sozialen Nahraums, der Arbeit oder der Bildung nicht thematisieren. Gerade mit Blick auf das Erwachsenenleben ist jedoch die Möglichkeit zur (kommunikativen) Teilhabe an diesen Bereichen zentral sowohl für den Prozess des Erwachsenwerdens als auch für die Gestaltung des Erwachsenenlebens. Kommunikative Barrierefreiheit zu erleben, d. h. zu erleben, dass auch nicht bekannte Personen im sozialen Nahraum verstanden werden und als Kommunikations- und Interaktionspartner/-in in Frage kommen, kann als zentrale Entwicklungs- und Erfahrungsaufgabe für das Erwachsenenalter betrachtet werden.

Literatur

Beer, S. & Geller, R. (2019). Unterstützte Kommunikation bei Demenz. Hilfen im Alltag und bei der Kommunikation. In K. Ling & I. Niedeck (Hrsg.), *UK im Blick. Perspektiven auf*

Theorien und Praxisfelder in der Unterstützten Kommunikation (S. 58–67). Düsseldorf: verlag selbstbestimmtes leben.

Bernasconi, T. & Böing, U. (2015). *Pädagogik bei schwerer und mehrfacher Behinderung.* Stuttgart: Kohlhammer.

Bernasconi, T. & Sachse, S. K. (2024). UK-Interventionen systematisch planen mit dem ABC-Modell. *Lernen konkret,* 1, 30-33.

Bernasconi, T. & Sachse. S. K. (2021). Systematische Interventionsplanung in der Unterstützten Kommunikation mit dem ABC-Modell. *Sprachförderung und Sprachtherapie in Schule und Praxis, 10* (3), 176–185.

Bernasconi, T., Terfloth, K. (2020). Partizipation im Kontext von Unterstützter Kommunikation. In: J. Boenisch & S. K. Sachse (Hrsg.), *Kompendium Unterstützte Kommunikation* (S. 33–39). Stuttgart: Kohlhammer.

Bernasconi, T. (2015). Zu Besonderheiten in der Kommunikation mit Menschen mit schwerer und mehrfacher Behinderung. *Unterstützte Kommunikation 20* (1), 15–2.

Beukelmann, D. R. & Light, J. (2020). *Augmentative & Alternative Communication: Supporting Children and Adults with Complex Communication Needs.* Baltimore: Brookers Publishing.

Bgbl (2008). Gesetz zu dem Übereinkommen der Vereinten Nationen vom 13. Dezember 2006 über die Rechte von Menschen mit Behinderungen sowie zu dem Fakultativprotokoll vom 13. Dezember 2006 zum Übereinkommen der Vereinten Nationen über die Rechte von Menschen mit Behinderungen. Bundesgesetzblatt Teil II, Nr. 35, 1419–1457.

Birngruber, C. (2010). Das ›Ich-Buch‹ – eine individuelle Hilfe, um Informationen auszutauschen, Kommunikationsanlässe zu schaffen, Gemeinsamkeiten herzustellen. In G. Gruncik (Hrsg.), *Leben pur – Kommunikation bei Menschen mit schweren und mehrfachen Behinderungen* (S. 142–163). Düsseldorf: verlag selbstbestimmtes leben.

Boenisch, J. & Sachse, S. K. (2020). Kernvokabular – Bedeutung für den Sprachgebrauch. In J. Boenisch & S. K. Sachse (Hrsg.), *Kompendium Unterstützte Kommunikation* (S. 108–116). Stuttgart: Kohlhammer.

Boenisch, J., Willke, M. & Sachse, S. K. (2020). Elektronische Kommunikationshilfen in der UK. In J. Boenisch & S. K. Sachse (Hrsg.), *Kompendium Unterstützte Kommunikation* (S. 250–258). Stuttgart: Kohlhammer.

Boenisch, J. (2014). Kernvokabular im Kindes- und Jugendalter: Vergleichsstudie zum Sprachgebrauch von Schülerinnen und Schülern mit und ohne geistige Behinderung und Konsequenzen für die UK. *uk & forschung,* 4–23.

Braun, U. (2020). Entwicklung der Unterstützten Kommunikation in Deutschland – eine systematische Einführung. In J. Boenisch & S. K. Sachse (Hrsg.), *Kompendium Unterstützte Kommunikation* (S. 19–32). Stuttgart: Kohlhammer Verlag.

Braun, U. & Vollbracht, T. (2009). Ein Ich-Buch für Paule. *Unterstützte Kommunikation,* 2, 33–37.

Dudichum, W. (2015). Betreuung und Pflege von Senioren mit einer geistigen Behinderung – Möglichkeiten der Unterstützten Kommunikation. In Isaac-Gesellschaft für Unterstützte Kommunikation e.V. (Hrsg.), *Handbuch der Unterstützen Kommunikation.* Karlsruhe: von loeper Verlag. 17.022.001–17.028.001

Erdélyi, A., Mönck, M. & Thümmel, I. (2019). Die Oldenburger Box Of Tools für den Übergang von der Schule in den Beruf. In G. Antener, A. Bechschmidt & K. Lingk (Hrsg.), *UK wird erwachen. Initiativen in der Unterstützen Kommunikation* (S. 60–67). Karlsruhe: von loeper Verlag.

Fröhlich, A. (2015). *Basale Stimulation. Das Konzept.* Düsseldorf: verlag selbstbestimmtes leben.

Grans, A. L., Hansen, F. & Klug, S. (2019). Intensive Interaction das Alter im Blick – Falldarstellung Herr H. In K. Ling & I. Niedeck (Hrsg.), *UK im Blick. Perspektiven auf Theorien und Praxisfelder in der Unterstützten Kommunikation* (S. 43–57). Düsseldorf: verlag selbstbestimmtes leben.

Grans-Wermers, L., Klug, S. & Hansen, F. (2021). Intensive Interaction. *JuKiP – Ihr Fachmagazin für Gesundheits- und Kinderkrankenpflege, 10* (1), 21–26.

Haveman, M. & Stöppler, R. (2021). *Gesundheit und Krankheit bei Menschen mit geistiger Behinderung. Handbuch für eine inklusive medizinisch-pädagogische Begleitung.* Stuttgart: Kohlhammer.

Hewett, D. (2018). *The Intensive Interaction Handbook.* London: Sage Publications.

Klauß, T., Lamers, W., Janz, F. (2007). Kommunikation über Körperausdruck und Verhalten bei Menschen mit schwerer und mehrfacher Behinderung. *Behinderte Menschen,* (5), 36–53.

Lattschar, B., Wiemann, I. (2013). *Mädchen und Jungen entdecken ihre Geschichte. Grundlagen und Praxis der Biografiearbeit* (4. Auflage). Weinheim: Beltz.

Lemler, K. (2020). Zur Lebensbedeutsamkeit von elektronischen Kommunikationshilfen: Eine Studie mit und für Nutzer von Unterstützter Kommunikation. In. J. Boenisch & S. K. Sachse (Hrsg.), *Kompendium Unterstützte Kommunikation* (S. 296–303). Stuttgart: Kohlhammer Verlag

Light, J. (2003). Shattering the Silence: Development of Communicative Competence by Individuals Who Use AAC. In: J. Light, D. Beukelman & J. Reichle (Hrsg.), *Communicative Competence for Individuals Who Use AAC: From Research to Effective Practice* (S. 3–38). Baltimore, MD: Paul H. Brookes.

Light, J. (1989). Toward a Definition of Communicative Competence for Individuals Using Augmentative and Alternative Communication Systems. *Augmentative and Alternative Communication,* 5 (2), 137–144.

Lindmeier, C. (2016). Mit Menschen mit schweren und mehrfachen Beeinträchtigungen biografisch arbeiten – wie geht das? In T. Bernasconi & U. Böing (Hrsg.), *Schwere Behinderung & Inklusion. Facetten einer nicht ausgrenzenden Pädagogik* (S. 55–68). Oberhausen: Athena.

Mall, W. (2001). Basale Kommunikation – Sich begegnen ohne Voraussetzungen. In A. Fröhlich, N. Heinen & W. Lamers (Hrsg.), *Schwere Behinderung in Praxis und Theorie – ein Blick zurück nach vorn. Texte zur Körper- und Mehrfachbehindertenpädagogik* (223–234). Düsseldorf: verlag selbstbestimmtes Leben.

Matausch-Mahr, K. (2015). Leicht verständliche Sprache für unterstützt kommunizierende Erwachsene. In G. Antener, A. Blechschmidt & K. Lingk (Hrsg.), *UK wird erwachsen. Initiativen in der Unterstützen Kommunikation* (S. 137–159). Karlsruhe: von loeper Verlag.

Mischo, S. (2020). Talking Mats als Methode mit Potential zur partizipativen Forschung. *UK und Forschung, 10,* 14–24.

Mischo, S. (2019). Partizipationschancen und Partizipationshandeln von erwachsenen Menschen mit Lern- und Sprachschwierigkeiten. In K. Ling & I. Niedeck (Hrsg.), *UK im Blick. Perspektiven auf Theorien und Praxisfelder in der Unterstützten Kommunikation* (S. 217–230). Düsseldorf: verlag selbstbestimmtes leben.

Müller, S. V. & Kuske, B. (2019). Demenz. In T. Sappok (Hrsg.), *Psychische Gesundheit bei intellektueller Entwicklungsstörung* (S. 90–96). Stuttgart: Kohlhammer.

Müller, S. V. & Wolff, C. (2012). Demenzdiagnostik bei Menschen mit geistiger Behinderung. Ergebnisse einer Befragung. *Teilhabe 51,* 154–160.

Murphy, J., Mischo, S., Thümmel, I. & Erdélyi, A. (2018). Talking Mats: From Research to Practice – Talking Mats: Forschung für die Praxis. *Zeitschrift Unterstützte Kommunikation,* 1 (22), 48–53.

Murphy, J. (1998). Talking Mats: Speech and Language Research in Practice. *Speech and Language. Therapy in Practice,* 11–14.

Murray, J., Dada, S. & May, A. (2022). *Dementia and Augmentative and Alternative Communication.* Freiburg: Karger.

Sachse, S. K. & Bernasconi, T. (2024). Principles of Augmentative and Alternative Communication (AAC) Interventions. In A. Zehnhoff-Dinnesen, B. Wiskirska-Woznica, K. Neumann & T. Nawka (Hrsg.), *European Manual of Phoniatrics II.* Berlin. Heidelberg: Springer Nature (i.E.).

Sachse, S. K. & Bernasconi, T. (2020). Ziele formulieren und Maßnahmen beschreiben mit dem ABC Modell. In: J. Boenisch & S. Sachse (Hrsg.), *Kompendium Unterstützte Kommunikation* (S. 203–216). Stuttgart: Kohlhammer.

Sachse, S. K. (2020). Schriftspracherwerb kaum- und nichtsprechender Kinder und Jugendlicher. Besondere Herausforderungen und Lösungsansätze. In J. Boenisch & S. K. Sachse (Hrsg.), *Kompendium Unterstützte Kommunikation* (S. 338–346). Stuttgart: Kohlhammer.

Sailer, A. (2015): Gelernte Hilflosigkeit überwinden – Behutsame Anbahnung von Unterstützter Kommunikation mit Erwachsenen. In Isaac-Gesellschaft für Unterstützte Kommunikation e.V. (Hrsg.), *Handbuch der Unterstützen Kommunikation*. Karlsruhe: von loeper-Verlag. 10.127.001

Scholz, M. & Stegkemper, J. M. (2022). *Unterstützte Kommunikation. Grundfragen und Strategien.* München: Reinhardt.

Strydom, A., Chan, T., King, M., Hassiotis, A., Livingston, G. (2013). Incidence of Dementia in Older Adults with Intellectual Disabilities. *Research in Developmental Disabilities, 34,* 1881–1885.

Vollert, A. & Leber, I. (2011): Übergänge in der Unterstützten Kommunikation aktiv gestalten – Die UK-Übergabebögen. In: Isaac-Gesellschaft für Unterstützte Kommunikation e.V. (Hrsg.), *Handbuch der Unterstützen Kommunikation.* Karlsruhe: von loeper Verlag.

v. Tetzchner, S. & Martinsen, H. (2000). *Einführung in Unterstützte Kommunikation.* Berlin: edition sigma.

Walker, V. L. & Snell, M. E. (2013). Effects of Augmentative and Alternative Communication on Challenging Behavior: A Meta-Analysis. *Augmentative and Alternative Communication, 29*(2), 117–131.

Wilken, E. (2021). *Unterstützte Kommunikation* (6., überarbeitete Auflage). Stuttgart: Kohlhammer.

Sexualität bei erwachsen werdenden Menschen mit geistiger Behinderung zwischen Anforderungen, Bedürfnissen und Umsetzungen

Lena Grüter

1 Problematisierung

Das Erwachsenwerden und Erwachsensein kann als eine Phase des Umbruchs verstanden werden, die neue Anforderungen, Entwicklungsaufgaben und Erwartungen an die Persönlichkeit und die Identitätsbildung des Individuums mit sich bringt: alte Rollen müssen vollständig abgelegt und neue Rollen übernommen werden. Dabei stellen sich Fragen der Identitätsfindung und Identitätsbildung im Allgemeinen, die Fragen nach dem »Wer bin ich?« und »Wer soll ich sein?« ein, oder auch Fragen, die das Finden einer Geschlechtsidentität und Geschlechtsrolle beinhalten, wie z. B. die Frage nach dem »Wer will ich sein?«. Die Sexualität betreffende Aspekte im engeren und weiteren Sinne sind in all diesen Übergangs(an)forderungen und Fragen zwar enthalten, jedoch häufiger erst auf den zweiten Blick erkennbar.

Zugänglicher und offensichtlicher werden die Sexualität betreffende Aspekte in Betrachtung der emotionalen und/oder sexuellen Entwicklungsveränderungen und den damit assoziierten Anforderungen und Bedürfnissen: die Veränderungen des Körpers, die Relevanz der Optik im Sinne der Attraktivität, das selbstbestimmte Ausleben von Sexualität, die Neuausrichtung emotionaler Beziehungen oder die (Neu-)Definition von bestehenden Bindungen sowie Gedankengerüste oder Umsetzungen zum selbstbestimmten Auszug aus dem Elternhaus, zu einer vollständig selbstbestimmten Lebensführung und zur Familienplanung.

Die Übergangs(an)forderungen in Bezug auf Sexualität im Prozess des Erwachsenwerdens sind bei Menschen mit geistiger Behinderung nicht grundsätzlich anders, sie bedürfen jedoch zu ihrer Bewältigung mehr oder weniger ausgeprägte Assistenz und stoßen auf unterschiedlich starke Teilhabebarrieren. Jerosenko (2021, 9) führt zum Beispiel als spezifisch für Menschen mit komplexer Behinderung an, dass sie »Sexualität nur [erleben], wenn ihr Umfeld dies zulässt«. Nach Döring (2021, 134) gelten die Themen »›Sexualität‹ und ›Behinderung‹ [...] oft als eine Art ›Doppeltabu‹. Denn sowohl Sexualität als auch Behinderung sind bis heute teilweise mit Scham- und Schuldgefühlen, Unsicherheiten, Ängsten und Sprachlosigkeit umgeben«. Die Angewiesenheit auf Assistenz bei gleichzeitiger gesellschaftlicher Tabuisierung von Sexualität stellen ein Schlüsselproblem in den Wechselwirkungsprozessen der Teilhabe mit Blick auf Sexualität dar.

Im Folgenden wird multiperspektivisch aufgezeigt, welche Barrieren in der Sexualität und der sexuellen Gesundheit von erwachsen werdenden Menschen mit geistiger Behinderung wirken können und wie Teilhabeorientierung in diesem Kontext gestaltet werden kann.

2 Vielfalt menschlicher Sexualität im Lebenslauf

Sexualität ist nicht nur ein Thema einer Lebensphase, z. B. des Erwachsenwerdens oder Erwachsenseins, sondern begleitet den Menschen in unterschiedlichen Dimensionen und Gewichtungen durch sein ganzes Leben. Ortland (2020, 14) weist darauf hin, dass »Sexualität […] mehr [ist] als Geschlechtsverkehr«, was die Frage nach weiteren Facetten von Sexualität aufwirft. Der Weg des Erlebens und der Äußerung von Sexualität ist individuell und facettenreich und somit umfassender als die genitale Vereinigung (Schulz, 2022). Sexualität wird als komplexes Gebilde verstanden und bedarf daher einer terminologischen Einordnung, die den natürlichen Zusammenhang mit dem Menschsein einschließt: »Menschliche Sexualität ist ein natürlicher Teil der menschlichen Entwicklung in jeder Lebensphase und umfasst physische, psychische und soziale Komponenten« (World Health Organization [WHO], 1994). Sexualität spielt dabei in unterschiedlicher Ausprägung und Funktion eine Rolle, wenn sie grundsätzlich als eine Lebensenergie verstanden wird, die jeden Menschen ein Leben lang begleitet (Sielert, 2015). Als Lebensenergie kann Sexualität der Befriedigung von Bedürfnissen nach Lust, Zärtlichkeit und Leidenschaft dienen, beinhaltet aber auch Aspekte von kurz- oder langfristigen Beziehungs- und Bindungserfahrungen, die wiederum unmittelbar mit Bedürfnissen nach Nähe, Sicherheit, Zugehörigkeit, Akzeptanz und Geborgenheit verbunden sein können (Schulz, 2022, 91). Jennessen, Marsh, Schowalter und Trübe (2019, 9) betonen, und dies ist für diesen Beitrag von entscheidender Bedeutung, dass »Sexualität […] den gesamten Lebenslauf und [..] immer den ganzen Menschen [umfasst]«. Die menschliche Sexualität ist somit grundlegendes Gut und grundlegendes Bedürfnis des Menschen und verbunden mit Sozialisations- und Entwicklungsprozessen (Ehlers, 2021). Sie können für das Individuum verschiedene Spannungsfelder eröffnen, die sich in den unterschiedlichen Facetten der Sexualität für den erwachsen werdenden Menschen mit geistiger Behinderung auftun.

Die Vielschichtigkeit von Sexualität umfasst: a) den physischen Aspekt wie Empfindungen und physiologische Vorgänge, b) die Selbstrepräsentation und das innere Erleben wie Selbstbild, Affekte und Vorstellungen, c) die zwischenmenschlichen Beziehungen wie die Geborgenheit, d) kulturelle Einflüsse wie Vorurteile, Werte sowie Einstellungen zu Sexualität und Erotik und e) den gesellschaftlichen und politischen Kontext wie die Aufklärung, Machtstrukturen und Rechte (Bundeszentrale für gesundheitliche Aufklärung [BZgA], 2011, 18). Und obwohl Sexualität all diese Facetten umfasst, werden sie nicht unbedingt alle gleichzeitig erlebt oder ausgedrückt (Sielert, 2015). Die lebensphasenübergreifende und dem Menschen inhärente Perspektive auf Sexualität kann helfen, den vielfältigen Bedürfnissen gerecht zu werden, die sich daraus ergeben.

3   Sexualität aus der ICF-Perspektive

Nachdem die Auseinandersetzung mit sexualitätsbezogenen Themen lange gemieden wurde, rücken in Theorie und Praxis zunehmend Aspekte einer gesundheitsförderlichen Sexualität bei Menschen mit Behinderung in den Fokus der Betrachtung (Ortland & Jenessen, 2019).

Sexualität ist nach der Weltgesundheitsorganisation (WHO) lebenslang ein »zentraler Aspekt des Menschseins, […] der das biologische Geschlecht, die Geschlechtsidentität, die Geschlechterrolle, sexuelle Orientierung, Lust, Erotik, Intimität und Fortpflanzung einschließt. Sie wird erfahren und drückt sich aus in Gedanken, Fantasien, Wünschen, Überzeugungen, Einstellungen, Werten, Verhaltensmustern, Praktiken, Rollen und Beziehungen« (BZgA, 2011).

Die WHO definiert sexuelle Gesundheit als einen Zustand des körperlichen, emotionalen, geistigen und sozialen Wohlbefindens in Bezug auf die Sexualität und nicht nur das Fehlen von Krankheit. Sexuelle Gesundheit erfordert in ihrem Verständnis einen positiven und respektvollen Umgang mit Sexualität und sexuellen Beziehungen sowie die Möglichkeit, lustvolle und sichere sexuelle Erfahrungen zu machen, die frei von Zwang, Diskriminierung und Gewalt sind. Um sexuelle Gesundheit zu erreichen und zu erhalten, müssen die sexuellen Rechte aller Menschen respektiert, geschützt und verwirklicht werden (WHO, 2006).

Diese Definition beinhaltet eine umfassendere Sichtweise auf sexuelle Gesundheit als Teil der Gesundheit, die in der Internationalen Klassifikation der Funktionsfähigkeit, Behinderung und Gesundheit (ICF) als integraler Bestandteil menschlichen Erlebens und Ausdrucks verstanden wird.

Im Sinne der ICF umfasst sexuelle Gesundheit auf der Ebene der Aktivität und Partizipation z. B. die Fähigkeit, sexuelle Aktivitäten auszuüben, intime Beziehungen zu gestalten, die sexuelle Orientierung zu berücksichtigen und in die Gemeinschaft eingebunden zu sein. Die ICF-Kategorien der sexuellen Gesundheit können als Rahmen genutzt werden, um durch deskriptive Beschreibung des individuellen Teilhabekontextes die fördernden und hemmenden Faktoren in ihrer wechselseitigen Beeinflussung besser zu verstehen und daraus Teilhabebedarfe und Unterstützungsleistungen für die sexuelle Gesundheit abzuleiten.

Eine Studie von Areskoug Josefsson und Almborg (2021) untersuchte die Nützlichkeit der ICF im Kontext der sexuellen Gesundheitsversorgung und kam u. a. zu dem Schluss, dass die ICF durch die gemeinsame Sprache, d. h. die Verwendung der ICF-Terminologie, den gemeinsamen Austausch über sexuelle Gesundheit unterstützen kann.

In Bezug auf die Aktivität und Teilhabe kann der Teilhabebereich d5 »Selbstversorgung« relevant sein. Seit 2021 wird in der Kategorie »Für die eigene Gesundheit sorgen« (d570) der Teilhabeaspekt des »Umgangs mit der eigenen sexuellen Gesundheit« (d5706) geführt und beschrieben als »[f]ür sich selbst sorgen, indem man die sexuelle Aktivität für das körperliche, emotionale, geistige und soziale Wohlbefinden aufrechterhält oder verbessert, z. B. indem man Safer-Sex-Praktiken (einschließlich der Verwendung von Kondomen) anwendet und eine befriedigende sexuelle Aktivität ausübt« (Areskoug Josefsson & Almborg, 2021; WHO, 2021).

Hinsichtlich der Aktivität und Partizipation ist auch der Teilhabebereich d7 »Interpersonelle Interaktionen und Beziehungen« von Bedeutung, z.B. im Bereich des Eingehens einer intimen Beziehung (d770), was den Aufbau und die Aufrechterhaltung enger oder romantischer Beziehungen zwischen Individuen, z.B. Ehepartnern, Liebhabern oder Sexualpartnern, einschließt. Umweltfaktoren können sich ebenfalls fördernd oder hemmend auf die Teilhabe an sexueller Gesundheit auswirken, z.B. kulturelle Normen, Zugang zu Informationen, Diskriminierung aufgrund von Behinderung, Geschlecht oder sexueller Orientierung. Individuelle Einstellungen der unmittelbaren Familienmitglieder (e410) umfassen z.B. allgemeine oder spezifische Meinungen und Überzeugungen in Bezug auf die Person oder andere Angelegenheiten, die das individuelle Verhalten und Handeln beeinflussen können. Körperfunktionen und -strukturen umfassen die Funktionen des Fortpflanzungssystems, die Hormonproduktion und andere Körperfunktionen und -strukturen im Zusammenhang mit der sexuellen Gesundheit. In der individuellen Teilhabesituation könnten daher die Sexualfunktionen (b640) im Kontext des Geschlechtsaktes bedeutungsrelevant sein. Bei den Genital- und Fortpflanzungsfunktionen (b670) sind die Empfindungen während des Geschlechtsverkehrs oder der Menstruation als potenziell einflussnehmend auf die sexuelle Gesundheit zu berücksichtigen. Persönliche Faktoren, die die sexuelle Gesundheit beeinflussen können, sind das Selbstbild, die sexuelle Identität, Einstellungen, das Alter und Überzeugungen (Areskoug Josefsson & Almborg, 2021; Deutsches Institut für Medizinische Dokumentation und Information [DIMDI], 2005).

Der Zugang zur Ermittlung des Teilhabebedarfs mit dem Fokus auf die sexuelle Gesundheit birgt dabei folgende Potenziale: a) sich durch die Beschreibung des individuellen Kontextes der individuellen Teilhabeorientierung zum Thema Sexualität eines erwachsen werdenden Menschen mit geistiger Behinderung anzunähern und b) durch die gemeinsame ICF-Terminologie zur Enttabuisierung von Sexualität beizutragen.

4 Sexuelle Selbstbestimmung und sexuelle Bildung

Aufgrund der Normfreiheit und Individualität von Sexualität kann es keine richtigen oder erwachsenen Sexualverhaltensweisen geben (Ortland, 2016). Sexualität als Lebensenergie kann zur Erfüllung und Befriedigung beitragen, während Liebe und Sexualität grundlegende Bedürfnisse nach Bindung und Anerkennung erfüllen. Sie kann aber auch mit Ablehnung und Trennung verbunden sein. Angesichts der damit einhergehenden Vulnerabilität und Abhängigkeit, in der intime Begegnungen und Beziehungen gelingen oder scheitern können, ist die Förderung sexueller Selbstbestimmung ein Entwicklungsziel für jeden Menschen (Clausen, 2023). Ortland und Jenessen (2019) folgend kann selbstbestimmte Sexualität weitergehend ein entscheidender Weg zu sexueller Gesundheit darstellen.

> »Sexuelle Selbstbestimmung beinhaltet, dass individuelle Entscheidungen für oder gegen verschiedenste Formen sexuellen Lebens durch das Individuum in der jeweils aktuellen Lebenssituation selbst getroffen werden. Die geschieht auf der Grundlage unterschiedlicher emotionaler, körperlicher und kognitiver Lebensvoraussetzungen« (Ortland, 2020, 62).

Demzufolge ermöglicht das Recht auf sexuelle Selbstbestimmung dem Menschen, Sexualität frei zu leben und sich vor Belästigung und Ausbeutung zu schützen. Die Aneignung von relevanten Kenntnissen ist dafür von entscheidender Bedeutung. Die Achtung von sexueller Selbstbestimmung als Menschenrecht erfordert folglich den Zugang zu Informationen über Sexualität und Ausdrucksformen als auch zu Sexualbildung (Clausen, 2023).

Hierholzer (2022, 3) beschreibt Sexualbildung als »Prozess lebenslangen Lernens«, sodass Bildung und Aufklärung zu Themen im Zusammenhang mit Sexualität lebensphasenübergreifend angeboten werden müssen, mit dem Ziel, ein gesundes, autonomes und zufriedenes Erwachsenwerden und Erwachsensein zu unterstützen. Allerdings stellen Henningsen und List (2019, 96) für die Kindheits- und Jugendphase in ihrer Studie bereits fest, dass die Institution Schule als »sexualitätsexkludierende Kultur« und Sexualität in den institutionellen Strukturen als »Störfaktor« identifiziert werden konnte. Specht (2021) betont, dass es Menschen mit Behinderung an grundlegenden Kenntnissen sexueller Bildung fehlt, genauer zur Aufklärung, zu ihren Rechten und zu sexueller Gewalt im Erwachsenenalter, und so die Begrenzung der Möglichkeiten einer (sexuellen) Selbstbestimmung zur Folge hat.

In diesem Zusammenhang stellen Ortland und Jenessen (2019) unter Bezugnahme auf Sielert (2012) verschiedene Aspekte sexueller Bildung heraus, die einer salutogenetischen Denkweise folgen. Sexuelle Bildung sollte demnach auf Selbstbestimmung abzielen, das Recht auf Freiheit von Fremdbestimmung betonen sowie praxis- und realitätsnah sein. Diesem Verständnis folgend umfasst sexuelle Bildung den ganzen Menschen in allen Lebensphasen und berücksichtigt dabei kognitive, emotionale, soziale und spirituelle Dimensionen. Diese Auffassung von sexueller Bildung erscheint als Zugang hilfreich, um Möglichkeiten der sexuellen Gesundheit für Menschen mit Behinderung zu erschließen (Ortland & Jenessen, 2019).

In der Reflexion der aufgeführten Aspekte sollte immer auch berücksichtigt werden, dass »Menschen […] nie ausschließlich Selbstbestimmt [agieren], sondern […] immer Bestandteil eines Netzes gegenseitiger Abhängigkeiten [sind]« (Jenessen et al., 2019, 7).

Als leitend[1] für die sexuelle Selbstbestimmung schlagen Jenessen, Ortland und Römisch (2020, 27) vor: »Erwachsene Menschen mit Behinderungen leben ihre Sexualität selbstbestimmt und werden dabei bedarfsorientiert, alters- und entwicklungsgemäß begleitet. Sie sind Expertinnen und Experten für sämtliche Belange ihrer Sexualität.«

---

1 Im Rahmen des Forschungsprojektes »Reflexion-Wissen-Können zur Erweiterung der sexuellen Selbstbestimmung von Menschen mit Behinderungen« (ReWiKs) wurden Leitlinien gelingender sexueller Selbstbestimmung entwickelt.

Die Perspektive der sexuellen Selbstbestimmung und sexuellen Bildung kann als Orientierungsrahmen dienen, um gezielte Empowermentprozesse für den erwachsen werdenden Menschen mit geistiger Behinderung dahingehend auszurichten.

5 Vielfalt und Ambivalenzen sinnstiftender Funktionen von Sexualität

Das Potenzial der Bewusstwerdung über die unterschiedlichen Funktionen von Sexualität in allen Bereichen der Sozialisation, Persönlichkeitsbildung und Transition liegt darin, dass die verschiedenen Facetten der Sexualität berücksichtigt werden können und der Blick auf Sexualität ausgeweitet wird. Gleichwohl betont ein erweitertes, relationales Verständnis von Sexualität die Bedeutung von Sexualität für jeden Menschen sowie die unterschiedlichen Gewichtungen in einzelnen Lebensphasen (Jerosenko, 2021). Dabei stehen je nach Assoziation bei dem Menschen unterschiedliche Sinnstiftungen von Sexualität im Mittelpunkt. So führt bspw. Sielert (2015) vier wichtige Aspekte und Funktionen von Sexualität an, die auf das weite Verständnis von Sexualität über die Körperlichkeit und Fruchtbarkeit hinaus hindeuten: die Identität, die Beziehung, die Lust sowie die lebensschöpferische Funktion im Sinne der Fruchtbarkeit, die nachfolgend hinsichtlich ihrer Potenziale und Spannungsfelder untersucht werden. Daneben fügt Hinz (2021) in seinen Überlegungen noch die Gesundheitsfunktion an. Diese Perspektive der sinnstiftenden Funktionen von Sexualität ermöglicht es, die Ganzheitlichkeit von Sexualität zu erfahren bzw. auch zu erfassen. Die Trennung bzw. die Zuordnung zu den vielfältigen Funktionen versteht sich dabei jedoch als ein Annäherungsversuch zur Vielschichtigkeit von Sexualität, bei dem Überschneidungen möglich sind (Ehlers, 2021).

5.1 Beziehungs- und Sozialfunktion von Sexualität

Sexualität ist eine Form der Beziehung, in der Geborgenheit und Zärtlichkeit ausgetauscht und erfahren werden können und in der die erlernte Gewissheit vermittelt wird, dass man wichtig ist und andere Menschen für einen wertvoll sind (Sielert, 2015). Durch Sexualität können demnach Gefühle von »Liebe, Zuneigung, Nähe und Geborgenheit« (Hinz, 2021, 23) erfahren werden. Sexualität in der Beziehungs- und Sozialfunktion repräsentiert eine Form des Miteinanders, die das Gemeinschaftsgefühl stärkt, die Zugehörigkeit verdeutlicht oder dazu dienen kann, eine Beziehung aufzubauen oder zu pflegen (Hinz, 2021). Die Beziehungs- und Sozialisationsfunktion durch z. B. soziale Bindung und Geborgenheit kann dabei die präferierte Funktion für das Individuum darstellen oder auch ergänzend in der Funktion genutzt werden, um lustvolle Erfahrungen zu erleben. In verschiedenen Lebensphasen umgeben den Menschen soziale Bindungen zu verschiedenen Individuen, die es ermöglichen, sich selbst und andere besser kennenzulernen. Gleichwohl ist es möglich, Isolation und soziale Entfremdung zu erfahren, sei es durch Angst vor zwischenmenschlichen Kontakten oder durch unbefriedigende sexuelle Erfahrungen (Sielert, 2015).

Ambivalenzen zwischen gesellschaftlichen Einstellungen und individuellen Bedürfnissen

Ambivalent kann sich die gesellschaftliche Annahme auf der einen und das Bedürfnis des erwachsen werdenden Menschen mit geistiger Behinderung auf der anderen Seite zeigen.

Nach Schmetz und Stöppler (2007) umfasst die individuelle Persönlichkeitsentwicklung sowohl die Dimension der Sexualität als auch den Wunsch nach Partnerschaft. Der Bindungswunsch wird dabei häufiger mit der Romantisierung von Partnerschaft in Zusammenhang gebracht, wenngleich auch andere Beziehungsformen individuelle Sehnsüchte darstellen können, z.B. kurzzeitige emotionale Nähe durch einen One-Night-Stand ohne eine längerfristige Beziehungsabsicht. Darüber hinaus erscheint das Recht auf eine selbstbestimmte Partnerschaft und die damit verbundene Privatheit in Macht- und Abhängigkeitsstrukturen früher verhandelbar und weniger selbstverständlich zu werden, dann, wenn die Partnerwahl, die gemeinsame Zeit und der intime Raum von der Umwelt reglementiert werden. Auch werden Menschen mit geistiger Behinderung bedingt durch ihre kognitive oder physische Beeinträchtigung mit der Annahme einer eingeschränkten bis hin zu einer aberkannten Sexualität konfrontiert (Klamp-Gretschel, 2019).

Innerhalb der sexuellen Entwicklung eines Menschen sind individuelle Verläufe zwar charakteristisch (Hierholzer, 2021), aus einer entwicklungspsychologischen Perspektive heraus lassen sich gleichwohl Merkmale identifizieren, die im Prozess der sexuellen Entwicklung spezifisch für die Personengruppe sein können (Specht, 2013) und demnach in der Teilhabeorientierung zu berücksichtigen sind.

Im Hinblick auf die sexuelle Entwicklung ist die Annahme grundlegend, dass sich die Sexualität von Menschen mit und ohne geistige Behinderung nicht wesentlich unterscheidet (Klamp-Gretschel, 2019), d.h. es ist ferner auch keine besondere Sexualität zugegen (Schulz, 2022). Die körperliche Sexualentwicklung, wie der körperliche und hormonelle Reifungsprozess, entspricht in der Regel dem biographischen Alter des Menschen mit geistiger Behinderung (Schulz, 2022). Menschen mit geistiger Behinderung erleben vergleichbare Stadien in ihrer sexuellen Entwicklung, die jedoch verlangsamt oder unvollständig sein können (Schulz, 2022). Zwischen der Entwicklungsaufgabe der Sexualität und des Körpers kann ein Ungleichgewicht bestehen, da durch die geistige Behinderung eine unterschiedlich starke Diskrepanz zwischen dem biographischen Alter, dem »Intelligenzalter« und dem »Sexualalter« resultieren kann (Ortland, 2020, 139), die neben einer individuellen Diskrepanz von unterschiedlichen Bedürfnissen auch mit jeweils unterschiedlichen Erwartungen verbunden sind. Schulz (2022) stellt heraus, dass es sich häufiger um Bedürfnisse im Widerspruch handelt und schlägt insbesondere aufgrund der Diskrepanz von körperlichen und emotionalen Bedürfnissen im Zusammenhang mit Sexualität den

Zugang über die Einordnung der sexuellen Entwicklung des Menschen mit geistiger Behinderung in die Phasen der Skala der Emotionalen Entwicklung – Diagnostik (SEED) nach Sappok, Zepperitz, Barrett und Došen (2018) vor. Für die SEED-Phase 1 ist bspw. die orale Erkundung von Gegenständen und Körperteilen charakteristisch, ebenso Schaukelbewegungen oder Reize im Genitalbereich zur Selbststimulation. Umarmungen und Nähe werden hier als angenehm wahrgenommen. In der SEED-Phase 4 hingegen vertiefen sich die emotionalen Bindungen, der Vergleich mit anderen nimmt zu und die Erkundung von Sexualpartnern wird wichtig. Im Gegensatz zu SEED-Phase 1 werden Berührungen und das Betrachten des Körpers durch andere in dieser Phase als unangenehm empfunden (Schulz, 2022). Nach der SEED-Einordnung erfolgt das Angebot einer SEED-basierten Unterstützung. Schulz (2022, 97) betont aufgrund der Entwicklungsorientierung, dass die Erfassung der SEED-Phasen »keine zuverlässigen Rückschlüsse über die sexuellen Bedürfnisse geben [kann]. Sie darf nicht zur Folge haben, dass die Sexualität abgesprochen wird«.

Die mögliche Diskrepanz innerhalb der kognitiven, sozialen und emotionalen Dimension der sexuellen Entwicklung zeigt sich sowohl bei dem Menschen hinsichtlich des Umgangs mit biologischen und körperlichen Veränderungen und emotionalen Bedürfnissen (Ortland, 2020) als auch bei dem Umfeld, welches anhand möglicher widersprüchlicher Bedürfnisse das (sexuelle) Verhalten fehlinterpretiert oder irritiert und überfordert zurückbleibt (Schulz, 2022). Ebenso kann die Diskrepanz bei Außenstehenden die Irritation auslösen, wenn sich der Körper des Menschen mit Behinderung zunehmend so verändert, dass Geschlechtsteile sichtbar hervortreten und der Mensch mit geistiger Behinderung zumindest rein körperlich von der Umwelt als sexuelles Wesen wahrgenommen wird, seine sexuellen Bedürfnisse jedoch nicht ausdrücken kann (Ortland, 2020).

Daneben eröffnet sich ein weiteres Spannungsfeld, welches von Henningsen und List (2019, 89) als ein kollektives Umgehen mit Sexualität in pädagogischen Einrichtungen beschrieben wird und sich zwischen den Strategien »Einfühlung, Meidung und Kontrolle« bewegt, jedoch ohne expliziten Fokus auf erwachsen werdende Menschen mit geistiger Behinderung. Sie stellten fest, und dies ist möglicherweise eher spezifisch für institutionelle Strukturen, dass »Fachkräfte auf unterschiedliche Weise [zwar erkennen], dass Sexualität für Kinder und Jugendliche sinnstiftend ist. Dennoch ignorieren sie den damit verbundenen pädagogischen Auftrag weitestgehend. Vielmehr führen die idealisierten Vorstellungen von Sexualität dazu, dass Pädagog_innen dem suchenden und experimentierenden Verhalten der Heranwachsenden mit Ablehnung begegnen« (Henningsen & List, 2019, 103).

Darüber hinaus besteht die Schwierigkeit, dass erwachsen werdende Menschen mit geistiger Behinderung häufiger auch in professionelle Beziehungsstrukturen eingebunden sind, die sich als pädagogische Beziehungs- und Bindungsarbeit dynamisch zwischen (ungefragter) Nähe und der Bemühung nach pädagogischer Abgrenzung in ihrer Qualität von Beziehungs- und Bindungserfahrungen im Rahmen einer sexuellen oder Liebesbeziehung unterscheiden. Wenn Menschen mit geistiger Behinderung fast ausschließlich in diesen professionellen Beziehungsstrukturen eingebunden sind, die wiederum von stetigen Beziehungsabbrüchen durch den Wechsel des Arbeitsortes gekennzeichnet sein können, sollten kompensierende Überlegungen hinsichtlich der unerfüllten Beziehungsbedürfnisse angestellt werden, wie z. B. die stärkere Unterstützung in der Kontaktaufnahme zu Peers.

5.2 Identitätsfunktion von Sexualität

Sexualität ist eng verbunden mit dem Selbstwertgefühl und der Identität, Selbstliebe und Körperliebe sind Bestandteile dessen. Das Ausüben diverser sexueller Handlungen, sei es in Eigenregie oder mit einem Partner, kann maßgeblich zur Entdeckung der eigenen Identität beitragen. Durch das Erforschen des eigenen Körpers und individueller Präferenzen, das Erkennen der eigenen sexuellen Anziehung auf andere sowie das Experimentieren mit vielfältigen sexuellen Ausdrucksformen entsteht schließlich die Ausformung einer (sexuellen) Identität (Hinz, 2021). In der identitätsstiftenden Funktion von Sexualität sind die Zugehörigkeit zum Geschlecht bzw. Geschlechterrollenerwartungen und -fragen, das Ich-Erleben und das Einhalten von Schamgrenzen eingeschlossen (Jerosenko, 2021). Sexualität, verstanden als allgemeine Lebensenergie, bedient sich dabei des Körpers (Sielert, 2015), um Körper- und Sinneserfahrungen zu ermöglichen.

Ambivalenzen in der Beziehung zwischen sexueller und körperlicher Identität

Hinsichtlich der sexuellen Identität ist zu berücksichtigen, dass Menschen mit geistiger Behinderung in der Kindheit und Jugend aufgrund ihrer Behinderung vermehrt mit negativen Reaktionen und Ablehnung konfrontiert sind oder übermäßige Fürsorge erfahren (Ortland, 2020; Stöppler, 2017). Dies führt zu Schwierigkeiten beim Aufbau von Urvertrauen, der Selbstwahrnehmung und bei der Bewältigung der Entwicklungsaufgaben in der Adoleszenz, wie z. B. die Ablösung von Bezugspersonen (Ortland, 2020).

Ein weiterer Aspekt, der im Zusammenhang mit Sexualität grundsätzlich vom Menschen als körperlich-leibliches Wesen her berücksichtigt werden muss, ist die körperliche Identität. So ist es z. B. eine zentrale Entwicklungsaufgabe im Prozess des Erwachsenwerdens zu lernen, den Körper mitsamt seinen Veränderungen zu bewohnen (Ehlers, 2021; Schmetz & Stöppler, 2007). Es gilt in diesem Kontext, körperliche Veränderungen, das innere Befinden und die Umweltanforderungen in Einklang zu bringen (Ehlers, 2021).

Der Mensch setzt sich von Geburt an auch mit dem eigenen Körper und der sich entwickelnden Leiblichkeit auseinander. Er lernt sich zu spüren, zu fühlen und zu erleben. Diese Lebensenergie kann alle körperlichen Erfahrungen umfassen, die als angenehm und sinnlich empfunden werden (Schulz, 2022). Dabei erfährt der Mensch nicht nur physische, sondern auch psychische Verletzbarkeit. Durch die Verschränkung von Sexualität und Körper kann die körperliche Verletzlichkeit des Menschen bei erwachsen werdenden Menschen mit geistiger Behinderung noch einmal eine andere Bedeutung erhalten. Die Übereinstimmung in diesen Bereichen, die sowohl das Bewohnen des eigenen Körpers als auch den Umgang mit körperlichen und emotionalen Veränderungen und den damit verbundenen Erwartungen umfasst, kann den erwachsen werdenden Menschen mit geistiger Behinderung überfordern. Die Kategorie der Korporalität ist in diesem Kontext von Bedeutung und beschreibt dabei verschiedene Formen der Verletzlichkeit, die sich durch körperliche Veränderungen, Schönheitsideale, körperliche Optimierung, die Auseinandersetzung mit der eigene körperlichen Attraktivität, gesundheitliche Risiken, Unbeholfenheit und Interaktion mit anderen Körpern ergeben (Burghardt et al., 2017, 45, 163). Der Körper »eröffnet die Empfänglichkeit und Verletzlichkeit durch die Berührung durch den Anderen« (Wimmer 1996, 46, zit. nach Burghardt et al., 2017, 46). Negativen Körpererlebnissen, von Konflikten bis zu Missbrauch, kann eine erhöhte Vulnerabilität folgen (Burghardt et al., 2017, 163). Einige Spannungsfelder, die sich bei erwachsen werdenden Menschen mit geistiger Behinderung ergeben können, sind (ungefragte) Körperlichkeit in Pflegesituationen, das Körperbild und die Selbstwahrnehmung, die rein körperliche Diskrepanz, die Sichtbarkeit und Schwere der Behinderung, das körperliche Begehrtwerden und die möglicherweise Nichtentsprechung des vorherrschenden Schönheitsideals.

In einer Studie untersuchten Moin, Duvdevany und Mazor (2009) die Verbindung zwischen sexueller Identität, Körperbild und Lebenszufriedenheit bei Frauen mit und ohne körperliche Behinderung. Die Ergebnisse deuten darauf hin, dass die sexuellen Bedürfnisse von Frauen mit und ohne körperliche Behinderung ähnlich waren, sie jedoch geringere Bewertungen zur Körperwahrnehmung, zum sexuellen Selbstwertgefühl sowie zur sexuellen und allgemeinen Lebenszufriedenheit vorgenommen haben. Die Unterschiede waren bei den jüngeren im Gegensatz zu den älteren Frauen mit einer körperlichen Behinderung stärker ausgeprägt (Moin et al., 2009). Die körperliche Differenz und Sichtbarkeit einer Behinderung können zu Exklusion führen oder zumindest zu einem Spannungsfeld für das Individuum führen, müssen dies jedoch nicht zwangsläufig. Jenessen und Lelgemann (2016, 20) heben auf der einen Seite hervor, dass »sich [ein Mensch] durchaus in seiner körperlichen Verfasstheit und seinem körperlichen Erleben als different und im Vergleich zu seinen Mitmenschen als eingeschränkt oder behindert erleben [kann] und dieses Erleben im Spiegel der Anderen wieder und bestärkt [findet]«. Wiederum andere Menschen mit einer körperlichen Behinderung »empfinden ihre Differenz als Teil ihrer Identität, ohne dass diese negativ konnotiert sei« (ebd.). Auch wenn sich die vorangestellten Ausführungen auf Menschen mit körperlicher Behinderung beziehen und in der Übertragung auf Menschen mit geistiger Behinderung in diesem Fall mindestens in Zusammenhang mit Multimorbidität gedacht werden müssten, wird deutlich, dass unterschiedliche Wege bestehen, mit ebendieser körperlichen Differenz umzugehen. Anzunehmen ist jedoch, dass zentrale Anforderungen an erwachsen werdende Menschen mit geistiger Behinderung bleiben, darunter z. B. ein positives Körpergefühl, Körperbild und positives Verhältnis und/oder die Annahme des Körpers zu entwickeln.

5.3   Lustfunktion von Sexualität

Sexualität steht in natürlicher Verbindung mit lustvollen Erfahrungen, mit denen gleichermaßen Vergnügen, intensive Glücksmomente und die Erfüllung sexueller

Bedürfnisse erlebt werden können (Hinz, 2021, 23). Das Lustempfinden betrifft das Individuum als sexuelles Wesen, welches körperliche, sinnliche und leidenschaftliche Erfahrungen macht (Jerosenko, 2021). Durch das Wahrnehmen des eigenen oder eines anderen Körpers erfährt der Mensch Erregung und Befriedigung als auch Entspannung und Anspannung als Schlüsselaspekte lustvoller Erfahrungen (Sielert, 2015). Lustvolle Erfahrungen und das Bedürfnis nach Genitalität sind dabei nicht an ein Referenzalter geknüpft und ergeben sich auch im Zusammenhang mit dem Einfluss der biologischen Reife (Schulz, 2022). Ebendiese lustvollen Erfahrungen müssen nicht »zwingend an eine romantische Idee von Liebe gekoppelt sein […], um würdevoll, respektvoll und genussvoll zu sein« (Jerosenko, 2021, 3). Dennoch wird diese Form der Lebensfreude bei Menschen mit geistiger Behinderung auf vielfältige Art und Weise in ihrer Entfaltung behindert (Sielert, 2015).

Ambivalenzen zwischen körperlich-sinnlichen Erfahrungen und dem Triebgedanken

Bis heute sind Menschen mit geistiger Behinderung davon betroffen, im Ausleben ihrer eigenen Sexualität gehindert zu werden (Klamp-Gretschel, 2019). In Bezug auf die Lustfunktion bestehen Annahmen, dass genitale Vereinigung bei Menschen mit geistiger Behinderung im Fokus steht, es wird ihnen Unreife oder fehlendes Interesse an Sexualität unterstellt oder auch von einer Sexualität ausgegangen, die sich in der Kindheitsphase verorten lässt (Achilles, 2016). Es kommt nicht selten vor, dass als ungewöhnlich wahrgenommenes Verhalten des Menschen mit geistiger Behinderung als provokativ oder sogar als sexuell übergriffig ausgelegt wird (Schulz, 2022).

Die Auseinandersetzung mit Sexualität auf sehr unterschiedliche Art und Weise ist Teil des Lebens, und dennoch ist der dialogische Umgang darüber erschwert. Dies kann u. a. darauf zurückgeführt werden, dass Sexualität sehr unterschiedlich assoziiert und vorschnell ausschließlich mit Trieb, Lust und Genitalität verknüpft wird. Die Konnotationen und Bewertungen von Sexualität variieren abhängig von einer Reihe von Faktoren, darunter Alter, Geschlecht, sexuelle Orientierung, individuell empfundene Attraktivität und vielschichtige biografische Erfahrungen (Ortland, 2020). Das Vorurteil, als Mensch mit geistiger Behinderung ausschließlich von Trieben ungehemmt geleitet zu sein, kann diese Konnotation erheblich beeinflussen.

Dennoch sind mögliche Veränderungen in der sexuellen Entwicklung aus einer entwicklungspsychologischen Perspektive zu bedenken: Entwicklungsphasen der Sexualität in der Kindheit können länger andauern oder bis ins Erwachsenenalter hineinreichen. Damit verbundene Handlungen, wie das Experimentieren mit Ausscheidungen oder das Erkunden des eigenen Körpers, können sich auch im Jugend- oder Erwachsenenalter fortsetzen (Ortland, 2020). Das Schamgefühl kann sich später entwickeln, wodurch die Möglichkeit besteht, dass sexuelle Handlungen (z. B. Masturbation) an ungeeigneten Orten und ohne Rücksicht auf Raum und Zeit durchgeführt werden (Ortland, 2020).

5.4 Lebensschöpferische und Fortpflanzungsfunktion von Sexualität

Sexuelle Handlungen ermöglichen dem Menschen sich fortzupflanzen. Dabei sind hormonelle und körperliche Umstellungen, z. B. im Rahmen der Geschlechtsreife, mit dem Beginn der Fruchtbarkeit verbunden und ermöglichen erst die Fortpflanzung. Die Fortpflanzungsfunktion von Sexualität ist auch rechtlich verortet, z. B. durch das Recht auf Familie in der UN-Behindertenrechtskonvention (UN-BRK). Sexualität vermag nicht nur im konkreten Sinn lebensschöpferisch durch die Zeugung und Geburt eines Kindes zu sein, sondern dient gleichermaßen schöpferisch als Quelle für Lebensfreude. Die Ausprägung der Sexualität in diesen vielfältigen Facetten unterliegt dabei stark dem Einfluss gesellschaftlicher und kultureller Elemente, insbesondere der Erziehung, zu der unter anderem die Eltern ihren Beitrag leisten (Sielert, 2015). Top of Form

Ambivalenzen in Bezug auf Aufklärung, Unterstützung und Erwartungen als Gesellschaftsmitglieder

In Bezug auf die Fortpflanzungsfunktion ist zu berücksichtigen, dass körperliche Veränderungen während der Adoleszenz Überforderung oder Desorientierung hervorrufen können, wie z. B. die unerwartete Erfahrung der ersten Menstruation (Ortland, 2020). Auch medikamentöse Behandlungen können die Sexualität beeinflussen, z. B. die Einnahme von Neuroleptika, Antidepressiva, Antikonvulsiva zur symptomatischen Behandlung von Epilepsie oder Kontrazeptiva zur Empfängnisverhütung, worüber Menschen mit geistiger Behinderung häufig nicht informiert sind (Schulz, 2022). Ein Aufklärungsbedarf ergibt sich zudem sowohl über Empfängnisverhütung als auch über den Vorgang und die Konsequenzen von Fortpflanzung (Jerosenko, 2021). Versorgungsstrukturen, wie die Begleitung der Schwanger- und Mutterschaft von Frauen mit geistiger Behinderung oder auch der Elternschaft, sind ausbaufähig (Lusebrink & Weber, 2021).

Soziologisch betrachtet erfüllt die Fortpflanzung (normative und/oder individuelle) Erwartungen an die Aufgabe des Erwachsenwerdens und Erwachsenseins, die Quenzel und Hurrelmann (2022) mit gesellschaftlich hervorgebrachten Rollen der Mitglieder ebendieser Gesellschaft begründen. Unter den vier Rollen findet sich auch die Rolle des Familiengründers, die sich durch familiäre Ablösungsprozesse, den Aufbau neuer Beziehungen und die Familiengründung auszeichnet (Quenzel & Hurrelmann, 2022). Gemeinsam mit der Berufsrolle wird ebendiese Rolle des Familiengründers als zentral herausgestellt, die (erst) gemeinsam das Erwachsensein kennzeichnen: »Erwachsen ist demnach, wer sowohl ökonomisch als auch biologisch die bestehende Gesellschaft weiterführen (reproduzieren) kann. Er oder sie ist dann ein vollwertiges und verantwortliches Gesellschaftsmitglied« (Quenzel & Hurrelmann, 2022, 39). Es geht demnach sowohl um die Unabhängigkeit von der Herkunftsfamilie als auch um einen aktiven gesellschaftlichen Beitrag zum Erhalt oder zur Fortführung der Gesellschaft (Quenzel & Hurrelmann, 2022), sodass sich grundsätzlich und auch mit Blick auf erwachsen werdende Menschen mit geistiger

Behinderung kritisch betrachtet Vollwertigkeit eines Mitglieds unter anderem an der lebensschöpferischen Fortpflanzung und dem Grad der Unabhängigkeit des Einzelnen misst und erneute Spannungsfelder eröffnet. Weitere Mitgliedsrollen nach Quenzel und Hurrelmann (2022) werden im Beitrag von Ziemski in diesem Band aufgegriffen.

Neben den genannten Funktionen fügt Hinz (2021) den Facetten von Sexualität noch die Gesundheitsfunktion hinzu, die sich auf das körperliche und psychische Wohlbefinden bezieht. Bei sexuellen Aktivitäten können Hormone und Substanzen freigesetzt werden, die sich positiv auf den Körper auswirken, zum Abbau von Stress, Frustration und Aggression beitragen und körperliche Fitness unterstützen. Darüber hinaus besteht bei sexuellen Handlungen auch das potenzielle Risiko der Übertragung von sexuell übertragbaren Erkrankungen (Ehlers, 2021).

6 Schlussfolgerungen

Mit Blick auf die Vielfalt und Individualität von Sexualität, die Verwobenheit mit dem Menschen und den damit verbundenen unterschiedlichen Funktionen von Sexualität werden zum einen Anforderungen an eine sexualfreundliche Unterstützung und Umwelt unter der Prämisse der sexuellen Selbstbestimmung sichtbar. Zum anderen werden Ambivalenzen und Spannungsfelder aufgedeckt, die der Teilhabe an Sexualität und dem damit verbundenen Erfahrungshorizont bei erwachsen werdenden Menschen mit geistiger Behinderung als Barrieren gegenüberstehen können und zum Abbau eben dieser auffordern.

Zentral im Prozess des Erwachsenwerdens mit und ohne geistige Behinderung erscheint dabei die Erkenntnis, dass Sexualität eine dem Menschen inhärente Lebensenergie ist und es sich zur Annäherung an Teilhabe um einen vielschichtigen Sexualitätsbegriff handeln muss (Jerosenko, 2021; Sielert, 2015). Die Engführung des Sexualitätsbegriffs auf Genitalität und Liebesbeziehungen wird dabei der tatsächlichen vielschichtigen Bedeutungen von Sexualität nicht gerecht und verschließt so den Zugang zu unterschiedlichen Befriedigungen dieser natürlichen Lebensenergie (Jerosenko, 2021). Sexuelle Gesundheit bedarf neben sexueller Bildung auch strukturelle Anpassungen, die den Lebensort des erwachsen werdenden Menschen mit geistiger Behinderung in seinen individuellen Ermöglichungs- und Erfahrungsräumen von Sexualität auch unter dem Blickpunkt der Vulnerabilität berücksichtigen (Ortland, 2020). So führen Burghardt et al. (2017) aus, dass »die Frage der Vulnerabilität – in professionellen wie nicht-professionellen pädagogischen Kontexten – auf der Mikroebene des pädagogischen Alltags [bedeutsam wird]. In diesem wird Vulnerabilität sowohl aufgegriffen als auch erzeugt« (Burghardt et al., 2017, 79).

Jeder Mensch hat das Recht auf selbstbestimmte Sexualität und eine Expertenfunktion für die eigene Sexualität inne (Jennessen et al., 2019, 11). Menschen mit geistiger Behinderung sind dahingehend auf kompetente Fachpersonen angewiesen, die ihre Bedürfnisse anerkennen und sie durch stetige Reflexion bei der Verwirklichung ihrer sexuellen Bedürfnisse in unterschiedlichem Maße begleiten oder unterstützen (Ortland & Jenessen, 2019). Top of Form

Ein weiteres ebenso wichtige Recht ist der Schutz vor sexueller Gewalt und (sexuell) übergriffigem Verhalten an oder durch Menschen mit geistiger Behinderung (vgl. hierzu weiterführend z. B. Bienstein & Verlinden, 2018; Mattke, 2015; Römisch, 2017).

Als abschließenden Handlungsaufruf stellt Specht (2023, 45) im Kontext seiner Überlegungen zu der Frage der ge- und behinderten Sexualität jüngst fest, »es gibt noch vieles zu tun, zu bewegen und zu kritisieren, bis die Rechte auf sexuelle Selbstbestimmung und Schutz vor sexueller Gewalt in der Lebensrealität und im Alltag von Menschen mit kognitiver Beeinträchtigung umgesetzt sind«.

Literatur

Achilles, I. (2016). *Was macht ihr Sohn denn da? Geistige Behinderung und Sexualität* (6., aktualisierte Auflage, Online-Ausgabe). München, Basel: Ernst Reinhardt Verlag. Verfügbar unter: https://elibrary.utb.de/doi/book/10.2378/9783497602667
Areskoug Josefsson, K. & Almborg, A.-H. (2021). Using ICF and ICHI to promote sexual health. *Cogent Medicine*, 8(1). https://doi.org/10.1080/2331205X.2021.1898084
Bienstein, P. & Verlinden, K. (2018). Behindertenhilfe als Ort sexualisierter Gewalt. In Retkowski, A, Treibel, Tuider & E (Hrsg.), *Handbuch Sexualisierte Gewalt und pädagogische Kontexte. Theorie, Forschung, Praxis* (S. 479–486). Weinheim: Beltz.
Bundeszentrale für gesundheitliche Aufklärung. (2011). *Standards für Sexualaufklärung in Europa.* Köln: Eigenverlag.
Burghardt, D., Dederich, M., Dziabel, N., Höhne, T., Lohwasser, D., Stöhr, R. et al. (Hrsg.). (2017). *Vulnerabilität. Pädagogische Herausforderungen* (Gesundheit. Politik – Gesellschaft – Wirtschaft). Wiesbaden.
Clausen, J. J. (2023). *Studienbuch Heilpädagogik. Grundlagen und Handlungsfelder einer inklusiven und partizipativen Pädagogik* (1. Auflage). Stuttgart: Kohlhammer Verlag.
Deutsches Institut für Medizinische Dokumentation und Information. (2005). *ICF- Internationale Klassifikation der Funktionsfähigkeit, Behinderung und Gesundheit der Weltgesundheitsorganisation (WHO).* Verfügbar unter: https://www.dimdi.de/dynamic/de/klassifikationen/download-
Döring, N. (2021). Sexualität und Behinderung: Vom Doppeltabu zu Sichtbarkeit und Teilhabe. *Zeitschrift für Sexualforschung*, 34, 133–136.
Ehlers, C. (2021). *Sexualerziehung bei Jugendlichen mit körperlicher und geistiger Behinderung. Unterrichtsmaterialien mit CD-ROM* (Sonderpädagogische Förderung, 9. Auflage). Hamburg: Persen.
Henningsen, A. & List, I.-M. (2019). Zwischen Einfühlung, Meidung und Kontrolle. Zum kollektiven Umgang mit Sexualität in pädagogischen Institutionen. In M. Wazlawik, H.-J. Voß, A. Retkowski, A. Henningsen & A. Dekker (Hrsg.), *Sexuelle Gewalt in pädagogischen Kontexten. Aktuelle Forschungen und Reflexionen* (Sexuelle Gewalt und Pädagogik, Band 3, S. 89–106). Wiesbaden: Vieweg.
Hierholzer, S. (2021). *Basiswissen Sexualpädagogik.* München: Ernst Reinhardt Verlag. Verfügbar unter: https://elibrary.utb.de/doi/book/10.2378/9783497614240
Hierholzer, S. (2022). Sexuelle Bildung als Prozess lebenslangen Lernens. *Thema Jugend*, (2), 3–6.

Hinz, A. (2021). *Psychologie der Sexualität. Eine Einführung für Studium und Praxis sozialer Berufe.* Weinheim: Beltz. Verfügbar unter: http://nbn-resolving.org/urn:nbn:de:bsz:31-epflicht-1854510

Jenessen, S. & Lelgemann, R. (2016). Körper – Behinderung – Pädagogik. Eine Einführung. In S. Jennessen & R. Lelgemann (Hrsg.), *Körper – Behinderung – Pädagogik* (Kompendium Behindertenpadagogik, S. 17–21). Stuttgart: Kohlhammer Verlag.

Jenessen, S., Ortland, B. & Römisch, K. (2020). *ReWiKs Grundlagen. Erweiterung der sexuellen Selbstbestimmung von Menschen mit Behinderungen. Qualifizierung von Mitarbeitenden und Bewohnerinnen und Bewohnern in Wohneinrichtungen.* Köln. Verfügbar unter: https://www.sexualaufklaerung.de/publikation/erweiterung-der-sexuellen-selbstbestimmung-von-menschen-mit-behinderungen/

Jennessen, S., Marsh, K., Schowalter, R. & Trübe, J. (2019). »Wenn wir Sex haben würden, dann wäre aber was los!« Sexuelle Selbstbestimmung als Element von Selbstbestimmung. *Schweizerische Zeitschrift für Heilpädagogik, 25*(4), 6–13.

Jerosenko, A. (2021). *Fokus Sexualität bei Menschen mit Komplexer Behinderung. Empfehlungsbroschüre des Wissenschafts- und Kompetenzzentrums für Menschen mit Komplexer Behinderung der Stiftung Leben pur.*

Klamp-Gretschel, K. (2019). Sexualität im Leben von Menschen mit geistiger Behinderung. In H. Schäfer (Hrsg.), *Handbuch Förderschwerpunkt geistige Entwicklung. Grundlagen, Spezifika, Fachorientierung, Lernfelder* (S. 673–681). Weinheim: Beltz.

Lusebrink, S. & Weber, M. (2021). Begleitung der Schwanger- und Mutterschaft von Frauen mit geistiger Behinderung – Über das Defizit zwischen Hilfe und Hilfebedarf. In S. Lochner & H. Goll (Hrsg.), *»Lasst uns über Sex sprechen«. Menschen mit geistiger Behinderung und Sexualität.* (S. 77–94).

Mattke, U. (2015). *Sexuell traumatisierte Menschen mit geistiger Behinderung. Forschung – Prävention – Hilfen.* Stuttgart: Verlag W. Kohlhammer.

Moin, V., Duvdevany, I. & Mazor, D. (2009). Sexual Identity, Body Image and Life Satisfaction Among Women With and Without Physical Disability. *Sexuality and Disability, 27*(2), 83–95. https://doi.org/10.1007/s11195-009-9112-5

Ortland, B. (2016). *Sexuelle Selbstbestimmung von Menschen mit Behinderung.* Stuttgart: Kohlhammer.

Ortland, B. (2020). *Behinderung und Sexualität. Grundlagen einer behinderungsspezifischen Sexualpädagogik* (2., überarbeitete und erweiterte Auflage). Stuttgart: W. Kohlhammer Verlag.

Ortland, B. & Jenessen, S. (2019). Selbstbestimmte Sexualität. Ein Weg zu sexueller Gesundheit. In K. Walther & K. Römisch (Hrsg.), *Gesundheit inklusive. Gesundheitsförderung in der Behindertenarbeit* (S. 145–158). Wiesbaden: Springer VS.

Quenzel, G. & Hurrelmann, K. (2022). *Lebensphase Jugend. Eine Einführung in die sozialwissenschaftliche Jugendforschung* (14. Auflage). Weinheim: Juventa Verlag. Verfügbar unter: http://nbn-resolving.org/urn:nbn:de:bsz:31-epflicht-2011394

Römisch, K. (2017). Sexualisierte Gewalt in Institutionen der Behindertenhilfe. In M. Wazlawik & S. Freck (Hrsg.), *Sexualisierte Gewalt an erwachsenen Schutz- und Hilfebedürftigen* (Sexuelle Gewalt und Pädagogik, S. 105–119). Wiesbaden: Springer VS. https://doi.org/10.1007/978-3-658-13767-0_7

Sappok, T., Zepperitz, S., Barrett, F. B. & Došen, A. (2018). *Skala der Emotionalen Entwicklung – Diagnostik (SEED).* Hogrefe.

Schmetz, D. & Stöppler, R. (2007). *Förderschwerpunkt Liebe. Sexualpädagogische Bildungsangebote für Menschen mit kognitivem Förderbedarf.* Dortmund: verlag modernes lernen. https://doi.org/0735

Schulz, M. (2022). Sexualität und intellektuelle Beeinträchtigung – Bedürfnisse im Widerspruch. In S. Zepperitz (Hrsg.), *Was braucht der Mensch. Entwicklungsgerechtes Arbeiten in Pädagogik und Therapie bei Menschen mit intellektuellen Beeinträchtigungen* (S. 91–106). Bern: Hogrefe.

Sielert, U. (2012). Paradigmenwechsel in der Sexualpädagogik im Kontext gesellschaftlicher Entwicklungen. *Sexuologie, 19*(3–4), 128–134. Verfügbar unter: http://sexuologie-info.de

Sielert, U. (2015). *Einführung in die Sexualpädagogik* (2., erweiterte und aktualisierte Aufl.). Weinheim: Beltz. Verfügbar unter: http://nbn-resolving.org/urn:nbn:de:bsz:31-epflicht-1122318

Specht, R. (2013). Sexualität. In R.-B. Schmidt & U. Sielert (Hrsg.), *Handbuch Sexualpädagogik und sexuelle Bildung* (2., erweiterte und überarbeitete Aufl.). Weinheim: Beltz.

Specht, R. (2021). Sexuelle Selbstbestimmung für Menschen mit Behinderungen – Bestandsaufnahme und Handlungsempfehlungen für die institutionelle Praxis. *Zeitschrift für Sexualforschung, 34*(3), 175–181. https://doi.org/10.1055/a-1551-7162

Specht, R. (2023). Ge- und behinderte Sexualität? *Zeitschrift für Sexualforschung, 36*(01), 44–45. https://doi.org/10.1055/a-2011-4232

Stöppler, R. (2017). *Einführung in die Pädagogik bei geistiger Behinderung* (Basiswissen der Sonder- und Heilpädagogik, Bd. 4135, 2., aktualisierte Auflage). München, Basel, München, Basel: Ernst Reinhardt Verlag. https://doi.org/10.36198/9783838548005

World Health Organization. (1994). WHO's current technical definitions relatetd to reproductive health in progress. *Human Reproduction Research*, (30).

World Health Organization. (2006). *Defining Sexual Health-Report of a Technical Consultation on Sexual Health 28–31 January 2002* (Sexual Health Document Series). Geneva.

World Health Organization. (2021). *ICF Update Platform,* World Health Organization. Verfügbar unter: https://extranet.who.int/

Arbeit, Erwachsensein und geistige und komplexe Behinderung. Zum Verhältnis sich bedingender Kategorien und (begrifflichen) Herausforderungen

Annalena Ziemski

1 Arbeit und geistige und komplexe Behinderung – ein schwieriges Verhältnis

Von einem ›Ende der Arbeitsgesellschaft‹, wie es teilweise prognostiziert wird, kann mit Blick auf den Stellenwert, welchen (Erwerbs)arbeit noch immer im Leben einzelner Gesellschaftsmitglieder einnimmt, nicht gesprochen werden (Sauer, 2007, 310). Die »arbeitszentrierte Lebensweise ist Bestandteil unserer kulturellen Identität« (Becker, 2018b, 2) und Arbeit ein »für die deutsche Gesellschaft als konstitutiv einzuordnender Legitimations- und Teilhabefaktor« (Bendel, Richter & Richter, 2015, 18). Ein Recht auf Teilhabe an der Gesellschaft muss folglich zwingend auch ein Recht auf Teilhabe am Arbeitsleben einschließen, da das gesellschaftliche Leben in weiten Teilen durch Arbeit bestimmt und konstituiert ist (Gröschke, 2011, 17). Teilhabe an Arbeit wird deshalb aus verschiedensten Perspektiven auch für Menschen mit geistiger und komplexer Behinderung eingefordert – dennoch scheint ein Aspekt in der Argumentation zentral: Arbeit ist biographische Aufgabe des Erwachsenenalters, und der Großteil der Mitglieder unserer Gesellschaft beginnt mit der Aufnahme einer (Erwerbs)Arbeit und einer vorgelagerten beruflichen Ausbildung nach Beendigung der Schulzeit und damit im Übergang der Lebensphase Jugend ins Erwachsenenalter. In Deutschland waren im Jahr 2020 76,7 % der 25- bis 54-Jährigen erwerbstätig, der große Teil aller Erwachsenen also (Bundeszentrale für politische Bildung, 2020, o. S.). In einer Befragung Jugendlicher zum Erwachsenwerden gelangten Weis und Joachim zu dem Ergebnis, Übergang in Arbeit sei für diese »zentraler Transitionsmarker« (2017, 7). In Orientierung an einer Normalbiographie[1] soll entsprechend auch erwachsenen Menschen mit (geistiger und komplexer) Behinderung die Teilhabe an Arbeit ermöglicht werden. Die in den 1950ern entstandene Institution der Werkstätten für behinderte Menschen (WfbM) wurde lange Zeit als einziger Ort gehandelt, an welchem das ohne den Leistungs- und Konkurrenzdruck des kapitalistischen Wirtschaftssystems für den interessierenden Personenkreis möglich ist (Fischer & Heger, 2019, 12; Schlummer, 2023, 21). Im heutigen Diskurs wird die WfbM häufig als »Sonderwelt« (Windisch, 2023, 39) bezeichnet und steht massiv in der Kritik, zudem ist der Ausbau innovativer,

---

1 Bauböck legt mit Blick auf diesen Zusammenhang dar, wie ein normtypischer Lebenslauf, wie wir ihn heute kennen, und »eine zunehmende Durchsetzung der Lohnarbeit als biographische Norm für immer breitere Bevölkerungsschichten« (1991, S. 20) sich erst mit der fortschreitenden Industrialisierung entwickelten.

inklusiver Möglichkeiten zur Teilhabe am sogenannten ersten Arbeitsmarkt sowie zur beruflichen Bildung zu beobachten (Lamers & Heinen, 2014, 338). Von Leistungen zur Teilhabe am Arbeitsleben, wie sie im SGB IX geregelt sind, werden allerdings noch immer Personen ausgenommen, welche nicht in der Lage sind, ein »Mindestmaß an wirtschaftlich verwertbarer Arbeitsleistung« (SGB IX, § 219 (2)) zu erbringen – somit ist die Möglichkeit zur Teilhabe an Arbeit nicht für alle Menschen rechtlich gesichert, vielmehr führt der Weg für Menschen mit komplexer Behinderung nach Abschluss der Schule häufig direkt in pflegerische Betreuungs- und Versorgungssysteme, womit der Lebensbereich Arbeit und damit ein den Erwachsenenstatus konstituierender Bestandteil gänzlich entfällt[2] (Ackermann, 2013, 7; Theunissen, 2003, 106; Walter & Kaufmann, 2019, 107). Zusammenfassend kann festgehalten werden: Die Möglichkeiten zur Teilhabe am Arbeitsleben für Menschen mit geistiger und komplexer Behinderung als konstituierender Bestandteil des Erwachsenenalters können als heterogen bezeichnet werden und reichen vom Ausüben innovativer, inklusiver Arbeitsplätze auf dem ersten Arbeitsmarkt über den Besuch der WfbM bis zum vollständigen Ausschluss von Angeboten, welche auch nur im weitesten Sinne mit Arbeit in Verbindung gebracht werden können (Lamers, Musenberg & Sansour, 2021, 11; Terfloth & Lamers, 2013, 61).

2 Teilhabe an Arbeit – Teilhabe woran?

An dem rechtlichen Ausschluss einzelner Menschen von Leistungen zur Teilhabe an Arbeit hat sich auch seit der Reformierung des SGB IX auf Grundlage des BTHG nichts verändert. In einer Stellungnahme des BMAS wird begründend angegeben: »Die Teilhabe am Arbeitsleben setzt eine Fähigkeit zur Teilhabe, also hier zur Arbeit, voraus« (2018, o. S.). Die Voraussetzungen von Menschen, welchen das Erbringen eines Mindestmaßes an wirtschaftlich verwertbarer Arbeitskraft abgesprochen wird, und Anforderungen, welche mit der Tätigkeit Arbeit einhergehen, scheinen sich in einem solchen Verständnis zu widersprechen. Das lenkt den Blick auf eine grundlegende Herausforderung im Zusammenhang von Arbeit von und für Menschen mit geistiger und komplexer Behinderung. Obwohl mit der Forderung, auch diese Menschen als erwachsene Individuen anzuerkennen, das Postulat der Teilhabe an Arbeit als biographische Aufgabe des Erwachsenenalters einhergeht, muss in diesem Zusammenhang nicht nur gefragt werden, wie das Entwickeln von Arbeitsangeboten in einer von kapitalistischen Nützlichkeitsüberlegungen durchdrungenen Arbeitswelt gelingen kann, sondern vor allem auch, und viel fundamentaler, was mit Arbeit überhaupt bezeichnet werden soll. Diese Frage stellt sich vor allem, da

---

2 Allerdings entstehen auch für diese Menschen immer mehr Forderungen, Angebote und Konzepte, welche Teilhabe an Arbeit ermöglichen sollen, so finden sich beispielsweise ausführliche Handlungsempfehlungen bei Blesinger (2017) und Berichte über gelingende Praxis bei Laible, Maier und Leider (2018) oder Niehörster und Ruh-Hagel (2018).

diskursiv mit dieser Tätigkeit verknüpfte Aspekte und (Mindest)Anforderungen wie Leistung, Produktion oder Zielorientierung immer auch zu potentiellen Ausschlussfaktoren werden können. In Forderungen, auch Menschen mit geistiger und komplexer Behinderung Teilhabe am (Erwerbs)Arbeitsleben zu ermöglichen, wird größtenteils mit der Betonung verschiedenster Funktionen argumentiert, welche (nur) im Rahmen von Arbeit erfüllt werden können: mit der Forderung nach Arbeit unter dem Fokus auf deren sinnstiftende Funktion (Terfloth, 2014, 1), dem Generieren sozialer Anerkennung (Sansour, 2018, 84), der tagesstrukturierenden Funktion (Klauß, 2014, 4), der Möglichkeit des Erlebens von Selbstwirksamkeit (Niehörster & Ruh-Hagel, 2018, 318), Aspekten der Kooperation und sozialen Interaktion (Doose, 2011, 93), Möglichkeiten zur Bildung (Keeley, 2018, 113) oder der Wichtigkeit für die Persönlichkeitsentwicklung (Becker, 2018a, 302) sind nur einzelne Beispiele genannt. Ein menschliches Bedürfnis nach Arbeit wird so als vermitteltes Bedürfnis eingefordert: Arbeit dient der Erfüllung eines darüberhinausgehenden Ziels (Schlothfeldt, 2001, 710), an welchem auch Menschen mit geistiger und komplexer Behinderung teilhaben sollen. Schnell wird klar, dass all diese Bedürfnisse auch anderweitig befriedigt werden können – mithilfe tagesstrukturierender Maßnahmen, durch Freundschaften, das Ausüben eines erfüllenden Hobbys oder dem Erleben der eigenen Selbstwirksamkeit in zwischenmenschlicher Kommunikation. Vereinzelt wird auch aus einer anthropologischen Perspektive argumentiert, wenn auf ein Bedürfnis danach, »selbstbestimmt aktiv, produktiv, tätig sein zu können« (Gröschke, 2011, S. 189), verwiesen wird oder Arbeit als »spezifisch menschliche Grundlage des Lebens, sich mit der Umwelt auseinandersetzen zu können« (Terfloth & Lamers, 2011, 19), bezeichnet und so im Anschluss an einen marxistischen Arbeitsbegriff die Notwendigkeit von Arbeit aus der Beschaffenheit des menschlichen Wesens und einem spezifisch menschlichen Naturverhältnis abgeleitet wird. Allerdings stellen sicherlich viele der Tätigkeiten, welche alltäglich zum Lohnerwerb ausgeführt werden, keine oder nicht nur »Entäußerung, durch die ein Subjekt sich verwirklicht, indem es sich in der objektiven Materialität dessen vergegenständlicht, was es schöpft oder herstellt« (Gorz, 2000, S. 10) und somit selbst zum »Resultat seiner eigenen Arbeit« (Marx, 1844/1973, S. 574) wird, dar und dürften im Umkehrschluss entsprechend nichtmehr als Arbeit bezeichnet werden.

Außer der Betonung, zum Einbezug von Personen, »die nur bedingt mit klar definierten Zeit und Zielvorgaben tätig sein können« (Blesinger, 2017, S. 11), sei ein weites Verständnis von Arbeit notwendig, findet sich somit meist eine nur eingeschränkte theoretische Fundierung dessen, woran genau teilgehabt werden soll und die Wissenschaft »der Heil-, Sonder- und Behindertenpädagogik [hat] rasch eine Vielzahl von Fördermethoden zur Hand, noch ehe sie ein ausgereiftes theoretisches Konzept von dem besitzt, was überhaupt zu fördern ist« (Seitzer, 2022, 8–9). Diese Uneindeutigkeit zeigt sich auch in der Verwendung verschiedenster Bezeichnungen für den einzufordernden Sachverhalt: Arbeiten oder »arbeitsweltbezogen tätig sein« (Kistner & Juterczenka, 2013, 111)? Teilhabe an Arbeit, am Arbeitsleben oder an der Lebenswelt Arbeit? In den wenigen Versuchen, den Arbeitsbegriff tatsächlich theoretisch fundiert zu erarbeiten, lassen sich zudem problematische Aspekte in zweierlei Richtungen konstatieren: (1) Entweder werden trotz der kritischen Auseinandersetzung mit leistungs- und produktionszentrierten Aspekten des Arbeitsbegriffes theoretische Konzepte grundgelegt, welche in ihrer Beschaffenheit noch immer mit einem tendenziell ausgrenzenden Verständnissen operieren, indem planend-dispositive geistige Fähigkeiten zumindest implizit betont werden, oder (2) der Rückschluss aus dieser potentiellen Möglichkeit des Ausschlusses bestimmter Personengruppen führt zur Grundlegung eines Arbeitsverständnisses, welchem eine völlige »begriffliche Entgrenzung« (Honneth, 2023, 112) attestiert werden kann. So kann beispielsweise vermehrt die Forderung beobachtet werden, Arbeit sei vor allem die Tätigkeit, welche für das Subjekt eine sinnstiftende Funktion hätte (Klauß 2014, 12; Sansour 2018, 84; Niehörster & Ruh-Hagel 2018, 318; Terfloth 2014, 1; Lamers, Musenberg & Sansour, 2021, 67). Wird aber schlussfolgernd gefordert, es sei »notwendig, alle Tätigkeiten, die für die Menschen mit Behinderung als sinnstiftend anerkannt werden und mit denen sie sich identifizieren, als Arbeit zu deklarieren« (Hoffmann, 2018, 343), lässt sich Arbeit nicht mehr von anderen menschlichen Lebensvollzügen abgrenzen und die Forderung nach Teilhabe an Arbeit wird überfällig, hebt sich selbst auf.

Zusammenfassend formuliert Budd das bestehende Forschungsdesiderat: »work should not be defined too broadly [...]. A meaningful definition of work, therefore, needs to lie somewhere between the overly narrow focus on paid employment and the excessively broad inclusion of all human activity« (2011, 2). Mit Blick auf Menschen mit komplexer Behinderung spezifizieren Marzini und Sansour dieses Anliegen mit der Frage danach, wie die Anforderungen, welche mit Arbeit in Verbindung gebracht werden, mit den Voraussetzungen dieses Personenkreises zusammengebracht werden können, sodass eine begriffliche Fundierung von Arbeit gelingt, welche alle Menschen mitdenken kann und dennoch keine Entgrenzung darstellt (2019, 168). Ein Ansatz für eine solche ›bedeutungsvolle Definition von Arbeit‹ findet sich mit der Erkenntnis, dass der Begriff diskursiv in der Regel nicht zur Beschreibung von Tätigkeiten genutzt wird, welche sich durch bestimmte tätigkeitsimmanente Aspekte auszeichnen oder spezifische Funktionen erfüllen (Gröschke, 2011, 133). Vielmehr hebt die Begrifflichkeit auf all jene Praktiken ab, welche in übergeordnete gesellschaftliche Zusammenhänge eingebettet sind und erst so als gesonderte Lebenswelt von privaten Vollzügen abgegrenzt werden können – Arbeit in diesem Sinne also ein historisch wandelbares, soziales Phänomen darstellt (Füllsack, 2009, 18): als »»Arbeit« werden ausgewählte Tätigkeiten unter bestimmten soziohistorischen, soziokulturellen und sozioökonomischen Kontextbedingungen bezeichnet« (Gröschke, 2011, 133).

Die Forderung nach Teilhabe an Arbeit meint folglich in der Regel nicht die Forderung nach Teilhabe an einer bestimmten Art der Tätigkeit – das wird schon in der Diversität verschiedenster Berufe deutlich –, sondern die Forderung nach der Teilhabe an einem gesellschaftlich zentralen Lebensvollzug, einem übergeordneten Kooperationszusammenhang, einer Lebenswelt – keinem privaten, sondern gesellschaftlichem Handeln, gesellschaftlicher Arbeit. Auch Marx und Engels beschreiben die Produktion des menschlichen Lebens, die Art also, wie der Mensch sich in Auseinandersetzung mit der Natur am Leben erhält, erscheine »sogleich als ein doppeltes Verhältnis – einerseits als natürliches, andrerseits als gesellschaftliches Verhältnis« (1845/2016, 47). Arbeit stellt im marxistischen Sinne also nicht nur eine anthropologische, sondern vor allem auch eine gesellschaftliche Kategorie dar (Bayertz, 2016, 201). Während in Forderungen nach der Teilhabe am Arbeitsleben auch für Menschen mit geistiger und komplexer Behinderung auf die grundsätzliche Fähigkeit zur sinnvollen Tätigkeit eines jeden Menschen schon an verschiedenen Stellen eingegangen wurde (Gröschke, 2011, 183; Becker, 2016, 64), sollte der Anspruch an einen gesellschaftlichen Arbeitsbegriff sein, zudem auch Rahmenbedingungen oder Kontextfaktoren zu identifizieren, unter welchen eine Tätigkeit als Arbeit verstanden wird und über welche sich in der Folge auch erst gesellschaftliche Anerkennungsprozesse generieren. Mit Blick auf diese Fragestellung kommt Sansour mit Bezug zur Theorie von Krebs zu dem Schluss, bei Arbeit handle es sich um eine Tätigkeit, von welcher auch andere einen Nutzen haben und welche zusätzlich – und das ist der entscheidende Punkt – in einen »Leistungsaustausch« (2018, 85) eingebunden sind: »Arbeit umfasst keine Tätigkeiten, die man ausschließlich für sich selbst tut« (Marzini & Sansour, 2019, 167). Mit Blick auf einen solchen Leistungsaustausch unterscheidet Krebs zwischen (1) Tätigkeiten, welche zum reinen Selbstzweck ausgeübt werden (beispielsweise Hobbys), (2) privater Arbeit, welche zwar Tätigkeiten innerhalb eines Leistungsaustausches bezeichnen, der allerdings als privat zu bezeichnen ist (beispielsweise Nachbarschaftsdienste) und (3) gesellschaftlicher Arbeit, welche Tätigkeiten bezeichnet, die ebenfalls in einen Leistungsaustausch eingebettet sind, der allerdings auf übergeordneter, gesellschaftlicher Ebene organisiert ist (2002, 38)[3]. Wenn Forderungen nach Teilhabe am Arbeitsleben gestellt werden, ist, so die These dieses Artikels, in der Regel die Teilhabe an ebendieser gesellschaftlichen Arbeit gemeint und weniger das Übernehmen beispielsweise nachbarschaftlicher oder kooperativer Dienste – denn auch gesellschaftliche Anerkennungsprozesse konstituieren sich über gesellschaftliche und nicht private Arbeit (Honneth, 2023, 370).

Um eine solche übergeordnete, gesellschaftliche Ebene genauer fassen zu können, soll die von Sansour vorgeschlagene Perspektive hier aufgegriffen und weiterentwickelt werden, indem auf den institutionellen Arbeitsbegriff von Kambartel eingegangen wird, welcher als Vorlage für Krebs Überlegungen dient, sowie das von Honneth in seiner neusten Veröffentlichung vorgeschlagene Verständnis von Arbeit, welches sich als anschlussfähig an die Vorüberlegungen von Kambartel und Krebs erweist[4]. Ausgangspunkt ist für Kambartel folgender Grundsatz: »Wir können es den menschlichen Tätigkeiten nicht (natürlicherweise) ansehen, ob sie Arbeit im gesellschaftlichen Sinne darstellen. [...] Ob wir eine Tätigkeit als Arbeit betrachten können, hängt hier von den gesellschaftlichen Umständen ab, in welche diese Tätigkeit eingebettet ist« (1993, 242). Diejenige Größe, welche die gesellschaftlichen Umstände dabei maßgeblich bestimmt und »innerhalb derer Arbeit normiert wird«

---

3   In dieser Aufteilung entwickelt Krebs die Kambartelsche Unterteilung zwischen Arbeit und Praxis weiter. Mit Praxis bezeichnet Kambartel Tätigkeiten, welche einem gesellschaftlichen Leistungsaustauschen nicht unterliegen, unterliegen können oder dürfen (1993, S. 243).
4   Im Rahmen dieses Beitrags können keine weiteren Differenzierungen zwischen den einzelnen Ansätzen vorgenommen werden, allerdings soll darauf hingewiesen werden, dass der von Kambartel im Rahmen der »Lohn für Hausarbeit«-Debatte entwickelte Arbeitsbegriff (1993) Vorbilder in den Überlegungen von Götz Rohwer (1985) und Rainer Bauböck (1991) findet und von Angelika Krebs (2002) aus feministischer Perspektive weiterentwickelt wird.

(Bauböck, 1991, 21), ist dabei die gesellschaftliche Arbeitsteilung. Hier findet sich ein zentraler Aspekt: Unsere Gesellschaft ist nicht nur Arbeitsgesellschaft, sondern vor allem arbeitsteilige Gesellschaft. Im Sinne eines solchen institutionellen Arbeitsverständnisses, wie Kambartel, Krebs oder Honneth es vorschlagen, wird die gesellschaftlich organisierte Arbeitsteilung also als eine Art Institution verstanden, über welche in einem gemeinsamen Prozess Austauschverhältnisse organisiert werden (Sansour, 2018, 84). Gesellschaftliche Arbeit meint somit »eine Tätigkeit für andere, welche am ›allgemeinen‹ durch die Form der Gesellschaft bestimmten, Leistungsaustausch zwischen ihren Mitgliedern teilnimmt« (Kambartel, 1993, 241). Dass ein solch institutioneller Arbeitsbegriff keineswegs auf die Perspektive der Lohnarbeit verengt bleibt, zeigt Krebs aus feministischer Perspektive am Beispiel der Sorgearbeit, welche trotz fehlendem Erwerbsarbeitsverhältnis für das Fortbestehen der Gesellschaft unverzichtbar ist (2002, 61). Die unterschiedlichen Ansätze der Autor*innen lassen sich insofern grob zusammenfassen, dass Arbeit im gesellschaftlichen Sinne neben Erwerbstätigkeiten alle Verrichtungen auch außerhalb von Lohnarbeitsverhältnissen mit meint, welche für eine Gesellschaft als nützlich oder reproduktionsnotwendig erscheinen (Bauböck, 1988, 4; Honneth, 2023, 110; Krebs, 2002, 46–48). Was dabei als (reproduktions)notwendig betrachtet wird unterliegt jeweils kulturellen und historischen Schwankungen, steht nicht objektiv fest, sondern entscheidet sich Honneth zufolge in kollektiven Verständigungsprozessen (2023, 140–141). Gemeint sind also alle Tätigkeiten, welche »durch ein System von Bedürfnissen, das die gesellschaftliche Arbeitsteilung fundiert, notwendig gemacht« (Rohwer, 1985, 190) werden und in diesem Sinne in die gesellschaftliche Arbeitsteilung miteinbezogen sind. An dieser Stelle wird deutlich, dass Arbeit somit immer eine Tätigkeit meint, welche auch für andere einen Nutzen hat – dieser Nutzen ist dabei für die arbeitende Person selbst nicht immer ersichtlich, sondern ergibt sich erst mit Blick auf die durch die Arbeitsteilung geregelten Tauschverhältnisse.

Nun ließe sich anmerken, die Bezeichnung Leistungsaustausch hebe nicht auf eine Tätigkeit an sich ab, sondern vielmehr auf die Produkte dieser Tätigkeiten (Ruben, 1993, 257) und sei zudem aufgrund vorherrschender Vorstellungen von Leistung mit Blick auf den interessierenden Personenkreis zu problematisieren. Allerdings ergibt sich durch den Einbezug in die gesellschaftliche Arbeitsteilung eine »wechselseitige Abhängigkeit der Arbeitenden« (Rohwer, 1985, 190). Damit werden die einzelnen Tätigkeiten nach Inhalt und Umfang von anderen Arbeiten abhängig und in ihrer Beschaffenheit von der gesellschaftlich arbeitsteiligen Organisation bedingt. Weitergehend erhalten auch »die menschlichen Aktivitäten selbst und nicht nur ihre Ressourcen und ihre Produkte eine unmittelbare gesellschaftliche Dimension […], wenn sie zur Arbeit werden« (Bauböck, 1991, 13). Arbeit im gesellschaftlichen Sinne bezeichnet damit eine Tätigkeit, welche von der gesellschaftlichen Arbeitsteilung in ihrer Form bedingt wird und so in einen übergeordneten, gesellschaftlichen Prozess einbezogen ist. Damit gelingt es einerseits, ein Verständnis von Arbeit als Tätigkeit festzulegen, und gleichzeitig auch das zu beschreiben, was als Teilhabe am Arbeitsleben verstanden werden soll. Ein solcher Ansatz ermöglicht zusätzlich eine Unterscheidung von gesellschaftlicher Arbeit im

Vergleich zu privater oder Eigenarbeit, ohne sich bloß auf das Kriterium der Entlohnung zu fokussieren[5] (Barkhaus, 2001, 405).

Was Kambartel mit Blick auf gesellschaftliche Arbeit zudem betont sind »abstrakte Formen der Gegenseitigkeit im Leistungsaustausch« (1993, 241), aus welchen ihm zufolge natürlicherweise ein Recht auf Anerkennung hervorgeht (ebd., 244–245). Durkheim konstatierte in seinen Überlegungen zur sozialen Arbeitsteilung sogar, dass gesellschaftliche Arbeitsteilung eine organische Solidarität zwischen den einzelnen Gesellschaftsmitgliedern schaffe, sich also auf Grundlage der gesellschaftlich organisierten Arbeitsteilung ein Gefühl der gegenseitigen Abhängigkeit, Angewiesenheit und des Zusammenhalts entwickeln würde (1893/2012, 166–185). Aus Teilhabe an der gesellschaftlichen Arbeitsteilung ergibt sich aus dieser Perspektive also auch erst die Grundlage für Gegenseitigkeit, Gemeinschaft und damit auch Anerkennung. Laut Honneth bildet sich so sogar die Grundlage für demokratisches Handeln, da dieses »ein Gefühl gemeinsam geteilter Verantwortungen und Lasten voraussetzt, für das es heute neben der stets gefährlichen Saat des Nationalismus keine andere Quelle gibt als die Einbeziehung in die gesellschaftliche Arbeitsteilung« (2023, 302).

Wenn Teilhabe sich, wie von Becker konstatiert, in sozialen Beziehungen realisiert, im Verstricktsein in ein soziales Geflecht (2018b, 2), dann könnte ein Ansatzpunkt für eine so verstandene Teilhabe an Arbeit und am Arbeitsleben der Einbezug in gesellschaftliche Arbeitsteilung sein und nicht das bloße Ausüben einer isolierten Tätigkeit, welche als Arbeit deklariert wird. Allerdings soll eine so geforderte Teilhabe nicht missverstanden werden als das Anwenden verzerrter neoliberaler Vorstellungen von (kognitiver) Leistung und Nützlichkeit oder das Einfordern des schutzlosen Einbezugs in die prekären Bedingungen eines kapitalistischen Arbeitsmarktes von Menschen mit geistiger und komplexer Behinderung, aber auch aller anderen Gesellschaftsmitglieder. Arbeit, wie sie hier verstanden wird, ist mit Blick auf tätigkeitsimmanente oder quantifizierende, leistungsorientierte Kriterien voraussetzungslos – die Teilhabe an gesellschaftlicher Arbeit ist es nicht: sie erfordert das Schaffen von Möglichkeitsräumen des Einbezugs aller Personen in übergeordnete, kooperative Prozesse geteilten Tätigseins, das Einbetten von Tätigkeiten, welche Arbeitsangebote darstellen sollen in den Rahmen der gesellschaftlichen Arbeitsteilung. Damit können Angebote im Rahmen einer WfbM, in Tagesförderstätten oder bei anderen Leistungsanbietern genauso gesellschaftliche Arbeit darstellen wie Tätigkeiten auf dem ersten Arbeitsmarkt: Maßgeblich ist das Einbezogen sein in arbeitsteilige, gesellschaftliche Prozesse. Zusammenfassend kann festgehalten werden: »Charakteristisch für Arbeitsprozesse ist der gesellschaftliche Leistungsaustausch. Die Arbeitstätigkeit weist daher eine Relevanz für die Gemeinschaft (innerhalb und/oder außerhalb der Einrichtung) auf« (Lamers, Musenberg & Sansour, 2021, 67).

---

5 Eine gänzlich trennscharfe Unterscheidung zwischen gesellschaftlicher und privater Tätigkeit, wie sie Kambartel mit der Gegenüberstellung der Begriffe Arbeit und Praxis vorschlägt (1993, S. 243), erscheint allerdings trotzdem nicht möglich – vielmehr scheint das, was als nur privat und was als gesellschaftlich notwendig gedeutet wird, in »ständigem Fluss« (Honneth, 2023, 145) zu sein.

3 Arbeit und Erwachsensein – (M)einen Platz in der gesellschaftlichen Arbeitsteilung einnehmen

Das Teilhaben und Einnehmen eines Platzes in einem »übergreifenden sozialen Zusammenhang« (Quenzel & Hurrelmann, 2022, 38) betonen Quenzel und Hurrelmann auch in Bezug auf die Anerkennung eines Individuums als Erwachsenem: In der Weiterentwicklung des entwicklungspsychologischen Modells von Havighurst bringen die Autor*innen Entwicklungsaufgaben der Adoleszenz mit einem sozialisationstheoretischen Rahmen zusammen und entwickeln so ein Modell, in welchem das Erwachsenwerden anhand gesellschaftlich konstituierter Rollen beschrieben wird: »Jeder Lebensphase werden mehr oder weniger genau definierte Rechte, Pflichten und Verantwortungen zugeordnet, die wechselseitig aufeinander bezogen sind« (ebd.). Erwachsenwerden stellt in dieser Perspektive »eine mehrdimensionale Statuspassage dar, die den Rahmen für einzelne – genauer zu spezifizierende – Teilübergänge bildet und zugleich deren aggregiertes Resultat darstellt« (Konietzka, 2010, 16). Das Erwachsensein eines Individuums bemisst sich diesem Ansatz zufolge vor allem daran, in welchem Maß dieses die »zentralen Teilrollen der gesellschaftlichen Mitgliedschaft übernommen hat« (Quenzel & Hurrelmann, 2022, 39), inwiefern also eine Übernahme dieser gesellschaftlichen Rollen in der Ontogenese des Subjekts erfolgt. Als die vier zu übernehmenden gesellschaftlichen Mitgliedsrollen werden dabei benannt:

1. Die Rolle als berufstätige Person: sich so qualifizieren, dass die eigene Existenz gesichert und Anteil an der Reproduktion der Gesellschaft genommen werden kann.
2. Die Rolle als Familiengründer*in: Ablösung von den Eltern und Aufbau neuer Beziehungen sowie Gründen einer Familie.
3. Die Rolle einer Wirtschaftsbürger*in: entsprechend der eigenen Bedürfnisse Konsum- und Freizeitangebote wahrnehmen.
4. Die Rolle der politischen Bürger*in: aktiv an Willensbildungsprozessen einer sozialen Gemeinschaft partizipieren. (ebd., 26–27).

Die Übernahme dieser Rollen soll dabei für die Zuerkennung des Erwachsenenstatus »zumindest teilweise selbstständig« (ebd., 37) erfolgen. Als die beiden zentralsten Rollen nennen Hurrelmann und Quenzel die Übernahme einer Berufsrolle sowie das Gründen einer eigenen Familie – »Erwachsen ist demnach, wer sowohl ökonomisch als auch biologisch die bestehende Gesellschaft weiterführen (reproduzieren) kann. Er oder sie ist dann ein vollwertiges und verantwortliches Gesellschaftsmitglied« (ebd., 39). Der Fokus liegt entsprechend nicht (nur) auf ökonomischer oder emotionaler Unabhängigkeit von der Herkunftsfamilie, sondern auch auf der Möglichkeit, zum (Fort)bestehen der Gesellschaft einen Beitrag zu leisten. Auch diese Perspektive bringt mit Blick auf arbeitsweltbezogene Teilhabemöglichkeiten für Menschen mit geistiger und komplexer Behinderung sowie die bereits weiter oben thematisierten, vorherrschenden Vorstellungen von Leistung und

Produktion maßgebliche Schwierigkeiten mit sich. Es kann davon ausgegangen werden, dass Menschen mit geistiger und komplexer Behinderung nicht als ›Reprodukteur*innen‹ der Gesellschaft verstanden werden, besonders dann, wenn Sie kein Mindestmaß an wirtschaftlich verwertbarer Arbeitsleistung erbringen. Auch mit Blick auf die anderen genannten Dimensionen wird dem Personenkreis das Übernehmen dieser gesellschaftlichen Mitgliedschaftsrollen wohl nicht per se zugestanden: Elternschaft für den Personenkreis ist ein gleichermaßen tabuisiertes wie umstrittenes Thema (siehe Grüter in diesem Band), die Teilhabe an politischen Willensbildungsprozessen war bis vor einigen Jahren rechtlich für Menschen, welche unter gesetzlicher Betreuung stehen, nicht möglich (Welke, 2019, 65) und Freizeit- und Konsummöglichkeiten können als eingeschränkt beschrieben werden (Trescher, 2015, 36). Dennoch erscheint das Konzept der Mitgliedschaftsrollen anschlussfähig an den weiter oben angeführten Arbeitsbegriff, um von der Perspektive der Anerkennung als erwachsene Person einen wechselseitig begründenden Zusammenhang zur Teilhabe an der gesellschaftlichen Arbeitsteilung herzustellen. So wird einerseits das Übernehmen der gesellschaftlichen Mitgliederrolle als berufstätige Person nur dann möglich, wenn Teilhabe an der gesellschaftlichen Arbeitsteilung ermöglicht wird – wenn also nicht isolierte, nicht in dieses System eingebundene Tätigkeiten als Angebote zur Teilhabe am Arbeitsleben entwickelt werden, sondern die Möglichkeit besteht, sich im arbeitsteiligen System zu verorten und mit einer bestimmten Tätigkeit oder einem Berufsbild als Teil eines übergeordneten Prozesses zu identifizieren und in dieser anerkannt werden – unabhängig davon, in welchem quantitativen Umfang eine Eingebundenheit stattfindet, in welchem Maße hier also Kriterien der Wirtschaftlichkeit angelegt werden können. Als Zielperspektive kann vielmehr benannt werden, dass es gelingt, die gesellschaftliche Kooperation und Aufgabenteilung der gesellschaftlichen Arbeit und die damit einhergehenden Anerkennungsprozesse erfahrbar zu machen (Sansour, 2018, 92–93).

3.1 Be-hinderte Teilhabe – be-hinderte Identität

Unter dieser spezifischen Perspektive auf Arbeit und Erwachsenwerden eröffnet sich ein weiterer Blickwinkel, der sich aus dem Zusammenbringen dieser beiden Sphären ergibt: Der Übergang vom Jugend- ins Erwachsenenalter wird vor allem mit Rückbezug zur Entwicklungstheorie Ericksons als Entwicklungsstufe aufgefasst, welche »nicht nur von der frühkindlichen Sozialisation geprägt ist, sondern eine ganz eigene (aneignende) Dynamik entfalten kann« (Fischer, 2021, 29) und in diesem Sinne als ›Schwelle zum Erwachsenwerden‹, in welcher sich die Aufgabe der aktiven Identitätsbildung und -findung verorten lässt. Zentral ist in diesem Zusammenhang also nicht das Erreichen eines bestimmten biologischen Alters, sondern vielmehr die Möglichkeit, selbstbestimmten Einfluss auf die eigene Lebensgestaltung und damit auch auf den subjektiven Identitätsbildungsprozess zu nehmen. Aufgrund der zentralen Bedeutung von Arbeit im gesellschaftlichen Anerkennungsgefüge kann die Auswahl eines Berufsbildes und das Aufnehmen einer Tätigkeit im Rahmen der gesellschaftlichen Arbeitsteilung somit als mitkonstituierender Teil dieser Entwicklungsaufgabe verstanden werden: So betont beispielsweise Oechsle, dass Prozesse der Auswahl einer beruflichen Tätigkeit immer auch mit Prozessen der Identitätsbildung verknüpft sind (2009, 41). Das Finden eines eigenen Platzes im System der gesellschaftlichen Arbeitsteilung wird zur »Herausforderung für die Identitätsbildung und -findung« (Rogge, 2019, 95) – die eigene Arbeitstätigkeit kann maßgeblicher Teil der subjektiven Identität werden, mit der Wahl eines bestimmten Berufs wird gleichzeitig auch ein Platz im System der gesellschaftlichen Arbeitsteilung eingenommen, welcher mit spezifischen Zuschreibungen über (Un)Fähigkeit, Leistungsvermögen und unterschiedlichem Maß an gesellschaftlicher Anerkennung einhergeht: »Arbeit stellt als normatives Ideal der Mehrheitsgesellschaft [...] auch ein zentrales Merkmal von Status und Zugehörigkeit dar, mit dem die Einzelperson ihre Identität und Verortung innerhalb der sozialen Umwelt entwickelt« (Bendel, Richter & Richter, 2015, 18). Mit dem Ausschluss von gesellschaftlicher Arbeit wird Menschen somit »ein für das Selbstkonzept wichtiger Bestandteil des Lebens vorenthalten« (Bernasconi & Böing, 2015, 230). Entsprechend muss die grundsätzliche Chance zur Identifikation mit einer Tätigkeit oder einem Berufsbild, welche eine Verortung im gesellschaftlichen Gefüge erlaubt, für alle Menschen ermöglicht werden – auch unter der Perspektive des Erwachsenwerdens: Wenn es bei der Entwicklung einer erwachsenen Identität darum geht, ein eigenes, auch vom Herkunftshaushalt oder schulischen Erfahrungen unabhängiges, nicht mehr nur von Umweltfaktoren bedingtes, sondern »aneignende[s]« (Fischer, 2021, 29) Selbstbild zu entwickeln, dann spielt die Aufnahme einer selbst gewählten, passenden Arbeitstätigkeit für diesen Prozess sicherlich eine entscheidende Rolle. Die Betonung der Notwendigkeit, sich für das Ausbilden einer erwachsenen Identität mit einer in die gesellschaftliche Arbeitsteilung eingelassenen Tätigkeit identifizieren zu können, kann zudem nur mit der Forderung einhergehen, berufliche Bildungsmöglichkeiten für alle Menschen zu ermöglichen und in diesem Sinne beispielsweise den »Automatismus« (Fischer & Heger, 2019, 53) des Übergangs von der Förderschule geistige Entwicklung und anschließendem Beschäftigtwerden in einer WfbM oder Tagesförderstätte durch geeignete berufliche Bildungsangebote zu durchbrechen und den Grundstein für alternative Möglichkeiten der Verortung im System gesellschaftlicher Arbeitsteilung und entsprechender Identifikation zu setzen. Mit Blick auf die Dimension der Identitätsfindung als Entwicklungsaufgabe der Adoleszenz lässt sich für Berufliche Bildungsangebote dann vor allem auch die Forderung ableiten, nicht nur auf das Ausbilden spezifischer Fähigkeiten bezogen auf einzelne Berufsbilder verengt zu werden (Keeley, 2018, S. 113), sondern Verständnis für das System gesellschaftlicher Arbeitsteilung zu ermöglichen und aufzuzeigen, in welchen Bereichen eine individuelle Verortung in diesem möglich sein kann.

Das System gesellschaftlicher Arbeitsteilung entscheidet allerdings nicht nur darüber, welche Tätigkeiten gesellschaftlich als Arbeit anerkannt werden, sondern »kraft sozialer Typisierungen auch darüber, welcher ›produktive‹ Wert ihnen für das soziale Ganze im Einzelnen jeweils zukommt« (Honneth, 2023, 101). Honneth geht in diesem Zusammenhang von einer evaluativen Staffelung der Anerkennung arbeitsteilig verrichteter Tätigkeiten aus (ebd.). Für Menschen mit geistiger und komplexer Behinderung lässt sich in diesem Zusammenhang eine besondere Prekarität gesellschaftlicher Anerkennungsprozesse konstatieren, wenn ein gänzlicher Ausschluss von gesellschaftlicher Arbeit stattfindet und »selbst auf den ausgelagerten Arbeitsplätzen, die die Erwerbswirtschaft den ›Werkstätten‹ bereitstellt, werden sie nicht als Arbeitnehmer_innen anerkannt« (Hüppe, 2021, 53). Diese mangelnde Anerkennung zeigt sich auch in den subjektiven Perspektiven auf den Wert der eigenen Arbeitstätigkeit, wie Schreiner in seiner Studie zur Sicht der Beschäftigten auf die eigene Arbeit in der WfbM zeigt: Die Befragten nehmen ihre eigene Arbeit zwar als wertvoll wahr, bewerten »jedoch den Wert ihrer Produkte und Dienstleistungen nach eigenen Aussagen deutlich unter dem Wert von auf dem allgemeinen Arbeitsmarkt geleisteter Arbeit« (2016, 162). An diesem Beispiel wird deutlich, dass das eigene Selbstbild nicht in einem luftleeren und wertfreien Raum entsteht – Identifikation findet vielmehr im Rahmen gesellschaftlich tradierter und internalisierter Vorstellungen zu verschiedenen Berufsbildern und einem damit einhergehenden Wert dieser statt, und auch die WfbM ermöglicht somit potentiell die Identifikation mit einer als Arbeit verstandenen Tätigkeit, »andererseits konstruieren und manifestieren die (unbeabsichtigten) Neben- und Folgewirkungen der Werkstattbeschäftigung die (Selbst-)Zuschreibung von Behinderung. Dabei erschweren sie zusätzlich die Wahrnehmung von Zugehörigkeit zur (Arbeits-)Gesellschaft und verhindern in der Folge soziale Anerkennung« (ebd., 163). Das hat entsprechende Rückwirkung auf die subjektive Identitätsbildung: wird im Übergang ins Erwachsenenalter keine Verortung im System der gesellschaftlichen Arbeitsteilung und damit die Identifikation mit einer in einem größeren Zusammenhang stehenden Arbeitstätigkeit ermöglicht, hat das be-hindernde Konsequenzen für eigene Entwicklung (Schuppener, 2009, 55). Hier gilt es, verzerrte und evaluative neoliberale Anerkennungsnormen gesellschaftlich zu hinterfragen (Honneth, 2023, 359).

3.2 Arbeit und Demokratie – Teil von Arbeit sein ist Teil von Demokratie sein

Honneth eröffnet in seinem Buch »Der arbeitende Souverän« (2023) eine weitere Perspektive, welche sich als anschlussfähig an den vorherigen Versuch, einen gesellschaftlichen Arbeitsbegriff mit der Übernahme erwachsener Mitgliedschaftsrollen zusammenzubringen, erweist. Honneth zufolge spielt die Möglichkeit zur Teilhabe an gesellschaftlicher Arbeitsteilung unter von ihm beschriebenen Bedingungen eine entscheidende Rolle für die Möglichkeit, sich als Teil einer demokratischen Gemeinschaft zu verstehen, und erfüllt somit einen weiteren funktionalen Zweck: Über Teilhabe an (hinreichenden Bedingungen genügender) Arbeit wird Teilhabe an Demokratie möglich, Arbeit wird zur Grundlage nicht nur der von Quenzel und Hurrelmann benannten Berufsrolle, sondern auch der Rolle als politischer Bürger*in. Honneth entwirft die Grundthese, dass Chancen und Möglichkeiten zur Teilhabe an demokratischer Willensbildung für die einzelnen Mitglieder einer Gesellschaft maßgeblich davon abhängen, »ob und wie sie in den arbeitsteiligen Prozess der sozialen Reproduktion einbezogen sind« (ebd., 107). Grundlegend ist zum einen die Annahme, dass demokratisches Handeln immer eine geteilte,

Gemeinsamkeit stiftende Grundlage erfordert. Diese Grundlage lokalisiert Honneth in der gesellschaftlichen Arbeitsteilung, welche ihm zufolge eine Verbindung zwischen den einzelnen Gesellschaftsmitgliedern darstellt, da sie ein Gefühl der gemeinsamen Verantwortung für geteilte Aufgaben und Lasten ermöglicht. Zudem wird die Ansicht vertreten, dass sich Ressourcen und Fähigkeiten zur Teilhabe an öffentlicher Meinungsbildung nur bei denjenigen entwickeln können, welche »einer hinreichend komplexen, hinreichend entscheidungsbefugten, hinreichend sozial anerkannten und hinreichend übersichtlich vernetzten Arbeit« (ebd., 152) nachgehen. Zwischen der Teilhabe an Demokratie sowie der Beschaffenheit der jeweiligen Arbeitsbedingungen wird von Honneth also ein funktionaler Zusammenhang hergestellt: wer sich in der Übernahme einer Berufsrolle als vollwertiges, erwachsenes Gesellschaftsmitglied versteht, wird dazu ermächtigt, auch die Mitgliedschaftsrolle als politische Bürger*in wahrzunehmen. Grundlegender Maßstab für Forderungen zur Veränderung gegebener Arbeitsbedingungen wird demnach das Postulat, diese »so zu verändern, dass die Beschäftigten überhaupt in die Lage versetzt werden, sich zwanglos am demokratischen Prozess der öffentlichen Beratung und Willensbildung zu beteiligen« (ebd., 86).

Honneth nennt fünf Bedingungen, welche bei der Gestaltung von Arbeit erfüllt sein müssen, um Teilhabe an demokratischer Willensbildung zu ermöglichen, und von welchen in unserem Zusammenhang vor allem zwei von besonderer Bedeutung erscheinen: Auf der von ihm als psychologisch benannten Ebene betont er den Aspekt der Anerkennung einer geleisteten Arbeit von der Gesellschaft, durch welche sich das subjektive Gefühl, vollwertiges Mitglied einer Gemeinschaft zu sein und damit auch Berechtigte*r in Mitbestimmungsprozessen, erst entwickeln kann (ebd., 101). Vor dem Hintergrund der bereits weiter oben thematisierten gesellschaftlichen An- beziehungsweise Aberkennung, welche der Arbeit in besondernden Institutionen zuteil wird, dass die dort Beschäftigten also »nicht als gleichberechtigte Bürgerinnen und Bürger wahrgenommen werden, sondern als Hilfeempfängerinnen und -empfänger« (Schreiner, 2016, 161), wird schnell deutlich, dass sich für das Entwickeln eines Selbstverständnisses, in welchem man sich als vollwertiges Gesellschaftsmitglied versteht, dessen Meinung Gehör findet und somit auch die Mitgliedschaftsrolle als politische Bürger*in wahrgenommen werden kann, für Menschen mit geistiger und komplexer Behinderung behindernde Bedingungen konstatieren lassen. Als weiteren Aspekt nennt Honneth die Gestaltung der sozialen Verhältnisse der Arbeitsbedingungen mit Blick auf die »Einübung in die Praktiken des demokratischen Zusammenwirkens« (2023, 102). Damit bezeichnet er das Ermöglichen von Kooperation und Mitbestimmung am Arbeitsplatz sowie das Ausbilden eines Verständnisses dafür, inwiefern die einzelnen Berufe und Arbeitsschritte in das Netzwerk der sozialen Arbeitsteilung eingebunden sind, denn, so Honneth, »ein Geist der Kooperation, wie er für die demokratische Deliberation erforderlich ist, wird sich daher auch schon am Arbeitsplatz entwickeln müssen« (ebd., 103). Diese Kooperation darf sich dabei nicht nur auf die unmittelbar miteinander Arbeitenden beschränken, sondern muss auch ein Verständnis dafür ermöglichen, dass alle erwachsenen Gesellschaftsmitglieder innerhalb der gesellschaftlichen Arbeitsteilung in einem System gegenseitiger Abhängigkeit und Angewiesenheit miteinander verbunden sind. In diesem Sinne geht Honneth davon aus, »dass nur derjenige seine eigene Arbeitstätigkeit als wertvoll und anerkennungswürdig empfinden kann, der vom eigenen Arbeitsplatz aus zu überblicken vermag, welchen Beitrag die eigenen Leistungen zur arbeitsteiligen Reproduktion der Gesellschaft im Ganzen liefern« (ebd., 370).

Was Honneth allerdings nicht benennt, ist die Möglichkeit, überhaupt in irgendeiner Weise an der gesellschaftlichen Arbeitsteilung teilzuhaben. Dieser Aspekt könnte allerdings als ein absolutes Prinzip formuliert werden und ergibt sich durchaus nicht, wie weiter oben gezeigt, für alle Menschen selbstverständlich, sondern wird teilweise sogar durch rechtliche Barrieren limitiert. Für alle erwachsenen Menschen kann unter dieser Perspektive die Forderung zur Möglichkeit nach Teilhabe an der gesellschaftlichen Arbeitsteilung unter den von Honneth benannten Bedingungen gestellt werden, da diese nicht nur zur Teilhabe an dem gesellschaftlich relevanten Lebensbereich Arbeit, sondern darüber hinaus auch zur Ermöglichung von Mitbestimmungsfähigkeit und damit der Möglichkeit, als vollwertige, erwachsene Bürger*in an der demokratischen Gesellschaft teilzuhaben, beiträgt. Denn Personen, »die sich als vollkommen überflüssig empfinden müssen, weil sie ohne sozial anerkannte Beschäftigung sind, wird es an jedem Impuls fehlen, an diesen Beratungen mitzuwirken, da sie kein Sensorium für die Mitgliedschaft in einem Gemeinwesen entwickeln können« (ebd., 302).

4 Schlussfolgerungen

Es wurde gezeigt, dass sich Arbeit und Erwachsenwerden nicht nur anhand entwicklungspsychologischer Aspekte miteinander verknüpfen lassen, sondern auch unter der Perspektive gesellschaftlicher Teilhabe- und Anerkennungsprozesse. In beiden gesellschaftlichen Kategorien – Erwachsensein und Arbeit – geht es im Grunde um Anerkennungsverhältnisse. Wird auch für Menschen mit geistiger und komplexer Behinderung die Anerkennung als erwachsene Personen eingefordert, kann ein Ansatz der Einbezug in die für diesen Lebensabschnitt als konstitutiv verstandenen Mitgliedschaftsrollen darstellen. Die Ermöglichung der Teilhabe an hinreichend gestalteter gesellschaftlicher Arbeit besitzt dabei eine große Wichtigkeit für das Erwachsenwerden, sowohl für das Ausbilden einer erwachsenen Identität und dem Anerkanntwerden in dieser sowie für die Ermöglichung des Ausbildens eines demokratischen Grundverständnisses auch auf basaler Ebene. Das kann allerdings nur dann gelingen, wenn Arbeit nicht als isolierte, nur auf bestimmte Funktionen abhebende Größe verstanden wird, sondern im übergeordneten Prozess der gesellschaftlichen Arbeitsteilung betrachtet wird. In diesem Zusammenhang formuliert Doose: »Arbeit ist die Tätigkeit, die den Menschen in Beziehung zur Gesellschaft bringt. Arbeit bestimmt die Art und Weise, wie der Mensch in die Gesellschaft integriert ist« (2011, 94). Nur so wird das Verorten der eigenen Person im gesellschaftlichen Gefüge, Identifikation mit einer Arbeitstätigkeit und gesellschaftliche Anerkennung ermöglicht. Entsprechend kann die Forderung gestellt werden, Arbeitsangebote so zu gestalten, »dass sie der Einzelne aus seiner Perspektive mit dem Rest der gesellschaftlich notwendigen Arbeiten in einen halbwegs sinnvollen Zusammenhang bringen kann« (Honneth, 2023, 340). Dieser Anspruch erfordert allerdings zunächst und ganz grundlegend das Umsetzen des rechtlichen Anspruchs auf Teilhabe am Arbeitsleben, wie er in der UN-BRK in Artikel 27 formuliert wird, für ausnahmslos alle Menschen. Wenn Gröschke also mit Blick auf Menschen mit geistiger und komplexer Behinderung fragt, was es heißt, »auch und gerade bei ihnen von einem (Menschen-)Recht auf Arbeit und Teilhabe an der Gesellschaft' zu reden?« (2011, 14), könnte entgegnet werden, dass ein solches Recht sich in der Möglichkeit zur Teilhabe an gesellschaftlicher Arbeitsteilung als Übernahme einer für das Erwachsenenalter konstitutiven Rolle verwirklichen kann.

Literatur

Ackermann, K.-E. (2013). Schule aus – was nun? In N. J. Maier-Michalitsch & G. Grunick (Hrsg.), *Leben pur – Bildung und Arbeit. Von Erwachsenen mit schweren und mehrfachen Behinderungen* (S. 7–19). Düsseldorf: verlag selbstbestimmtes leben.

Barkhaus, A. (2001). Vom Mythos der arbeits-losen Gesellschaft – Anmerkungen zum Arbeitsbegriff in der postindustriellen Gesellschaft. *Zeitschrift für Wirtschafts- und Unternehmensethik, 2* (1), 403–409.

Bauböck, R. (1988). Hausarbeit und Ausbeutung. Zur feministischen Kritik am Marx'schen Arbeitsbegriff. Forschungsbericht. Verfügbar unter: https://irihs.ihs.ac.at/id/eprint/245/1/fo245.pdf. Zugriff am 18.09.23.

Bauböck, R. (1991). *Wertlose Arbeit. Zur Kritik der häuslichen Ausbeutung.* Wien: Verl. für Gesellschaftskritik.

Bayertz, K. (2016). Historischer Materialismus. In M. Quante, & D. P. Schweikard (Hrsg.), Marx-Handbuch. Leben – Werk – Wirkung (S. 194–208). Stuttgart: Metzler.

Becker, H. (2018a). Mit MAPS und PATH an die Arbeit. Eine Tagesförderstatte auf dem Weg in die Arbeitswelt mit »Persönlicher Zukunftsplanung«. In: W. Lamers (Hrsg.), *Teilhabe von Menschen mit schwerer und mehrfacher Behinderung an Alltag, Arbeit, Kultur* (Impulse, Band 3) (S. 301–308). Oberhausen: ATHENA.

Becker, H. (2018b). Wirtschaftlich verwertbare Arbeit oder Teilhabe an der Arbeitswelt. Verfügbar unter: http://heinzbecker.julianthies.de/wpcontent/uploads/2019/02/2018Wirtschaftlich_verwertbare_Arbeit_oder_Teilhabe_an_der_Arbeitswelt_Universit%C3%A4t_Leipzig.pdf. Zugriff am 10.10.23.

Becker, H. (2016). *… inklusive Arbeit!: Das Recht auf Teilhabe an der Arbeitswelt auch für Menschen mit hohem Unterstützungsbedarf.* Weinheim: Beltz Verlagsgruppe

Bendel, A., Richter, C. & Richter, F. (2015). Entgelt und Entgeltordnungen in Werkstätten für Menschen mit Behinderungen. Etablierung eines wirtschafts- und sozialpolitischen Diskurses. Expertise im Auftrag der Abteilung Wirtschafts- und Sozialpolitik der Friedrich-Ebert-Stiftung (Gesprächskreis Arbeit und Qualifizierung). Bonn. Verfügbar unter: https://library.fes.de/pdf-files/wiso/11514.pdf. Zugriff am 17.11.23.

Bernasconi, T. & Böing, U. (2015). *Pädagogik bei schwerer und mehrfacher Behinderung.* Stuttgart: W. Kohlhammer Verlag.

Blesinger, B. (2017). »Zeit für Arbeit – mittendrin!« Leitfaden zum Aufbau von arbeitsweltbezogenen Teilhabeangeboten in Betrieben und im Sozialraum für Menschen mit komplexem Unterstützungsbedarf. Verfügbar unter: https://www.bag-ub.de/seite/428581/zeit-f%C3%BCr-arbeit!html. Zugriff am 07.08.23.

BMAS. (2018). Fragen und Antworten zum Bundesteilhabegesetz (BTHG). Verfügbar unter: https://www.bmas.de/DE/Soziales/Teilhabe-und-Inklusion/Rehabilitation-und-Teilhabe/Fragen-und-Antworten-Bundesteilhabegesetz/faq-bundesteilhabegesetz.html. Zugriff am 15.08.23.

Budd, J. W. (2011). *The thought of work.* Ithaca: ILR Press.

Bundeszentrale für politische Bildung. (2020). Erwerbstätigenquoten nach Geschlecht und Alter. Verfügbar unter: https://www.bpb.de/kurz-knapp/zahlen-und-fakten/soziale-situation-indeutschland/61688/erwerbstaetigen quoten-nach-geschlecht-und-alter/. Zugriff am 14.08.23.

Doose, S. (2011). Persönliche Zukunftsplanung in der beruflichen Orientierung für Menschen mit schwerer und mehrfacher Behinderung. In: Leben mit Behinderung Hamburg (Hrsg.), *Ich kann mehr! Berufliche Bildung für Menschen mit schweren Behinderungen* (S. 93–111). Hamburg: 53°Nord-Verlag.

Durkheim, E. (2012). *Über soziale Arbeitsteilung. Studie über die Organisation höherer Gesellschaften.* (8., Auflage). Berlin: Suhrkamp Verlag

Fischer, A. (2021). *Adoleszenz und Arbeit.* Bielefeld: transcript.

Fischer, E. & Heger, M. (2019). *Berufliche Teilhabe und Integration von Menschen mit geistiger Behinderung. Abschlussbericht der wissenschaftlichen Begleitung zum Projekt »Übergang Förderschule-Beruf« in Bayern.* Oberhausen: ATHENA-Verlag.

Füllsack, M. (2009). *Arbeit.* Wien, Stuttgart: facultas.

Gorz, A. (2000). *Arbeit zwischen Misere und Utopie.* Frankfurt am Main: Suhrkamp.

Gröschke, D. (2011). *Arbeit, Behinderung, Teilhabe. Anthropologische, ethische und gesellschaftliche Bezüge.* Bad Heilbrunn: Verlag Julius Klinkhardt.

Hoffmann, J. (2018). Wir im Sozialraum Neukölln – die Tagesförderstätte engagiert sich im Kiez. In: W. Lamers (Hrsg.), *Teilhabe von Menschen mit schwerer und mehrfacher Behinderung an Alltag, Arbeit, Kultur* (Impulse, Band 3) (S. 343–352). Oberhausen: ATHENA.

Honneth, A. (2023). *Der arbeitende Souverän.* Berlin: Suhrkamp.

Hüppe, H. (2021). Werkstätten im Konflikt mit demGrundgesetz. In: H. Greving & U. Scheibner (Hrsg.), *Werkstätten für behinderte Menschen. Sonderwelt und Subkultur behindern Inklusion* (S. 36–63). Stuttgart: Verlag W. Kohlhammer.

Kambartel, F. (1993). Arbeit und Praxis. Zu den begrifflichen und methodischen Grundlagen einer aktuellen politischen Debatte. *Deutsche Zeitschrift für Philosophie, 41* (2), 239–249.

Keeley, C. (2018). Berufliche Bildung als Zugang zur arbeitsbezogenen Lebenswelt. In: W. Lamers (Hrsg.), *Teilhabe von Menschen mit schwerer und mehrfacher Behinderung an Alltag, Arbeit, Kultur* (Impulse, Band 3) (S. 111–127). Oberhausen: ATHENA.

Kistner, K. & Juterczenka, W. (2013). Der Schlüssel ist die Begegnung – Arbeitsmöglichkeiten für Menschen mit hohem Unterstützungsbedarf. In: N. J. Maier-Michalitsch & G. Grunick (Hrsg.), *Leben pur – Bildung und Arbeit. Von Erwachsenen mit schweren und mehrfachen Behinderungen* (S. 110–132). Düsseldorf: verlag selbstbestimmtes leben.

Klauß, T. (2014). Arbeit als Wert für Menschen mit schwerer Behinderung – ohne Arbeit wertlos? Verfügbar unter: https://www.ph-heidelberg.de/klauss-theo/zur-diskussion-gestellt/. Zugriff am 17.09.23.

Konietzka, D. (2010). *Zeiten des Übergangs. Sozialer Wandel des Übergangs in das Erwachsenenalter.* Wiesbaden: VS Verl. für Sozialwissenschaften.

Krebs, A. (2002). *Arbeit und Liebe. Die philosophischen Grundlagen sozialer Gerechtigkeit.* Frankfurt am Main: Suhrkamp.

Laible, I., Maier, A. & Leider, S. (2018). Wie wir unser Um-denken um-setzen… und wie Eigenprodukte Lebensqualität bringen. In: W. Lamers (Hrsg.), *Teilhabe von Menschen mit schwerer und mehrfacher Behinderung an Alltag, Arbeit, Kultur* (Impulse, Band 3) (S. 311–315). Oberhausen: ATHENA.

Lamers, W. & Heinen, N. (2014). Bildung für alle – Menschen mit schwerer und mehrfacher Behinderung im Spannungsfeld von Inklusion und Exklusion. In: A. Fröhlich (Hrsg.), *Schwere und mehrfache Behinderung – interdisziplinär* (Impulse, Band 1) (S. 317–344). Oberhausen: Athena-Verl.

Lamers, W., Musenberg, O. & Sansour, T. (2021). *Qualitätsoffensive – Teilhabe von erwachsenen Menschen mit schwerer Behinderung. Grundlagen für die Arbeit in Praxis, Aus- und Weiterbildung* (Impulse, Band 4). Bielefeld: Athena/wbv.

Marx, K. (1844/1973). Ökonomisch-Philosophische Manuskripte. In Institut für Marxismus-Leninismus beim ZK der SED (Hrsg.), *Marx Engels Werke Ergänzungsband Schriften bis 1844 Erster Teil* (S. 465–590). Berlin: Dietz.

Marx, K. & Engels, F. (1845/2016). Die deutsche Ideologie. In: K. Lothzky (Hrsg.), *Karl Marx Friedrich Engels Gesammelte Werke* (S. 32–105). Köln: Anaconda.

Marzini, M. & Sansour, T. (2019). Teilhabe an Arbeit für Menschen mit schwerer Behinderung. *Teilhabe, 58* (4), 166–170.

Niehörster, G. & Ruh-Hagel, K. (2018). »Wir machen das einfach.« Arbeit und arbeitsweltbezogene Bildung für Menschen mit hohem Unterstützungsbedarf in der Tagesförderstätte der Spastikerhilfe Berlin eG. In: W. Lamers (Hrsg.), *Teilhabe von Menschen mit schwerer und mehrfacher Behinderung an Alltag, Arbeit, Kultur* (Impulse, Band 3) (S. 317–325). Oberhausen: ATHENA.

Oechsle, M. (2009). Berufsorientierungsprozesse unter Bedingungen entgrenzter Arbeit und entstandardisierter Lebensläufe: Stand der Forschung und Theorierahmen. In: M. Oechsle, H. Knauf, C. Maschetzke, E. Rosowski & N. Gläsel (Hrsg.), *Abitur und was dann? Berufsorientierung und Lebensplanung junger Frauen und Männer und der Einfluss von Schule und Eltern* (S. 23–44). Wiesbaden: VS Verl. für Sozialwiss.

Quenzel, G. & Hurrelmann, K. (2022). *Lebensphase Jugend. Eine Einführung in die sozialwissenschaftliche Jugendforschung* (14. Auflage). Weinheim: Juventa Verlag.

Rogge, F. (2019). *Gesundheit und Wohlbefinden im Übergang ins Erwachsenenalter. Eine triangulative Untersuchung über gelingendes Erwachsenwerden und die Bedeutung von sozialen Beziehungen*. Wiesbaden: Springer.

Rohwer, G. (1985). Zur politischen Ökonomie der Hausarbeit. *Levithian, 13* (2), 187–211.

Ruben, P. (1993). Von der Arbeit und ihrer ökonomischen Bestimmtheit. Probleme in Friedrich Kambartels Überlegungen. *Deutsche Zeitschrift für Philosophie, 41* (2), 257–262.

Sansour, T. (2018). Zwischen Leistung und Sinnstiftung – arbeitsweltorientierte Angebote für Menschen mit schwerer und mehrfacher Behinderung. In: W. Lamers (Hrsg.), *Teilhabe von Menschen mit schwerer und mehrfacher Behinderung an Alltag, Arbeit, Kultur* (Impulse, Band 3) (S. 83–94). Oberhausen: ATHENA.

Sauer, D. (2007). Die Zukunft der Arbeitsgesellschaft. Soziologische Deutungen in zeithistorischer Perspektive. *Vierteljahreshefte für Zeitgeschichte, 55* (2), 309–328.

Schlothfeldt, S. (2001). Braucht der Mensch Arbeit? Zur normativen Relevanz von Bedürfnissen. *Deutsche Zeitschrift für Philosophie, 49* (5), 709–721.

Schlummer, W. (2023). Entwicklungslinien der Werkstätten. In V. Schachler, W. Schlummer & R. Weber (Hrsg.), *Zukunft der Werkstätten. Perspektiven für und von Menschen mit Behinderung zwischen Teilhabe-Auftrag und Mindestlohn* (S. 20–37). Bad Heilbrunn: Verlag Julius Klinkhardt.

Schreiner, M. (2016). *Teilhabe am Arbeitsleben. Die Werkstatt für behinderte Menschen aus Sicht der Beschäftigten*. Wiesbaden: Springer.

Schuppener, S. (2009). Muss die Identität bei Menschen mit geistiger Behinderung beschädigt sein? In: G. Dobslaw & T. Klauß (Hrsg.), *Identität, geistige Behinderung und seelische Gesundheit. Dokumentation der Arbeitstagung der DGSGB am 14.11.2008 in Kassel* (S. 45–57). Bielefeld: DGSGB.

Seitzer, P. (2022). Geistige Behinderung und Entscheidungsfähigkeit. *Behindertenpädagogik, 61* (1), 5–30.

Terfloth, K. (2014). Teilhabe am Arbeitsleben von Menschen mit hohem Unterstützungsbedarf. In. Bundesvereinigung Lebenshilfe (Hrsg.), WfbM Handbuch 22. Verfügbar unter: https://parisax.de/fileadmin/user_upload/archiv/Fachinformationen/Eingliederungshilfe/2014-11-25_FI_WfbM/TH_am_Arbeitsleben_von_Menschen_mkt_hohem_Unterstuetzungsbedarf_-_Terfloth.pdf. Zugriff am: 17.10.23.

Terfloth, K. & Lamers, W. (2011). Arbeitsweltbezogen tätig sein. *Orientierung, 20* (2), 19–21.

Terfloth, K. & Lamers, W. (2013). Was sollen wir noch alles?! Zur konzeptionellen Sicherung von Arbeitsweltbezogenen Angeboten im Förder- und Betreuungsbereich. In N. J. Maier-

Michalitsch & G. Grunick (Hrsg.), *Leben pur – Bildung und Arbeit. Von Erwachsenen mit schweren und mehrfachen Behinderungen* (S. 56–79). Düsseldorf: verlag selbstbestimmtes leben.

Theunissen, G. (2003). *Erwachsenenbildung und Behinderung. Impulse für die Arbeit mit Menschen, die als lern- und geistig behindert gelten.* Bad Heilbrunn/Obb.: Klinkhardt.

Trescher, H. (2015). *Inklusion. Zur Dekonstruktion von Diskursteilhabebarrieren im Kontext von Freizeit und Behinderung.* Wiesbaden: Springer Fachmedien.

Walter, J. & Kaufmann, M. (2019). Eingeschränkte Teilhabe am Arbeitsleben für Menschen mit hohem Unterstützungsbedarf in Deutschland – aktuelle Situation und Ausblick. *Blätter der Wohlfahrtspflege, 12* (3), 105–110.

Weis, D. & Joachim, P. (2017). Der Übergang in Arbeit und seine Auswirkungen auf die gesellschaftliche Integration und das Erwachsenwerden. Transitionsverläufe, Probleme und Bewältigungsmuster von Jugendlichen und jungen Erwachsenen. In S. Lessenich (Hrsg.), *Geschlossene Gesellschaften.* Verhandlungen des 38. Kongresses der Deutschen Gesellschaft für Soziologie in Bamberg 2016. Verfügbar unter: https://publikationen.soziologie.de/index.php/kongressband_2016. Zugriff am 18.10.23.

Welke, A. (2019). Endlich: Wahlrecht für alle. *djbZ Zeitschrift des Deutschen Juristinnenbundes, 22* (2), 64–66.

Windisch, M. (2023). Sonderwelten behindern Inklusion. In V. Schachler, W. Schlummer & R. Weber (Hrsg.), *Zukunft der Werkstätten. Perspektiven für und von Menschen mit Behinderung zwischen Teilhabe-Auftrag und Mindestlohn* (S. 38–52). Bad Heilbrunn: Verlag Julius Klinkhardt.

Politische Partizipation

Torsten Dietze

In einer demokratischen Gesellschaft westlicher Prägung gibt es den Anspruch, keine Bürger*innen von der Möglichkeit an der Teilhabe an der Gesellschaft und an der Partizipation in politischen Entscheidungsprozessen auszuschließen (siehe z. B. Erklärung der Menschenrechte der UN, insb. Art. 1 und Art. 19–22). Politische Partizipation ist dabei eines der komplexesten Themenfelder des Erwachsenwerdens (und des Erwachsenenalters) – gleichermaßen für Menschen mit und Menschen ohne geistige Behinderung.

In diesem Beitrag wird zunächst eine demokratietheoretische Verortung des Gegenstands *politische Partizipation* vorgenommen und auf rechtliche Grundlagen fokussiert. Daran anknüpfend wird unterschieden zwischen partizipativ-lebensweltlichen Teilhabeformen und der darüber noch hinaus gehenden politischen Partizipation. Es werden Häufigkeiten und Ausprägungen politischer Partizipation in den Blick genommen und einige Studienergebnisse vorgestellt. Hieraus ergeben sich Aufträge für die verschiedenen Akteure in der Begleitung erwachsen werdender und bereits erwachsener Menschen mit geistiger Behinderung.

1   Gegenstandsbestimmung: Politische Partizipation

Politische Partizipation wird im Handwörterbuch des politischen Systems der Bundesrepublik Deutschland beschrieben als »jene Verhaltensweisen von Bürger/innen, die als Gruppe oder allein freiwillig Einfluss auf politische Entscheidungen auf verschiedenen Ebenen des politischen Systems (Kommune, Land, Bund und Europa) ausüben wollen« (Woyke 2021, 749). Was unter politische Partizipation fällt, kann in einer fünfkategorialen Typologie politischer Partizipation dargestellt werden (Uehlinger 1988, 221):

- Staatsbürgerrolle (Wählen)
- parteiorientierte Partizipation
- problemspezifische Partizipation (Unterschriftensammlungen, Bürgerinitiativen, Genehmigte Demonstrationen, Gewerkschaftliche Streiks)

- ziviler Ungehorsam (Nicht genehmigte Demonstrationen, Wilder Streik, Hausbesetzungen)
- politische Gewalt (Gewalt gegen Dinge und Personen)

In Übereinklang dieser Typologie mit der Definition von Woyke ergibt sich eine erste Abgrenzung: so sind das Zahlen von Steuern, das Mitsingen einer Hymne, das Hissen einer (nationalen) Flagge oder auch das reine Diskutieren über Politik noch keine politische Partizipation (Gabriel & Völkl 2005, 528f.), weil es hier nicht um den Kern der Partizipation geht: nämlich den *Willen, Einfluss auf politische Entscheidungen auszuüben*.

Während diese Trennung im politikwissenschaftlichen Diskurs die zeitgemäße Form ist (aber nicht die einzige, Lütters 2022, 12ff), zeigt sich aber mit Fokus auf Menschen mit geistiger Behinderung, dass in zahlreichen Veröffentlichungen zu Partizipation im Kontext geistiger Behinderung keine klare und eindeutige Trennung von politiknahen, aber noch nicht im engeren Sinne ›politischen‹ Aktivitätsformen und politischer Partizipation besteht (Baumann 2023, 25).

2 Grundlagen des Rechts auf politische Partizipation

Die rechtlichen Grundlagen zur politischen Partizipation von Bürger*innen sind in Bundes- sowie Landesgesetzen sowie auf internationaler Ebene durch die Allgemeine Erklärung der Menschenrechte der Vereinten Nationen, der Europäischen Menschenrechtskonvention und spezifisch bezogen auf Menschen mit Behinderungen in der UN-BRK (Artikel 29, Teilhabe am politischen und öffentlichen Leben) gelegt. Einige Partizipationsrechte (wie z. B. aktives und passives Wahlrecht) sind neben der deutschen Staatsbürgerschaft an an ein Mindestalter geknüpft, einzelne Rechte (z. B. passives Wahlrecht) können durch Richterbeschluss für einzelne Personen ausgesetzt werden (meist nach einer Freiheitsstrafe in besonderen Fällen). Das Bundesverfassungsgericht hat im Jahr 2019 pauschale Einschränkungen zum Wahlrecht bei Vorhandensein eines gesetzlichen Betreuers verworfen (BVerfGE; 29.01.2019 Aktenzeichen 2 BvC 62/14). Der Artikel 12 der UN-BRK (Gleiche Anerkennung vor dem Recht) macht noch einmal deutlich, dass Menschen mit Behinderungen das Recht haben, überall als Rechtssubjekt anerkannt zu werden (Absatz 1) und in allen Lebensbereichen das Recht haben – gleichberechtigt mit anderen – Rechtsfähigkeit und Handlungsfähigkeit zu genießen (Absatz 2).

In der Praxis, der »Realität des politischen Geschehens« (Reinhardt 2019, 17) haben aber nicht alle Bürger*innen zwingend den Wunsch, ihr Recht auf politische Partizipation wahrzunehmen. Neben dem Idealtypus (dem »Aktivbürger«) beschreibt Reinhardt noch weitere Typen: den desinteressierten Bürger*innen, welche zugleich potenziell riskant für die Demokratie sind, sowie zwei interventionsfähige

Typen: zum einen die situationsbedingt partizipierenden Bürger*innen und zum anderen die reflektierten Zuschauer*innen. Allen vier Typen gemein ist, dass sie die Fähigkeit zur Partizipation haben – und diese Fähigkeit selbstbestimmt wahrnehmen oder eben nicht wahrnehmen (ebd., 17; Baumann 2022, 18).

3 Unterscheidungsformen der politischen Partizipation von Menschen mit geistiger Behinderung

3.1 Allgemeine Formen der politischen Partizipation

Die repräsentative ALLBUS-Umfrage aus dem Jahr 2018 zeigt für Deutschland (n = 3477), dass die häufigste politische Partizipation das *Wählen gehen* war (87%). Danach folgten die Partizipationsformen *Unterschriftensammlung* (58%), *Öffentliche Diskussionen* (32%), *Genehmigte Demonstration* (29%) und *Online-Protestaktion* mit 19% (Lütters 2022, 19). In der politikwissenschaftlichen Forschung gilt das »Civic Voluntarism Model« (CVM) als zentrales Erklärungsmodell für politische Partizipation bzw. Nicht-Partizipation (siehe Abb. 5). Es beschreibt unter anderem den Einfluss von verschiedenen Ressourcen und politischen Motiven (Engagement) auf eine mögliche Mobilisierung (Recruitment) und das (wahrscheinliche) individuelle Maß politischer Partizipation (Baumann 2022, 20).

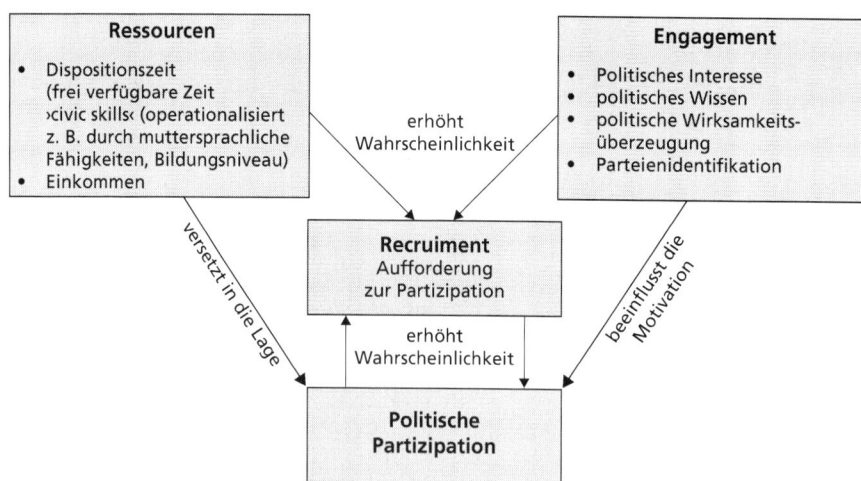

Abb. 5: Vereinfachte Darstellung des Civic Voluntarism Model (CVM) (vgl. Baumann, 2022, 20 in Anlehnung an Verba et. al 1995)

Legt man das CVM über die bisherigen Forschungsergebnisse bzw. statistisch bekannten Fakten zur Lebenswirklichkeit von Menschen mit geistiger Behinderung, ist eine geringere politische Partizipation zu erwarten. Denn so gibt es z. B. in Wohneinrichtungen häufig einen fremdbestimmten Tagesplan, der durchschnittliche Netto-Verdienst in einer Werkstatt für Menschen mit Behinderung lag im Jahr 2022 bei 222 € je Monat (inklusive 52 Euro Arbeitsförderungsgeld; BAG WfbM, 2023), und Menschen mit (geistiger) Behinderung haben weniger soziale Kontakte und leben stärker isoliert als andere Menschen (BMAS, 2022, 19). Und in der Tat zeigen auch die einmal pro Legislaturperiode veröffentlichten »Teilhabeberichte der Bundesregierung« durchgängig und konstant (BMAS 2021, 2016, 2013), dass Menschen mit Behinderungen (ohne Unterscheidung nach Gruppen) seltener als Menschen ohne Behinderung politisch partizipieren. Eine seitens der Bundesregierung beauftragte ›Repräsentativbefragung zur Teilhabe von Menschen mit Behinderungen‹ untersuchte von 2017 bis 2021 unter anderem die Teilhabe am politischen und öffentlichen Leben ((BMAS 2022)., 176–191). Laut der Analyse für die Untergruppe der Menschen mit Behinderung in Wohneinrichtungen – zu denen vor allem Menschen mit geistiger Behinderung zählen – leben dort »auffallend viele Menschen […] die sich nie an Wahlen auf Bundes-, Landes- oder kommunaler Ebene beteiligen«, also de facto die sogar mit behördlicher Erinnerung (Wahlankündigung per Post) verknüpfte politische Partizipationsform nicht nutzen (ebd. 190).

Zur Frage der Häufigkeit politischer Partizipation von Menschen mit geistiger Behinderung liegen darüber hinaus nur wenig und wenn dann ausschnitthafte Daten vor (siehe im Überblick hierzu Baumann 2023, 48 ff). Zusammenfassend deuten die Studienergebnisse (die sich aber in weiten Teilen auf die Partizipationsform *Wählen gehen* beziehen) auf eine Unterrepräsentation von Menschen mit geistiger Behinderung bei politischer Partizipation in der Gesellschaft hin.

3.2 Die partizipativ-lebensweltliche Teilhabeform Werkstattrat

Um Menschen mit (geistiger Behinderung) stärker in Entscheidungen über ihr Leben einzubinden, wurden in den letzten Jahrzehnten spezifische Formen der Teilhabe bzw. der politischen Partizipation in Deutschland etabliert. In der Werkstätten-Mitwirkungsverordnung (WMVO) als Teil des Bundesteilhabegesetzes (BTHG) ist die Mitwirkung bzw. die Mitbestimmung der Beschäftigten einer Werkstatt gesetzlich vorgeschrieben. Ein Werkstattrat soll den Beschäftigten in einer Werkstatt für Menschen mit Behinderungen im Rahmen ihres Arbeitslebens eine Stimme geben und sie sollen es mitgestalten können (Böcker & Schulz 2020, 214). Die Aktivität in einem Werkstattrat – und das gilt auch für den Wohnheimrat – ist zweifellos als wichtige demokratische Form der Teilhabe, aber dennoch nicht als politische Partizipation im demokratietheoretischen Sinn anzusehen. Denn die dortige Aktivität als Mitglied ist primär auf die eigene Institution ausgerichtet (ebd.; Kielhorn & Blaszynski 2020) und erfüllt nicht das Kriterium, Einfluss auf politische Entscheidungen auf verschiedenen Ebenen des politischen Systems zu nehmen bzw. nehmen zu wollen (vgl. Abschnitt 1). Der Abschlussbericht der Landesarbeitsgemeinschaft Selbsthilfe NRW zur Mitarbeit in einrichtungsbezogenen Interessenvertretungen und Selbsthilfegruppen/Zusammenschlüssen scheibt hierzu 2015: »Die Mitarbeit [...] stellt ein wichtiges, die Arbeit in Behindertenbeiräten vorbereitendes Lern- und Erfahrungsfeld für Menschen mit Lernschwierigkeiten dar, das konkrete Selbstwirksamkeitserfahrungen ermöglicht. Zudem schafft sie häufig Zugänge zu einer Mitarbeit in Behindertenbeiräten« (LAG NRW 2015, 224).

3.3 Das politische Gremium des (kommunalen) Behindertenbeirats

Hinsichtlich Behindertenbeiräten ist zunächst anzuerkennen, dass – über eine lange Perspektive gesehen – die Einrichtung von Behindertenbeiräten als politisches Gremium zweifelsfrei als eine fortschrittliche gesellschaftliche Entwicklung des späten 20. und des 21. Jahrhunderts anzusehen ist. Behindertenbeiräte, deren Arbeit im Vorfeld ggf. auch unterstützt wird durch Workshops oder Politik-Werkstätten, können eine Öffnung des (kommunalen) politischen Raums für Menschen mit geistiger Behinderung darstellen. Behindertenbeiräte sind dabei als spezielle Form der Interessenvertretungen von Menschen mit (geistiger) Behinderungen zu verstehen: Die Mitarbeit kann zur Öffnung des politischen Raums führen, aber sie kann andererseits die Beteiligung an anderen politischen Partizipationsfeldern vermindern und damit einer thematischen Einschränkung Vorschub leisten (Baumann 2021, 143). Die personelle Zusammensetzung z. B. Anzahl der Menschen mit Behinderungen bzw. deren gesetzliche Vertreter, Wohlfahrtsverbände, Mitglieder des kommunalen Ratsversammlung, die Kooperation mit anderen Gremien, die Unterscheidung nach stimmberechtigten und nicht-stimmberechtigten Mitgliedern und die Mitwirkungsrechte sind sehr unterschiedlich (LAG NRW 2021, 111–174).

Allerdings ergab eine Befragung im Bundesland Nordrhein-Westfalen unter 73 Behindertenbeiräten, dass nur in rund 30 % der Behindertenbeiräte auch Menschen mit geistiger Behinderung mitarbeiten (LAG NRW 2021, 134f.).[1] Zugleich ist die dortige Aktivität aber auch klar als Chance zu Öffnung des politischen Raums für Menschen mit geistiger Behinderung zu markieren!

Zusammenfassend kann konstatiert werden, dass für Menschen mit geistiger Behinderung zwar eine formale Gleichheit in Hinsicht auf die Möglichkeit zu einer politischen Partizipation besteht, aber Menschen mit (geistiger) Behinderung (deutlich) seltener mittels politischer Partizipation an der Gesellschaft teilhaben. Auf Basis der Diskurse um Teilhabe und heilpädagogische Prinzipien, wie dem Prinzip der Selbstbestimmung in einem Konnex mit dem Menschenrechtsverständnis der UN-BRK, lässt sich für Menschen mit (geistiger) Behinderung die Forderung nach einer »Teilhabe-Förderung« erheben. Auf politische Partizipation angewendet, entspricht dies einer »Schaffung der Möglichkeit politischer Partizipation«, die jeder Mensch nutzen kann oder auch nicht nutzen kann (Baumann 2023, 40ff).

---

1 Zugleich antworten rund ein Drittel: »unbekannt/fehlend«.

4 Politische Bildung im schulischen Förderschwerpunkt Geistige Entwicklung

Im Folgenden wird – sozusagen als Türöffner in die Welt des Politischen – auf die Ergebnisse der politischen Bildung am Ende der Schulzeit von Schüler*innen im Förderschwerpunkt Geistige Entwicklung geblickt. Diese Kompetenzen können die politische Partizipation in der Phase des Erwachsenenalters unterstützen.

Der Gegenstand ›Politische Bildung‹ von Schüler*innen mit geistiger Behinderung ist kaum untersucht. Es gibt nur einige Indizien, die in anderen Studien *en passant* enthalten sind (Stegkemper 2022, 57 ff). In neu veröffentlichten Lehrplänen wird eine Tendenz zu mehr Fachorientierung ausgemacht, diese könne »Grundlage für einen inhaltlich anspruchsvollen und reichhaltigen sowie fachdidaktisch anschlussfähigen Politikunterricht« im Förderschwerpunkt Geistige Entwicklung sein (Jöhnck 2022, 77). Eine Studie an zwei Schulen in Rheinland-Pfalz für die letzten drei Schuljahre zeigt detaillierte Ergebnisse zur Frage, was Schüler*innen als politisch begreifen und wie sie darüber sprechen (Stegkemper 2022). Hier wird deutlich, dass die Schüler*innen »politisches Wissen nicht grundlegend anders erwerben als Schüler*innen ohne geistige Behinderung. Politisches Wissen kann zu den gleichen Politikaspekten ausgemacht werden, wie bei Schüler*innen ohne geistige Behinderung auch. Auch scheint sich die Reihenfolge zu ähneln, in der Wissen aufgebaut wird« (ebd., 249). Ein Blick auf die derzeitigen »Wissenskonstrukte«[2] der Jugendlichen zeigt, dass sich diese oftmals als heterogen erweisen: »[...], sie reichen von Wissen im politisch engeren Sinne bis hin zu solchem, dass nur in einem weiteren Sinne als ›politisch‹ verstanden werden kann« (ebd., 249). Deutlich wurden sechs »Entstehungszusammenhänge« für das eigene, individuelle Wissenskonstrukt (ebd., 158–170).

1. Politisches Handeln verläuft über Sprache
   (Schüler*innen haben die Einsicht, dass Politik mit Sprachhandeln einhergeht. Die eigene individuelle Sprachfähigkeit hat Einfluss auf die eigenen Partizipationsmöglichkeiten.)
2. Politisches Lernen
   (Politisches Lernen findet für die Schüler*innen häufig schuldemokratisch handelnd statt, z. B. in Form einer Klassensprecherwahl. Teils erfolgt das Lernen aber auch durch Lesen von Tageszeitungen oder Exkursionen.)
3. Mediale Informationen
   (Die Wahrnehmung von politischen Sachverhalten, politischen Personen oder politischen Symbolen erfolgt über Medien, insbesondere über das Fernsehen. Die Schüler*innen sind hier meistens Zusehende bei anderen Personen, z. B. bei den Eltern.)

---

2 Wissenskonstrukte sind individuell, einmalig und in der Zukunft auch veränderbar. Je nach Person ist das aktuelle Wissen und Denken unterschiedlich realisiert und passt sich dem bisherigen Wissensgefüge an (Stegkemper 2022, 31).

4. Begegnung mit dem Politischen vor Ort
(Die Schüler*innen begegnen dem Politischen eher zufällig – oder auch bewusst – an ihrem Wohnort. Es gibt organisierte Treffen mit politischen Akteuren. Auch das Erhalten von Informationsmaterial dient der Sichtbarmachung.)
5. Thematisierung mit anderen
(Schüler*innen sprechen aktiv mit anderen über politische Themen außerhalb der Schule mit z.B. Freunden und Familie.)
6. Reiseerfahrungen
(Schüler*innen, die von Reiseerfahrungen in andere Länder berichten, haben zugleich Wissen zu Grenzen und Grenzübergängen).

Die Ergebnisse über Wissenskonstrukte am Ende der Schulzeit sind einerseits für (schulische) Sonderpädagogik und didaktische Überlegungen bedeutsam, junge Menschen mit geistiger Behinderung darin zu unterstützen, den politischen Raum zu erkunden und politisch zu partizipieren (siehe z.B. Jöhnck 2022; Jöhnck & Baumann 2022; Meyer & Hilpert & Lindmeier 2020; Schäfer & Jöhnck 2022), zum anderen ist dies auch die »Ausgangslage« von jungen Menschen mit geistiger Behinderung auf ihrem Weg ins Erwachsenwerden. Die Ergebnisse müssen demnach auch als Hintergrund zu den folgenden Darstellungen hinsichtlich der Partizipation in der politischen Welt als Erwachsener gedeutet werden.

5 Barrieren und Gelingensbedingungen politischer Partizipation

Welche Faktoren das Ausmaß politischer Partizipation bestimmen, ist insgesamt betrachtet wenig untersucht (siehe dazu den Forschungsüberblick bei Baumann 2023, 57ff). Für die oben dargestellten Teilhabeformen (Werkstattrat und Behindertenbeirat) liegen aber einige konkrete Ergebnisse vor. In beiden Fällen wird die Motivation zur Mitarbeit in diesen Gremien mit Wertschätzung der eigenen Kompetenzen und der »Wahrnehmung als Person mit […] dem Recht eines eigenen Standpunkts« angeführt (Nieß 2016, 199).

5.1 Ergebnisse zu Partizipation in Selbstvertretung und Behindertenbeirat

Hinsichtlich der Partizipation in Selbstvertretungszusammenhängen (Wohnheimrat, Werkstattrat, Netzwerke) sowie in kommunalen Behindertenbeiräten liegen Ergebnisse vor, die förderliche Bedingungen und Barrieren aufzeigen (siehe Tab. 1).

Tab. 1: Förderliche Bedingungen und Barrieren der Partizipation in Selbstvertretungszusammenhängen (vgl. LAG NRW 2015, Nieß 2016, Baumann 2023, 55 f.)

Förderliche Bedingungen	Barrieren
Tätigkeit in Selbstvertretungszusammenhängen (Wohnheimrat, Werkstattrat, Netzwerken; Nieß 2016)	
Rekrutierung durch andere Interessenvertreter, Angehörige, Bezugspersonen; auch durch Mitarbeiter der Behindertenhilfe Persönliche Überzeugung des Kompetenzbesitzes auf Seiten der Befragten Informationen über die Beteiligungsmöglichkeiten	Falsch erfolgte Einschätzung einer mangelnden Kompetenz für diese Tätigkeit
Tätigkeit in kommunalen Behindertenbeiräte (LAG NRW 2015)	
Vorerfahrungen in Interessenvertretungen Rekrutierung durch Mitarbeiter aus der Behindertenhilfe / Interessenvertretungen; auch durch kommunale Behindertenbeauftragte	Texte und Wortmeldungen im Rahmen der Behindertenbeiratsarbeit sind schwierig zu verstehen Sitzungsdauer zu lange, Informationsmenge ist zu hoc

5.2 Allgemeine politische Partizipation

Eine Studie von Baumann (2023) erweitert das bislang nur wenig vorhandene Wissen über politische Partizipation von erwachsenen Menschen mit geistiger Behinderung in vielfältiger Hinsicht. Hier werden zwei zentrale Ergebnisse vorgestellt:

Formen der allgemeinen politischen Partizipation?

Ein Großteil der Befragten hat Partizipationserfahrungen. Dabei werden alle auch in der Gesamtbevölkerung üblichen Formen genutzt, am häufigsten auch hier: *Wählen gehen*. Andere Aktivitäten, die größere (z. B. zeitliche) Ressourcen, spezielle Kompetenzen oder eine hohe Identifikation mit einem Thema als Voraussetzung haben, wie z. B. Unterschriftensammlungen, Demonstrationen, Politiker*innenkontakt oder eine Parteimitarbeit, werden nur von einem (sehr) kleinen Teil der Stichprobe bislang als Partizipationsform genutzt. Dies sind aber nur die durchschnittlichen Werte: bei Analyse der Daten ohne diejenigen Personen, die eine Selbstvertreterrolle innehaben und ohne Personen, die in Wohnheimen leben, ergeben sich »eindeutige Anhaltspunkte für eine Unterrepräsentation bei der politischen Partizipation. [...] pauschale Aussagen zur Repräsentation von Menschen mit sog. geistiger Behinderung [bedürfen] stets konkreter Präzisierungen« (Baumann 2023, 120). So unterschiedlich wie Personen sind und wie deren Lebenserfahrungen und Lebenslagen sind, so unterschiedlich sind deren Partizipationsaktivitäten.

Einflussfaktoren, die politische Partizipation fördern oder nicht-fördern

Es wurden insgesamt 18 Einflussfaktoren identifiziert, die im Zusammenhang mit politischer Partizipation bzw. Nicht-Partizipation genannt wurden (ebd., 121 ff). Tabelle 2 zeigt die häufigsten von Interviewteilnehmer*innen genannten Gelingensbedingungen bzw. Barrieren.

Tab. 2: Gelingensbedingungen und Barrieren einer behinderungsspezifischen Partizipation (vgl. Baumann 2023, 123)

Gelingensbedingungen (in Klammern: Anzahl der Fälle, max. 29)	Barrieren (in Klammern: Anzahl der Fälle, max. 29)
Personelle Unterstützung/Hilfe/Assistenz (20)	Politisches Wissen (16)
Subjektive Bedeutsamkeit (16)	Zugang zur Politik bzw. zu politischer Partizipation (9)
Zugang zur Politik bzw. zu politischer Partizipation (15)	Private Gründe (8, nur Barriere)
Soziales Umfeld (12)	Komplexität (8, nur Barriere)
Recruitment (10, nur Gelingensbedingung)	Selbstvertrauen/Selbstbewusstsein (8)
	Zeit (8)

Als eine der wesentlichen Gelingensbedingungen wurde *Personelle Unterstützung/Hilfe/Assistenz* als hilfreiche Handlung für politische Partizipation genannt. Als konkrete Tätigkeiten wurde die Assistenz bei der Briefwahl oder Unterstützung im Wahllokal genannt. Weiter sind eine *Subjektive Bedeutsamkeit* eines Themas (z. B. der Wille zu einer Unterschriftensammlung), das eigene *Soziale Umfeld* (Freunde, Familie, keine professionellen Dienstleister) sowie auch der Einflussfaktor *Zugang zur Politik bzw. zu politischer Partizipation* bedeutsam. Letzteres bezeichnet bestehende (oder auch fehlende) Überschneidungen von der politischen und der eigenen Lebenswelt, z. B. die (Annahme der) Nichtmöglichkeit Politiker*innen zu treffen, weil diese in Berlin (Hauptstadt) arbeiten (würden). Der Einflussfaktor *Recruitment* – also die konkrete Ermunterung oder Aufforderung zu Partizipation – wurde nur als Gelingensbedingung (und nie als Barriere) genannt.

Der Einflussfaktor *Politisches Wissen* erweist sich dagegen als deutliche Barriere. Genannt wurden darunter Wissensdefizite wie z. B. das Recht auf Teilnahme an einer Demonstration oder die Möglichkeit der Kontaktaufnahme mit Politiker*innen. Hier ist in Hinblick auf das Erwachsenwerden ein qualitativ hochwertiger Politikunterricht auch im Förderschwerpunkt Geistige Entwicklung zu adressieren. Schulische politische Bildung ist bedeutsam für eine spätere höhere oder geringe politische Partizipation (siehe Abschnitt 5). Weitere häufig genannte Barrieren sind der fehlende *Zugang zur Politik bzw. zu politischer Partizipation* sowie *Private Gründe* (z. B. Krankheiten oder anderweitige Belastungen) und die Annahme einer zu hohen *Komplexität* von Politik bzw. politischer Inhalte.

6 Die politisch geprägte Lebenswelt

Baumann (2023) ermittelt vier zentrale Einflussfaktoren (Abb. 6) für das Ausmaß politischer Partizipation (ebd., 149 ff). Diese zentralen Einflussfaktoren sind eng miteinander verzahnt und geprägt von der Aufforderung zu Partizipation oder Person(en), die danach fragen, ob man partizipieren möchte (ebd., 169).

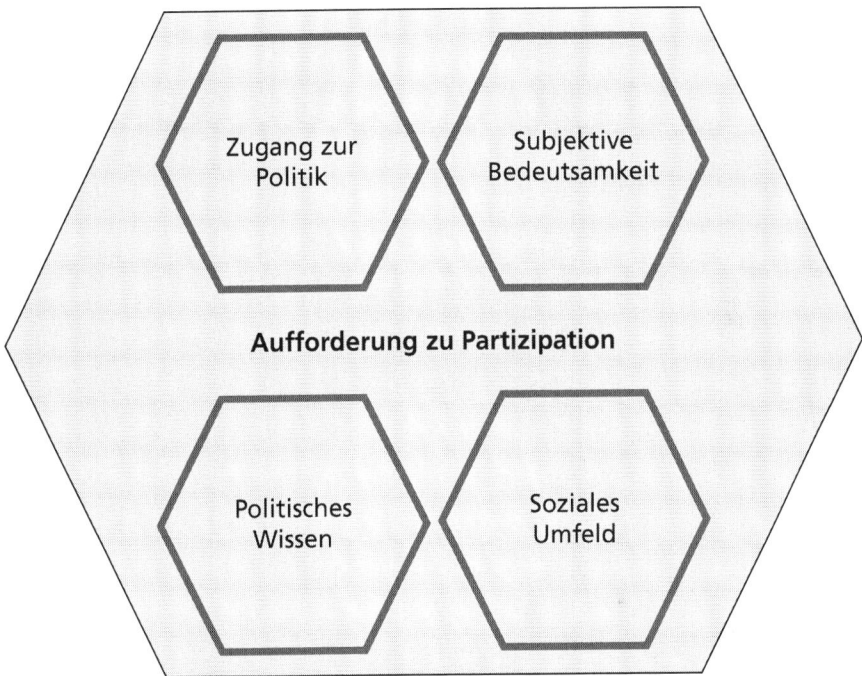

Abb. 6: Zentrale Einflussfaktoren auf politische Partizipation (eigene Darstellung in Anlehnung an Baumann 2023)

In der Studie wurde zudem deutlich, dass politisches Wissen Zugang zum politischen Raum verschafft und dass das soziale Umfeld einen Zugang erleichtert. Wo die individuelle Lebenswelt und die politische Welt im Bewusstsein der Befragten keine Berührungspunkte haben und nur getrennt voneinander existieren (= keine subjektive Bedeutsamkeit haben), dort findet politische Partizipation wenig bis gar nicht statt (ebd., 172). Baumann fordert daher eine politisch geprägte Lebenswelt bzw. eine positive Politisierung der Lebenswelt:

> »… dort, wo Politik selbstverständlicher und durchgängiger Teil der Lebenswelt ist, dort kann politische Partizipation selbstverständlicher Teil des Lebens werden. Wo Leben in einem politischen sozialen Umfeld stattfindet, wo durch das Umfeld und weitere Aspekte Verbindungen und Überschneidungen von politischer und Lebenswelt bestehen, da kann Politik als Teil des Lebens wahrgenommen werden; da können Bedeutsamkeit politischer Inhalte und Partizipationsformen erkannt und erlebt werden; da ent- und besteht politi-

sches Wissen, dass den Zugang verstärkt, das Bedeutsamkeit unterstützt, das ermöglicht, dass Bedeutsamkeit auch in politisches Handeln umgesetzt werden kann« (ebd., 172–173).

Ansatzpunkte für die Gestaltung einer politisch geprägten Lebenswelt sind dabei zum einen die individuell bedeutsamen Themen des Personenkreises. Dazu gehört z. B. die Bezahlung in einer Werkstatt für Menschen mit Behinderung oder Fragen der Gleich- und Ungleichbehandlung. Beide Themen sind individuell bedeutsam, aber letztlich ein Kernproblem des menschlichen Zusammenlebens. Baumann fordert daher, dass die »Öffnung des politischen Raums, der Zugang, die Wissensvermittlung, kurz: die Politisierung der Lebenswelt [...] natürlich mit Bezug zur individuellen Lebenswelt erfolgen [muss], dies aber vornehmlich nicht auf behinderungsspezifische, sondern allgemeine politische Themen fokussiert« (ebd., 173) sein sollte. Dabei ist eine kontinuierliche Verbindung von Politik und Lebenswelt zu favorisieren. Denn eine »[...] politisch fein durchwirkte Lebenswelt, auch von Anfang an z. B. durch politische Bildung im Schulalter, trägt mutmaßlich auch einen wichtigen Teil dazu bei, dass Menschen mit sog. geistiger Behinderung eher als politische Wesen betrachtet werden können, die dann im politischen Kontext durch Visibilität rechtliche Anerkennung erleben« (ebd. 192).

7 Die Ermöglichung politischer Partizipation bei Menschen mit komplexer Behinderung

In den oben genannten Studien wurden Menschen mit geistiger Behinderung befragt, die über die Kompetenz zu einer (mindestens) symbolischen Kommunikation verfügen (Weid-Goldschmidt 2013). Sie konnten an einem Experteninterview teilnehmen und über ihre politischen Wissenskonstrukte (Stegkemper 2022) bzw. Einflussfaktoren auf ihre politische Partizipation (Baumann 2023) berichten. Was ist aber mit Personen, die präintentional (z. B. Kommunikation über Beziehungsaufbau, frühe Dialogformen) oder präsymbolisch (z. B. vorsprachliche Fähigkeiten wie Blickkontakt, gemeinsame Aufmerksamkeit) kommunizieren, also nicht über konventionelle symbolische Zeichen? Forschungsmethodisch ist es eine Herausforderung, Menschen auf frühen Stufen der Kommunikationsentwicklung zu befragen. Eine enge Kooperation von heilpädagogischen mit politikdidaktischen Forschungsansätzen wäre erforderlich, um ein solches Vorgehen qualitativ hochwertig umzusetzen. Dabei sollten Methoden und Medien der Unterstützten Kommunikation eingebunden werden.

Für Menschen mit komplexer Behinderung stellt sich darüber hinaus die Frage, wie es möglich ist, politische Partizipation auch für diesen Personenkreis als gesellschaftliches Anliegen bzw. gesellschaftliche Möglichkeit erfahrbar zu machen. Mit Sicherheit sind z. B. Exkursionen wie z. B. in einen Plenarsaal als Ort des Politischen oder der Besuch einer Demonstration mit einer besonderen Stimmung Anfangspunkte, dies ist aber noch im »Stadium des politischen Lernens« verortet, wenn nicht möglicherweise sogar das soziale Erleben hier das zentrale Element ist (Jöhnck 2022, 82). Da diese Fragen momentan ein Desiderat sowohl der politikdidaktischen Forschung als auch der Praxis der politischen Bildung sind, kann hier nur auf einige Prämissen eingegangen werden: Baumann & Bernasconi (2022, 133) entwerfen entlang der Unterteilung in basal-perzeptive, konkret-gegenständliche, anschauliche und abstrakt-begriffliche Aneignungswege erste Ideen, das Thema Mitbestimmung und Partizipation auf unterschiedliche Aneignungswegen zu denken und (schulisch) anzubieten. Auch in dieser Öffnung der Aneignungswege bleibt die Orientierung an die Fachdidaktik des Politikunterrichts eine Prämisse (Jöhnck 2022, 78).

Fokussiert man noch einmal auf politische Partizipation und die am Anfang dieses Beitrags genannte Definition, bleibt die Personengruppe mit komplexer Behinderung aber dennoch ausgeschlossen. Eine partizipativ-lebensweltliche Teilhabeform wie ein Werkstattrat oder Wohnheimrat (siehe 3.2) erscheint für diese Personengruppe als ein möglicher Anfang der Eröffnung des politischen Raums. Die Sichtbarkeit passgenauer sowie auch kohärenter Modellprojekte bleibt Aufgabe zukünftiger Aktivitäten für Forschungstransfer und Praxis.

8 Der Mensch als politisches Wesen

Abschließend soll deutlich gemacht werden, dass die Entwicklung einer politisch geprägten Lebenswelt als eine Entwicklungsaufgabe anzuerkennen ist. Angesprochen sind dabei Institutionen wie Wohnheim und Werkstatt (und die dort professionell tätigen Personen) sowie auch Eltern, Freunde und das weitere Umfeld. Politische Partizipation hat keine Beschränkungen auf ein Lebensalter, ist mit unterschiedlichen zeitlichen Ressourcen möglich und mannigfaltig in der Ausgestaltung. Hinzuwirken ist darauf, dass ein grundsätzlich politisches Umfeld im Leben erwachsener und erwachsen werdender Menschen mit geistiger Behinderung entstehen kann. Schließlich erscheint der Altersabschnitt des Erwachsenwerdens für politische Partizipation als ein »ideales Lebensalter«. Es ist die »Zeit des Neuen« und der noch nicht fertigen Identitätsbildung, das Lebensalter der zu erschließenden Möglichkeiten und auch der (positiv zu deutenden) Unsicherheit über die Zukunft. Die Anerkennung von Menschen mit geistiger Behinderung als politische Wesen, als *Homo politicus*, und der Einstieg in eine politische Partizipation können die Zukunft der Gesellschaft und damit auch das eigene Leben der Menschen bereichern und prägen.

Literatur

BAG WfbM – Bundesarbeitsgemeinschaft der Werkstätten für Menschen mit Behinderungen (2023). Statistik zu den durchschnittlichen monatlichen Arbeitsentgelten 2022. Online verfügbar unter: https://www.bagwfbm.de/file/1592, Zugriff am 15.11.2023.

Baumann, S. (2021). Behinderungsspezifische Formen politischer Partizipation als Barriere politischer Teilhabe. *Teilhabe*, 60 (4), 142–147.

Baumann, S. (2022): Menschen mit sogenannter geistiger Behinderung im politischen Raum – Status Quo, Hintergrunde, Schlussfolgerungen. In J. Jöhnck & S. Baumann (Hrsg.), *Politische Bildung im Förderschwerpunkt geistige Entwicklung. Grundlagen und Praxisbeispiele für Förderschulen und Inklusion* (S. 17–27). Frankfurt am Main: Wochenschau-Verlag.

Baumann, S. & Bernasconi, T. (2022). Politisches und demokratisches Lernen von Schüler_innen mit komplexer Behinderung. In J. Jöhnck & S. Baumann (Hrsg.), *Politische Bildung im Förderschwerpunkt geistige Entwicklung. Grundlagen und Praxisbeispiele für Förderschulen und Inklusion* (S. 125–141). Frankfurt am Main: Wochenschau-Verlag.

BMAS – Bundesministerium für Arbeit und Soziales (2022). Repräsentativbefragung zur Teilhabe von Menschen mit Behinderungen. Online unter: https://www.bmas.de/DE/Service/Publikationen/Forschungsberichte/fb-598-abschlussbericht-repraesentativbefragung-teilhabe.html, Zugriff am 01.11.2023.

BMAS – Bundesministerium für Arbeit und Soziales (2021, 2016, 2013). Teilhabebericht der Bundesregierung über die Lebenslagen von Menschen mit Beeinträchtigungen. Online unter:
https://www.bmas.de/DE/Service/Publikationen/Broschueren/a125-21-teilhabebericht.html
https://www.bmas.de/DE/Service/Publikationen/Broschueren/a125-16-teilhabebericht.html
https://www.bmas.de/DE/Service/Publikationen/Broschueren/a125-13-teilhabebericht.html, Zugriff am 01.11.2023.

Böcker, R. & Schulz, K. (2020). Betroffenen eine Stimme geben – Politisches Engagement der Werkstatträte. In D. Meyer & W. Hilpert & B. Lindmeier (Hrsg.), *Grundlagen und Praxis inklusiver politischer Bildung* (S. 214–222). Bonn: Bundeszentrale für politische Bildung.

Jöhnck, J. (2022a) Politische Bildung im Förderschwerpunkt geistige Entwicklung – didaktische Grundlagen aus Fachrichtung und Fachdidaktik. In J. Jöhnck & S. Baumann (Hrsg.), *Politische Bildung im Förderschwerpunkt geistige Entwicklung. Grundlagen und Praxisbeispiele für Förderschulen und Inklusion* (S. 75–93). Frankfurt am Main: Wochenschau-Verlag.

Jöhnck, J. & Baumann, S. (Hrsg.) (2022). *Politische Bildung im Förderschwerpunkt geistige Entwicklung. Grundlagen und Praxisbeispiele für Förderschulen und Inklusion*. Frankfurt am Main: Wochenschau-Verlag.

Kielhorn, S. & Blaszynski, M. (2020). Es beginnt im eigenen Haus – Einblicke in die Arbeit einer Bewohnervertreterin. In D. Meyer & W. Hilpert & B. Lindmeier (Hrsg.), *Grundlagen und Praxis inklusiver politischer Bildung* (S. 204–213). Bonn: Bundeszentrale für politische Bildung.

LAG SELBSTHILFE NRW e.V. (2021). Mehr Partizipation wagen! Abschlussbericht zum Projekt. Münster: LAG NRW. Online unter https://www.lag-selbsthilfe-nrw.de/projekt/mehr-partizipation-wagen/, Zugriff am 01.11.2023.

LAG Selbsthilfe NRW (2015). Politische Partizipation von Menschen mit Behinderungen in den Kommunen starken! Abschlussbericht zum Projekt. Münster: LAG NRW. Online unter: https://www.lag-selbsthilfe-nrw.de/projekt/politische-partizipation-von-menschen-mit-behinderung-in-den-kommunen-in-nrw-staerken/, Zugriff am 01.11.2023.

Lütters, S. (2022). *Soziale Netzwerke und politische Partizipation*. Wiesbaden: Springer.

Meyer, D. & Hilpert, W. & Lindmeier, B. (Hrsg.) (2020). *Grundlagen und Praxis inklusiver politischer Bildung* (10., aktualisierte Auflage). Bonn: Bundeszentrale für politische Bildung.

Nieß, M. (2016). *Partizipation aus Subjektperspektive. Zur Bedeutung von Interessenvertretungen für Menschen mit Lernschwierigkeiten*. Wiesbaden: Springer.

Reinhardt, S. (2019). *Politik-Didaktik. Handbuch für die Sekundarstufe I und II*. Berlin: Cornelsen.

Schäfer, H. & Jöhnck, J. (Hrsg.) (2022). Politische Bildung. *Lernen konkret 2/2022*. Braunschweig: Westermann.

Stegkemper, Jan M. (2022). *Konstrukte einer politischen Welt von Schüler*innen mit dem Förderschwerpunkt geistige Entwicklung*. Bad Heilbrunn: Julius Klinkhardt.

Uehlinger, Hans-Martin (1988). *Politische Partizipation in der Bundesrepublik*. Opladen: Westdeutscher Verlag.

UN-Vollversammlung (1948). *International Bill of Human Rights. Resolution 217.*

Verba, S. & Schlozmann, K. & H.E. Brady (1995). *Voice and Equality. Civic Voluntarism in American Politics*. Cambridge: Harvard University Press.

Weid-Goldschmidt, B. (2015). *Zielgruppen unterstützter Kommunikation: Fähigkeiten einschätzen – Unterstützung gestalten*. Karlsruhe: von Loeper Literaturverlag.

Woyke, W. (2021). Politische Partizipation. In U. Andersen & J. Bogumil & S. Marschall & W. Woyke (Hrsg.), *Handwörterbuch des politischen Systems der Bundesrepublik Deutschland* (S. 749–754). Wiesbaden: Springer.

Die Autorinnen und Autoren

Tobias Bernasconi ist Lehrstuhlinhaber für Pädagogik und Rehabilitation bei geistiger und komplexer Behinderung an der Universität zu Köln. Seine Forschungsschwerpunkte sind Unterstützte Kommunikation sowie Fragen zu Bildung und Teilhabe bei Menschen mit geistiger und komplexer Behinderung.

Torsten Dietze ist Studienrat am Lehrstuhl für Pädagogik und Rehabilitation für Menschen mit geistiger und komplexer Behinderung an der Universität zu Köln. Seine Arbeits- und Forschungsschwerpunkte sind professionsspezifische Fragestellungen, die Potenziale von formativer Diagnostik/Lernprozessdiagnostik sowie Teilhabe von jungen und erwachsenen Menschen mit Behinderung in der Gesellschaft.

Timo Dins ist wissenschaftlicher Mitarbeiter am Lehrstuhl für Pädagogik und Rehabilitation bei Menschen mit geistiger und komplexer Behinderung an der Universität zu Köln. Zu seinen Forschungsschwerpunkten gehören sozial- und kulturwissenschaftliche Perspektiven auf Behinderung, Teilhabe und Bedürftigkeit sowie teilhabeorientierte Erkenntniszugänge zu (außer-)alltäglichen Lebenswelten von Menschen mit komplexer Behinderung.

Julia Fischer-Suhr, M.A. Sozialmanagement ist Geschäftsleitung des Landesverbandes für Menschen mit Körper- und Mehrfachbehinderung NRW e.V.

Lena Grüter ist Mitarbeiterin am Lehrstuhl für Pädagogik und Rehabilitation bei Menschen mit geistiger und komplexer Behinderung an der Universität zu Köln. Ihre Arbeits- und Forschungsschwerpunkte sind psychische Störungen und herausforderndes Verhalten bei Menschen mit geistiger und komplexer Behinderung sowie diagnostische Fragestellungen.

Caren Keeley ist Akademische Rätin am Lehrstuhl für Pädagogik und Rehabilitation bei Menschen mit geistiger und komplexer Behinderung an der Universität zu Köln. Zu ihren (Forschungs-)Schwerpunkten gehören die Teilhabe von Menschen mit komplexer Behinderung in allen Lebensfeldern und der Bereich der lebenslangen (Beruflichen) Bildung des Personenkreises.

Michaela Naumann ist Diplom-Heilpädagogin und wissenschaftliche Mitarbeiterin an der Universität zu Köln. Ihre Arbeits- und Forschungsschwerpunkte liegen in der Erwachsenenbildung zu kultureller Bildung und Teilhabemöglichkeiten für Menschen mit komplexer Behinderung sowie der Auseinandersetzung mit ethischen Fragestellungen im Kontext von geistiger Behinderung.

Theresa Stommel ist Lehrkraft für besondere Aufgaben am Lehrstuhl für Pädagogik und Rehabilitation bei Menschen mit geistiger und komplexer Behinderung an der Universität zu Köln. Ihre Arbeitsschwerpunkte sind Bildungsphilosophie und Didaktik, Digitalisierung und teilhabeorientierte Forschung im Kontext von geistiger und komplexer Behinderung.

Oliver Totter ist Rechtsanwalt (Syndikusrechtsanwalt) im Referat Recht der Lebenshilfe Nordrhein-Westfalen e.V.

Annalena Ziemski ist wissenschaftliche Mitarbeiterin am Lehrstuhl für Pädagogik und Rehabilitation bei Menschen mit geistiger und komplexer Behinderung an der Universität zu Köln. Sie setzt sich in ihrer Arbeit vor allem mit außer- und nachschulischen Lebensbereichen von Menschen mit geistiger und komplexer Behinderung auseinander, insbesondere der Teilhabe am Arbeitsleben.